Die Feinheiten
der vegetarischen
Küche

Die Feinheiten der vegetarischen Küche

Paul Southey

Unipart-Verlag · Stuttgart

Anmerkung des Herausgebers: Angaben über die Anzahl der Portionen finden Sie über jedem Rezept, außer bei Brot, Kuchen, Pasteten und Puddings, wo die Größe der Portion vom Appetit abhängig ist. Kalorien- und Proteingehalt wurden so exakt wie möglich berechnet und die Gewichte in der Liste der Zutaten genau festgelegt. Bei Änderung der Portionen muß auch die Menge der Zutaten verändert oder Sauce zugefügt werden. Saucen zählen bei der Berechnung von Kalorien und Proteinen nur, wenn sie fester Bestandteil des Gerichtes sind. Die Nährwerttabellen ab S. 212 dienen als Grundlage für zusätzliche Berechnungen. Ein Eßlöffel gilt, wenn nicht anders angegeben, als gestrichen; die Garzeiten sollen eine Richtlinie darstellen. Der Autor gehört zu den schnellsten Köchen, die ich kenne, aber wir haben die Vor- und Zubereitungszeiten der Arbeitsweise normaler Sterblicher angepaßt!

Photos: Roger Phillips
Lay-out: Mike Rose
Farbige Illustrationen: Anne Winterbottom und Lucy Su
Schwarzweißillustrationen: Vana Haggerty
Phasenskizzen: Rob Shone
Schutzumschlaggestaltung: Linda Francis

Ernährungswissenschaftler:
Jacqui Badcock B. Sc., S. R. D., Ph. D.
und Inger Meinertzhagen B. Sc.

Titel der Originalausgabe: Gourmet Cooking Without Meat
© Marshall Cavendish Limited, 1980

Lizenzausgabe für den Unipart-Verlag GmbH,
Remseck bei Stuttgart, 1984
Printed in Germany

ISBN 3 8122 0139 9

Inhaltsverzeichnis

Einführung

Was bedeutet »vegetarisch essen«? Es bedeutet zunächst, daß man sich ohne Fleisch ernährt, und daß man keine Tiere schlachtet, um sie zu verzehren. Die vegetarische Küche ist keine Neuentdeckung oder ein Modetrend. Schon immer gab es in der Geschichte Völker, die aus wirtschaftlichen, religiösen, kulturellen oder ethischen Gründen Vegetarier waren. Philosophen aller Jahrhunderte haben die Vorzüge dieser Lebensweise gelobt; Dichter und Künstler haben sich daran gehalten; diejenigen, die gegen das grausame Abschlachten von Tieren waren, haben sich dazu bekehren lassen, und die Menschen, die in einer Zeit des Stresses gesünder leben wollen, leben vegetarisch.

Vegetarisch leben verspricht zumindest teilweise eine Lösung der zwangsläufigen, weltweiten Nahrungsmittelverknappung – wenn die Bevölkerung weiter wächst. Die Mediziner glauben, daß das aus natürlichen Nahrungsquellen, wie

z.B. Pflanzen, gewonnene Protein besser vom Körper assimiliert wird als das tierische Protein, und daß daher eine vegetarische Ernährung gesünder ist.

In diesem Buch werden eine Reihe von Rezepten für die vegetarische Küche vorgestellt, in denen noch Eier und Milchprodukte verwendet werden. Es wird gezeigt, daß die vegetarische Küche zu den besten der Welt zählt und so variationsreich und appetitanregend sein kann wie die »konventionelle« Fleisch-orientierte *haute cuisine*. Der Vegetarier muß sich nicht nur aus dem Küchengarten ernähren: ihm stehen viele verschiedene Nahrungsmittel zur Verfügung – exotische Früchte, Gemüse, Nüsse, Schößlinge, Hülsenfrüchte und Getreidepflanzen aus aller Welt. Er kann seine Mahlzeiten mit Proteinen, Vitaminen, Mineralien und Spurenelementen anreichern, die für ein aktives, gesundes und erfreuliches Leben notwendig sind und die in Eiern, Milch,

Sahne und vielen Käsesorten enthalten sind.

Kräuter und Gewürze spielen eine wichtige Rolle in der Küche eines Feinschmeckers; wenn Sie sie vorsichtig verwenden, wissen Sie bald, wieviel oder wiewenig Sie würzen dürfen. Ich selbst trinke gerne Wein und bevorzuge ein klassisches Essen mit vier Gängen, den passenden Weinen und Beilagen. Als ich Vegetarier wurde, wollte ich auf diese Dinge nicht verzichten. Deshalb habe ich unzählige Rezepte ausgearbeitet, ausprobiert und verfeinert. Einige Gerichte lassen sich allein, mit Salat, als Suppe oder »Eintopf« servieren; andere können zu erlesenen Menüs zusammengestellt werden. Der kalorienbewußte Schlemmer hält den Gebrauch von Eiern, Rahm, Butter und Olivenöl vielleicht für unklug, aber schließlich ißt man nicht jeden Tag so reichhaltig oder reicht ein Essen mit vier Gängen.

Ich empfehle Ihnen, das komplette Rezept durchzulesen,

bevor Sie anfangen zu kochen. Stellen Sie die Zutaten bereit und wiegen Sie sie sorgfältig ab, bevor Sie beginnen. Dadurch ersparen Sie sich viel Arbeit und Zeit.

Seit ich Vegetarier bin, habe ich besonders darauf geachtet, genügend Proteine zu bekommen. Deshalb finden Sie bei jedem Gericht eine möglichst genaue Angabe über den Protein- und Kaloriengehalt, anhand der Sie sich die Mengen, die Ihr Gericht enthält, mühelos ausrechnen können. Eine Tabelle über den täglichen Bedarf finden Sie auf S. 208; weitere Tabellen über den Protein- und Kaloriengehalt in Gramm stehen bei den meisten Hauptgerichten.

Guten Appetit, genießen Sie Ihr Essen! Ich möchte mich den Worten des großen französischen Philosophen Talleyrand anschließen, der gesagt hat: »Zeigen Sie mir ein anderes Vergnügen, das wie das Essen jeden Tag eine Stunde lang genossen werden kann.«

Die Ingredienzen

Ohne die Grundzutaten kann niemand mit dem Kochen beginnen; deshalb zeigen wir Ihnen auf den nächsten Seiten die meisten Zutaten, die dem vegetarischen Koch zur Verfügung stehen. Eine vollständige Übersicht wäre wegen der Fülle nicht möglich, aber wir haben versucht, so viele wie möglich zusammenzustellen; die meisten Zutaten finden sich in den Rezepten wieder.

Aus organisatorischen und wirtschaftlichen Gründen bietet der Handel nur ein beschränktes Angebot an Früchten und Gemüsen an; die Sorten müssen in erster Linie ergiebig, gut zu transportieren und leicht zuzubereiten sein. Wollen Sie mehr Abwechslung, sollten Sie Ihr Obst und Gemüse selber anbauen. Wenn das nicht möglich ist, bestellen Sie bei Ihrem Händler das Gewünschte – einen Kochapfel, der nicht zerfällt, oder eine festkochende Kartoffelsorte; es ist überra-

schend zu sehen, was man mit einem guten Spürsinn alles entdecken kann. Man sollte ruhig nach einer bestimmten Sorte fragen; meistens bekommt man sie dann auch oder erfährt zumindest, warum sie nicht erhältlich ist.

Machen Sie sich mit der Vielzahl von Gemüsen, Früchten, Samen, Nüssen, Getreidearten, Hülsenfrüchten und den pflanzlichen Fetten und Ölen vertraut; benutzen Sie, wenn möglich, Honig oder braunen Rohzucker zum Süßen anstelle des weißen raffinierten; suchen Sie Käse sorgfältig aus; lernen Sie, mit allen verschiedenen Mehlsorten umzugehen; backen Sie einmal Ihren Kuchen oder ein Brot aus Roggenmehl bzw. Schrot. Ein guter Koch hat ebensoviel Spaß daran, die Rohzutaten auszusuchen und vorzubereiten, wie am Zubereiten und Servieren eines ernährungswissenschaftlich ausgewogenen und das Auge erfreuenden Essens.

WURZEL- UND KNOLLENGEMÜSE

1 WEISSE RÜBEN *Brassica rapa*
Frühernte im Sommer
Haupternte im Herbst und Winter
Hauptnahrung in Nord- und Mitteleuropa bis zur Einführung der Kartoffel im 16. Jh.; enthalten Zucker und Stärke; Frühernte festkochend, gut im Geschmack; ältere Wurzeln zu Püree verarbeiten.

2 SCHWEDISCHE RÜBEN *Brassica napus* var. *napobrassica*
Von Herbst bis Frühjahr erhältlich
Schwedische Wurzeln sind größer und süßer, mit orange-gelbem Fleisch; wie die meisten Wurzelgemüse gut zu lagern.

3 SCHWARZWURZEL *Scorzonera hispanica*

4 BOCKSBART *Tragopogon porrifolius*
Ab Mitte Herbst erhältlich
Beide Wurzelsorten ähnlich im Geschmack und in der Zubereitung, die Scorzonera hat eine schwarze Schale und weißes Fleisch; beim Kochen Zitrone ins Wasser geben; mit Bechamel- oder Tomatensauce servieren;

5 RETTICH *Raphanus sativus*
Im Herbst und Winter erhältlich. Rettich kann gerieben – als Salat oder wie weiße Rüben (ohne Bild) zubereitet werden.

6 MEERRETTICH *Armoracia rusticana*
Von Herbst bis Frühjahr erhältlich
Stammt aus Europa; scharf; wird roh gerieben zum Würzen von Saucen.

7 KAROTTE *Daucus carota*
Erste Ernte Mitte des Sommers
Das ganze Jahr über erhältlich
Karotten enthalten viel Vitamin A; die dünnen Frühkarotten sind geschmacklich am besten; Schale abreiben oder schälen; gut für Suppen und Eintöpfe; auch roh eßbar.

8 KOHLRABI *Brassica oleracea caulorapa*
Im Spätsommer und Winter erhältlich

9 PASTINAKE *Pastinaca sativa*
Im Herbst und Winter erhältlich
Reich an Zucker und Stärke; braune und holzige Stellen vorm Kochen entfernen.

10 ROTE BEETE *Beta vulgaris*
Das ganze Jahr über erhältlich; geschmacklich im Sommer am besten. Runde Knollen sind zarter und geschmackvoller als längliche; je kleiner die Knolle, desto süßer ist sie. Kaufen Sie sie am besten roh, ohne Schad- oder Druckstellen, da diese beim Kochen platzen.

11 SELLERIE *Apium graveolens* var. *rapaceum*
Dickschalige Wurzel mit weißem Fleisch; kräftig im Geschmack; roh eßbar mit Vinaigrette-Sauce oder Mayonnaise; kann auch gekocht oder zu Püree verarbeitet werden. Im Spätsommer und Winter erhältlich.

12 JERUSALEM ARTISCHOCKE *Helianthus tuberosus*
Im Spätherbst und Winter erhältlich
Verwandte der Sonnenblume, Heimat Nordamerika, mit leicht rauchigem Geschmack; insulinhaltig; dient bei Diabetis als Zuckerersatz; dem Kochwasser wird Zitrone zugefügt, um eine Verfärbung zu vermeiden; als Püree oder mit einer Sauce zu reichen.

13 KARTOFFEL *Solanum tuberosum*
Versch. Sorten das ganze Jahr über erhältlich
Einst Luxus der Reichen, heute Grundnahrungs-
mittel. Wird seit dem 18. Jahrhundert auch in Europa angebaut. Es gibt viele Sorten, die sich in Geschmack und Festigkeit unterscheiden. Festkochende Kartoffeln eignen sich für Salate – mehlige
für Püree, zum Backen oder Braten. Leider ist die
Auswahl in den Geschäften auf einige wenige Sorten beschränkt.

16 SÜSSKARTOFFEL *Ipomoea batatas*
Im Winter erhältlich
Rot, weiß oder purpurfarben mit gelblichem, sü-
ßem Fleisch; am besten mit der Schale kochen. In
Amerika beheimatet; eignet sich auch als Dessert.

17 YAM *Dioscorea* (ohne Abb.)
Im Winter erhältlich
Mit »Yam« bezeichnet man tropische Wurzeln, in
Amerika auch süße Kartoffeln. Yam ist die kulti-
vierte Form der Dioscera-Familie. Yam-Wurzeln
haben eine längere Lagerzeit als andere tropische
Wurzeln; enthalten viel Stärke; zum Kochen, Bra-
ten oder Schmoren geeignet.

20 WEISSE ZWIEBELN

21 EINMACHZWIEBELN
Von Mitte Sommer bis Herbst erhältlich
Auch als Perlzwiebeln bekannt; werden geerntet,
bevor sie ihre volle Größe erreichen.

22 KNOBLAUCH *Allium sativum*
Das ganze Jahr über erhältlich
Stärkste und würzigste Zwiebel, sparsam damit
würzen. Enthält das Antibiotikum Allicin. Lange
haltbar bei trockener Lagerung.

DIE FAMILIE DER ZWIEBELN
ZWIEBEL *Allium cepa*
Das ganze Jahr über erhältlich
Eines der ersten Nahrungsmittel; viele Sorten er-
hältlich; je wärmer das Klima, desto größer und
milder die Zwiebel; eines der unentbehrlichsten
Gemüse.

18 SPANISCHE ZWIEBEL
Die größte und mildeste im Geschmack; ausgezeichnet für Salate geeignet.

19 ROTE SCHALOTTEN
Allium ascalonicum
Im Herbst und Winter erhältlich
Klein und ausgezeichnet im Geschmack, sparsam
wie Knoblauch in Saucen verwenden.

14 KARTOFFEL AUS DER HAUPTERNTE
Ab Spätsommer erhältlich
Bekannt als weiße Kartoffel; länger an einem küh-
len, luftigen Platz haltbar als die neue Ernte. Kau-
fen Sie keine Kartoffeln mit grünen Stellen oder
Pilzbefall; sie enthalten giftige Alkaloide; die klei-
neren Kartoffeln mit rötlicher Schale heißen König
Edward Kartoffeln.

15 NEUE KARTOFFELN
Im späten Frühjahr bis Mitte Sommer erhältlich
Neue Kartoffeln sind süß und erdig im Geschmack,
saftig und mürbe und daher weniger gut zu lagern.
Am besten schmecken Kartoffeln in Walnuß-Grö-
ße. Nach dem Kochen oder Dünsten läßt sich die
Schale leicht abziehen.

23 LAUCH *Allium ampeloprasum*
var. *porrum*
Von Spätsommer bis Frühjahr erhältlich
Bekanntes, winterhartes Gemüse; kochen Sie die
weiße Knolle und verwenden Sie das grüne Blatt-
werk für Suppen.

24 FRÜHLINGSZWIEBELN
Ab Frühjahr erhältlich
Eigentlich die dünnen Zwiebelpflanzen; heute als
Salatpflanze angebaut.

KOHL UND BLATTGEMÜSE

1 KOHL *Brassica oleracea*
var. *capitata*
Ganzjährig erhältlich
Enthält Vitamin C und Mineralstoffe, Nährwert wird durch zu lange Kochzeit reduziert; dünsten oder in wenig Wasser kochen; Reste für Brühe oder Suppe verwenden; der Strunk sollte nicht welk oder trocken sein, die äußeren Blätter nicht welk, gelb oder lose hängen.

2 WINTERKOHL
Nicht zu lange kochen. Trotz der Festigkeit sind die dicken, krausen Blätter mild im Geschmack.

PURPURFARBENER BROKKOLI
(ohne Bild)
Brassica oleracea var. *Botrytis cymosa*

4 GROSSKÖPFIGER BROKKOLI
Brassica oleracea botrytis
Im Winter und Herbst erhältlich
Abgebildet ist der einköpfige rote, Brokkoli; der weißköpfige ist öfter zu finden. Nehmen Sie Brokkoli mit festen Köpfen und frischen Blättern, wie bei allen Sorten. Brokkoli paßt gut zu Käse. Zum Kochen und Dünsten geeignet.

6 FRÜHLINGSKOHL oder
FRÜHLINGSGEMÜSE
Brassica oleracea var. *capitata*
Im Frühling erhältlich
Diese Kohlart wird geerntet, bevor sich das Herz ganz entwickelt hat. Nehmen Sie Gemüse mit dikken, festen Blättern und kochen Sie es sofort, da es schnell verwelkt.

3 BROKKOLI *Brassica oleracea*
var. *Italia*
Im Sommer erhältlich
Brokkoli hat eine satte grüne Farbe; Stiele und Köpfe ausgezeichnet im Geschmack; beliebtes Sommergemüse; Sorten mit weißen oder roten Sprößlingen sind seltener; kaufen Sie Brokkoli mit festen, geraden und fleischigen Stielen und festen Köpfen; mit Buttersauce oder ohne Sauce ausgezeichnet.

5 BLUMENKOHL *Brassica oleracea*
var. *botrytis cauliflora*
Von Spätherbst bis Sommer erhältlich
Nach der Erbse eine der beliebtesten Gemüsesorten. Winterblumenkohl hat grüne Blätter, die den Kopf fest umschließen. Die Blätter des Sommerblumenkohls sind weiter ausgebreitet; sind die Blätter welk, war der Kohl zu früh geerntet. Nehmen Sie Blumenkohl mit festem Kopf, ohne braune Flecken.

7 WEISSKOHL
Im Spätherbst und Winter erhältlich
Mild im Geschmack, zum Kochen oder roh für Krautsalat geeignet. Weißkohl unterscheidet sich durch seine Farbe und die fest geschichteten Blätter. Nehmen Sie Kohl ohne herabhängende Blätter und braune Stellen. Nicht zu lange kochen, da er zu weich wird und an Geschmack verliert.

8 ROTKOHL
Im Herbst und Winter erhältlich
Diese Kohlart ist leicht säuerlich im Geschmack, hat eine längere Kochzeit und ist deshalb besonders geeignet zum Schmoren, Marinieren oder Einmachen. Als Salat in dünne Scheiben schneiden.

10 CHINAKOHL
Brassica pekinensis
Milde Kohlsorte ohne Herz; zum Kochen oder Dünsten bei häufigem Umrühren geeignet. Ähnlichkeit mit dem Huflattich-Salat; die knackigen Blätter eignen sich besonders für Salate.

12 GRÜNGEMÜSE
Die Blätter vieler Grünpflanzen, wie z.B. weiße Rüben (Bild), Runkelrüben, Senfrüben, Löwenzahn, enthalten Vitamin C und Mineralstoffe. Nehmen Sie frische, zarte, junge Blätter – und kochen Sie sie bitte nicht zu lange.

9 ROSENKOHL *Brassica oleracea var. gemnifera*
Im Herbst und Winter erhältlich
Rosenkohl sieht wie Miniaturkohl aus und hat einen delikaten Eigengeschmack. Je kleiner die Röschen, desto besser der Geschmack; große Röschen sind großfaserig. Nehmen Sie feste, grüne, geschlossene Köpfe ohne gelbe Blätter oder andere welke Stellen. Ein Frosthauch soll den Geschmack noch verbessern.

11 GRÜNKOHL (ohne Bild) *Brassica oleracea var. acephala*
Im Winter erhältlich
Grünkohl gehört ebenfalls zu den Gemüsesorten ohne Herz. Die breiten, krausen Blätter gehen von einem dicken Stengel weg und variieren von dunkelgrün bis rot. Vorm Kochen von harten Stengeln und Blättern befreien.

13 SPINAT *Spinacia oleracea*
Ganzjährig erhältlich
Der echte Spinat wird oft mit dem Schnittkohl oder Krauskohl verwechselt. Sommerspinat hat runde, Winterspinat spitzere Blätter. Nehmen Sie frische, knackige Blätter. Blätter werden leicht beschädigt, daher vorsichtig behandeln. Gleich nach dem Waschen kochen, sonst wird der Spinat welk. Fällt beim Kochen zusammen, deshalb nehmen Sie die doppelte Menge, die Sie benötigen. Spinat ist eine willkommene Ergänzung zu Eintöpfen und Suppen.

HÜLSENFRÜCHTE UND SCHOTEN

1 GRÜNE BOHNEN *Phaseolus vulgaris*
Das ganze Jahr über erhältlich

2 LANGE BOHNEN *Phaseolus multiflorus*
Im Sommer und Herbst erhältlich
Die Hülsen werden gegessen, bevor die Bohne ganz reif ist. Lange Bohnen sind länger, grobfaseriger und grüner als Grüne Bohnen. Eine junge, weiche Schote sollte glatt brechen, wenn man sie teilt. Grüne Bohnen nennt man deshalb auch »Brechbohnen«. Einige Sorten sind nicht faserig.

3 MAIS *Zea mays* var. *saccharata*
Im Sommer und Herbst erhältlich
Frisch geerntete Kolben sind am besten; beim Einstechen sollte eine milchige Flüssigkeit herauslaufen. Die Blätter sollten steif, hellgrün und seidig sein.

4 OKRA *Hibiscus esculentus*
Von Winter bis Frühsommer erhältlich
Aus Westindien stammend, wird gegessen, bevor die Pflanze ausgereift ist. Das markige Gewebe eignet sich zum Andicken von Eintöpfen. Wählen Sie Hülsen, die nicht länger sind als 6 cm. Auch Gumbo oder Frauenfinger genannt.

5 ZUCKERERBSEN oder MANGETOUT
Pisum sativum var. *saccharatum*
Im Frühjahr erhältlich
Zuckererbsen sollten knackig und fleischig sein. Schalen eßbar, daher Mangetout genannt. Besonders gut: geschmort.

6 ERBSEN *Pisum sativum* var. *hortense*
Im Frühjahr und Sommer erhältlich
Anfang Sommer am besten; Erbsen waren als erstes Gemüse eingefroren oder in Dosen erhältlich. Die Frühsorten haben eine weiche Schale, spätere Sorten eine faltige. Die Schalen sollten hellgrün, die Schoten ohne Druckstellen sein.

7 BREITE BOHNEN
Vicia faba vulgaris
Von Frühjahr bis Sommer erhältlich
Breite Bohnen enthalten viel Protein; die kleinen, jungen können mit Schote gegessen werden. Die größeren sollten nach dem Kochen herausgeschält werden. Nehmen Sie Schoten von sattem Grün und servieren Sie sie mit Butter.

STIELGEMÜSE UND SCHÖSSLINGE

8 SPARGEL *Asparagus officinalis*
Im Frühsommer erhältlich
Gehört zu den Liliengewächsen, seit dem Römischen Reich bekannt. Wird noch vor der Reife geschnitten, verliert nach der Ernte schnell den Geschmack. Es gibt weißen und grünen Spargel. Nehmen Sie keine holzigen oder dicken Stangen.

9 FENCHEL *Foeniculum vulgare*
Das ganze Jahr über erhältlich
Auch als Finocchio bekannt. Der dicke Stamm schmeckt nach Fenchel und Anis. Zum Schmoren oder roh zum Salat geeignet. Nehmen Sie Fenchel von heller Farbe mit einer dicken, schweren Knolle.

10 SELLERIE *Apium graveolens*
Das ganze Jahr erhältlich
Eine der ältesten »Heilpflanzen«; der saftige Stengel ist weiß oder grün, die Blätter der jungen Pfalnze eignen sich für Eintöpfe oder roh zum Salat. Nehmen Sie frische, saftige Stengel.

11 ARTISCHOCKE *Cynara scolamus*
Das ganze Jahr erhältlich
Die rundblättrigeren sind einfacher zu essen. Der fleischige Teil am Blattansatz wird mit den Zähnen herausgezupft und gegessen, am delikatesten ist das Herz. (Siehe Seite 111).

12 CHICOREE *Cichorium intybus*
Im Herbst und Winter erhältlich
Ein leicht bitteres, saftiges Salatgemüse, mit dichten, silbrigen Blättern. Grünblättriger ist bitterer als weißblättriger Chicoree. Zum Schmoren geeignet.

13 BRUNNENKRESSE *Nuturtium officinale*
Das ganze Jahr erhältlich

Am besten von März bis Frühsommer; Diese schmalblättrige, pfeffrig schmeckende Pflanze verleiht Salaten eine pikante Note und ist zum Garnieren geeignet. Die Blätter sollten dunkelgrün, nicht gelblich sein.

14 SENFKRAUT UND KRESSE
Sinapis alba/Lepidium sativum
Zwei der schnell wachsenden Kräuter (S. 201). Wachsen auch drinnen.

15 SOJABOHNENSPRÖSSLINGE (MUNGBOHNEN ODER ALFALFA)
Das ganze Jahr erhältlich
Lassen sich im Topf züchten; enthalten Protein; für Salate geeignet; klassisches Gemüse der Chinesischen Küche. Kalorienarm, für Diät geeignet; dann bitte nicht dünsten!

16 RADIESCHEN *Raphanus sativus*
Das ganze Jahr über erhältlich
Scharfes Wurzelgemüse, beliebt für Salate; schöner Farbkontrast. Versuchen Sie auch die ovalen weißen Radieschen, in Scheiben geschnitten und gesalzen.

TREIBHAUSSALAT *Lactuca sativa*
Das ganze Jahr erhältlich, am besten im Sommer
Grundbestandteil der meisten grünen Salate; obwohl Treibhaussalat auch im Winter erhältlich ist, sollten Sie auf andere Gemüse wie Chicoree, Endiviensalat oder Chinakohl (S. 13) zurückgreifen. Nehmen Sie Köpfe mit knackigen, frischen Blättern und festen Herzen.

17 LATTICH
Leicht erkennbar an seinen langen speerförmigen Blättern – knackig;

18 EISBERG-SALAT
Hellgrün, dichte Blätter, knackig, mit festem Herz

19 KOPFSALAT
Weiche Blätter, runder Kopf, im Sommer erhältlich; reift früh; klein

20 ENDIVIEN *Cichorium endivia*
Im Spätherbst und Winter erhältlich
Endiviensalat hat krause, harte Blätter, leicht bitterer Geschmack.

PILZE

Die besten Pilze sind die großen, wild wachsenden, aber beim Sammeln ist Vorsicht geboten. Manche sind giftig. Sammeln Sie entweder streng nach einem Pilzbuch, oder nehmen Sie einen erfahrenen Pilzkenner mit.

1 BLÄTTERPILZ *Agaricus campestris*
Im Spätsommer und Herbst erhältlich
Der Blätterpilz gehört zu den größten und großfaserigsten Pilzen mit dem besten und intensivsten Geschmack; er ist weiß oder braun und bei voller Öffnung flach; nehmen Sie Pilze mit glatter Haut und feuchtem Stengel, die ganz frisch aussehen. Sofort nach dem Sammeln oder Kauf dünsten oder grillen.

2 MORCHEL *Morchella esculenta*
Im Frühjahr erhältlich
Einer der geschmacklich am besten eßbaren Pilze; ausgezeichnet zum Garnieren pikanter Gerichte; in Europa im Handel nur selten erhältlich; wenn Sie diesen dunkelfarbigen, gekräuselten Pilz irgendwo entdecken sollten, behalten Sie die Fundstelle am besten für sich!

3 AUSTERNPILZ *Pleurotus ostreatus*
Im Winter erhältlich
Eßbare Pilzart, die häufiger im Handel angeboten wird. Im Geschmack dem Blätterpilz ähnlich, aber von hellerer Farbe und mit weniger krausem Kopf.

4 CHAMPIGNON *Agaricus bisporus*
Das ganze Jahr erhältlich
Gehört zu den gezüchteten Pilzsorten; wird mit geschlossenem Kopf als Champignon, mit halbgeschlossenem Kopf als Blätterpilz und mit offenem als »Flachpilz« verkauft; paßt in Scheiben geschnitten zum Salat, mariniert, mit French Dressing oder zu Gerichten, in denen dunkle Pilze farblich einen zu großen Kontrast bilden würden.

5 TRÜFFEL *Tuber aestivum*
Eine Rarität und daher teuer; wachsen unter der Erde und werden von abgerichteten Schweinen aufgespürt; Die schwarze Trüffel aus dem Périgord gilt als die beste; italienische Trüffel sind innen hellbraun; beide werden für Saucen und zum Garnieren verwendet.

GEMÜSEFRÜCHTE

Hintere Reihe v. links n. rechts:
6 KÜRBIS *Curcurbita pepo maxima*
Im Spätsommer und Herbst erhältlich
Wintergemüse mit orangefarbenem Fruchtfleisch; kann 45–50 kg schwer werden; reift wegen der kurzen Sommerzeit in Europa nicht voll aus; enthält mehr Nährstoffe als der Eierkürbis; wird oft wegen seiner Größe und seines Gewichts stückweise verkauft; das Fruchtfleisch sollte fest und nicht fasrig sein, mit fester Schale. Eignet sich zum Kochen, Dünsten, Backen und Grillen oder serviert als Kürbistorte.

7 AUBERGINE *Solanum melongena*
Das ganze Jahr über erhältlich
Wegen ihrer Form auch Eierfrucht genannt; diese exotische, wohlschmeckende Gemüsefrucht hat eine harte, dunkelrote, manchmal auch weiße Farbe und gelbes, mehliges Fleisch. Vor dem Kochen in Scheiben schneiden, salzen und bittere Teile entfernen. Geeignet zum Backen, Füllen, Braten, oder Schmoren im Eierteig. Nehmen Sie Gemüse mit einer weichen, glänzenden Haut, die sich schwer anfühlt.

8 AVOCADOBIRNE *Persea americana*
Das ganze Jahr über erhältlich
Keine Dessertbirne, sondern eine wohlschmeckende Gemüsefrucht; Vitamin B- und fetthaltig; die rauhe, dunkelgrüne oder rötliche Schale enthält hellgrünes oder gelbes Fleisch und einen dicken Kern. Geeignet als Vorspeise mit einer Vinaigrette-Sauce, oder als geschmacklicher Kontrast im Salat. Eine Frucht ist reif, wenn sich die runden Enden weich anfühlen. Keine Avocados mit dunklen Stellen oder runzliger Haut nehmen.

9 PAPRIKASCHOTE *Capsicum annuum*
Das ganze Jahr über erhältlich
Tropische, Vitamin C-haltige Frucht; reife Früchte sind hellrot oder gelb, unreife dunkelgrün. Schmecken ausgezeichnet mit einer würzigen Füllung. Rote Paprikaschoten sind milder als grüne und eignen sich für Salate. Die schärferen grünen geben gekochten Gerichten einen würzigen Geschmack; roh sind sie schwerer verdaulich. Nehmen Sie helle, feste, glänzende Gemüsefrüchte ohne Druckstellen und mit fester Haut.

10 TOMATE *Lycopersicon esculentum*
Das ganze Jahr über erhältlich
Anfangs nur als Zierpflanze angebaut, heute beliebtes Salatgemüse. Die Auswahl in den Geschäften ist auf ertragreiche Sorten beschränkt; aber die große, ungleichförmige europäische Tomate mit gröberem Fleisch ist sehr beliebt. Für den Anbau im eigenen Garten eignen sich die gelben Tomaten. Nehmen Sie die kleinen grünen zum Einmachen. Wählen Sie feste Tomaten für den Salat; für Suppen und Pürees eignen sich auch die weicheren, reiferen Tomaten.

11 SQUASH *Cucurbita pepo, maxima* und *moschata*
Je nach Sorte im Sommer und Winter erhältlich
Eine der kleineren Kürbisarten, die man öfter im Handel findet. Squash unterscheidet sich in Form und Farbe – es gibt gelbe, orange- und cremefarbene und Sorten, die die Eigenarten bezeichnen: goldener, edelsteinfarbener und krummer Squash. Die Kerne sind eßbar. Nehmen Sie feste Gemüse mit weicher Schale zum Backen, Kochen oder Dünsten.

12 EIERKÜRBIS *Cucurbita pepo* var. *ovifera*
Im Sommer und Herbst erhältlich
Je größer der Kürbis, desto fasriger das Fleisch und desto fader der Geschmack; ein Kürbis enthält bis zu 99% Wasser; kann wie die Paprika würzig gefüllt und mit einer schmackhaften Sauce serviert werden. Nehmen Sie, wenn möglich, kleinere Eierkürbisse, nicht länger als 30 cm, die schwer, fest und gerade sind.

13 ZUCCHINI
Das ganze Jahr über erhältlich
Eine Art kleiner Eierkürbis, der geerntet wird bevor er 15 cm lang wird; Je kleiner, desto besser im Geschmack. Manche Sorten müssen wie die Aubergine in Scheiben geschnitten und gesalzen werden, damit die Bitterstoffe sich vor dem Kochen lösen. Schneiden Sie vorher eine Scheibe ab und probieren Sie; es ist ratsam, das Gemüse vorher immer zu salzen.

14 GURKE *Cucumis sativus*
Das ganze Jahr über erhältlich
Es gibt zwei Grundsorten: die Schlangengurke mit einer harten Schale, die im Freien angebaut wird und besser im Geschmack ist als die Treibhausgurke, die man häufiger auf dem Markt findet. Die heutigen Sorten haben meistens keine ungenießbaren Stellen mehr. Die kleine Essiggurke eignet sich zum Einlegen. Nehmen Sie feste, gerade Gurken mit heller Schale und nicht mehr als 5 cm Durchmesser.

Kräuter

1 SCHNITTLAUCH *Allium schoenoprasum*
Zur Familie der Zwiebel gehörig; gilt als Küchenkraut. Die dünnen, grasähnlichen, milden Blätter passen zu Eierspeisen, Quark oder Hüttenkäse und Salaten. Mit der Schere abschneiden.

2 ROSMARIN *Rosmarinus officinalis*
Ein Hauch von Rosmarin gibt Eintöpfen, Suppen und Gemüsen einen delikaten Geschmack. Frischen Rosmarin klein schneiden oder in ein Mullsäckchen einbinden. Rosmarin paßt gut zu Gerstenmehlkuchen und Pasteten.

3 DILL *Anethum graveolens*
Die fedrigen Dillblättchen mit ihrem starken Kümmelgeschmack passen gut zu Salaten, Saucen und Gerichten, wo ein zu starker Kümmelgeschmack nicht notwendig ist. (S. 20)

4 OREGANO *Origanum vulgare*
Dem Majoran verwandt, aber stärker im Geschmack. In italienischen Gerichten bevorzugt – paßt gut zu Tomatensaucen, Teigwaren, Eintöpfen und zur Füllung von Ravioli.

5 ZITRONENMELISSE *Melissa officinalis*
Ein ganzjährig wachsendes Kraut mit starkem Aroma, das für Heilgetränke und Marinaden gebraucht wird. Würzen Sie mit einem oder zwei Blättern Ihren Tee.

6 LORBEERBLÄTTER *Laureus nobilis*
Hauptkomponente jeder Gewürzmischung, da Lorbeerblätter sich gut mit anderen Gewürzen vertragen. Besonders gut zu gekochtem Kohl.

7 BERGAMOTTEN *Monarda didyma*
Dieses Kraut hat rote Blüten; die Blütenblätter eignen sich zum Garnieren von Salaten, eisgekühlten Drinks oder Früchtebechern. Nicht zu verwechseln mit der Bergamottorange *(Citrus bergamia),* aus der ein aromatisches Öl gewonnen wird.

8 APFELMINZE *Mentha rotundifolia*
Eines der zartesten Mitglieder der Familie der Minze; es gibt außerdem noch die Eau-de-Cologne Minze, die Pfefferminze und die grüne Minze (siehe rechts); sparsam verwenden in Saucen, Salaten und Gemüsegerichten.

9 MAJORAN *Origanum majorana*
Thymian und Majoran gehören zu den bekanntesten Kräutern; sie sind austauschbar; Majoran ist noch delikater und paßt gut zu Eierspeisen.

10 BORRETSCH *Borago officinalis*
Kraut mit starkem Gurkengeschmack, das für Getränke verwendet wird. Mit den attraktiven, blauen Blüten lassen sich Torten verzieren.

11 ENGELWURZ *Angelica archangelica*
Dient zur Aromatisierung von Likören und Fruchtsirup und zum Würzen von gekochten Äpfeln oder Birnen. Mit den süßen Stielen lassen sich Kuchen dekorieren.

12 SALBEI *Salvia officinalis*
Die breiten, flachen, gerollten Blätter geben jedem Gericht ein delikates Aroma. Zum Würzen von Füllungen und Hefeteigen geeignet.

13 BOHNENKRAUT *Satureia montana*
Die stachligen Blätter des Winterbohnenkrauts schmecken nach Rosmarin und Salbei; Sommerbohnenkraut ist milder im Geschmack *(satureia hortensis)*. Paßt gut zu Bohnen und Kräuterbutter.

14 PETERSILIE *Petroselinum crispum* und **FRANZÖSISCHE PETERSILIE**
Zwei Petersiliensorten, die viel Vitamin C enthalten und zum Garnieren vieler Gerichte geeignet sind; Hauptbestandteil des Tabbouleh (S. 133); ganzjährig erhältlich.

15 ESTRAGON *Artemisia dracunculus*
Paßt zu Sahnesaucen, Mayonnaise oder Sauce Béarnaise – ein herrliches Aroma, das sich kaum beschreiben läßt. Französischer Estragon hat das beste Aroma.

16 THYMIAN *Thymus vulgaris*
Ein bekanntes Kraut, im Geschmack dem Majoran verwandt; wird oft mit Salbei zusammen verwendet. Zum Würzen geschmorter Auberginen, von Pilzen, Karotten und Weizenmehlteig verwendet.

17 GRÜNE MINZE *Mentha spicata*
Die bekannteste Minzsorte; Gebrauch siehe Apfelminze.

18 LIEBSTÖCKEL *Levisticum officinale*
Leider ein fast unbekanntes Kraut; sellerieartiger, würziger Geschmack – für Kräutermischungen oder kleingeschnitten zum Garnieren von Salaten geeignet.

19 KERBEL *Anthriscus cerefolium*
Die kleinen Blätter schmecken frisch und würzig – ausgezeichnet in einem Kräuteromelett mit Brunnenkresse und Petersilie zusammen. Paßt zu Eiergerichten und Salaten.

20 BASILIKUM *Ocimum basilicum* oder *minimum*
Das süße Basilikum hat größere Blätter als das büschlige Basilikum; paßt gut zu Tomaten, Pesto (S. 75) und gibt anderen Gemüsen ein süßes, würziges Aroma.

ANMERKUNG: Wenn Sie getrocknete Kräuter verwenden, nehmen Sie die Hälfte der angegebenen Menge, da sie stärker im Geschmack sind.

GEWÜRZE

1 SENFKÖRNER *Brassica alba*
Auch von roter oder dunkelbrauner Farbe; gemahlene Körner sind schärfer als ganze. Rote und gelbe Körner lassen sich mischen.

2 MUSKAT *Myristica fragrans*
Oberste Schicht der Muskatblüte (links); beide Sorten wachsen auf demselben tropischen Baum; Muskat ist voller, stärker und süßer im Geschmack als die Muskatblüte.

3 GEWÜRZNELKE *Eugenia caryophyllata*
Getrocknete Blütenknospen mit würzig-aromatischem Geschmack; für Glühwein, gedünstetes Obst, besonders Äpfel; Gemüse sparsam damit würzen.

4 KÜMMEL *Carum carvi*
Das Öl wird zur Herstellung von Kümmelschnaps verwendet; für pikantes Hefegebäck, Gemüse und Saucen geeignet.

5 KARDAMON *Amomum cardamomum*
Grundgewürz der Indischen Küche; in skandinavischen Ländern ebenfalls beliebt. Der Samen befindet sich in einer fasrigen Schale.

6 CHILI
Es gibt roten, grünen, getrockneten mexikanischen Chili aus der *capsicum*-Familie, der im Currypulver enthalten ist. Samen und Früchte der *capsicum minimum* oder *frutescens* sind auch im Cayennepfeffer enthalten (siehe unten).

7 FENCHEL
Foeniculum vulgare oder vulgare dulce
Sowohl die getrockneten Stengel als auch die Samen werden in der Europäischen und Fernöstlichen Küche verwendet. Fenchel hat einen sellerieartigen, anisähnlichen Geschmack.

8 DILL *Anethum graveolens*
Der Name stammt aus dem Norwegischen; Dill wird zur Herstellung eines verdauungsfördernden Wassers benutzt oder für die Lake von eingelegten Gemüsen; paßt zu Kartoffelsalat, Rührei und gedünstetem Kohl.

9 CURRY
Indische Köche mischen ihr Currypulver selbst nach Geschmack (siehe Rezept Garam masala, Seite 200).

10 KREUZKÜMMEL *Cuminum cyminum*
Pulverisierter Bockshornkleesamen (rechts), Grundbestandteil des im Handel erhältlichen Currypulvers. Paßt zu Hülsenfrüchten.

11 PAPRIKA *Capsicum annuum*
Mildes, aromatisches Gewürz, das bei zu langer Lagerung an Geschmack verliert. Paßt zu Salatsaucen oder Quarkfüllungen für gebackene Kartoffeln.

12 CAYENNEPFEFFER
Capsicum minimum oder frutescens
Scharfer Pfeffer, extrem sparsam damit würzen; wird aus getrockneten Chilischoten (siehe links) hergestellt.

13 ZIMT *Cinnamomum zeylanicum*
Wird aus der Rinde eines Baumes der Lorbeerfamilie gewonnen; als Pulver oder Stangen im Handel. Verliert schnell sein Aroma. Paßt zu Äpfeln oder zur Aromatisierung von Kaffee.

14 INGWER *Zingiber officinale*
Wird aus der getrockneten Wurzel hergestellt und paßt zu Kasserollen, Gemüsegerichten und Kuchen.

15 KURKUMA *Curcuma longa*
Ein hellgelbes, aus der Wurzel gewonnenes Pulver; paßt zu Reisgerichten und gibt Gemüsegerichten eine exotische Note.

16 SAFRAN *Crocus sativus*
Wird aus den mauvefarbenen Fasern des Safran gewonnen; kaufen Sie möglichst die ganze Pflanze; Reis sparsam damit würzen.

17 KORIANDER *Coriandrum sativum*
Samen und Blätter werden in der Mittelöstlichen und Indischen Küche verwendet.

18 PIMENT *Pimenta officinalis*
Auch Jamaika-Pfeffer genannt; schmeckt wie eine Mischung aus Gewürznelken, Zimt und Muskat.

19 BOCKSHORNKLEE
Trigonella foenumgraecum
Eines der Ingredienzen des handelsüblichen Currypulvers. Sparsam verwenden, da das Aroma sehr stark ist.

20 WEISSER PFEFFER *Piper nigrum*
Schwarze Pfefferkörner (s. rechts), von denen man die äußere Schicht entfernt hat. Weißer Pfeffer ist schärfer als schwarzer.

21 WACHOLDERBEEREN
Juniperus communus
Grundgewürz des Gin; zerstoßene Wacholderbeeren lassen sich gut mit anderen Gewürzen mischen.

22 SCHWARZER PFEFFER *Piper nigrum*
Nehmen Sie frisch gemahlenen Pfeffer, gemahlener Pfeffer verliert schnell sein Aroma.

23 STERNANIS *Pimpinella anisum*
Beliebtes Gewürz in der Chinesischen Küche; gibt alkoholischen Getränken Aroma.

24 MOHN *Papaver somniferum*
Paßt zu Brot, Kuchen und Brötchen.

25 VANILLESCHOTE *Vanilla planifolia*
In einer Streuzuckerbüchse aufbewahren; paßt zu Milchspeisen; dabei die Schoten aufschlitzen.

HÜLSENFRÜCHTE

Hülsenfrüchte – wie getrocknete Erbsen, Bohnen oder Linsen – spielen in der vegetarischen Küche eine große Rolle. Es gibt viele Sorten in jeder Geschmacksrichtung – von der milden Sojabohne, die viel Protein enthält, aber stark gewürzt oder mit Kräutern zubereitet werden muß, bis zur frz. roten Bohne mit ihrem »erdigen« Eigengeschmack. Hülsenfrüchte haben, wenn sie nicht im Drucktopf zubereitet werden, eine lange Kochzeit: über Nacht eingeweicht brauchen sie 2–3 Stunden, bis sie gar sind. Bei Bohnen kommt es darauf an, wann sie geerntet und wie lange sie gelagert worden sind. (Siehe S. 123). Es ist besser, erst am Ende der Kochzeit zu würzen, da die Gewürze durch die lange Kochzeit an Geschmack verlieren.

Einige Bohnensorten eignen sich vorzüglich für kalte Salate und sommerliche Gerichte.

4 MUNG BOHNEN
Gut als Bohnensprößlinge (S. 201), werden vor allem in Afrika, China und USA angebaut.

5 ÄGYPTISCHE LINSEN
Gehören zu vielen, würzigen Gerichten; mit Butter und gehackter Petersilie schmecken sie vorzüglich.

6 WEISSE BOHNEN
Für Bohnensalat und Suppen; mit Rosmarin und Knoblauch würzen.

1 SCHWARZE BOHNEN
Wichtiger Bestandteil der Karibischen und Chinesischen Küche; mit Ingwer oder Kümmel würzen; in Knoblauch oder Tomatensauce servieren.

2 GANZE GRÜNE ERBSEN
Mehlige Erbse, die gut zu anderen Gemüsen paßt. Mit Zwiebeln, Knoblauch oder Schalotten kochen.

3 SCHÄLERBSEN
Für Eintöpfe und Püree, mit Minze und Sauerrahm angerichtet oder als Erbsbrei.

7 ADUKI BOHNEN
Kohlehydrathaltig, süß im Geschmack; lassen sich als Gemüse kochen.

8 DICKE BOHNEN
Die weiße oder braune, harte Haut nach dem Kochen entfernen oder geschälte Bohnen kaufen. Als Püree, warm oder kalt servieren; kalt müssen sie gut gewürzt und mit Zitronensaft angerichtet werden.

9 ROTE KIDNEY BOHNEN
Leicht erdiger Geschmack; mit Reis und Tomatensauce, in Eintöpfen oder kalten Salaten ausgezeichnet.

15 SCHMINKBOHNEN
Delikate grüne Bohne mit dem Geschmack frischer
Bohnen; zusammen mit anderen Bohnensorten als
Salat zubereiten.

16 BUTTERBOHNEN
Groß, flach, cremig weiß, müssen nach dem Kochen enthäutet werden; sehr gut mit geschmolzener Butter, Petersilie oder frischen Kräutern.

12 BORLOTTI oder **PINTO-BOHNEN**
Auch in weiß erhältlich; sehr gut in Suppen, mit
Parmesan bestreut.

10 ÄGYPTISCHE BRAUNE BOHNEN
Auch *FUL MESDAMES* genannt; mit Zitronensaft, Öl, Knoblauch und Petersilie anrichten.

11 ROTE LINSEN
Für dicke Suppen oder als Beilage zum Curryge-
richt. Milder Geschmack, werden schnell breiig.

13 SOJABOHNEN
Proteinhaltig, milde im Geschmack, daher stark
würzen; bei zerstoßenen Sojabohnen verkürzt sich
die Kochzeit.

14 GELBE SCHÄLERBSEN
Ausgezeichnet in Eintöpfen und als Erbsbrei; kochen, würzen und als Frikadellen einfrieren.

17 SCHWARZÄUGIGE BOHNEN
Amerikanische Spezialität; das für den Süden typi-
sche Gericht wird mit Zwiebeln und Reis serviert.

18 KICHERERBSE
Lange Einweich- und Kochzeit; kalt oder heiß eßbar; wird zur Zubereitung von Hummus, (S. 64)
einer berühmten griechischen Sauce, gebraucht.

TEIGWAREN

Teigwaren bestehen aus Mehl, Wasser und manchmal aus Eiern, um den Teig zu lockern und mit Protein anzureichern. Die besten Teigwaren werden aus dem griffigen Weizengrießmehl gemacht, das sehr viel Protein enthält; der Teig reißt beim Kochen nicht so leicht. Aus Roggenmehl entstehen festere, delikate Teigwaren, die besonders gut schmecken, wenn man sie selber macht (S. 74). Die Teigwaren lassen sich auch mit Spinat zubereiten (pasta verde); es gibt erstaunlich viele Variationsmöglichkeiten, von denen sie hier einige sehen.

IM BILD:
  1 Spaghetti aus Weizengrießmehl
    (Seminola-Mehl)
  2 Spaghetti aus Roggenmehl
  3 Eiernudeln
  4 Tagliatelle-Nester mit und ohne Spinat
  5 Cannelloni
  6 Makkaroni aus Weizenmehl
  7 Rigatoni
  8 Tortiglioni
  9 Farfalle (die kleineren heißen Farfalletti)
 10 Conchiglie (Muscheln) und Conchiglietti
 11 Anelli aus Weizenmehl
 12 Grüne und Weizenmehl-Lasagne
 13 Ravioli

GETREIDE- UND MEHLSORTEN

Erste Reihe v. links n. rechts:

SCHROTMEHL
Feingemahlen, für Kuchen und Gebäck. Für einen feinen Kuchenteig ersetze ich die gröberen Körner durch extra gesiebtes Mehl.

WEIZENKÖRNER
Die nahrhaften Samenkörner des Weizens. Reich an Protein, Vitaminen und Ölen; lange Kochzeit.

UNGEBLEICHTES WEISSES MEHL
Ich benutze es anstelle des gebleichten weißen Mehls für Gewürzkuchen, weil es geschmacksneutraler ist.

GROB GEMAHLENES SCHROTMEHL
Zum Brotbacken und für Hefeteige sehr gut geeignet.

RAFFINIERTES WEISSES MEHL
Ich nehme dieses gebleichte Mehl nur ungerne.

MAISMEHL
Gelb oder weiß, je nach Farbe des Getreides, aus dem es gemahlen wurde. Wird zum Backen von Maismehlbrötchen (S. 152) verwendet.

Zweite Reihe v. links n. rechts:

GROB GEMAHLENES MAISMEHL
Zur Herstellung von Polenta (S. 124) und Klößen zu geschmortem Gemüse.

BUCHWEIZEN oder KASHA
Wird hauptsächlich in Rußland aus der Hand gegessen – sehr nahrhaft.

BUCHWEIZENMEHL
Um Blinis (S. 60) zu machen; wird häufig in der Russischen Küche verwendet.

HAFERFLOCKEN
Grobe Qualität, für Frühstücksspeisen; ausgezeichnet für süße Haferkuchen (S. 164). Brot vorm Backen damit bestreuen.

ROGGENMEHL
Dieses ist hell; je dunkler die Farbe, desto stärker der Roggengeschmack. Zum Brotbacken mit dunklem Roggenmehl mischen, da dunkler Roggenmehlteig klebt.

Dritte Reihe v. links n. rechts:

SOJAMEHL
Aus der proteinreichen Sojabohne (S. 23), kürzere Kochzeit.

BURGHUL
Weizenkörner werden gekocht bis sie fast platzen, dann getrocknet und gemahlen. Ähnelt dem grob gemahlenen Weizen, hat jedoch eine längere Zubereitungszeit. Burghul wird für das Tabbouleh benötigt (S. 133).

COUSCOUS
Grober Grieß aus Weizen oder Hirse. Wird in Nordafrika und Osteuropa häufig verwendet.

GERSTENMEHL
Fügen Sie wegen des Geschmacks beim Brotbacken ein wenig Gerstenmehl hinzu.

WEIZENGRIESS
Aus dem Nährgewebe des Weizens; erhältlich in verschiedenen Körnungsstufen: fein gemahlen für Pudding, grob gemahlen für Couscous.

HIRSE
Gilt als Vogelfutter; kann gemahlen und zum Kochen verwandt werden. Sehr nahrhaft; mit leichtem Nußgeschmack.

Vierte Reihe v. links n. rechts:

BRAUNER LANGKORNREIS
Nehmen Sie diesen ungeschälten Reis, da er noch wertvolle Vitamine, Mineralstoffe und Proteine enthält. Eignet sich am besten für Indische, Chinesische und Mittelöstliche Gerichte, der RUNDKORNREIS für Pudding, Klößchen und süße Gerichte.

CAROLINA (RUNDKORN) REIS
Weißer, geschälter Reis ohne die äußere Schale; wird für Pudding verwendet.

LANGKORN (BASMATI) REIS
Nehme ich anstelle des braunen Reis für schmackhafte Gerichte.

REISMEHL
Nicht klebend, wird von Bäckern verwendet, damit der Teig nicht klebt. Zum Andicken von Suppen und für Biskuitteige.

WILDER REIS
Sehr teuer, aber ausgezeichnet.

ÖLE UND FETTE

Speiseöle sind die flüssige Form von Fett, das in der vegetarischen Küche hauptsächlich aus Gemüse, Getreide, Nüssen und Samen gewonnen wird. Die Meinungen der Ärzte über einen möglichen Zusammenhang zwischen dem Verzehr von Fettsäuren und Herz-Gefäßerkrankungen sind geteilt. Ernährungswissenschaftler raten aber, den Gesamtverbrauch an Ölen und Fetten zu kontrollieren. Pflanzliche Öle und Fette mit mehrfach ungesättigten Fettsäuren sind den gesättigten, tierischen Fettsäuren vorzuziehen. Das Kapitel über Ernährung, das auf S. 208 beginnt, befaßt sich eingehender mit diesen Fragen.

Da ich bei meinen Gerichten nicht ganz ohne Fette und Speiseöle ausgekommen bin, finden Sie hier einige der gebräuchlichsten:
Oben, von links nach rechts:

1 WALNUSSÖL
Delikates, wohlschmeckendes Öl, wird in der Südfranzösischen Küche oft anstatt Olivenöl gebraucht. Ausgezeichnet für Salate.

2 SONNENBLUMENÖL
Wird oft anstatt von Olivenöl gebraucht, obwohl es milder im Geschmack ist. Wenn Sie Oliven darin einlegen, erhält es einen leichten Olivengeschmack.

3 ERDNUSSÖL
Ähnlich dem Sonnenblumenöl, aber stärker im Geschmack – wenn es nicht bei der Verarbeitung an Geschmack verliert.

4 SESAMÖL
Ausgezeichnet im Geschmack; wird aus Sesamkernen gewonnen und in der Orientalischen und Mittelöstlichen Küche häufig verwendet.

5 TAHINA PASTE
Wird aus Sesamkernen und Öl gemacht; Hauptbestandteil des klassischen Hummusgerichtes aus dem Mittleren Osten (S. 64).

6 OLIVENÖL
Das in Frankreich und Italien am meisten verwendete Öl; wegen des unvergleichlich guten Geschmacks verwende ich es für die meisten Gerichte. Beim ersten Pressen, als *huile vierge*« bekannt, ist der Geschmack am stärksten; nur schwer erhältlich!

7 MANDELÖL
Wird hauptsächlich zur Herstellung von Konfekt benutzt; backen Sie gesalzene Mandeln darin.

8 SOJABOHNENÖL
Ein fast geschmackloses, raffiniertes Öl aus der Sojabohne. Zum Kochen oder für Salatsaucen geeignet.

9 SAFRANSAMENÖL
Ist nach dem Raffinieren fast geschmacklos. Enthält wenig Fettsäure.

10 MAISÖL
Für mich hat dieses Öl keinen guten Geschmack. Viele benutzen es zum Frittieren.

WICHTIG: Frittieröl nie über 190°C erhitzen, oder es entzündet sich. Warnzeichen: blauer Rauch über der Pfanne. Sonnenblumenöl nicht über 185°C erhitzen. Bei dieser Temperatur muß ein Stück trockenen Brotes in 60 Sek. braun werden.

11 BACKFETT
Ein schmelzendes Kochfett aus pflanzlichen Ölen zum Kuchen backen, besonders gut für die festen amerikanischen Kuchen.

12 MARGARINE
Ein Fett von verschiedener Festigkeit, das anstelle von Butter gebraucht wird, obwohl der Geschmack des fertigen Gerichtes nicht der gleiche ist. Nehmen Sie eine Margarine aus Pflanzenöl; manche enthalten zusätzliche Vitamine.

NÜSSE UND SAMEN

Das Wort Nüsse steht für eine Anzahl von Samen, Kernen oder Pflanzen und Früchten, die botanisch gesehen nicht zu den Nüssen gehören. Nüsse können aufgrund ihres Geschmacks in verschiedene Sorten eingeteilt werden: zunächst die Paranüsse, Haselnüsse, Pekan- und Walnüsse mit ihrem reichen, öligen Geschmack, die sehr fest sind; dann die Pistazien und Pinienkerne mit leicht harzigem Geschmack. Mandeln, Cashew-Nüsse und Kastanien sind süßer; Kastanien werden nach dem Kochen mehlig.

Kokosnüsse sind eine Sorte für sich; geschmacklich liegen sie zwischen Paranüssen und Mandeln, aber die Nuß ist hohl und enthält eine süße, genießbare Milch.

Servieren Sie die Nüsse ganz, zerhackt oder grob gerieben; geben Sie sie zu gekochten Gerichten, über Gemüse oder Salate zum Garnieren, da sie Proteine und Nährstoffe enthalten. Nüsse haben allgemein einen hohen Nährwert. Dabei stehen Mandeln an der Spitze, gefolgt von Para-, Wal- und Haselnüssen. Kastanien stehen an letzter Stelle, sind aber sehr beliebt, insbesondere geröstet.

Wenn möglich nehmen Sie frische Nüsse aus dem Garten. Viele Nüsse, die Sie im Laden kaufen, sind gedörrt oder geröstet, und das verändert den Geschmack – besonders bei Walnüssen, die nach dem Dörren scharf schmecken.

13 SONNENBLUMENKERNE
Am besten roh – enthalten viele Proteine und Vitamine; über Salate oder Frühstücksspeisen streuen.

14 SESAMKERNE
Enthalten wertvolle Vitamine und Mineralstoffe, u.a. Magnesium, Kalzium und Phosphor.

15 CASHEWNÜSSE (ungesalzen und gesalzen)
Streuen Sie diese süßen, halbmondförmigen Nüsse über Salate oder backen Sie ein Nußbrot (S. 106) damit.

16 WALNÜSSE
Legen Sie sie im Sommer ein, bevor die Schale reif und hart wird.

17 GETROCKNETE KOKOSNUSS
Das getrocknete, geraspelte Fleisch der Kokosnuß (ganz rechts, 27); für Reisgerichte, Süßspeisen und Kuchen.

18 HASELNÜSSE
Können gebacken, gekocht, zerdrückt, zu Mehl verarbeitet, püriert oder wie Gemüse verwendet werden.

19 PISTAZIEN
Eine süße, wohlschmeckende Nuß; geschält hat sie eine blaß-grüne Farbe.

20 PEKANNÜSSE
Amerikanische Verwandte der Walnuß mit weicher Schale und mildem Geschmack.

21 HASELNÜSSE
Werden oft mit der größeren Cobnuß verwechselt, geröstet oder in Kuchen gebacken.

22 MANDELN ganz, ungeschält, grün
Geröstet und gesalzen als Snack; gemahlen oder gehackt für Kuchen.

23 PINIENKERNE oder PIGNOLIEN
Die aromatische Nuß bestimmter Pinien wird immer in der Schale verkauft.

24 ERDNÜSSE
Fett- und proteinreich, werden zu Öl, Butter oder Mehl verarbeitet; als Gemüse servieren oder zum Backen.

25 WASSERKASTANIEN
Im eigentlichen Sinn keine Nuß; mürbes Gewebe; wird in der Chinesischen Küche verwendet.

26 PARANÜSSE
Große, fleischige Nuß mit harter Schale.

EIER

Neben den weißen und braunen HÜHNEREI-ERN (vorne links) sind auch andere Vogeleier eßbar. Die bläulichen ENTENEIER (ganz links) sollten nur gekocht verwendet werden; das kleine, gesprenkelte WACHTELEI und das größere, dunkelschalige MÖWENEI gelten als Delikatesse. Ein GÄNSEEI (hinten rechts) hat einen starken Geschmack und ist sehr groß. Vegetarier essen keine tierischen Produkte und verzichten daher auf Eier, obwohl sie sehr nahrhaft und proteinhaltig sind. Freilandeier von Hennen, die nicht in Legebatterien gehalten werden, gelten als die besten. Ein frisches Ei liegt flach in einer Schale mit Wasser; ein älteres dreht sich, da sich die Luftblase unter der Schale an der breiten Seite vergrößert.

Eier niemals aus dem Kühlschrank in kochendes Wasser geben, sonst platzt die Schale! Je älter das Ei, desto eher platzt es. Im Laden gekaufte Eier mit der Schmalseite nach unten lagern, da sie länger haltbar sind, wenn das Eigelb statt auf der Luftblase auf dem Eiweiß ruht.

MILCH

Milch ist ein wichtiges Nahrungsmittel, da sie viele Proteine, Vitamine, Kalzium und andere Mineralstoffe enthält. Milch ist das nährstoffreichste Nahrungsmittel, das wir kennen. Vegetarier trinken allerdings nur die Milch aus »Nüssen«. Die Qualität der Milch hängt von der Jahreszeit ab – sie ist im Sommer am besten – von der Art des Zuchttieres und vom Futter. Im Handel erhältliche Milch wird in verschiedenen Verfahren zu diversen Qualitätsstufen verarbeitet; schädliche Keime werden dabei abgetötet.

RAHM

Enthält verschiedene Mengen Butterfett, das durch die Zentrifugalkraft von der Milch getrennt wird. Je höher der Fettanteil, desto dicker der Rahm – Doppelrahm ist der dickste. Wenn Sie Sahne schlagen, sollten Gefäße und Geräte eiskalt sein; ist die Sahne sehr frisch, geben Sie Zitronensaft hinzu. Wenn Sie sie zu lange schlagen, haben Sie Butter und Buttermilch. Buttermilch ist proteinhaltig und hat einen säuerlichen, leicht käsigen Geschmack. Sauerrahm ist im Handel erhältlich – schmeckt ausgezeichnet zu frischem oder gekochtem Obst oder zu Eintöpfen.

TROCKENMILCH

Trockenmilchpulver ist entrahmt und ist daher länger haltbar als flüssige Milch. Sie ist kalorienarm und deshalb sehr gut für eine Reduktionsdiät geeignet. »Instant«-Trockenmilch löst sich leichter in Getränken wie Tee oder Kaffee auf.

JOGHURT

Aus Kuh- oder Ziegenmilch hergestellt und durch Bakterien angesäuert. Wenn Sie Joghurt kaufen, überzeugen Sie sich, das die darin enthaltene Bakterienkultur frisch ist; manche im Handel erhältliche Joghurtsorten sind sterilisiert. Joghurt läßt sich leicht selbst machen (S. 200).

KÄSE

Käse ist für den Vegetarier ein besonderes Problem, da die meisten Sorten Lab enthalten, das Milch und Sahne gerinnen läßt. Labfreien Cheddar- oder Cheshire-Käse gibt es in Reformhäusern; heute versucht man schon, pflanzliche Enzyme zu verwenden. Hartkäse sind besonders proteinhaltig und kalorienarm, außer Quark und Hüttenkäse. Hier ist eine Auswahl der gängigen Käsesorten, die Lab enthalten:

1 PARMESAN
Kräftiger, harter italienischer Käse, der 2 Jahre vorher reifen muß. Kaufen Sie ihn stückweise.

2 RICOTTA (ohne Bild)
Weicher italienischer Käse mit mildem, feinem Geschmack. Zum Kochen geeignet.

BEL PAESE (ohne Bild)
Ein bekannter italienischer Weichkäse mit mildem, süßem Geschmack. Paßt zu frischem Obst als Dessert.

3 GORGONZOLA
Italiens bekanntester Schimmelkäse; reif, scharf und sehr mürbe.

4 CAMEMBERT und 5 BRIE
Bekannte französische Weichkäse, ähnlich im Geschmack; Brie ist etwas milder.

6 SCHWEIZER GRUYERZER
Der echte Schweizer Gruyerzer hat winzige Löcher, anders als der Franz. Gruyere, der dem **7 SCHWEIZER EMMENTALER** ähnelt. Alle eignen sich zum Fondue.

8 EDAMER und 9 GOUDA
Zwei der bekanntesten holländischen Hartkäse; Edamer ist salziger, Gouda hat eine rote Wachsschicht. Beide sind sehr gut zum Überbacken geeignet.

10 DERBY-SALBEI- und 11 ROTER WINDSOR-KÄSE
Zwei ausgezeichnete Spezialitäten, die Sie kennenlernen sollten. Der grünliche Derbykäse enthält frischen Salbei, der rote Annattobeeren.

12 CHEDDARKÄSE
Bekannter, aromatischer Käse, in der ganzen Welt unter diesem Namen bekannt. Sein Geschmack wird mit der Reife intensiver.

13 ROQUEFORT
Bekannter französischer Schimmelkäse aus Lammmilch. Die geronnene Milch wird mit Brotkrumen vermengt, damit er die Maserung erhält. Gut für Salatsaucen.

14 BLAUER STILTON
Wird der »König« der englischen Käse genannt. Der weiße Stilton ist jünger, kalkweiß, sehr mürbe und milder als der blaue.

15 ZIEGENKÄSE
Einer der vielen Chèvre-Käse; dieser ist weich, kreideweiß und scharf; gelbere, glattere Sorten sind von milderem Geschmack.

16 MOZZARELLA
Früher aus Büffel-, heute aus Kuhmilch gemacht! Milder Geschmack, gut zum Kochen geeignet, da er beim Erhitzen keine Fäden zieht.

17 HÜTTENKÄSE
Krümelig, milder Geschmack, aus entrahmter Milch, daher gut für die Reduktionsdiät. Durchpassieren, bevor Sie ihn anstelle von Quark verwenden.

18 QUARK
Aus geronnener Milch – zum Selbermachen Zitronensaft hinzufügen und durch ein sauberes Nesseltuch passieren. Indisches Chhanna und Panir (S. 200).

19 SAHNEKÄSE
Vollfett, weich und cremig, mit frischen Kräutern oder Knoblauch würzen. Kann auch gesüßt werden. Mit Sahne ist er delikat zu frischen Sommerbeeren.

20 FETA
Griechischer Ziegenkäse, weiß, fest und scharf. Köstlich über Salate gestreut.

VERSCHIEDENE FRÜCHTE

1 ÄPFEL *Malus*
Drei Sorten aus dem großen Angebot an Koch- und Dessertäpfeln. Es gibt zwei Arten Kochäpfel: die mehligen und die, die ihre Form behalten. Zum Geleemachen nehmen Sie am besten kleine, saure Holzäpfel.

9 PFIRSICH *Prunus persica*
Es gibt gelb- und weißhäutige Pfirsiche, bei denen der Stein fest im Fleisch sitzt. Sorgfältig waschen oder schälen.

10 NEKTARINEN *Prunus persica* var. *nectarina*
Eine Art weichhäutiger Pfirsich; geschmacklich zwischen Pfirsich und Pflaume einzuordnen.

14 WEINTRAUBEN *Vitis vinifera*
Grüne und blaue Weintrauben sollten flaumig sein – nehmen Sie eine große Traube, die saftige aber nicht überreife Früchte trägt.

2 BIRNE *Pyrus communis*
Es gibt viele Sorten mit verschiedenem Geschmack. Dessertbirnen sollten nicht ganz reif sein. Lassen Sie sie zu Hause nachreifen, damit sie nicht beschädigt werden.

3 KIRSCHEN *Prunus avium und cerasus*
Dunkle und hellrote Kirschen sind gute Dessertfrüchte. Ich nehme die leicht bitteren Morellen zum Kochen und zum Einkochen von Marmelade.

4 PFLAUMEN *Prunus domestica*
Rote, goldgelbe oder purpurfarbene Dessertpflaumen sollten einen Flaum haben. Zu den verschiedenen Sorten gehören die kleinen, herben Damson und die hellgrünen Gage Pflaumen. Beide sind für Marmeladen geeignet.

5 PREISELBEEREN *Vaccinium macrocarpon*
Die großen amerikanischen Preiselbeeren gibt es auch in Großbritannien. Ihr herber Geschmack ergänzt süße oder herbe geleeartige »Saucen«.

6 HIMBEERE *Rubus idaeus*
Wenig saftige, weiche Frucht, kräftiger im Geschmack als die Erdbeere; wird mit Zucker und Sahne serviert; für Sorbets, Cremeeis und Marmelade. Sofort nach dem Kauf verwenden.

7 LOGANBEERE *Rubus loganobaccus*
Amerikanische Beere, Kreuzung zwischen Himbeere und Brombeere, aber größer, weicher und saftiger als Himbeeren.

8 BROMBEERE *Rubus ulmifolius*
Brombeersuche und Brombeer-Apfelkuchen machen den Gedanken an den Winter erträglich. Veredelte Brombeeren sind größer als wilde. Ausgezeichnet für Marmeladen und Sorbets.

11 STACHELBEERE *Ribes grossularia*
Diese scharf schmeckenden, grünen oder rötlichen Beeren eignen sich sehr gut für Marmeladen, Kuchenfüllungen oder Mus.

12 SCHWARZE und ROTE JOHANNISBEEREN
Ribes nigrum und sativum
Für Marmeladen und Gelees, Eis oder Sorbets; zusammengekocht ergeben sie ein herrliches Kompott – nehmen Sie weniger schwarze Johannisbeeren, da sie intensiv herausschmecken.

13 APRIKOSEN *Prunus armeniaca*
Frisch gepflückt haben sie einen unvergleichlichen Geschmack. Beim Kochen Vanillestange verwenden; für Marmeladen wegen des Mandelgeschmacks 6 Kerne pro Pfd. Obst mitkochen.

15 ERDBEEREN *Fragaria*
Die kultivierten Erdbeeren sind groß und gut im Geschmack; der Gourmet bevorzugt die kleinen, wilden WALDERDBEEREN. Erdbeerpüree läßt sich gut einfrieren.

21 DATTELN *Phoenix dactylifera*
Frische Datteln sind feucht und dick; beim Trocknen konzentriert sich der Zuckergehalt und der Geschmack wird intensiver. Kaufen Sie getrocknete, entkernte Datteln.

22 LYCHEE *Litchi chinensis*
Großkernige Frucht mit spröder Haut über rosafarbenem, durchsichtigem Fleisch; scharf und erfrischend.

23 GUAVE *Psidium guajava*
Aromatische, tropische Frucht, am besten gekocht oder in Dosen, da sie roh sehr scharf sind. Kerne wie bei einer Tomate.

27 APFELSINE *Citrus sinensis*
Dies ist eine kultivierte Sorte mit wenig Kernen. Nehmen Sie die kleinen, bitteren Sevilla-Orangen für Marmelade. Blutorangen sind am süßesten und haben rot geflecktes Fleisch. Nehmen Sie Orangen mit fester, öliger Schale.

28 ZITRONEN *Citrus limon* und **LIMONEN** *Citrus aurantifolia*
Die Zitrone ist wie die kleinere, grüne Limone sauer mit aromatischer Schale. Schale vor Gebrauch gründlich waschen, um Konservierungsmittel zu entfernen.

29 BANANE *Musa*
Werden grün gepflückt, reifen während des Transports. Die Schale sollte goldgelb sein, ohne Druckstellen. Nehmen Sie grüne Bananen zum Kochen.

30 ANANAS *Ananas comosus*
Eine der delikatesten Früchte; ausgewogener, süß-saurer Geschmack, enthält viel Vitamin A und C. Wählen Sie eine Ananas mit frisch aussehenden Blättern und etwas weicher Schale.

16 CHINESISCHE STACHELBEERE oder KIWI *Actinidia chinensis*
Enthält soviel Vitamin C wie Zitrusfrüchte. Wenn sie mit Schale gegessen wird, müssen die Haare vorher entfernt werden.

17 BLAUBEEREN *Vaccinium corymbosum*
Nordamerikanische Beere, so groß wie eine Heidelbeere. Gut als Kuchenbelag oder mit braunem Zucker und Sahne.

18 RAMBUTAN *Nephelium lappaceum*
Tropische Frucht aus Malaysia mit weißem, erfrischendem, süß-saurem Fruchtfleisch. Roh oder gekocht zu essen.

19 PASSIONSFRUCHT *Passiflora edulis*
Die harte, rauhe Schale ist ein Zeichen der Reife! Saftige Frucht mit eßbaren Kernen – der Saft kann zum Aromatisieren von Sahne verwendet werden.

20 MANGOSTANE *Garcinia mangostana*
Tropische Frucht aus Malaysia mit weißem, sirupartig schmeckendem, aromatischem Fleisch. Am besten frisch essen!

24 MANGO *Mangifera indica*
Die große, rot-gelb schattierte, tropische Frucht wächst in Indien. Sie ist duftend und würzig. Wählen Sie Früchte ohne braune Flecken.

25 PAMPELMUSE *Citrus paradisi*
Hier zwei der besten Sorten – die bekanntere gelbe und die rosafarbene texanische Pampelmuse.

26 UGLI
Kreuzung zwischen Pampelmuse und Mandarine.

31 MELONEN *Cucumis melo*
Gehören zur gleichen Familie wie Gurken, Eierkürbis und Kürbis. Ihr Fleisch ist duftend, enthält 94% Wasser und ca. 5% Zucker. Drei Sorten sind hier abgebildet: die runde, wellige, grün schattierte Ogenmelone, die ovale, goldene Honigmelone und die unverkennbare, rotfleischige, kernreiche Wassermelone *(Citrullus vulgaris)*. Eine Melone soll hohl klingen, wenn man sie leicht klopft.

SÜSSTOFFE UND GÄRUNGSSTOFFE

10 MAISSIRUP

3 WABENHONIG

11 AHORNSIRUP

1 KLARER HONIG

2 DICKER HONIG

12 MEERSALZKRISTALLE

13 RAFFINIERTES SALZ

4 MELASSE

14 GLYZERIN

5 BRAUNER ROHZUCKER

15 FRISCHHEFE

6 HELLBRAUNER ZUCKER

16 BIERHEFE

7 KÖRNIGER WEISSER ZUCKER

17 BACKHEFE

8 PUDERZUCKER

18 BACKPULVER

19 NATRON

9 STREUZUCKER

20 GEREINIGTER WEINSTEIN

21 AGAR-AGAR

Suppen

Eine gute Suppe sollte jeder Mahlzeit vorausgehen, ob es sich dabei um eine aromatische klare Kraftbrühe, eine sämige Cremesuppe, eine warme, kräftige Gemüsesuppe oder eine eisgekühlte Suppe für einen Sommerabend handelt.

Die Rezepte für all diese Suppen finden Sie im nächsten Kapitel. Minestrone oder Schottische Kraftbrühe können, mit frisch gebackenem Brot serviert, so reichhaltig sein, daß sie eine komplette Mahlzeit ersetzen.

Mit einem Mixgerät oder einem Sieb lassen sich viele, nahrhafte Suppen aus den besten Gemüsen herstellen. Man braucht nur ein wenig Phantasie. Kombinieren Sie einmal Zwiebeln mit Runkelrüben und Orangen, oder Kohl mit Apfel und Zitrone …

Cremige und passierte Suppen schmecken kalt, aber kalte Suppen müssen stärker gewürzt werden als warme. Toastdreiecke mit Kräuterbutter sind eine delikate Beilage zu Gemüsesuppen: Mandel- oder Haselnußbiskuits passen zu Fruchtsuppen.

Herstellung der Brühe

Eine gute Gemüsebrühe ist die Grundlage jeder Suppe; hier sind zwei Rezepte für die eigene Herstellung.

Eine Brühe selbst herzustellen kostet Zeit und Mühe. Aber der Geschmack fertiger Brühen ist auch sehr gut.

Es gibt helle und dunkle Brühen. Dunkle erhalten ihre Farbe dadurch, daß die Ingredienzen gedünstet werden, bis sie Farbe annehmen, bevor man die Flüssigkeit zugibt. Bei hellen Brühen wird das Gemüse gedünstet, darf aber keine Farbe annehmen; sie sind daher heller und delikater.

Ich nehme für die Gemüsebrühen nur wenig Kohl, weil sein Geschmack zu intensiv ist. Aber das Wasser, in dem er gekocht wird, läßt sich als Auffüllflüssigkeit verwenden.

Es ist wichtig, daran zu denken, daß man Gemüsebrühen nicht länger als 24 Std. aufheben soll; sie sollten frisch zubereitet, im voraus gemacht oder tiefgefroren verwendet werden. Machen Sie daher die vierfache Menge und frieren Sie sie portionsweise ein.

Für Notfälle lassen sich fertige Gemüsebrühwürfel verwenden; aber bitte sparsam würzen, da sie normalerweise sehr salzig sind.

Braune Gemüsesuppe

Kalorien pro Portion: 120 (502 kJ)
Proteingehalt pro Portion: 5 g
Vorbereitungs- u. Garzeit: 2 Std.

2 EL Oliven- oder Sonnenblumenöl
225 g fein geschnittene Zwiebeln
225 g Karotten in dünnen Scheiben
225 g Tomaten, quer in Hälften geschnitten
450 g grüne Blätter (Salat, Kohl, Blätter von
  Wurzeln, Spinat) welke Blätter entfernen
900 ml Wasser
1–2 TL Hefeextrakt

Erhitzen Sie das Öl in einer tiefen Pfanne bei milder Hitze. Geben Sie Zwiebeln und Karotten hinzu und schmoren Sie sie ca. 30 Min. an, bis sie goldbraun sind.

Mittlerweile grillen Sie die Tomaten bis sie braun sind, dann geben Sie sie mit dem Grün zu den Zwiebeln und Karotten. Fügen Sie Wasser hinzu, bringen Sie das Ganze zum Kochen, dann mildern Sie die Hitze und lassen die Brühe 1½ Std. kochen. Fügen Sie Hefeextrakt hinzu. Füllen Sie die Brühe in einem Meßgefäß auf 900 ml mit Wasser auf. Durchsieben und in die Pfanne zurückgeben, dabei den Gemüsesaft völlig auspressen. Die Brühe ist fertig zum weiteren Gebrauch.

Dieses Rezept ergibt 900 ml Brühe, genug für das erste Suppengericht für 4 Personen.

Klare Brühe

Ist im Rezept eine klare Brühe angegeben, lassen Sie sie kalt werden, schlagen 2 Eiweiß darunter und bringen sie langsam zum Kochen. Wenn das Eiweiß gerinnt und an der Oberfläche schwimmt, mildern Sie die Hitze und lassen es 1 Min. brodeln, dann passieren Sie die geklärte Brühe durch ein feines, sauberes Nessel- oder Mulltuch.

Weiße Gemüsebrühe

Kalorien pro Portion: 150 (615 kJ)
Proteingehalt pro Portion: 5 g
Vorbereitungs- u. Garzeit: 2 Std.

2 EL Oliven- oder Sonnenblumenöl
225 g fein geschnittene Zwiebeln
225 g gewürfelte Kartoffeln
50 g fein geschnittener Sellerie
100 g Pastinake in dünnen Scheiben, wenn
  groß, vierteln
100 g Karotten in feinen Scheiben, erst
  vierteln, wenn sie groß sind
100 g weiße Rüben in dünnen Scheiben,
  wenn groß, vorher vierteln
2 Lorbeerblätter
900 ml Wasser

Erhitzen Sie das Öl in einer tiefen Pfanne, geben Sie Zwiebeln, Kartoffeln und Sellerie hinzu; bei milder Hitze 10 Min. kochen. Das Gemüse darf keine Farbe annehmen, deshalb von Zeit zu Zeit umrühren.

Das übrige Gemüse, Wasser und Lorbeerblätter hinzufügen und gut umrühren. Aufkochen lassen, Hitze senken, dann die Pfanne zudecken und 1 Std. köcheln lassen.

Brühe im Meßbecher auf 900 ml mit Wasser auffüllen. Zweimal durchsieben, dabei Gemüse extra stark ausdrücken, um soviel Gemüsesaft wie möglich zu erhalten, ohne das Gemüse durch das Sieb zu pressen. Werfen Sie die Gemüsereste weg; die Brühe ist fertig zum weiteren Gebrauch und reicht für eine Suppe für 4 Personen.

Baskische Kraftbrühe

Diese klassische Kraftbrühe läßt sich auch eisgekühlt servieren.

Für 4 Personen
Kalorien pro Portion: 195 (820 kJ)
Proteingehalt pro Portion: 6 g
Vorbereitungs- u. Garzeit: 30 Min.

100 g fein gewürfelte rote Paprikaschote
1 EL Butter
900 ml klare braune Gemüsebrühe
4 EL gekochter Reis
Salz
frisch gemahlener Pfeffer
4 TL gehackter Kerbel

Schmelzen Sie die Butter in einer Pfanne bei
milder Hitze, fügen Sie die Paprikaschote hinzu; 15 Min. köcheln lassen, damit sie nicht anbrennt. Bringen Sie die Brühe in einem anderen Topf zum Kochen.

Geben Sie die Brühe zu den heißen Paprikaschoten, Reis zufügen und 5 Min. köcheln
lassen. Würzen, in die vorgewärmten Suppentassen geben, Kerbel darüberstreuen und
servieren.

Kraftbrühe Brancas

Für 4 Personen
Kalorien pro Portion: 125 (515 kJ)
Proteingehalt pro Portion: 5 g
Vorbereitungs- u. Garzeit: 30 Min.

900 ml klare braune Gemüsebrühe,
   mit mindestens 100 g frischen
   Sauerampferblättern
50 g fein gehackte Sauerampferblätter
50 g fein gehackte Salatblätter
Salz
frisch gemahlener Pfeffer

Geben Sie die Gemüsebrühe in einen Topf
und bringen Sie sie zum Kochen. Sauerampfer, Salat, Pfeffer und Salz nach Geschmack
zufügen, Hitze drosseln und 15 Min. köcheln
lassen. Bei Bedarf nachwürzen, in warme
Suppentassen füllen, heiß mit selbst gebackenem, getoastetem Vollkornbrot servieren.
Wenn Sie keinen Sauerampfer bekommen,
probieren Sie dieses Rezept mit Spinat.

Kraftbrühe Colbert

Für 4 Personen
Kalorien pro Portion: 205 (845 kJ)
Proteingehalt pro Portion: 12 g
Vorbereitungs- u. Garzeit: 15 Min.

900 ml klare braune Gemüsebrühe
Salz
4 Eier
4 TL fein gehackter Kerbel

Geben Sie die Brühe in einen Tiegel, zum Kochen bringen und warmstellen. Füllen Sie
Wasser in einen Topf, zum Kochen bringen
und dann die Hitze drosseln und köcheln lassen. Salz zufügen, dann die Eier aufschlagen
und vorsichtig nacheinander ins Wasser gleiten lassen, damit das Eigelb nicht zerfließt.

Nach 3–4 Min., wenn das Eiweiß fest und
das Eigelb noch weich ist, jedes Ei mit dem
Schöpflöffel herausnehmen und in die Mitte
einer warmen, tiefen Suppenterrine legen.
Langsam die heiße Suppe hinzugeben, damit
die Eier heil bleiben, dann mit Kerbel bestreuen. Heiß, mit dünnen Scheiben frisch ge-
röstetem Toastbrot servieren.

Kraftbrühe Crécy

Für 4 Personen
Kalorien pro Portion: 150 (632 kJ)
Proteingehalt pro Portion: 12 g
Vorbereitungs- u. Garzeit: 40 Min.

900 ml klare braune Gemüsebrühe
1 EL Butter
100 g gewürfelte Karotten
Salz
frisch gemahlener Pfeffer

Schmelzen Sie die Butter bei milder Hitze; fügen Sie die Karotten hinzu; 20 Min. leise köcheln lassen; nicht anbräunen oder anbrennen
lassen. Brühe in einer großen Kasserolle aufkochen (wenn Sie keine Brühe vorbereitet haben, können Sie sie jetzt machen).

Sind die Karotten weich, geben Sie sie mit
Saft zur heißen Brühe; 5 Min. leicht kochen
lassen. Würzen, in warme Suppentassen geben und servieren.

Okra Kraftbrühe

Kaufen Sie nur frischen Fenchelsamen, sonst
leidet der Geschmack der Suppe.

Für 4 Personen
Kalorien pro Portion: 170 (712 kJ)
Proteingehalt pro Portion: 8 g
Vorbereitungs- u. Garzeit (incl.
   Herstellung der Brühe): 2 Std.

100 g Okra in dünnen Scheiben
900 ml klare braune Gemüsebrühe mit
350 g grob gehackter Okra und
½ TL zerstoßener Cumin für die Brühe
Salz
frisch gemahlener Pfeffer
4 EL gekochter Reis
Prise Cayennepfeffer

Passieren Sie die Brühe in eine Pfanne und
würzen Sie sie mit Pfeffer und Salz. Fügen Sie
Okra und Reis hinzu, umrühren und zum Kochen bringen. Hitze mildern und 10 Min. köcheln lassen; gelegentlich umrühren, um ein
Anbrennen und Zusammenkleben des Gemüses zu verhindern. Cayennepfeffer vor dem
Nachwürzen hinzugeben, dann in warme
Suppentassen geben.

Champignonsuppe

Für 4 Personen
Kalorien pro Portion: 420 (1765 kJ)
Proteingehalt pro Portion: 7 g
Vorbereitungs- u. Garzeit: 1 Std.

450 g fein gehackte Champignons
150 g Butter
100 g fein gehackte Zwiebeln
1 EL Weizenmehl
900 ml braune Gemüsebrühe
100 ml trockener Rotwein
1 TL fertiger Franz. Senf
2 TL Hefeextrakt
Salz
frisch gemahlener Pfeffer

Schmelzen Sie 75 g Butter in einer Pfanne, geben Sie die Zwiebeln hinzu und schmoren Sie sie goldbraun an. Champignons dazugeben und köcheln, bis der Saft ausläuft und sie dunkel und glänzend sind. Rühren Sie mit einer Gabel die restliche Butter auf einem Teller unter das Mehl, bis eine weiche Paste entsteht (geknetete Butter oder beurre manié). Geben Sie die Brühe zu den Champignons und bringen Sie sie zum Kochen, dann Hitze reduzieren, die geknetete Butter, Wein und den Senf hinzugeben. Kräftig umrühren bis die Butter geschmolzen ist, dann weitere 20 Min. kochen lassen und gelegentlich umrühren. Hefeextrakt hinzufügen, gut umrühren und würzen. Die Suppe in vorgewärmte Suppentassen geben und mit Croûtons anrichten.

Schottische Gemüsesuppe

Dies ist eine gehaltvolle, kräftige Suppe; das Rezept reicht für 8 Personen.

Kalorien pro Portion: 130 (538 kJ)
Proteingehalt pro Portion: 3 g
Vorbereitungs- u. Garzeit: 2 Std.

4 EL Oliven- oder Sonnenblumenöl
225 g fein gehackte Zwiebeln
225 g Karotten in dünnen Scheiben,
wenn groß, vorher vierteln
225 g gewürfeltes Wurzelwerk
50 g Graupen
1,6 l Wasser
½ TL getrockneter Thymian
1 TL Salz
2 TL Hefeextrakt
2 Lorbeerblätter
225 g Lauch, längs halbiert, dann
in dünne Scheiben geschnitten

Erhitzen Sie das Öl, schmoren Sie die Karotten und Zwiebeln bei mäßiger Hitze an, bis sie leicht gebräunt sind, dann die übrigen Zutaten außer dem Lauch hinzugeben. Suppe aufkochen lassen, Hitze reduzieren und 1 Std. leicht kochen lassen, bevor Sie den Lauch zufügen. Weitere 30 Min. köcheln lassen, während des Kochens ein wenig Wasser dazugeben.

Lorbeerblätter entfernen, nachwürzen und mit Vollkornbrot (S. 151) servieren.

Braune Linsensuppe

Für 4 Personen
Kalorien pro Portion: 150 (627 kJ)
Proteingehalt pro Portion: 6,5 g
Vorbereitungs- u. Garzeit: 1½ Std.

100 g braune Linsen
2 EL Oliven- oder Sonnenblumenöl
225 g Zwiebeln in dünnen Scheiben
600 ml Wasser
1 Lorbeerblatt
5 cm Zimtstange
4 grob zerstoßene Gewürznelken
2 Knoblauchzehen, geschält und feingehackt
Salz
frisch gemahlener Pfeffer

Schmoren Sie die Zwiebeln in dem heißen Öl an, bis sie goldbraun sind; gelegentlich umrühren, damit sie nicht anbrennen. Linsen mit dem Wasser, dem Lorbeerblatt, der Zimtstange, Nelken und Knoblauch aufkochen. Bei größerer Hitze 45 Min. leicht kochen lassen, oder bis die Linsen weich sind.

Zimtstange und Lorbeerblatt entfernen, Linsen und Gemüsesaft mit dem Rührgerät pürieren oder zweimal durch ein Sieb drücken.

Das Püree in eine saubere Pfanne geben und die Menge mit Wasser auf 900 ml, wenn nötig, auffüllen, würzen und aufkochen lassen. Mit frischem Vollkornbrot (S. 151) servieren.

Anmerkung: Wenn Sie eine unpassierte Suppe bevorzugen, servieren Sie sie, sobald die Linsen weich sind.

Minestrone

Für 6 Personen
Kalorien pro Portion: 200 (830 kJ)
Proteingehalt pro Portion: 8 g
Vorbereitungs- u. Garzeit: 1 Std.

2 EL Oliven- oder Sonnenblumenöl
225 g fein gehackte Zwiebeln
100 g Karotten in dünnen Scheiben,
wenn groß, vierteln
100 g Sellerie in Scheiben
225 g gewürfelte Kartoffeln
225 g geschälte Tomaten
225 g grob gehackten grünen oder weißen Kohl
100 g ungeschälte oder tiefgefrorene Erbsen
100 g grüne Bohnen, in kurzen Stücken
100 g gekochte Sojabohnen
200 ml trockener Rotwein
2 l heißes Wasser
2 TL Hefeextrakt
4 Knoblauchzehen, geschält und fein gehackt
100 g Stellette oder Spaghetti, in kurze
Stücke gebrochen
Salz
frisch gemahlener Pfeffer
100 g geriebener Parmesan

Erhitzen Sie das Öl in einer großen Pfanne; schmoren Sie die Zwiebeln, Karotten und den Sellerie an, bis sie goldbraun sind, dabei häufig umrühren. Restliche Zutaten außer Salz, Pfeffer und Parmesan zugeben und die Suppe aufkochen lassen. Hitze verringern und 20–30 Min. köcheln lassen, wenn nötig ein wenig Wasser hinzufügen, dann salzen und pfeffern. Mit frisch gebackenem Vollkornbrot (S. 151) servieren und Parmesan in einer Extraschale dazu reichen.

Variation: Mit Pesto (S. 75) servieren. Auch extra dazu reichen.

Drei kräftige Suppen für den Winter – servieren Sie sie mit frisch gebackenem Vollkornbrot. Oben: Baskische Kraftbrühe mit roten Paprikaschoten, Reis und frischem Kerbel; Mitte: eine köstliche Minestrone. Unten: Champignonsuppe mit Zwiebeln und Rotwein.

Avgolemono (griechische Zitronensuppe)

Für 4 Personen
Kalorien pro Portion: 220 (920 kJ)
Proteingehalt pro Portion: 7 g
Vorbereitungs- u. Garzeit: 20 Min.

900 ml helle Gemüsebrühe
100 g gekochter Langkornreis
Salz
2 Eier
geriebene Zitronenschale
Saft von 1–2 Zitronen, je nach Größe
frisch gemahlener Pfeffer

Brühe zum Kochen bringen, gekochten Reis in die Pfanne geben, erneut aufkochen und salzen. Bei milder Hitze 5 Min. köcheln lassen. Eier in einem Gefäß aufschlagen, mit Zitronenschale und Saft schlagen, dann ein wenig Brühe dazugeben. Gut rühren, dann vorsichtig zur Brühe geben. Pfanne sofort von der

heißen Platte nehmen, da das Eiweiß sonst gerinnt, anstatt sich mit der Suppe zu vermischen. Rühren, bis sich alle Zutaten miteinander vermengt haben und die Suppe sämigglatt ist. Würzen Sie notfalls nach; servieren Sie die Suppe in vorgewärmten Tassen mit frisch gebackenem Mohnzopf (S. 154).

Karotten-Orangen Suppe

Für 4 Personen
Kalorien pro Portion: 310 (1302 kJ)
Proteingehalt pro Portion: 5 g
Vorbereitungs- u. Garzeit: 50 Min.

450 g grob geraffelte Karotten
fein gemahlene Schale von 1 Orange
4 EL Orangensaft
75 g Butter
50 g fein geschnittene Zwiebeln
1 TL Schrotmehl
300 ml Milch
Salz und frisch gemahlener Pfeffer

²/₃ der Butter in einem Tiegel bei schwacher Hitze schmelzen, Karotten und Zwiebeln dazugeben und 5 Minuten anschmoren. Wasser einrühren, aufkochen lassen, dann Topf zudecken und 20 Min. leise kochen lassen.

Die restliche Butter in einem anderen Topf bei schwacher Hitze schmelzen, Mehl einrühren und 1–2 Min. unter ständigem Rühren anschwitzen. Die Pfanne zur Seite stellen und langsam die Milch einrühren. Dann die Sauce aufkochen, während sie dicker wird, ständig rühren. Stellen Sie dann den Topf in einen

größeren Topf mit kochendem Wasser, oder stellen Sie die Sauce im Backrohr warm. Pressen Sie die Karotten und Zwiebeln mit ihrem Saft durch ein Sieb, oder pürieren Sie sie mit einem Rührgerät und drücken sie dann durch ein Sieb, so daß Sie ein ganz feines Püree haben. In eine saubere, größere Pfanne geben, Orangenschale und -saft hinzufügen und aufkochen. Pfanne beiseite stellen, die heiße Sauce einrühren, mit Salz und Pfeffer würzen und – wenn Sie möchten – mit einem Sahnetupfer in jeder Suppentasse servieren.

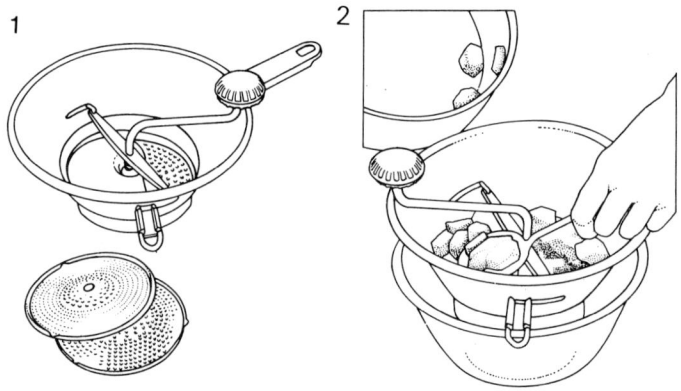
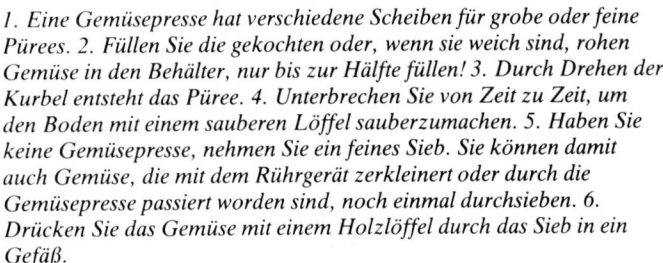

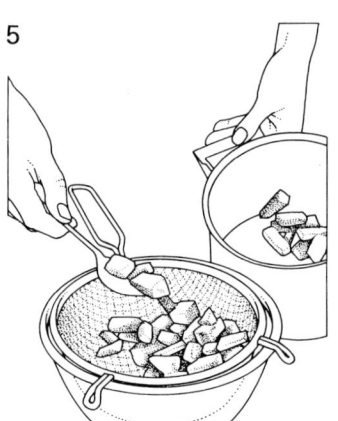

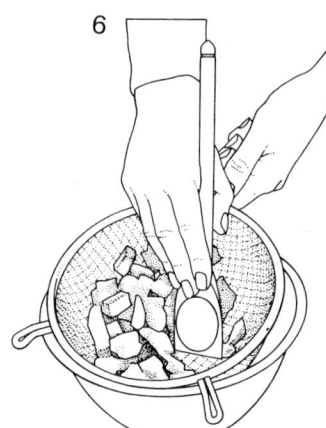

1. Eine Gemüsepresse hat verschiedene Scheiben für grobe oder feine Pürees. 2. Füllen Sie die gekochten oder, wenn sie weich sind, rohen Gemüse in den Behälter, nur bis zur Hälfte füllen! 3. Durch Drehen der Kurbel entsteht das Püree. 4. Unterbrechen Sie von Zeit zu Zeit, um den Boden mit einem sauberen Löffel sauberzumachen. 5. Haben Sie keine Gemüsepresse, nehmen Sie ein feines Sieb. Sie können damit auch Gemüse, die mit dem Rührgerät zerkleinert oder durch die Gemüsepresse passiert worden sind, noch einmal durchsieben. 6. Drücken Sie das Gemüse mit einem Holzlöffel durch das Sieb in ein Gefäß.

Chinakohl-Mais-Pilzsuppe

Diese Suppe ist eine klare Kraftbrühe, garniert mit Kohl und Pilzen. Der Kohl muß noch einen leichten Biß haben, wenn die Suppe fertig ist.

Für 4 Personen
Kalorien pro Portion: 155 (640 kJ)
Proteingehalt pro Portion: 7 g
Vorbereitungs- u. Garzeit: 2¼ Std.

1–2 fein geschnittene Chinakohlblätter
25 g Gemüsemaiskörner
25 g Pilze, in feinen Scheiben
2½ EL Oliven- oder Sonnenbumenöl
225 g fein geschnittene Zwiebeln
225 g fein geschnittene weiße Rüben
100 g grob gewürfelte Tomaten
900 ml Wasser
¼ TL Sternanis
2 TL Hefeextrakt
Salz
frisch gemahlener Pfeffer
2 Eier, getrennt

2 EL Öl in einem Topf bei schwacher Hitze erhitzen, Zwiebeln und Rüben darin 15 Min. anschwitzen, gut umrühren, bis das Gemüse leicht Farbe genommen hat. Tomaten zufügen und rühren, bis ein Brei entstanden ist. Wasser hinzufügen, Anis und Hefe einrühren, salzen und pfeffern. Die Suppe aufkochen lassen, dann die Hitze reduzieren und das Ganze etwa eine Stunde lang leise kochen lassen.

Messen Sie die Brühe in einem Meßbecher ab, und füllen Sie die Flüssigkeit mit Wasser auf 900 ml auf. Durch ein Sieb pressen, dabei die Gemüse gegen die Seiten drücken, um möglichst viel Saft und Aroma zu erhalten, ohne das Gemüse durchzupressen.

Lassen Sie die Suppe leicht abkühlen, dann klären Sie sie mit dem Eiweiß (siehe Anmerkungen für die Herstellung einer Klaren Brühe auf S. 34).

In der Zwischenzeit erhitzen Sie das restliche Öl in einem separaten Topf, fügen die Pilze hinzu und schmoren sie an, bis sie dunkel und glänzend sind. Auf Küchenpapier abtropfen lassen. Mais in die Suppe geben, aufkochen und 5 Min. köcheln lassen, dann die Pilze und den Kohl zugeben. Eigelb schaumig schlagen und langsam in die Suppe rühren, dann einige Minuten weiterköcheln lassen, bis das Eigelb Fäden zieht. Würzen, in warme Suppentassen geben und servieren.

Mais-Chinakohl-Pilzsuppe mit Eieinlauf

Für 4 Personen
Kalorien pro Portion: 865 (3620 kJ)
Proteingehalt pro Portion: 30 g
Vorbereitungs- u. Garzeit: 20 Min.

100 g gekochte Gemüsemaiskörner
600 ml braune Gemüsebrühe
100 g blättrig geschnittene Champignons
1 EL Sojasauce
1 TL Zitronensaft
¼ TL Glutamat
(nach Wahl)
2 gut geschlagene Eier
100 g fein geschnittener Chinakohl
Salz

Brühe aufkochen, Mais und Champignons zugeben und 4 Min. leise kochen. Sojasauce, Zitronensaft und Glutamat einrühren (wenn Sie wollen), dann die Eier sehr langsam in die kochende Suppe rühren, dabei ständig umrühren, so daß sie dünne Fäden ziehen.

Chinakohl zufügen und weitere 2 Min. kochen lassen, bis der Kohl gut heiß ist und die Suppe wieder kocht. Salzen, wenn nötig, und sofort servieren.

Lauch-Tomaten-Kartoffelsuppe mit Safran

Für 4 Personen
Kalorien pro Portion: 205 (865 kJ)
Proteingehalt pro Portion: 7 g
Vorbereitungs- u. Garzeit: 45 Min.

450 g gewaschener Lauch, längs halbiert,
  dann in dünne Scheiben geschnitten
225 g grob gehackte, reife Tomaten
225 g gewürfelte Kartoffeln
40 g Butter
2 EL Weizenschrotmehl
300 ml Milch
300 ml Wasser
2 kräftige Safranfäden, ca. 10 Minuten in
  ein wenig Wasser aufgeweicht
Salz
frisch gemahlener Pfeffer

Butter in einer Kasserolle bei milder Hitze schmelzen, Kartoffeln 5 Min. darin anschmoren, ohne daß sie Farbe nehmen. Lauch zufügen, weitere 10 Min. köcheln lassen, ohne daß das Gemüse Farbe nimmt. Gemüse von Zeit zu Zeit umrühren – es sollte eher kochen als braten. Mehl dazugeben und gut verrühren, dann Milch und Wasser einrühren. Suppe unter ständigem Rühren aufkochen. Safran mit dem Einweichwasser zugeben, die Hitze reduzieren und die Suppe ca. 15 Min. leise kochen lassen.

In der Zwischenzeit die Tomaten bei schwacher Hitze musig kochen, wenn nötig ein wenig Wasser nachfüllen. Tomatenmus durch ein Sieb drücken, um Schale und Kerne zu entfernen, dann das Püree warm stellen, bis die Suppe serviert werden kann. Mit Salz und Pfeffer würzen, in warme Suppentassen füllen, einen Klecks Tomatenpüree in jede Tasse geben und servieren.

Spargelcremesuppe

Nehmen Sie möglichst frischen Spargel, wenn Sie ihn bekommen und der Preis es erlaubt, mindestens aber 225 g.

Für 4 Personen
Kalorien pro Portion: 350 (1457 kJ)
Proteingehalt pro Portion: 10 g
Vorbereitungs- u. Garzeit: 45 Min.

450 g geschälter, frischer Spargel
(falls erhältlich)
25 g Butter
20 g ungebleichtes weißes Mehl
600 ml Milch
Salz
frisch gemahlener Pfeffer
150 ml Schlagrahm
(oder nach Wahl)

Die Butter bei milder Hitze schmelzen, das Mehl hinzufügen. Ca. 1 Min. eindicken lassen, dabei ständig rühren, aber nicht bräunen lassen. Topf beiseite stellen, langsam die Milch zugießen, jedesmal kräftig umrühren. Auf die Platte zurückstellen, Hitze erhöhen und aufkochen lassen und solange rühren, bis die Sauce dicklich wird. Topf in einen anderen Topf mit kochendem Wasser stellen oder im Backrohr warmstellen. Mit gefettetem Butterbrotpapier zudecken und die Suppe 20 Min. bei milder Hitze ziehen lassen.

In der Zwischenzeit geben Sie den Spargel (S. 59) in soviel kochendes Salzwasser, daß die Stangen halb bedeckt sind; 10–15 Min. kochen lassen, bis der Spargel weich ist. Das Kochwasser abgießen und abmessen, mit Wasser auf 200 ml auffüllen, anschließend in die Sauce im Topf geben.

Nehmen Sie die acht besten Spargelköpfe beiseite, bevor Sie den Rest des Spargels in die Sauce rühren. Die Suppe im Mixer zerkleinern, dann durch ein Sieb pressen, damit sie besonders fein wird. Wenn Sie keinen Mixer haben, den Spargel mit einer Gabel zerdrücken, bevor Sie ihn durch ein Sieb pressen.

Die Suppe erneut in einem sauberen Topf erhitzen, salzen und pfeffern und mit je zwei der aufgehobenen Spargelköpfe in einer Suppentasse servieren. Geben Sie ein wenig Schlagrahm in jede Tasse, bevor Sie die Spargelspitzen daraufgeben.

Vier delikate Cremesuppen. Von links: Tomaten-Orangensuppe, garniert mit frischen Basilikumblättern; Spargelcremesuppe, auch eisgekühlt sehr gut; Kürbissuppe mit Zimt aromatisiert; vorne: Maissuppe – nehmen Sie nur frischen Fenchelsamen, sonst ist die Suppe zu mild –.

Kürbissuppe

Für 6 Personen
Kalorien pro Portion: 45 (190 kJ)
Proteingehalt pro Portion: 1 g
Vorbereitungs- u. Kochzeit: 1 Std.

450 g geschälter Kürbis, in kleine,
gleichmäßige Stücke geschnitten
25 g Butter
100 g fein geschnittene Zwiebeln
¼ TL gemahlener Zimt
dünne Schale von ¼ Orange
900 ml Wasser
Salz
frisch gemahlener Pfeffer

Schmelzen Sie die Butter in einem Topf bei schwacher Hitze, und geben Sie den Kürbis und die Zwiebeln hinzu. 10 Min. köcheln lassen, dabei gelegentlich umrühren, bis das Gemüse leicht Farbe nimmt, dann Zimt und die Orangenschale hinzufügen und einige Minuten weiterkochen lassen. Wasser hineingeben und aufkochen, dann die Hitze senken und die Suppe 20–30 Min. köcheln lassen, bzw. bis der Kürbis weich ist. Orangenschale entfernen, die Suppe in den Mixer füllen und glattrühren, dann das Püree durch ein Sieb streichen, um eventuelle Fäden zu entfernen, oder zweimal durch ein Sieb drücken.

Die Suppe in einen sauberen Topf geben, mit Salz und Pfeffer würzen und erneut aufkochen lassen. Mit dunklem Roggenbrot (S. 151) servieren.

Tomaten-Orangensuppe

Für 4 Personen
Kalorien pro Portion: 145 (602 kJ)
Proteingehalt pro Portion: 2,5 g
Vorbereitungs- u. Garzeit: 45 Min.

1 kg geviertelte, reife Tomaten
dünne Schale von ¼ Orange
50 g Butter
100 g fein geschnittene Zwiebeln
1–2 TL gehacktes Basilikum
1 kleines Lorbeerblatt
1 TL brauner Rohzucker
Salz
frisch gemahlener Pfeffer

Butter in einem Topf bei schwacher Hitze zerlassen, Zwiebeln zugeben und glasig, aber nicht braun, dünsten. Tomaten, Orangenschale und -Saft, Basilikum und Lorbeerblatt zufügen. Die Suppe aufkochen lassen, dann Hitze mildern und 15 Min. leicht kochen lassen, bis die Tomaten musig sind. Durch ein Sieb streichen, und das Püree in einen sauberen Topf umfüllen. Zum Kochen bringen, wenn nötig, Zucker hinzugeben und salzen und pfeffern. Heiß mit frisch gebackenem, getoastetem Schrotmehlbrot servieren.

Anmerkung: Wenn die Tomaten nicht musig oder saftig genug sind oder das Püree zu dick ist, füllen Sie es auf 900 ml mit Wasser auf, bevor Sie die Suppe noch einmal aufkochen lassen.

Maiscremesuppe

Für 4 Personen
Kalorien pro Portion: 410 (1715 kJ)
Proteingehalt pro Portion: 18 g
Vorbereitungs- u. Garzeit: 35 Min.

100 g gefrorene Gemüsemaiskörner
50 g Butter
50 g Zwiebeln, in dünnen Scheiben
225 g gewürfelte Kartoffeln
½ TL Fenchelsamen
Salz
frisch gemahlener Pfeffer
900 ml Milch
50 g entrahmte Trockenmilch
50 g geriebener Cheddarkäse

Butter in einem Topf bei schwacher Hitze zerlassen; Zwiebeln und Kartoffeln 5 Min. anschmoren, ohne daß sie Farbe nehmen. Gelegentlich umrühren, damit sie nicht anbrennen. Fenchel, Salz und Pfeffer zugeben, dann die Milch unterrühren. Bei schwacher Hitze 20 Min. köcheln lassen, dabei gelegentlich umrühren. Die Suppe im Mixer pürieren, die Trockenmilch hinzugeben, bis sie sich aufgelöst hat; oder die Suppe durch ein Sieb drücken, dann die Trockenmilch einrühren.

Das Püree in einen sauberen Topf umfüllen, die gefrorenen Maiskörner zufügen und langsam aufkochen lassen. Den Topf vom Herd nehmen, Käse darüberstreuen und rühren, bis er geschmolzen ist. In vorgewärmten Suppentassen mit Schrotmehl-Croûtons anrichten.

Cremige Erbsensuppe

Für 4 Personen
Kalorien pro Portion: 365 (1522 kJ)
Proteingehalt pro Portion: 12 g
Vorbereitungs- u. Garzeit: 30 Min. bei
gefrorenen Erbsen, 1 Std. bei frischen
Erbsen

450 g ungeschälte oder tiefgefrorene Erbsen
100 g Butter
100 g fein gehackte Zwiebeln
150 ml Wasser
600 ml Milch
Salz
frisch gemahlener Pfeffer

Die Butter in einem Topf bei milder Hitze schmelzen, Erbsen, Zwiebeln und Wasser dazugeben. Bei mäßiger Hitze die Erbsen weichkochen – die Zeit hängt davon ab, ob Sie frische oder gefrorene Erbsen nehmen – frische brauchen mindestens 25 Min. Milch einrühren, salzen und pfeffern, zum Kochen bringen, dabei ständig umrühren.

Die Suppe in einen Mixer geben und zu einem feinen Püree verarbeiten oder durch ein Sieb streichen. In einen sauberen Topf umfüllen und aufkochen lassen. Wenn nötig, mit ein wenig heißer Milch verdünnen, um die Flüssigkeit auf 900 ml aufzufüllen. Evtl. nachwürzen und mit Schrotmehl-Croûtons servieren. Nicht zu lange kochen, sonst verliert die Suppe an Aroma.

Lauchcremesuppe

Für 4 Personen
Kalorien pro Portion: 385 (1615 kJ)
Proteingehalt pro Portion: 10,5 g
Vorbereitungs- u. Garzeit: 55 Min.

450 g Lauch, gewaschen, längs halbiert,
dann in Scheiben geschnitten
100 g Butter
2 EL Weizenschrotmehl
900 ml Milch
Salz und frisch gemahlener Pfeffer

Die Butter bei schwacher Hitze schmelzen, dann den Lauch zugeben und ca. 15 Min. weichkochen lassen. Er darf nicht bräunen, sonst verliert die Suppe ihr Aroma. Das Mehl einstreuen und umrühren, bis der Lauch gleichmäßig damit überzogen ist.

Topf beiseite stellen und die Milch unter ständigem Rühren langsam einfließen lassen. Topf auf den Herd zurückstellen und die Suppe aufkochen, während sie eindickt ständig rühren.

Die Suppe in den Mixer geben bis sie fein ist, dann durchsieben, um die Fasern zu entfernen, oder den Lauch zerdrücken, bevor Sie ihn durchsieben. Die Suppe in einen sauberen Topf umfüllen, erhitzen, dann in einen größeren Topf mit Wasser geben oder warmstellen.

Den Topf mit gefettetem Butterbrotpapier abdecken und 10 Min. stehenlassen, bevor Sie die Suppe würzen.

Artischockensuppe

Für 4 Personen
Kalorien pro Portion: 125 (522 kJ)
Proteingehalt pro Portion: 4 g
Vorbereitungs- u. Garzeit: 45 Min.

450 g Jerusalem-Artischocken, in
dünne Scheiben geschnitten
25 g Butter
100 g fein geschnittene Zwiebeln
400 ml Wasser
400 ml Milch
Salz und frisch gemahlener Pfeffer

Die Butter bei schwacher Hitze schmelzen, die Zwiebeln darin glasig dünsten, aber nicht Farbe nehmen lassen. Die Artischocken zugeben und 5 Min. anschmoren, Wasser hinzugießen, aufkochen und das Gemüse 15 Min. leicht köcheln lassen. Die Suppe im Mixer zu einem feinen Püree verarbeiten, oder das gekochte Gemüse durch ein Sieb streichen. Dann das Püree in einen sauberen Topf umfüllen, die Milch dazugießen und die Suppe noch einmal aufkochen lassen. Mit Salz und Pfeffer würzen und mit Schrotmehl-Croûtons anrichten.

Blumenkohlcremesuppe

für 6 Personen
Kalorien pro Portion: 260 (1075 kJ)
Proteingehalt pro Portion: 8 g
Vorbereitungs- u. Garzeit: 45 Min.

600 g Blumenkohl, in Röschen mit Strunk
* und einigen Blättern*
100 g Butter
25 g fein geschnittene Zwiebeln
900 ml Milch
2 Eigelb
Salz
frisch gemahlener Pfeffer

Blumenkohl bei milder Hitze 15 Min., oder bis er weich ist, im Topf mit ca. 1 cm Wasser, oder mehr, wenn nötig, kochen. Während er kocht, die Butter in einem anderen Topf bei milder Hitze schmelzen, und die Zwiebeln darin glasig dünsten, ohne daß sie Farbe annehmen. Den Blumenkohl abtropfen lassen, dabei 2 EL Kochwasser zurückbehalten. Dies zu den Zwiebeln und dem gekochten Blumenkohl geben, gut umrühren und das Gemüse in den Mixer geben.

Milch und Eigelb hinzufügen, bis alles gut vermischt ist; mit Salz und Pfeffer würzen; dann die Suppe durchsieben, um Fasern zu entfernen. Wenn Sie keinen Mixer haben, das Gemüse durch eine Gemüsepresse oder zweimal durch ein Sieb passieren.

Die Suppe in einen sauberen Topf umfüllen und erhitzen, dabei ständig umrühren, aber nicht kochen lassen, sonst gerinnt das Eigelb. Sobald die Suppe dicker wird, sie in eine vorgewärmte Terrine oder Suppentassen füllen und mit Croûtons servieren.

Kastaniensuppe

Für 4 Personen
Kalorien pro Portion: 435 (1815 kJ)
Proteingehalt pro Portion: 5 g
Vorbereitungs- u. Garzeit: 2 Std.

450 g ganze Kastanien, ergibt
* zubereitet ca. 350 g*
25 g Butter
50 g fein geschnittene Zwiebeln
900 ml weiße Gemüsebrühe
Salz
frisch gemahlener Pfeffer
150 ml Sauerrahm
ein wenig frisch geriebene Muskatnuß

Die Kastanien an einer Seite einritzen und bei 200°, Gas Stufe 6, 10–15 Min. backen, bis die Schale knusprig ist. Schale und Häutchen abziehen, dabei die Kastanie mit einem Küchentuch anfassen, um Ihre Hände zu schützen.

Die Butter bei schwacher Hitze in einem Topf schmelzen, die Zwiebeln darin goldbraun dünsten, bevor Sie die Brühe hinzugeben. Gut umrühren, die gehäuteten Kastanien hinzufügen und 20–30 Min. leicht kochen lassen, bis die Kastanien weich sind. Mit der Kochflüssigkeit durch ein Sieb pressen oder im Mixer pürieren und durch ein Sieb drücken, bis das Püree ganz fein ist. Dann salzen und pfeffern.

Suppe wieder ein wenig erhitzen, in warme Suppentassen verteilen, Sauerrahm darübergeben und vor dem Servieren mit geriebener Muskatnuß bestreuen.

Walnußsuppe

Für 4 Personen
Kalorien pro Portion: 350 (1455 kJ)
Proteingehalt pro Portion: 6 g
Vorbereitungs- u. Garzeit: 1¼ Std.

100 g frische Walnüsse in der Schale
25 g Butter
50 g fein gehackte Zwiebeln
2 EL Schrotmehl
900 ml weiße Gemüsebrühe
1 Lorbeerblatt
1 schmaler Streifen Zitronenschale
Salz
frisch gemahlener Pfeffer
2 Walnüsse, halbiert

Walnüsse mit Wasser bedeckt in einen Topf geben und aufkochen. Hitze mildern und die Nüsse 5 Min. leicht kochen, dann beiseite stellen. Während sie noch heiß sind, den Kern vorsichtig von der äußeren Haut mit einem scharfen Messer befreien.

Die Haut läßt sich leichter lösen, wenn die Nüsse noch heiß sind; nehmen Sie sie nacheinander mit der Schaumkelle aus dem Topf und schälen sie sie. Mahlen Sie die geschälten Nüsse im Mixer oder in einer Nußmühle, bis sie ganz fein sind.

Die Butter bei milder Hitze schmelzen, die Zwiebeln darin glasig dünsten, ohne daß sie Farbe annehmen. Rühren Sie das Mehl ein; weitere 1–2 Min. unter ständigem Rühren kochen lassen. Topf beiseite stellen, die Brühe langsam zugeben; ständig umrühren. Den Topf wieder auf den Herd stellen und die Suppe zum Kochen bringen, dabei rühren, bis sie dick wird. Lorbeerblatt und Zitronenschale dazugeben, Hitze reduzieren und 10 Min. köcheln lassen; die Zitronenschale entfernen, wenn das Aroma zu stark wird.

Die Walnüsse hineingeben, 10 Min. leise kochen lassen, dann die Suppe durch ein mittelfeines Sieb drücken. Mit Salz und Pfeffer würzen und servieren; garnieren Sie jede Portion mit einer Walnußhälfte oder Croûtons.

Um das Walnußaroma zu verstärken, braten Sie die Croûtons in einem Gemisch aus Walnußöl und Butter an. Für diese Suppe brauchen Sie den Mixer oder die Nußmühle.

Käse-Zwiebelsuppe

Für 4 Personen
Kalorien pro Portion: 465 (1937 kJ)
Proteingehalt pro Portion: 16 g
Vorbereitungs- u. Garzeit: 40 Min.

175 g Cheddar- oder Stiltonkäse,
*   zerkrümelt oder grob geraffelt*
900 ml weiße Gemüsebrühe
100 g fein gehackte Zwiebeln
50 g Weizenschrotmehl
1 Lorbeerblatt
Salz
frisch gemahlener Pfeffer

Brühe in einem Topf bis gerade unter dem Siedepunkt erhitzen. Die Butter in einem anderen Topf bei milder Hitze schmelzen, die Zwiebeln darin glasig dünsten. Das Mehl hineingeben und glattrühren, dann weitere 1–2 Min. unter ständigem Umrühren kochen. Käse einstreuen, rühren, bis er geschmolzen und gut untergemischt ist, dann mit der heißen Brühe auffüllen und rühren, bis die Suppe anfängt, dicklich zu werden.

Das Lorbeerblatt dazugeben, salzen und pfeffern, dann den Topf in einen größeren Topf mit kochendem Wasser stellen oder im Backofen warmstellen. Den Topf mit gefettetem Butterbrotpapier abdecken, weitere 20 Min. zum Durchziehen leicht köcheln lassen. Das Lorbeerblatt entfernen, notfalls nachwürzen und mit frischen Weizenschrotmehlbrötchen oder knackigem Toast servieren.

Camembertsuppe

Für 4 Personen
Kalorien pro Portion: 295 (1237 kJ)
Proteingehalt pro Portion: 12,5 g
Vorbereitungs- u. Garzeit: 45 Min.

175 g reifer aber nicht überreifer
*   Camembert, mit Rinde gewürfelt*
25 g Butter
25 g Weizenschrotmehl
600 ml weiße Gemüsebrühe
kleine Knoblauchzehe, geschält und
*   sehr fein gehackt (nach Wunsch)*
300 ml trockener Weißwein
Salz
frisch gemahlener Pfeffer
1–2 EL gehackte Petersilie

Butter bei milder Hitze schmelzen, dann Mehl einstreuen. 1–2 Min. unter ständigem Rühren anschwitzen. Topf vom Feuer nehmen und langsam die Brühe zugießen; dabei gut umrühren. Das Ganze wieder aufkochen lassen und rühren, bis die Sauce eindickt.

Die Hitze reduzieren, Käse und Knoblauch (nach Wunsch) zugeben und rühren, bis der Käse schmilzt. Wein zufügen und ca. 10 Min. simmern lassen, bis der Alkohol verdunstet ist und nur das Aroma des Weins zurückbleibt. Salzen und pfeffern; die Suppe in ein großes Gefäß seihen. Fett abschöpfen, dann die Suppe in vorgewärmte Tassen geben, mit Petersilie bestreut anrichten und heiß, mit Weizenschrotmehlbrötchen, servieren.

Tomatensuppe

Für 4 Personen
Kalorien pro Portion: 230 (953 kJ)
Proteingehalt pro Portion: 7 g
Vorbereitungs- u. Garzeit: 40 Min.

450 g grob gehackte, reife Tomaten
50 g Butter
100 g fein gehackte Zwiebeln
1 Lorbeerblatt
20 g Weizenschrotmehl
600 ml Milch
Salz
frisch gemahlener Pfeffer
1–2 EL gehacktes Basilikum oder Petersilie,
*   zum Garnieren*

Die Butter im Topf bei schwacher Hitze schmelzen, die Zwiebeln darin glasig dünsten, aber nicht bräunen. Tomaten und Lorbeerblatt zufügen und anschmoren, bis die Tomaten musig sind.

In der Zwischenzeit die restliche Butter in einem sauberen Topf auflösen, das Mehl zufügen und 1–2 Min. unter ständigem Rühren einbrennen. Topf beiseite stellen und nach und nach die Milch zugießen, würzen, auf den Herd zurückstellen, unter ständigem Rühren aufkochen, bis die Suppe dicklich wird. Den Topf in einen anderen Topf mit kochendem Wasser oder im Backrohr 20 Min. leise weiterköcheln lassen, damit die Suppe durchzieht.

Den Topf mit den Tomaten vom Feuer nehmen, das Lorbeerblatt herausnehmen und das Mus im Mixer pürieren oder durchsieben. Das Püree in einen sauberen Topf geben und erneut aufkochen, dann das kochende Püree in die leicht kochende Sauce rühren. Nachwürzen, mit Basilikum oder Petersilie bestreuen und sofort servieren.

Anmerkung: Die Suppe muß sofort serviert werden, damit sie nicht gerinnt. Wenn sie jedoch gerinnt, in den Mixer geben oder durchsieben, dann wieder erhitzen.

Selleriecremesuppe

Für 4 Personen
Kalorien pro Portion: 265 (1103 kJ)
Proteingehalt pro Portion: 9 g
Vorbereitungs- u. Garzeit: 1 Std.

450 g gehackter Sellerie
50 g Butter
100 g fein gehackte Zwiebeln
1 EL Weizenschrotmehl
900 ml Milch
Salz
frisch gemahlener Pfeffer
150 ml Schlagrahm
eine Prise Paprika

Die Butter bei schwacher Hitze schmelzen, Sellerie und Zwiebeln 20 Min. darin anschmoren, dabei gelegentlich umrühren, damit das Gemüse nicht bräunt. Dadurch soll der Geschmack vertieft werden. Nun das Mehl hineinstreuen, 1–2 Min. unter ständigem Rühren schmoren lassen, bis das Gemüse gut damit bedeckt ist.

Den Topf vom Feuer nehmen und langsam die Milch unter ständigem Rühren dazugießen. Dann den Topf auf die Flamme zurückstellen und aufkochen; während die Suppe eindickt, ständig rühren. Mit Salz und Pfeffer würzen.

Den Topf in einen größeren Topf mit kochendem Wasser oder ins Backrohr stellen. Den Topf mit gefettetem Butterbrotpapier abdecken und wenigstens 20 Min. leise kochen lassen, damit die Suppe durchziehen kann.

Dann die Suppe in den Mixer geben, bis sie fein ist, oder den Sellerie mit einer Gabel zerdrücken, dann durchsieben. Die Suppe in den Topf zurückschütten, würzen und erneut aufkochen; mit einem Sahnetupfer und einem Hauch Paprika anrichten.

Zwiebelcremesuppe

Für 4 Personen
Kalorien pro Portion: 270 (1120 kJ)
Proteingehalt pro Portion: 9 g
Vorbereitungs- u. Garzeit: 1 Std. 10 Min.

225 g Zwiebeln
50 g Butter
20 g Weizenschrotmehl
900 ml Milch
1 Lorbeerblatt
Prise frisch geriebener Muskat
Salz
frisch gemahlener Pfeffer

Butter bei schwacher Hitze schmelzen, Zwiebeln darin glasig dünsten, aber nicht bräunen. Mehl einstreuen und unter ständigem Umrühren 1–2 Min. anschwitzen lassen, bis die Zwiebeln gut damit überzogen sind. Den Topf vom Feuer nehmen, unter ständigem Rühren die Milch zugießen, dann auf den Herd zurückstellen, die Hitze erhöhen und die Suppe aufkochen, dabei umrühren, bis die Suppe dicklich wird. Dann bei milderer Hitze die Suppe weitere 5 Min. weiterköcheln lassen; im Mixer zu einem feinen Püree verarbeiten oder durchsieben.

Die Suppe in einen sauberen Topf zurückgeben, das Lorbeerblatt, Muskat, Salz und Pfeffer zugeben. Mit gefettetem Butterbrotpapier abdecken, ins Wasserbad stellen und weitere 20 Min. weiterkochen lassen, damit die Suppe garziehen kann. Das Lorbeerblatt herausnehmen, notfalls nachwürzen, in vorgewärmte Suppentassen geben und mit Croûtons anrichten.

Gelierte Kraftbrühe

Für 4 Personen
Kalorien pro Portion: 150 (622 kJ)
Proteingehalt pro Portion: 5 g
Vorbereitungs- u. Kühlzeit: 4½ Std.

900 ml klare braune Gemüsebrühe mit
100 g Pilzen
Salz
frisch gemahlener Pfeffer
1 EL Agar-Agar
100 ml Sherry (oder nach Wunsch)
1–2 EL gehackte Petersilie
4 Zitronenspalten

Die Gemüsebrühe herstellen, würzen und abkühlen lassen, dann das Agar-Agar zugeben. Die Brühe aufkochen, dabei schnell rühren, dann die Hitze senken und Brühe 5 Min. leicht kochen lassen. Zum Abkühlen beiseite stellen. Sherry zugeben, die Brühe dann kaltstellen, bis sie geliert. Schneiden oder stechen Sie kleine Stücke ab und verteilen Sie sie in 4 Glasschüsseln. Mit Petersilie bestreuen und mit Zitronenspalten und dünn geschnittenem braunen Toast anrichten.

Eisgekühlte Avocadosuppe

Für 4 Personen
Kalorien pro Portion: 580 (2422 kJ)
Proteingehalt pro Portion: 15 g
Vorbereitungs- u. Kühlzeit: 4 ½ Std.

4 große Avocados, Gesamtgewicht ca. 800 g
Saft einer Zitrone
400 ml weiße Gemüsebrühe
400 ml Naturjoghurt oder kalte
  Béchamel-Sauce (S. 196)
Salz
frisch gemahlener Pfeffer

Die Avocados schälen, in Stücke schneiden und mit Zitronensaft vermischen. Mit Brühe, Joghurt und Béchamelsauce im Mixer zu einem feinen Püree verarbeiten, oder durch eine Gemüsepresse oder ein Nylonsieb drücken. Salzen und pfeffern; vor dem Servieren gut kalt stellen, dann mit dünn geschnittenen Scheiben Schrotmehlbrot und Butter oder dünnem, braunem Toast anrichten.

Anmerkung: Die Suppe verfärbt sich durch die Avocados, wenn sie länger als 2 Std. kalt steht, deshalb nicht am Abend vorher zubereiten. Wenn sie sich verfärbt hat, vor dem Servieren gut umrühren.

Leichte, eisgekühlte Suppen sind herrlich an einem Sommerabend. Oben: Orangen-Zitronensuppe mit Mandelbiskuits. Rechts: Eisgekühlte Avocadosuppe mit Joghurt oder Béchamelsauce hergestellt. Unten: Gelierte Kraftbrühe aus einer reichhaltigen braunen Gemüsebrühe, mit Zitronenspalten garniert.

Kalte Orangen-Zitronensuppe

Für 4 Personen
Kalorien pro Portion: 60 (252 kJ)
Proteingehalt pro Portion: 0,5 g
Vorbereitungs- u. Kühlzeit: 3 Std.

225 g Kochäpfel
225 g Birnen
900 ml Wasser, plus 4 EL
5 cm breiter Streifen Zitronenschale
5 cm breiter Streifen Orangenschale
2 EL Weizenschrotmehl
½ TL geriebene Orangenschale
2 EL Zitronensaft
4 EL Orangensaft
ein wenig granulierter Zucker
4 dünne Orangenschnitze

Äpfel und Birnen schälen; in Stücke schneiden. Mit Kernen in einem Topf mit 900 ml Wasser aufkochen, Zitronen- und Orangenstreifen zufügen, bei milder Hitze 20 Min. köcheln lassen, oder bis das Obst weich und musig ist. Streifen entfernen und die Suppe durchsieben oder im Mixer zerkleinern. Mehl mit dem restlichen, kalten Wasser glattrühren und in das Püree geben. In einen sauberen Topf umfüllen, aufkochen lassen, dann bei milder Hitze noch weitere 5 Min. köcheln lassen.

Leicht abkühlen lassen, dann die geriebene Orangenschale, den Orangen- und Zitronensaft und Zucker nach Geschmack beimengen. Abkühlen lassen, dann in den Kühlschrank stellen. Jede Suppentasse mit einem Orangenschnitz servieren und Mandelbiskuits dazu reichen. (S. 164)

Gazpacho

Für 4 Personen
Kalorien pro Portion: 185 (775 kJ)
Proteingehalt pro Portion: 7 g
Vorbereitungs- u. Kühlzeit: 2½ Std.

450 g Tomaten
300 ml kaltes Wasser
2 Knoblauchzehen, geschält und fein gehackt
2 EL Oliven- oder Sonnenblumenöl
2 EL Zitronensaft
ein wenig Eiswasser (siehe rechts)
Salz

frisch gemahlener Pfeffer
Beilagen:
100 g fein gehackte spanische Zwiebeln
100 g fein gehackte rote Paprikaschote
2 hartgekochte Eier, fein gehackt
4 Scheiben Schrotmehlbrot, ohne Rinde,
in Stücke geschnitten

Die Tomaten im Mixer mit dem kalten Wasser, Knoblauch, Öl und Zitronensaft fein pürieren. Die Suppe in eine zugedeckte Schale geben und 2 Std. kaltstellen, bzw. so lange wie nötig. Zwiebeln, Paprikaschote, gehackte Eier und Brotwürfel in separate Schalen geben. Die kalte Suppe vor dem Servieren mit Eiswasser auf 900 ml auffüllen, gut umrühren und mit Salz und Pfeffer würzen. Nach Belieben gestoßene Eiswürfel daraufgeben; die Beilagen extra reichen, so daß jeder Gast sich selbst bedienen kann.

Gazpacho ist mit Beilagen als Teil des Sommerbuffets auf Seite 182 abgebildet.

Eisgekühlte Apfelsuppe

Für 6 Personen
Kalorien pro Portion: 160 (670 kJ)
Proteingehalt pro Portion: 1 g
Vorbereitungszeit- u. Kühlzeit: 3 Std.

450 g Kochäpfel
900 ml Wasser, plus 1–2 EL extra
7,5 cm breiter Streifen Zitronenschale
100 g granulierter Zucker
5 cm Zimtstange
2 EL Weizenschrotmehl

Äpfel schälen und würfeln und mit Kernen in 900 ml Wasser zusammen mit der Zitronenschale, Zucker und Zimt aufkochen. Die Hitze reduzieren und die Suppe 20–30 Min. leicht kochen lassen, bzw. bis die Äpfel zerkocht sind. Im Mixer pürieren oder durchsieben und das Püree in einen sauberen Topf umfüllen.

Das Mehl in einem Gefäß mit den übrigen 1–2 EL Wasser zu einem dünnflüssigen Brei rühren und zum Püree geben. Die Suppe aufkochen lassen, bei milder Hitze noch ca. 5 Min. köcheln lassen. Die Suppe dann durchsieben und abkühlen lassen, bevor Sie sie in den Kühlschrank stellen.

Wenn die Suppe kalt genug ist, mit Mandel- oder Haselnußbiskuits als Beilage servieren (S. 164).

Eisgekühlte Birnensuppe

Für 4 Personen
Kalorien pro Portion: 65 (272 kJ)
Proteingehalt pro Portion: 1 g
Vorbereitungs- u. Kühlzeit: 3 Std.

450 g unreife Birnen
900 ml Wasser, plus 2 EL extra
1 Vanilleschote, in Stücke gebrochen
2 EL Weizenschrotmehl
ein wenig granulierter Zucker

Birnen schälen und in Stücke schneiden, mit Kernen in 900 ml Wasser mit der Vanilleschote aufkochen lassen. Hitze reduzieren und die Suppe 20–30 Min. – oder bis die Birnen zerkocht sind – leicht köcheln lassen. Die Vanilleschote während des Kochens herausnehmen, wenn das Aroma zu stark wird.

Das Birnenmus im Mixer pürieren oder durch ein Sieb streichen, dabei die restlichen Vanillestücke entfernen, dann das Püree in den Topf zurückfüllen und aufkochen.

Das Mehl in einem Gefäß mit dem Wasser glattrühren, dann ein wenig Kochflüssigkeit aus dem Topf zugeben. Gut umrühren, dann in die Suppe zurückschütten, die Hitze mildern und die Suppe weitere 5 Min. leicht kochen lassen. Nach Geschmack zuckern, dann abkühlen lassen und in den Kühlschrank stellen. Mit Mandel- oder Haselnußbiskuits servieren. (S. 164).

Eisgekühlte Mandelsuppe

Für diese Suppe brauchen Sie einen Mixer zum Zerkleinern der Mandeln

Für 4 Personen
Kalorien pro Portion: 370 (1537 kJ)
Proteingehalt pro Portion: 11 g
Vorbereitungs- u. Kühlzeit: 3 Std.

225 g Mandeln, blanchiert und geschält
900 ml kaltes Wasser
225 g Kartoffeln, in der Schale gekocht,
* dann gepellt*
Salz
ein paar Tropfen Rosenwasser

Mandeln im Mixer mit Wasser auf hoher Stufe pürieren. Durch ein mittelfeines Sieb pressen, dabei das Püree fest gegen die Seiten drücken, um soviel Milch wie möglich zu erhalten, dann erneut durch ein sehr feines Sieb geben, so daß die Milch ganz glatt und fein ist. Nun müßten Sie ca. 600 ml Mandelmilch bekommen haben; auf 900 ml mit Wasser auffüllen. Die Mandelmilch mit den noch warmen Kartoffeln im Mixer zu einem feinen Püree verarbeiten.

Die Suppe wieder durch ein feines Sieb drücken und leicht salzen. Einige Tropfen Rosenwasser zufügen und die eisgekühlte Suppe mit Mandel- oder Haselnußbiskuits reichen.

Libanesische Gurken-Joghurtsuppe

Für 4 Personen
Kalorien pro Portion: 70 (295 kJ)
Proteingehalt pro Portion: 6 g
Vorbereitungs- u. Kühlzeit: 3 Std.

450 g geschälte Gurken in dünne
* Scheiben geschnitten*
400 ml Naturjoghurt
Salz
2 TL frische, gehackte Minze
½ TL geriebene Zitronenschale
1–2 EL Zitronensaft
400 ml Eiswasser
frisch gemahlener Pfeffer

Die Gurkenscheiben salzen und 30 Min. ziehenlassen, um die Bitterstoffe zu entfernen, dann unter fließendem Wasser abspülen und trockentupfen. Mit der Minze, Zitronenschale und -saft, Joghurt und Wasser im Mixer fein pürieren. Mit Salz und Pfeffer würzen und 2 Std. kaltstellen. Mit warmem Pittabrot (S. 154) servieren – der Kontrast zwischen dem warmen Brot und der kalten Suppe ist besonders gut.

Anmerkung: Wenn Sie keinen Mixer haben, können Sie die abgetropften Gurkenscheiben zerdrücken, bevor Sie sie zu den anderen Zutaten geben.

Suppe Bonne Femme

Diese Suppe läßt sich auch warm servieren

Für 4 Personen
Kalorien pro Portion: 270 (1122 kJ)
Proteingehalt pro Portion: 6,5 g
Vorbereitungs- u. Kühlzeit: 2 Std.

350 g Kartoffeln, in dünnen Scheiben
25–50 g Butter, je nachdem, wieviel die
* Kartoffeln aufsaugen*
100 g fein gehackte Zwiebeln
100 g Lauch, halbiert, in Scheiben
225 g dünn geschnittene Karottenscheiben
900 ml Wasser, oder halb Wasser und halb
* Milch*
Salz und frisch gemahlener Pfeffer

Butter bei schwacher Hitze schmelzen, Kartoffeln und Zwiebeln 5 Min. darin anschmoren, dabei umrühren, um ein Anbrennen zu vermeiden. Lauch, die Hälfte der Karotten und Wasser, oder halb Wasser, halb Milch zufügen; aufkochen lassen und bei milder Hitze 20 Min. leicht kochen lassen, gelegentlich umrühren. Die restlichen Karotten in der Zwischenzeit in Salzwasser in einem extra Topf weichkochen.

Wenn das Hauptgemüse gar ist, mit der Kochflüssigkeit im Mixer pürieren, dann das Püree durch ein Sieb pressen; oder das Gemüse mit Saft zweimal durchsieben.

Wenn die Suppe zu dick ist, mit ein wenig Wasser verdünnen, dann salzen und pfeffern, abkühlen lassen und in den Kühlschrank stellen. In Suppentassen geben, mit den abgetropften Karottenscheiben garnieren und mit dünnen Toastscheiben aus Weizenschrotmehl anrichten.

Ungarische Gulaschsuppe

Diese gehaltvolle Suppe reicht für 6 große Portionen.

Kalorien pro Portion: 120 (490 kJ)
Proteingehalt pro Portion: 4 g
Vorbereitungs- u. Garzeit: 1½ Std.

225 g fein gehackte Zwiebeln
225 g Karotten, in dünnen Scheiben,
*   wenn groß, vierteln*
2 EL Oliven- oder Sonnenblumenöl
225 g streifig geschnittenen weißen oder
*   grünen Kohl*
100 g gewürfelte grüne Paprikaschote
2 Knoblauchzehen, geschält, in dünne
*   Scheiben geschnitten*
2–3 EL Paprikapulver
1 EL Weizenschrotmehl
900 ml Wasser
2 TL Hefeextrakt
Salz
225 g Kartoffeln, in dicken Scheiben
ein wenig Zucker

Öl in einem großen Topf erhitzen, Zwiebeln und Karotten darin anbraten, bis die Karotten Farbe nehmen, dann Kohl, Paprikaschote und Knoblauch zugeben. Paprikapulver und Mehl hineinstreuen, dann kräftig umrühren, bevor Sie das Wasser zufügen. Die Suppe unter ständigem Rühren aufkochen lassen, Hefeextrakt und Salz hineingeben. Bei mäßiger Hitze ca. 30 Min. leise kochen lassen.

Die Kartoffeln beifügen, die Suppe wieder zum Kochen bringen und 30 Min. weiterköcheln lassen, dabei gelegentlich umrühren. Das Gemüse abgießen, den Saft mit Wasser auf 900 ml auffüllen und das Gemüse in einen sauberen Topf zurückgeben; Saft und ein we-

nig Zucker beimengen, damit der bittere Paprikageschmack aufgehoben wird. Die Gulaschsuppe wieder aufkochen; mit dicken Scheiben dunklen Roggenbrots anrichten (S. 151).

Anmerkung: Sie können die Kartoffeln auch extra kochen, schälen und dann in jeden Suppenteller eine geben. Nehmen Sie für jeden Gast eine mittelgroße Kartoffel.

Borschtsch

Dieses Rezept reicht für 8 Personen.

Kalorien pro Portion: 185 (771 kJ)
Proteingehalt pro Portion: 3 g
Vorbereitungs- u. Garzeit: 1½ Std.

450 g rote Beete, geschält und in dünne Streifen
*   geschnitten*
3 EL Oliven- oder Sonnenblumenöl
225 g fein gehackte Zwiebeln
100 g gewürfelter Sellerie
100 g fein gewürfelte Karotten
100 g gewürfeltes Wurzelwerk
100 g geschnitzelter weißer Kohl
2 Knoblauchzehen, geschält und fein gehackt
1,6 l Wasser
2 EL Weinessig
Salz und frisch gemahlener Pfeffer
225 g fein geraffelte Kartoffeln
300 ml Sauerrahm

Öl im Topf erhitzen und Zwiebeln, Karotten und Sellerie darin anschmoren, bis sie goldbraun sind. Die restlichen Zutaten, außer den Kartoffeln und dem Sauerrahm, dazugeben und die Suppe aufkochen lassen. Kartoffeln zugeben und 30–40 Min. leicht kochen lassen, bis das Gemüse weich ist und die Kartoffeln die Suppe angedickt haben. Abschmecken, dann die Suppe mit ein wenig Sauerrahm auf jeder Portion in Suppentassen servieren; als Beilage gibt es die traditionellen Piroschki.

Piroschki

Für 12 Personen

Gesamtkalorien: 2100 (8780 kJ)
Gesamtgehalt an Protein: 69 g
Vorbereitungs- u. Garzeit: 3 Std.

225 g Weizenschrotmehl
20 g Frischhefe
½ TL brauner Rohzucker
3 EL warme Milch
2 gut geschlagene Eier
50 g Butter
1 TL Salz

Die Füllung:
125 g Quark oder passierter Hüttenkäse
1 EL fein gehackte Zwiebeln
100 g gekochter Langkornreis
1 hartgekochtes Ei, fein gehackt
Salz
frisch gemahlener Pfeffer
1 gut verschlagenes Ei

Das Mehl anwärmen. Die Hefe mit Zucker und Milch an einem warmen Ort gehen lassen, dann die Eier unterrühren. Die geschmolzene Butter vorsichtig unterheben. Mehl und Salz vermengen, eine Mulde in der Mitte formen und Hefe-Eierbrei hineingeben. Solange kneten, bis der Teig glatt ist; wenn er klebt, ein wenig Mehl dazugeben. An einem warmen Ort noch einmal für 20–30 Min. gehen lassen.

In der Zwischenzeit die Füllung zubereiten. Quark oder Hüttenkäse, Zwiebeln, Reis und hartgekochte Eier gut verrühren und mit Salz und Pfeffer kräftig abschmecken.

Wenn sich der Teig verdoppelt hat, kräftig durchkneten; dann auf einem bemehlten Brett ca. 5 mm dünn ausrollen und zwölf Kreise von ca. 8 cm Durchmesser ausstechen.

Einen Löffel der Füllung in die Mitte jedes Kreises geben, den Rand mit ein wenig Ei bestreichen. Zusammenklappen und gut andrücken, notfalls die Paste ein bißchen festdrücken. An einem warmen Ort 10 Min. gehen lassen. Bei 180°C, Gas Stufe 4   20 Min. auf einem gut gefetteten Backblech backen. Man kann sie auch in Öl frittieren und dann auf einem Küchentuch abtropfen lassen.

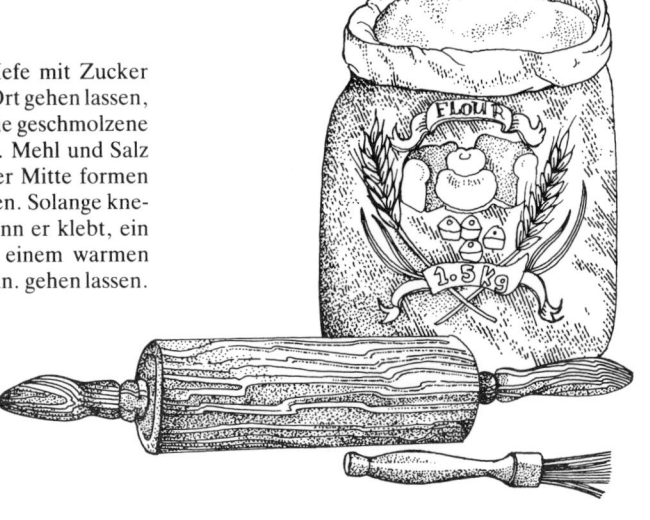

Vorspeisen

Mit wieviel Geschick, Einfallsreichtum und Mühe das Hauptgericht auch zubereitet wurde – die Vorspeise vermittelt dem Gast einen ersten Eindruck von dem, was er noch zu erwarten hat. Ob Sie eine Suppe aus dem vorhergehenden Kapitel, einen einfachen Salat, ein Soufflé oder ein Gericht aus dem folgenden Kapitel servieren, Ihre Vorspeise charakterisiert das ganze Menü. Sie ist ein Auftakt, eine Ouvertüre, und sollte die folgenden Gerichte ergänzen und nicht überflügeln.

Meiner Meinung nach sollte eine Vorspeise einfach sein. Für manche ist eine warm oder kalt servierte Ratatouille, eine Schale schwarzer oder grüner Oliven oder saftiger, kleiner Tomaten und ein ofenwarmes Brot eine perfekte Vorspeise … Wenn Sie etwas Aufwendigeres vorziehen, servieren Sie doch die Salatplatte von Seite 57.

In diesem Kapitel finden Sie Rezepte für kalte Vorspeisen, gefolgt von warmen, und schließlich eine Auswahl pikanter Dips für Gemüserohkostplatten.

Gefüllte Pampelmuse

Für 4 Personen
Kalorien pro Portion: 120 (485 kJ)
Proteingehalt pro Portion: 4 g
Vorbereitungs- u. Kühlzeit: ca. 1½ Std.

2 Pampelmusen
50 g Walnüsse in der Schale, möglichst frische
2 EL fein gewürfelte rote Paprika
2 EL Ingwerwurzel, in feine Scheiben
* geschnitten*
4 TL Kirschwasser

Pampelmuse halbieren und mit einem scharfen Küchenmesser oder einem Obstmesser das Fleisch herausschneiden. Mark und Häute entfernen, in kleine Stücke schneiden und in ein Gefäß geben. Walnüsse in ein wenig Wasser 4–5 Min. leicht kochen lassen, mit der Schaumkelle herausnehmen und mit einem scharfen Messer die Häute ablösen. (Das ist einfacher, wenn die Nüsse noch heiß sind). In Scheiben schneiden und mit den Pampelmusenstücken vermengen, Paprika und Ingwerwurzel dazugeben.

Den Rand der Pampelmusenschale zickzackförmig einschneiden und mit der Pampelmusenmischung füllen. Eine Stunde kaltstellen.

Jede Pampelmuse mit einem TL Kirschwasser beträufeln, bevor Sie sie servieren.

Melonensalat

Für 4 Personen
Kalorien pro Portion: 265 (1105 kJ)
Proteingehalt pro Portion: 9 g
Vorbereitungs- u. Kühlzeit: 1½ Std.

450 g Honigmelone, geschält und gewürfelt
125 g fein geraffelte Karotten
125 g gewürfelter Edamer
125 g gewürfelte Tomaten
50 g fein gewürfelte Ingwerwurzel

Die Salatsauce:
1 EL Zitronensaft
3 EL Oliven- oder Sonnenblumenöl
1 EL fein gehackte Brunnenkresse
1 EL fein gewiegte Petersilie
1 TL fein gehackte Minze
Salz
frisch gemahlener Pfeffer
eine Prise Cayennepfeffer

Melone, Karotten, Käse, Tomaten und Ingwer vermengen. Für die Salatsauce Zitronensaft, Öl, Brunnenkresse und Kräuter vermischen, dann mit Salz, Pfeffer und Cayennepfeffer abschmecken. Die Sauce über den Salat geben und gut vermischen. Den Salat in separate Glasschüsseln füllen und vor dem Servieren 45 Min. kaltstellen.

Anmerkung: Der Salat paßt gut zu Kräuterbrot (S. 132).

Gefüllte Kartoffeln

Für 4 Personen
Kalorien pro Portion: 445 (1860 kJ)
Proteingehalt pro Portion: 4 g
Vorbereitungs- u. Garzeit: 1¼ Std.

2 große Kartoffeln, jede sollte ca. 225 g wiegen
50 g grüne oder schwarze Oliven mit Stein,
* in dünne Scheiben geschnitten*
50 g Essiggurken, in dünnen Scheiben
1 TL Currypulver
8–9 EL Mayonnaise (S. 126)
4 Salatblätter zum Garnieren

Jede Kartoffel in Folie im Ofen bei 200°C, Gas 6, ca. 1 Std. backen – bis die Kartoffel so weich ist, daß sie sich mit einer Gabel eindrücken läßt. Auswickeln und abkühlen lassen. Halbieren und aushöhlen, dabei einen ca. 1 cm dicken Rand stehenlassen. Das Innere grob raffeln, mit Oliven und Essiggurke vermengen, dabei ein paar Oliven zum Garnieren aufheben.

Currypulver in die Mayonnaise mischen, dann zu dem Gemisch aus Kartoffeln, Oliven und Gurke geben. In die ausgehöhlten Kartoffeln füllen und mit den Olivenscheiben garnieren. Kartoffelhälften auf einer mit den knackigen Salatblättern ausgelegten Platte anrichten und servieren.

Griechisches Gemüse

Für 4 Personen
Kalorien pro Portion: 95 (392 kJ)
Proteingehalt pro Portion: 2,5 g
Vorbereitungs- u. Garzeit: 45 Min.
Kühlzeit: 1–2 Std.

8 Perlzwiebeln
2 EL Oliven- oder Sonnenblumenöl
100 g fein gehackte Zwiebeln
450 g geschälte Tomaten, grob gewürfelt
1 Knoblauchzehe, geschält und fein gehackt
200 ml trockener Weißwein
1 EL Zitronensaft
Salz
frisch gemahlener Pfeffer
225 g Blumenkohl, in kleine Röschen
* gebrochen*
8 Champignons

Die Perlzwiebeln 5 Min. in kochendes Wasser geben, abtropfen und erkalten lassen und dann schälen.

Die Zwiebeln in dem erhitzten Öl glasig dünsten. Tomaten, Knoblauch, Wein, Zitronensaft und Pfeffer und Salz nach Geschmack zugeben. Tomaten bei mäßiger Hitze musig schmoren, dann den Blumenkohl und die Perlzwiebeln beimengen. Das Gemüse in der Sauce ca. 10 Min. leicht kochen lassen, bzw. bis die Blumenkohlröschen gar, aber noch fest sind. Champignons dazugeben, mindestens noch 5 Min. köcheln lassen. Gemüse herausnehmen und auf einer Platte anrichten.

Die Sauce auf 200 ml einkochen lassen, dabei stets kräftig umrühren, würzen und über das Gemüse geben.

Gut kühlen und mit Weizenschrotbrotscheiben oder Toast mit Kräuterbutter (S. 198) bestrichen servieren.

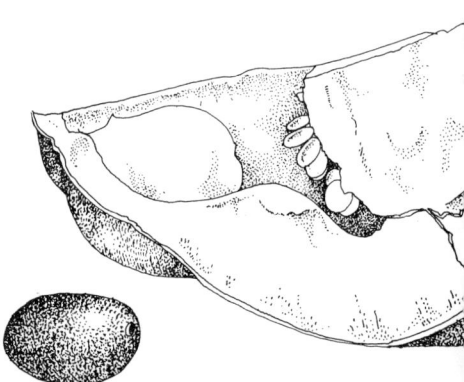

Gefüllte Avocado

Für 4 Personen
Kalorien pro Portion: 345 (1400 kJ)
Proteingehalt pro Portion: 6 g
Vorbereitungs- u. Kühlzeit: 1¼–2 Std.

2 mittelgroße Avocados

Die Füllung:
100 g rote Paprikaschote, in dünne Streifen
  geschnitten
100 g Quark oder passierter Hüttenkäse
geriebene Schale u. Saft 1 Zitrone
Salz
frisch gemahlener Pfeffer
1 kleine Knoblauchzehe, geschält und sehr fein
  gehackt
1 Eiweiß

Für die Füllung: Paprikastreifen mit kochendem Wasser übergießen und 5 Min. stehenlassen. Abtropfen, dann mit kaltem Wasser abspülen. Quark oder Hüttenkäse mit geriebener Zitronenschale, Salz, Pfeffer und Knoblauch vermischen. Eiweiß sehr steif schlagen, unter den Quark heben.

Paprikastreifen abtropfen lassen, mit Küchenpapier trockentupfen, in kleine Würfel schneiden; einige zum Garnieren aufheben. Leicht in die Quarkcreme rühren. 1–2 Std. kaltstellen. Bevor Sie die Füllung hineingeben, die ausgetretene Flüssigkeit an der Oberfläche entfernen.

Vor dem Servieren die Avocados halbieren, den Kern entfernen und das Fruchtfleisch mit Zitronensaft beträufeln, damit es nicht braun wird. Mit der Quarkmischung füllen und mit den roten Paprikawürfeln, die Sie aufgehoben haben, anrichten.

Libanesischer Avocadosalat

Für 4 Personen
Kalorien pro Portion: 280 (1170 kJ)
Proteingehalt pro Portion: 8,5 g
Vorbereitungs- u. Kühlzeit: 1¼ Std.

2 große Avocados, geschält, in dicke
  Stücke geschnitten
1–2 Knoblauchzehen, geschält u. zerdrückt
300 ml Naturjoghurt
225 g fein gewürfelte rote Paprikaschote

Knoblauch unter den Joghurt mischen, die Avocadostücke leicht unterheben, die Mischung in eine Servierschüssel geben und die Paprikastücke darüberstreuen. Zugedeckt 1 Std. kaltstellen. Mit warmem Pittabrot (S. 154) servieren.

Spargel mit Estragonmayonnaise

Für 4 Personen
Kalorien pro Portion: 1000 (4190 kJ)
Proteingehalt pro Portion: 32 g
Vorbereitungs- u. Garzeit: 30 Min.
Kühlzeit: 1 Std.

1¼ kg frischer Spargel
Salz
400 ml Mayonnaise (S. 126) mit
  Estragonessig angerührt
2 EL fein gehackter Estragon

Variation des Spargelgerichtes mit geschmolzener Butter oder Sauce Hollandaise (S. 195).

Den Spargel bündeln und aufrecht in einem großen, tiefen Topf in wenig kochendem Salzwasser 15–20 Min. garen – die Spargelköpfe sollten dabei im Dampf garen – bis er weich ist (S. 59). Spargel abtropfen, abkühlen, Fäden entfernen und gut kaltstellen. In der Zwischenzeit die Mayonnaise mit Estragon- statt Weinessig zubereiten, den gehackten Estragon eine Stunde vor dem Servieren zufügen. Spargel und Mayonnaise getrennt servieren. (Sie brauchen Fingerschalen und Servietten dazu).

Blumenkohlmayonnaise

Für 4 Personen
Kalorien pro Portion: 970 (4062 kJ)
Proteingehalt pro Portion: 4,5 g
Vorbereitungs- u. Garzeit: 30 Min.
Kühlzeit: 20 Min.

450 g Blumenkohl, in kleine Röschen gebrochen
400 ml Mayonnaise (S. 126)
1–2 EL fein gehackte Petersilie

Den Blumenkohl in wenig Salzwasser garkochen; das dauert etwa 10 Min., da der Blumenkohl noch ziemlich fest sein soll. Gut abtropfen und abkühlen lassen.

Röschen in die Mayonnaise tauchen, bis sie gut bedeckt sind; halbkreisförmig auf einem Tablett anrichten. Mit der gehackten Petersilie bestreuen und vor dem Servieren noch 30–45 Minuten kaltstellen.

Geliertes Tomatenmus

Für 4 Personen
Kalorien pro Portion: 105 (427 kJ)
Proteingehalt pro Portion: 3 g
Vorbereitungs- u. Garzeit: 30 Min.
Gelierzeit: 3 Std.

1 kg reife Tomaten, grob gewürfelt
2 EL Oliven- oder Sonnenblumenöl
100 g fein gehackte Zwiebeln
Salz
frisch gemahlener schwarzer Pfeffer
1 Lorbeerblatt
1 große Knoblauchzehe, geschält und fein gehackt
2 TL Agar-Agar
2 EL kaltes Wasser
1 TL Wein- oder Apfelweinessig
geriebene Schale und Saft ½ Zitrone
Bund Brunnenkresse zum Garnieren

Öl erhitzen und Zwiebeln darin glasig dünsten, aber nicht bräunen. Tomaten, Lorbeerblatt, Knoblauch, Salz und Pfeffer zugeben und bei schwacher Hitze ca. 15 Min. schmoren lassen.

Den Brei durch ein Sieb drücken oder im Mixer pürieren, in einen sauberen Topf umfüllen, aufkochen und stark weiterkochen lassen, bis das Ganze auf weniger als 600 ml eingekocht ist.

Agar-Agar mit kaltem Wasser glattrühren, dann langsam das kochende Tomatenmus zugeben, dabei ständig rühren. In den Topf zurückfüllen, Essig und Zitronenschale beimengen, erneut aufkochen und weitere 2 Min. kochen lassen. Zitronensaft untermengen und das Tomatenmus in eine 600 ml fassende Ringform füllen. Erkalten lassen, anschließend 3 Stunden, oder bis es fest ist, in den Kühlschrank stellen.

Das Gelee stürzen, Brunnenkresse in die Mitte geben und mit frischem Weizenschrotbrot servieren.

Anmerkung: Für dieses Rezept lassen sich auch die italienischen Dosentomaten verwenden. Tomaten vor dem Erhitzen gut abtropfen.

Eine Auswahl kalter Vorspeisen. Links: Geliertes Tomatenmus mit Brunnenkresse garniert. Mitte: Eier mit Grüner Mayonnaise. Rechts: Spargelgelee – mit dicker Grüner Mayonnaise und Weizenschrotbrot serviert.

Spargelgelee

Für 4 Personen
Kalorien pro Portion: 80 (345 kJ)
Proteingehalt pro Portion: 6 g
Vorbereitungs- u. Garzeit: 50 Min.
Gelierzeit: 2 Std.

350 g frischer geschälter Spargel
ca. 600 ml gut gewürzte klare braune
*   Gemüsebrühe*
2 TL Agar-Agar
ein wenig grüne Speisefarbe (nach Wunsch)

Spargel bündeln, aufrecht in einen großen, tiefen Topf mit Salzwasser geben – die Spargelköpfe sollen im Dampf garen – und 15–20 Min., oder bis er weich ist, kochen. Kochwasser abgießen und mit Brühe auf 600 ml auffüllen. Ca. 3 EL davon in einem Topf aufkochen. Agar-Agar in einer Tasse mit der restlichen, kalten Brühe glattrühren, dann langsam die kochende Brühe zugießen, dabei kräftig rühren. Die Brühe in den Topf zurückfüllen und weitere 2 Min. kochen lassen.

16 Spargelstangen auf dem Boden einer 600 ml fassenden Form sternförmig anordnen, wenn nötig, zurechtschneiden. Restlichen Spargel in Stücke von ca. 2 cm Länge schneiden, mit Speisefarbe (wenn gewünscht) in die Brühe zurückgeben, um die Farbe zu intensivieren.

Brühe leicht abkühlen lassen, dann vorsichtig in die Form gießen, bis der Spargel bedeckt ist. Im Kühlschrank erstarren lassen, dann die restliche Brühe langsam zugießen und abkühlen lassen.

Wenn das Gelee erkaltet ist, für 2 Std. in den Kühlschrank stellen. Dann herausnehmen und mit Grüner Mayonnaise servieren (S. 126).

Anmerkung: Man kann auch Dosenspargel nehmen; dabei die Flüssigkeit in der Dose mit Brühe auf 600 ml auffüllen. Auch gefrorener Spargel kann verwendet werden und sollte nach den Angaben auf der Packung gekocht werden.

Eier in Estragongelee

Für 4 Personen
Kalorien pro Portion: 200 (845 kJ)
Proteingehalt pro Portion: 8 g
Vorbereitungs- u. Kühlzeit: 2 Std.

4 kleine weichgekochte Eier (S. 72) oder
*   hartgekochte Eier, geschält*
900 ml klare braune Gemüsebrühe (S. 34)
1 EL getrockneter Estragon
2 TL Agar-Agar
Salz
frisch gemahlener Pfeffer
4 frische Estragonzweige zum Garnieren

Die Eier weichkochen, wenn Sie keine harten nehmen, in einem Topf mit heißem Wasser warmstellen. Brühe und getrockneten Estragon in einem Topf kochen, bis die Flüssigkeit auf 600 ml eingekocht ist. Agar-Agar hineingeben, gut umrühren, weitere 5 Min. leise kochen lassen, dann salzen und pfeffern. Jedes Ei einzeln in ein Auflaufförmchen oder eine Glasschale setzen, gesiebte Brühe zugeben und mit einem Estragonzweig garnieren. Mit gebutterten Toastscheiben oder frischem Weizenschrotbrot anrichten.

Eier mit Grüner (Brunnenkresse) Mayonnaise

Für 4 Personen
Kalorien pro Portion: 910 (3805 kJ)
Proteingehalt pro Portion: 20 g
Vorbereitungs- u. Kühlzeit: 1 Std.

4 hartgekochte Eier, gepellt und
*   längs halbiert*
4 dünne Scheiben Weizenschrotbrot, halbiert,
*   ohne Rinde und leicht gebuttert*
300 ml eisgekühlte Grüne Mayonnaise (S. 126)
Brunnenkresse zum Garnieren

Die halbierten Eier mit der Schnittfläche nach unten auf dem Brot anrichten, die Grüne Mayonnaise über die Eier geben; nicht länger als 45 Min. im Kühlschrank kaltstellen, dann servieren.

Eier mit Currymayonnaise

Für 4 Personen
Kalorien pro Portion: 910 (3805 kJ)
Proteingehalt pro Portion: 20 g
Vorbereitungs- u. Kühlzeit: 1 Std.

Wie Rezept Eier mit Grüner Mayonnaise, aber anstatt der Grünen Mayonnaise 300 ml Currymayonnaise (S. 127) nehmen.

Spinat in der Auflaufform

Für 4 Personen
Kalorien pro Portion: 250 (1047 kJ)
Proteingehalt pro Portion: 6 g
Vorbereitungs- u. Garzeit: 45 Min.
Kühlzeit: 1 Std.

450 g Spinat, sehr gut gewaschen
4 EL Oliven- oder Sonnenblumenöl
6 EL Schlagrahm
2−3 TL Zitronensaft
1 kleine Knoblauchzehe, geschält und
  fein gehackt
Salz
frisch gemahlener Pfeffer
100 g fein gehackte Zwiebeln

Spinat in der Hälfte des Öls in einem tiefen Topf anschmoren, zudecken und bei mäßiger Hitze 7−8 Min. fast weich garen, dabei ständig rühren, damit der Spinat nicht anbrennt. Deckel abnehmen, bei milder Hitze so lange kochen, bis die Flüssigkeit verdampft und der Spinat weich ist.

Spinat mit Sahne, Zitronensaft, Knoblauch, Pfeffer und Salz im Mixer fein pürieren. Mischung in 4 kleine Auflaufförmchen oder kleine Schälchen geben und gut kaltstellen.

Zwiebeln im restlichen Öl anschmoren, bis sie goldbraun und knusprig sind. Auf Küchenpapier gut abtropfen und auskühlen lassen. Vor dem Servieren jedes Förmchen mit Zwiebeln bestreuen, dazu knuspriges, frisches, getoastetes Weizenschrotbrot reichen.

Anmerkung: Bei gefrorenem Spinat Kochanleitung auf der Packung beachten; Spinat gut abtropfen lassen, bevor Sie ihn mit den anderen Zutaten mischen.

Lauch Vinaigrette

Für 4 Personen
Kalorien pro Portion: 250 (1040 kJ)
Proteingehalt pro Portion: 2 g
Vorbereitungs- u. Garzeit: 20 Min.
Kühlzeit: ca. 1 Std.

Kaufen Sie genug Lauch, damit Sie nach dem Waschen und Putzen 450 g erhalten

Die Salatsauce:
1 EL Weißwein oder Apfelweinessig
1 EL Weißwein oder Zitronensaft
6−8 EL Oliven- oder Sonnenblumenöl
½−1 TL grob zerdrückter Koriander
1 kleine Knoblauchzehe, geschält und
  fein gehackt
Salz
frisch gemahlener Pfeffer

Den geputzten Lauch längs halbieren, in einen flachen Topf geben (die weißen Enden sollen in die gleiche Richtung zeigen). So viel kochendes Salzwasser zugeben, daß der Lauch halb bedeckt ist; bei mäßiger Hitze zugedeckt 10−15 Min. garen.

In der Zwischenzeit die Vinaigrettesauce zubereiten. Essig, Wein oder Zitronensaft, Öl, Koriander und Knoblauch verrühren, bis die Sauce trüb und gut gemischt ist. Mit Salz und Pfeffer würzen. Den Lauch gut abtropfen lassen, die Sauce darübergießen und kaltstellen. Mit dünnen Scheiben Weizenschrotbrot und Butter servieren.

Tomaten mit Eiermayonnaise

Für 4 Personen
Kalorien pro Portion: 805 (3367 kJ)
Proteingehalt pro Portion: 12 g
Vorbereitungs- u. Kühlzeit: 1 Std.

4 große Tomaten, jede sollte
  ca. 225 g wiegen, oder 8 kleinere
2 EL fein gehacktes Basilikum
300 ml dicke Mayonnaise (S. 126)
Salz
frisch gemahlener Pfeffer
4 hartgekochte Eier, geschält und
  grob gehackt
4 Scheiben Weizenschrotbrot, ohne Rinde
  und leicht gebuttert

Am Stengelansatz der Tomaten einen Deckel abschneiden und das Innere aushöhlen. Mit der Öffnung nach unten abtropfen lassen. Das Fleisch ohne Saft und Kerne zerdrücken. Basilikum und Tomatenfleisch in die Mayonnaise rühren, aber nicht zuviel, damit sie nicht zu dünn wird.

Innenseite der Tomaten salzen und pfeffern; gehackte Eier und die Hälfte der Mayonnaise in die Tomaten füllen. Tomate auf eine Brotscheibe stellen und die restliche Mayonnaise darüber verteilen. Gut kühlen.

1. Tauchen Sie jede Tomate 1 Min. in kochendes Wasser

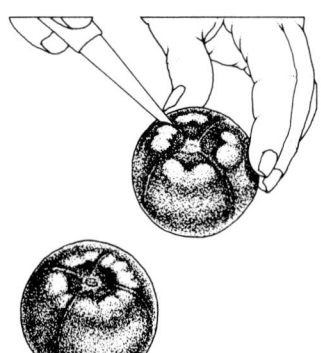

2. Tomatenhaut von oben vierteln

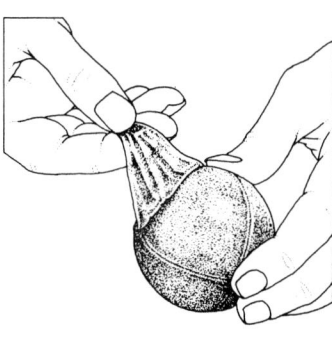

3. Haut abziehen und wegwerfen

4. Tomate aufschneiden und Saft und Kerne entfernen.

Tomaten-Sorbet

Für 4 Personen
Kalorien pro Portion: 100 (417 kJ)
Proteingehalt pro Portion: 2,5 g
Vorbereitungs- u. Gefrierzeit: 4½ Std.

450 g geschälte Tomaten, grob gewürfelt
25 g fein gehackte Zwiebeln
2 Eigelb
2 EL Oliven- oder Sonnenblumenöl
Salz
1 EL Kognak
Minz- oder Petersilienstengel

Alle Zutaten, außer der Petersilie, im Mixer fein pürieren. Abschmecken (beim Einfrieren verliert das Gericht an Würze) und die Mischung in einen Porzellan- oder Plastikbehälter geben, gut verschließen und in der Tiefkühltruhe oder im Gefrierfach des Kühlschranks so lange stehenlassen, bis die Ecken fest, das Innere aber noch musig ist – ca. 1 Std. Herausnehmen, das Ganze gut umrühren, so daß das Äußere nach innen kommt, dann in die Tiefkühltruhe zurückstellen und dort stehenlassen, bis die Ecken wieder gefroren sind.

Noch einmal herausnehmen und umrühren, dann in der Truhe lassen, bis das Sorbet hartgefroren ist.

Sorbet in kleine Stücke schneiden, in Gläsern anrichten. Mit Minz- oder Petersilienstengeln garniert servieren.

Anmerkung: Wenn das Sorbet zu hart wird, aus der Tiefkühltruhe herausnehmen und vor dem Servieren für 30 Min. in den Kühlschrank stellen, damit es weich wird.

Eiermayonnaisen-Mousse

Für 4 Personen
Kalorien pro Portion: 760 (3190 kJ)
Proteingehalt pro Portion: 12 g
Vorbereitungs- u. Kühlzeit: 1 Std.

6 hartgekochte Eier, geschält
1 TL Agar-Agar
4 EL Wasser
300 ml Mayonnaise (S. 126)
1 EL Zwiebelsaft und -mus (siehe rechts)
Salz
frisch gemahlener Pfeffer

Eier in den Kühlschrank legen, während Sie das Agar-Agar mit Wasser dünnflüssig glattrühren. In einem kleinen Topf unter kräftigem Rühren aufkochen. Hälfte der Mayonnaise in den Mixer geben, dabei das aufgelöste Agar-Agar dazugießen. Ist die Masse glatt, restliche Mayonnaise zufügen. Zwiebelsaft und -mus hineinrühren und mit Salz und Pfeffer würzen. Die Eier leicht unterheben, das Ganze dann in eine 900 ml fassende Soufflétorm geben. Kaltstellen und mit Brunnenkresse garnieren. Dazu dünne Scheiben Schrotmehltoast reichen.

Für den Zwiebelsaft die Zwiebel quer halbieren, die Hälften auf einer Zitronen- oder Orangenpresse aus Glas ausdrücken. Benutzen Sie dafür keine aus Holz, da sie den Zwiebelgeruch annimmt.

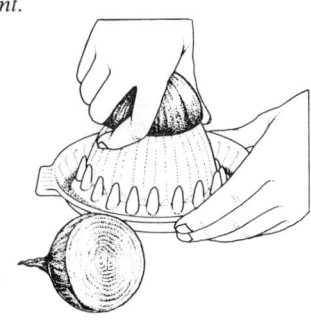

Käse-Tomaten-Mousse

Für 4 Personen
Kalorien pro Portion: 195 (810 kJ)
Proteingehalt pro Portion: 11 g
Vorbereitungs- u. Garzeit: 30 Min.
Kühlzeit: 1 Std.

450 g geschälte Tomaten, in Achtel
  geschnitten
125 g grob geriebener Cheddar-Käse
1 TL fein gehackter Estragon
1 TL fein gehacktes Basilikum
125 g sehr fein gehackte Zwiebeln
Salz
frisch gemahlener Pfeffer
300 ml kalte braune Gemüsebrühe (S. 34)
1 EL Agar-Agar
1 EL Weißweinessig
1 TL scharfer Senf

Tomaten, Käse, Kräuter und Zwiebeln mischen und kräftig salzen und pfeffern. Agar-Agar mit 6 EL Brühe glattrühren, dann in den Rest der kalten Brühe gießen. Essig und Senf zugeben, bei mäßiger Hitze unter ständigem Rühren eindicken lassen. Dann das Ganze aufkochen lassen, Tomatenmischung in vier Portionen langsam einrühren, dabei jedesmal kräftig umrühren, damit die Mousse nicht erstarrt. Wenn alles gut vermischt ist, in eine 1 Liter fassende Souffléform gießen und ca. 1 Std. lang in eine flache Schale mit Eiswasser stellen, bis die Mousse kalt und fest geworden ist.

Die Seiten mit einem Messer lösen und die Mousse vorsichtig herauslösen. Mit dünnen Scheiben frischen Toastbrots servieren.

Anmerkung: Mit Kartoffelsalat oder einem reichhaltigen, gemischten Salat serviert ist dies eine gute Hauptmahlzeit. Die Mousse kann auch direkt in der Schale serviert werden.

Käse-Curry-Mousse

Für 4 Personen
Kalorien pro Portion: 335 (1390 kJ)
Proteingehalt pro Portion: 2 g
Vorbereitungs- u. Garzeit: 40 Min.
Kühlzeit: 1½ – 2 Std.

225 g Quark
1 EL Oliven- oder Sonnenblumenöl
100 g fein gehackte Zwiebeln
2 gestrichene TL Agar-Agar
300 ml trockener Weißwein
100 ml kochendes Wasser
½ TL Currypulver
1 kleine Knoblauchzehe, geschält und
  fein gehackt
Salz und frisch gemahlener Pfeffer
Brunnenkresse zum Garnieren

Öl erhitzen und Zwiebeln darin glasig dünsten. Agar-Agar mit 2 EL kaltem Wasser glattrühren, dann den Wein zugeben. Auf die Zwiebeln gießen und aufkochen. 2 Min. bei mäßiger Hitze köcheln lassen, in ein Gefäß geben und fest werden lassen.

Die feste Mischung mit dem Quark in den Mixer füllen; kochendes Wasser, Currypulver und Knoblauch zugeben und fein pürieren. Abschmecken, in 4 kleine Schalen füllen, abkühlen lassen und in den Kühlschrank stellen, bis es kalt ist.

Salatplatte

Die Salatplatte besteht aus 7 Gerichten, die alle verschieden gewürzt und zubereitet sind. Zusammen serviert sind sie eine hervorragende Vorspeise für ein 8-Personen-Essen, oder servieren Sie sie als 1. Gang bei einem Sommeressen für 4−6 Personen, je nach Appetit.

Gefüllte Tomaten

Gesamtkalorien: 345 (1440 kJ)
Gesamtproteingehalt: 16 g
Vorbereitungs- u. Kühlzeit: 2½ Std.

8 große, feste Tomaten, insgesamt ca. 450 g
6 frische Basilikumblätter, fein gehackt
2 EL Naturjoghurt
½ TL Zitronensaft
12 EL frische Weizenmehlbrotkrumen
Salz
frisch gemahlener Pfeffer
frische Basilikumblätter zum Garnieren

Von den Tomaten einen Deckel abschneiden, aushöhlen, dabei Kerne und Mark entfernen. Vom unteren Teil eine dünne Scheibe abschneiden, damit die Tomate feststeht, dabei darauf achten, daß kein Loch entsteht, durch das der Saft auslaufen kann. Tomaten mit der Oberseite nach unten abtropfen lassen.

Tomatenmus, Basilikum, Joghurt, Zitronensaft und Brotkrumen zu einem weichen Püree verrühren. Mit Salz und Pfeffer würzen, dann in die vorbereiteten Tomaten füllen. Die Deckel wieder aufsetzen und kalt stellen. Jede Tomate vor dem Servieren mit frischen Basilikumblättern garnieren.

Indische Eier

Gesamtkalorien: 1240 (5170 kJ)
Gesamtproteingehalt: 34 g
Vorbereitungszeit: 40 Min.

4 hartgekochte Eier, gepellt und längs halbiert
3−4 EL dicke Mayonnaise (S. 126)
1 TL fein gemahlener Cumin
1 kleine Knoblauchzehe, geschält und
  zerdrückt
ein wenig Zitronensaft
75 g Langkornreis
1 TL gemahlene Kurkuma (nach Wunsch)
Brunnenkresse zum Garnieren

Eigelb herauslösen und mit Mayonnaise, Cumin und Knoblauch zu einer glatten, ziemlich festen Paste verrühren. Zitronensaft nach Geschmack zufügen; nicht zuviel, sonst wird die Paste zu dünn.

Reis in reichlich Salzwasser mit der Kurkuma, falls gewünscht, garen. Abtropfen lassen, unter kaltem Wasser abspülen und wieder abtropfen lassen; dann abkühlen.

Im Spritzbeutel mit Sterntülle das Eiergemisch in die Eiweißhälften spritzen oder mit einem Teelöffel einfüllen.

Eier im Reisbett anrichten und mit Brunnenkresse garnieren.

Marinierte Champignons

Gesamtkalorien: 1050 (4400 kJ)
Gesamtproteingehalt: 2 g
Vorbereitungs- u. Kühlzeit: 40 Min.

125 g Champignons, in dünne Scheiben
  geschnitten
2 EL Weißwein- oder Apfelweinessig
125 ml Oliven- oder Sonnenblumenöl
2 TL Paprikapulver
¼ − ½ TL Chilipulver
1 EL gehackte Petersilie

Champignons in einem Gefäß anrichten und die Marinade zubereiten; dafür Essig, Öl, Paprikapulver, Chilipulver und Zitronensaft mischen. Die Marinade über die Champignons gießen und gut vermischen, bis sie ganz bedeckt sind. Danach 30 Min. kalt stellen.

Mit ein wenig gehackter Petersilie bestreuen, ein wenig Marinade über jede Portion geben, dann servieren.

Fünf Gerichte von der Salatplatte, verschieden gewürzt und zubereitet:
Indische Eier; Gefüllte Tomaten; Streifiger Sellerie; Gefüllte Gurkenringe und pikante, marinierte Champignons.

Auberginenpüree

Gesamtkalorien: 615 (2560 kJ)
Gesamtproteingehalt: 6 g
Vorbereitungs- u. Garzeit: 1½ Std.
Kühlzeit: etwa 1 Std.

450 g Auberginen
4 EL Oliven- oder Sonnenblumenöl
100 g fein gehackte Zwiebeln
50 g fein gehackte grüne Paprika
225 g geschälte, grob gewürfelte Tomaten
2 EL trockener Weißwein
1 Knoblauchzehe, geschält und fein gehackt
Salz
frisch gemahlener Pfeffer
1 EL Zitronensaft
1 EL fein gehackte Petersilie

Backofen auf 180°C, Gas Stufe 4, einstellen. Auberginen mit einer Gabel oder einem Stäbchen einstechen, auf dem oberen Backblech 1 Std. backen, bis die Haut schwarz und das Fleisch weich ist. Herausnehmen und abkühlen lassen.

Öl in einem Topf erhitzen und Zwiebeln und grüne Paprikaschote darin schmoren, bis die Zwiebeln goldbraun sind, dann die Hitze reduzieren, Tomaten zufügen und so lange leise weiterköcheln, bis die Tomaten musig sind.

Auberginen halbieren, das Fleisch mit einem Teelöffel herausschaben. Zur Tomatenmischung in den Topf geben, Wein und Knoblauch zufügen, salzen und pfeffern und zu einem dicken Püree einkochen lassen. Topf vom Feuer nehmen und das Püree abkühlen lassen. Auf einer Platte anrichten, Zitronensaft einrühren, abschmecken, mit Petersilie bestreuen und kalt stellen.

Mit knusprigem Weizenschrotbrottoast servieren.

Auberginenscheiben salzen, um die Bitterstoffe zu entfernen. ½ Std. stehenlassen, dann abspülen und abtrocknen.

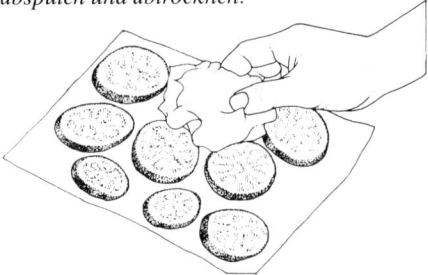

Sellerie in Streifen

Gesamtkalorien: 1305 (5470 kJ)
Gesamtproteingehalt: 7 g
Vorbereitungszeit: 20 Min.

225 g Sellerie, geschält
4–8 EL würzige Mayonnaise (S. 126)
Petersilie oder Brunnenkresse zum Garnieren

Sellerie in streichholzgroße Streifen schneiden und 2 Min. in kochendem Wasser blanchieren. Abtropfen lassen, unter kaltem, fließendem Wasser abspülen, wieder abtropfen und auf Küchenkrepp trocknen lassen. Mit soviel Mayonnaise mischen, daß eine dünne, glatte Creme entsteht. Sellerie in eine Schale geben und mit Brunnenkresse oder Petersilie garnieren.

Karotten in Streifen

Gesamtkalorien: 560 (2340 kJ)
Gesamtproteingehalt: 2 g
Vorbereitungszeit: 15 Min.

225 g Karotten, in Streifen
6 dünne Scheiben Frühlingszwiebeln

Die Sauce:
1 EL Zitronensaft
1 EL trockener Weißwein
4 EL Oliven- oder Sonnenblumenöl
Salz
frisch gemahlener Pfeffer

Karotten mit den Frühlingszwiebeln mischen, dabei einige, grüne Ringe zum Garnieren aufheben. Für die Sauce Zitronensaft, Wein und Öl vermischen und über die Karotten und Zwiebeln gießen. Mit Salz und Pfeffer würzen, gut umrühren, in kleine Salatschüsseln verteilen und mit den aufgehobenen, grünen Zwiebelringen garniert servieren.

Gefüllte Gurkenringe

Gesamtkalorien: 430 (1810 kJ)
Gesamtproteingehalt: 6 g
Vorbereitungszeit: 50 Min.

350 g Gurken, in acht, 5 cm lange Stücke
*   geschnitten*
Salz
50 g Quark
1 Knoblauchzehe, geschält u. zerdrückt
1–2 EL Milch
frisch gemahlener Pfeffer
350 g rote oder grüne Dessert-Äpfel
8 dünne Gurkenscheiben zum Garnieren

Das Gurkenfleisch vorsichtig lösen, dabei einen Rand stehenlassen. Fleisch in kleine 5 mm große Würfel schneiden. Mit Salz bestreut in ein Sieb geben, 20 Min. stehenlassen, dann unter fließendem, kaltem Wasser abspülen, abtropfen und mit Küchenkrepp gut trocknen.

Quark mit Knoblauch verrühren, dann soviel Milch zugeben, daß ein dicker, cremiger Brei entsteht. Mit Salz und Pfeffer würzen. Äpfel schälen, entkernen und wie die Gurken würfeln, dann unter den Quark mischen.

Die Gurkenringe am Rande einer Vorlegeplatte anordnen, mit der Gurken-Apfelmischung füllen. Den Rest in die Mitte der Platte geben. Mit je einer Gurkenscheibe, in Spiralform geschnitten, garnieren, dann servieren.

Gurkenscheiben in 5 cm lange Stücke schneiden und das Innere aushöhlen.

Imam Bayeldi

Dieses Gericht läßt sich gut kalt, ohne Käseauflage, servieren.

Für 4 Personen

Kalorien pro Portion: 135 (570 kJ)
Proteingehalt pro Portion: 1 g
Vorbereitungs- u. Garzeit: 2 Std.

2 Auberginen, jede ca. 225 g schwer
Salz
3—4 EL Oliven- oder Sonnenblumenöl
¼ TL gemahlener Cumin
½ TL gemahlener Koriander
eine Prise frisch gemahlener Pfeffer
50 g grob gehackte Zwiebeln
100 g geschälte, grob gewürfelte Tomaten
25 g Sultaninen
1 Knoblauchzehe, geschält und fein gehackt
4 EL Tomatenmark (nach Wunsch)
100 g geriebener Cheddar-Käse
(nach Wunsch)

Auberginen vom Stengelansatz befreien, dann längs halbieren. Mit einem Teelöffel vorsichtig das Innere herausschaben, dabei einen 5 mm dicken Rand stehenlassen. Schale und Fleisch salzen und in einem Sieb 30 Min. durchziehen lassen. Abspülen und gut abtrocknen lassen.

Herd auf 200°C, Gas Stufe 6, stellen. Öl erhitzen, Cumin, Koriander und Pfeffer darin ca. 1 Min. anbraten, dann die Zwiebel zugeben und langsam glasig dünsten. Auberginenfleisch in kleine Stücke schneiden, zu den Zwiebeln geben und fast weich garen. Nun Tomaten, Sultaninen und Knoblauch zufügen

und so lange schmoren, bis die Tomaten fast zu einem Püree verkocht sind. Wenn das Püree zu trocken ist, 4 EL Tomatenmark dazugeben.

Die Auberginenhälften füllen, den geriebenen Käse darüberstreuen, wenn Sie wollen, und auf das Backblech legen.

In dem vorgeheizten Ofen ca. 40 Min. auf oberster Schiene backen.

Anmerkung: Legen Sie um die Auberginen einen Rand aus zerdrückter Folie, damit sie beim Backen nicht umkippen.

Gratinierter Spargel

Für 4 Personen

Kalorien pro Portion: 190 (795 kJ)
Proteingehalt pro Portion: 10 g
Vorbereitungs- u. Garzeit: 25—30 Min.

350 g frischer Spargel, geschält
25 g Butter
20 g Weizenmehl
300 ml Milch
50 g geriebener Cheddar-Käse
Salz
frisch gemahlener Pfeffer
¼ TL geriebene Zitronenschale
ca. 2 EL fein zerriebene, frische Weizenmehl-
Semmelbrösel

Den Spargel bündeln, aufrecht in einem großen, tiefen Topf mit Salzwasser 15—20 Min. kochen, wobei die Köpfe im Dampf garen sollen, bzw. bis der Spargel weich ist. Während der Spargel kocht, bereiten Sie die Sauce zu.

Butter im Topf bei mäßiger Hitze schmelzen, Mehl darin anschwitzen; den Topf vom Feuer nehmen, langsam unter ständigem Rühren die Milch zugießen. Den Topf auf den Herd zurückstellen, ständig umrühren, bis die Sauce dicklich wird. Dann den größten Teil des Käses unterziehen, salzen, pfeffern und die Zitronenschale zufügen.

Spargel in 4 feuerfeste Formen verteilen, in jede ein wenig Sauce über den Spargel geben, die Stangen bleiben dabei z.T. unbedeckt. Mit den Semmelbröseln und dem restlichen Käse bestreuen und unter dem heißen Grill so lange überbacken, bis das Obere goldbraun ist und Blasen wirft. Sofort servieren.

Anmerkung: Sie können auch gefrorenen oder Dosenspargel verwenden; auch als Nachspeise sehr gut geeignet.

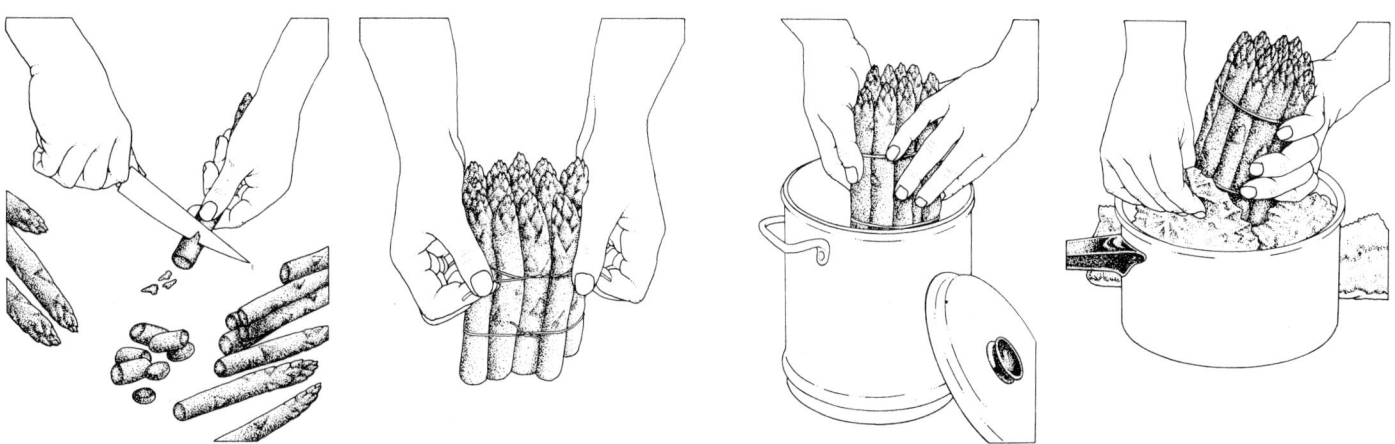

1. Holzige Teile am Stengel abschneiden. Sie sind nicht eßbar, können aber für eine Suppe verwendet werden. Spargel gleich lang schneiden.

2. Spargel oben und unten mit einem dünnen Faden umwickeln. 3. Aufrecht in einen tiefen Topf stellen, so daß der Deckel die Köpfe nicht berührt.

4. Haben Sie keinen tiefen Topf, stellen Sie den Spargel mit Hilfe von Folienknäuel aufrecht; Topf mit Folie abdecken und mit einem Faden umwickeln.

Crêpes mit Spargel

Für 4 Personen
Kalorien pro Portionen: 600 (2525 kJ)
Proteingehalt pro Portion: 26 g
Vorbereitungs- u. Garzeit: 45 Min.

8 Crêpes, siehe Grundrezept (S. 82)
16 Spargelstangen, frisch oder aus der Dose
40 g Butter
25 g Weizenmehl
400 ml Milch
175 g geriebener Cheddar-Käse
Salz
frisch gemahlener Pfeffer
½ TL engl. Senfpulver

Spargel in 2 Bündeln aufrecht in einem großen, tiefen Topf in Salzwasser 15–20 Min. kochen, wobei die Köpfe im Dampf garen sollten, bis der Spargel weich ist. Während der Spargel kocht, bereiten Sie die Sauce zu.

Butter bei mäßiger Hitze schmelzen. Mehl einrühren u. eindicken lassen. Topf vom Feuer nehmen und langsam unter ständigem Rühren die Milch zugießen. Topf auf den Herd zurückstellen und die Sauce unter ständigem Rühren aufkochen lassen, bis sie dick wird.

Die Hälfte des Käses einrühren, mit Salz u. Pfeffer würzen, dann den Senf zufügen. Bei mäßiger Hitze ca. 2 Min. leicht weiterkochen lassen, dabei ständig rühren.

Legen Sie 2 abgetropfte Spargelstangen auf jede Crêpe u. geben Sie 2 EL Käsesauce darüber. Crêpes aufrollen und nebeneinander in eine feuerfeste Form setzen. Restlichen Käse darüberstreuen u. unter dem heißen Grill überbacken, bis der Käse goldbraun ist u. sich Blasen bilden. Sofort servieren.

Artischocken in Rosmarinsauce

Für 4 Personen
Kalorien pro Portion: 285 (1992 kJ)
Proteingehalt pro Portion: 4 g
Vorbereitungs- u. Garzeit: 1 ½ Std.

4 Erdartischocken, gut gewaschen
Salz
4 Knoblauchzehen, geschält und grob gehackt
3–4 Rosmarinzweige
300 ml Sauce Bèarnaise (S. 195);
dabei zu Anfang gleich 2 TL fein gehackten Rosmarin zu Zwiebel u. Essig geben und ½ TL am Schluß, nachdem Sie die Sauce passiert haben.

Artischockenstiele u. Blattspitzen entfernen. In einen passenden Topf setzen und soviel Wasser zugeben, daß sie halb bedeckt sind. Salz, Knoblauch und Rosmarinzweige zufügen und das Wasser zum Kochen bringen. (Sie sollten genügend Rosmarinzweige dazugeben, um das Wasser stark zu aromatisieren.) Bei geschlossenem Topf und mäßiger Hitze 30–40 Min. garen, bzw. bis die Artischockenblätter sich leicht herausziehen lassen. In der Zwischenzeit bereiten Sie die Sauce nach dem Rezept auf S. 195 zu.

Die Artischocken, Oberseite nach unten, 5 Min. abtropfen lassen. Wieder aufstellen und vorsichtig die würzigen Blätter aus der Mitte auslösen, dann das »Heu« entfernen

(S. 111). Die Artischocken auf einer Platte anrichten, in die Mitte der Artischocke die mit Rosmarin gewürzte Sauce Béarnaise geben. Den Rest der Sauce getrennt dazu servieren.

Beliebte warme Vorspeisen. Hinten: Artischocken in Rosmarinsauce, ein klassisches italienisches Rezept. Vorne: Imam Bayeldi, eine Variation der gefüllten Auberginen, ein Türkisches Gericht. Rechts: Russische Blinis, hier mit Eiern, Zwiebeln und Sauerrahm.

Blinis mit Eiern, Zwiebeln u. Sauerrahm

Für 4 Personen
Kalorien pro Portion: 285 (1185 kJ)
Proteingehalt pro Portion: 10,5 g
Vorbereitungs- u. Garzeit: 1 ½ Std.

50 g Buchweizenmehl
50 g ungebleichtes, feines weißes Mehl
¼ TL Salz
10 g Frischhefe
150 ml lauwarme Milch und Wasser, gemischt
1 Ei, getrennt
1 EL geschmolzene Butter
1 El Öl oder abgeklärte Butter

Die Beilagen:
2 hartgekochte Eier, gepellt, gehackt und gut gekühlt
10-12 Frühlingszwiebeln, gehackt und gut gekühlt
150 ml gekühlter Sauerrahm

Beide Mehlsorten in einem Gefäß mit dem Salz vermengen. Hefe mit ein wenig lauwarmer Milch und Wasser glattrühren, dann den Rest der Flüssigkeit zugeben. Die angerührte

Hefe in das Mehl geben, zu einem glatten Vorteig rühren u. an einem warmen Ort gehen lassen, bis die Oberfläche rissig wird u. der Teig sich verdoppelt hat. (Währenddessen können Sie die Eier kochen, die Zwiebeln hacken u. alles kalt stellen.)

Wenn der Teig gegangen ist, gut durchkneten und das Eigelb u. die geschmolzene Butter leicht unterheben. Das Eiweiß steif schlagen und unterziehen.

Eine tiefe Bratpfanne mit Öl oder der abgeklärten Butter bei geringer bis mäßiger Hitze erwärmen – die Butter darf dabei nicht anbräunen. Nacheinander je 2 EL des Teiges in die heiße Pfanne geben; die Blinis werden etwa 10 cm groß. Wenn sich der Teig gesetzt hat und Blasen an der Oberfläche zeigt, die Blinis wenden und auf der anderen Seite leicht braun braten. Die fertigen Blinis warm stellen. Die gekühlten, gekochten Eier, Zwiebeln und Sauerrahm als Beilagen getrennt dazu servieren.

Jeder Gast nimmt sich einen heißen Blini, gibt Eier, Ziebeln u. Sauerrahm darauf und deckt ihn mit einem zweiten Blini ab.

Weichgekochte Eier in Artischockenherzen

Für 4 Personen
Kalorien pro Portion: 380 (1592 kJ)
Proteingehalt pro Portion: 17 g
Vorbereitungs- u. Garzeit: 65 Min.

4 weichgekochte Eier (S. 72)
4 Artischocken, gut gewaschen
300 ml dicke Käsesauce (S. 196)
Salz
frisch gmahlener Pfeffer
4 Scheiben Weizenschrotbrot, entrindet und
    in Butter geröstet (Croûtes)
1 EL fein gehackte Petersilie

Artischocken v. Stengelansatz befreien u. in einen großen Topf mit Wasser geben, so daß sie halb bedeckt sind. Zum Kochen bringen, salzen, dann bei mäßiger Hitze 30–40 Min. leicht kochen lassen, bzw. bis sich die Blätter leicht lösen lassen. Während die Artischocken garen, die Käsesauce zubereiten; mit gefettetem Butterbrotpapier zudecken und im Wasserbad warm stellen. In der Zwischenzeit die Eier kochen u. in einem Topf mit heißem Wasser warmhalten. Die Artischocken gut abtropfen lassen, dann die weichen Teile am Blattansatz herausschaben und durch ein Sieb

pressen. Das Artischockenpüree in die Käsesauce rühren, abschmecken und warm stellen.

Das »Heu« entfernen, die Herzen beiseite stellen, dabei darauf achten, daß sie gerade stehen, indem Sie die restlichen Teile des Stengels oder Unebenheiten mit einem scharfen Messer entfernen.

Die gerösteten Brotscheiben auf einer vorgewärmten Platte anrichten, auf jede ein Artischockenherz stellen, dann ein wenig heiße Sauce darübergießen. Ein Ei darauflegen, mit der restlichen Sauce bedecken. Vor dem Servieren mit Petersilie bestreuen.

Sambusak

Für 4 Personen
Kalorien pro Portion: 645 (2692 kJ)
Proteingehalt pro Portion: 16 g
Vorbereitungs- u. Garzeit: 1½ Std.

Die Füllung:
1 EL Oliven- oder Sonnenblumenöl
100 g fein gehackte Zwiebeln
1 TL gemahlener Cumin, (o.n.Geschmack)
350 g gekochte frische oder tiefgefrorene
    Erbsen
Salz
frisch gemahlener Pfeffer
Öl o. Fritierfett

Die Hülle:
300 g Weizenmehl oder ungebleichtes weißes Mehl
½ TL Salz
150 ml Oliven- o. Sonnenblumenöl
150 ml Wasser
1 Ei, leicht geschlagen

Für die Füllung das Öl erhitzen und Zwiebeln und Cumin darin anbraten, bis die Zwiebeln leicht braun sind. Erbsen, Salz und ein wenig Wasser zugeben; kochen, dabei ständig umrühren, bis die Erbsen weich sind. Zu einem

dicken, festen Püree zerdrücken. Abschmecken und kalt stellen.

Für die Hülle Mehl in ein Gefäß sieben und Salz hinzufügen. Öl mit ⅔ des Wassers mischen und zum Mehl gießen. Zu einem festen Teig verarbeiten, wenn nötig, ein wenig Wasser zugeben. Leicht durchkneten und so dünn wie möglich ausrollen.
Mit einem Teigrädchen Kreise von 7,5 cm ⌀ ausstechen. Einen TL der Füllung in die Mitte geben, die Ränder mit dem geschlagenen Ei bestreichen. Festdrücken und in heißem Öl bei 180°C knusprig und goldbraun fritieren. Gut abtropfen lassen und heiß servieren.

Ratatouille

Für 4 Personen
Kalorien pro Portion: 165 (695 kJ)
Proteingehalt pro Portion: 2 g
Vorbereitungs- u. Garzeit: 2¼ Std.
(incl. Salzen der Zucchini und Auberginen)

225 g Zucchini, in Scheiben
225 g Auberginen, geviertelt u. in Scheiben
  geschnitten
Salz
125 g Zwiebeln, in dünnen Scheiben
4 EL Oliven- o. Sonnenblumenöl
350 g geschälte Tomaten, grob gehackt
225 g grüne Paprika, in dünnen Scheiben
1 große Knoblauchzehe, geschält u. fein
  gehackt
frisch gemahlener schwarzer Pfeffer

Zucchini und Auberginen salzen und 1 Std. einziehen lassen, dann abwaschen und mit einem Küchentuch trockentupfen. Zwiebeln in der Hälfte des Öls glasig dünsten, Zucchini ohne zu bräunen 10 Min. darin anbraten.

Auberginen im restlichen Öl in einer anderen Pfanne braten, dabei von Zeit zu Zeit wenden, bis sie ein wenig Farbe annehmen.

Tomaten, Zwiebeln und Zucchini dazugeben, und wenn die Tomaten zerkocht sind, Paprikaschote, gekochte Auberginen und Knoblauch zufügen. Abschmecken. Bei schwacher Hitze eine Stunde leicht kochen lassen, bis die Ratatouille dick und musig ist.

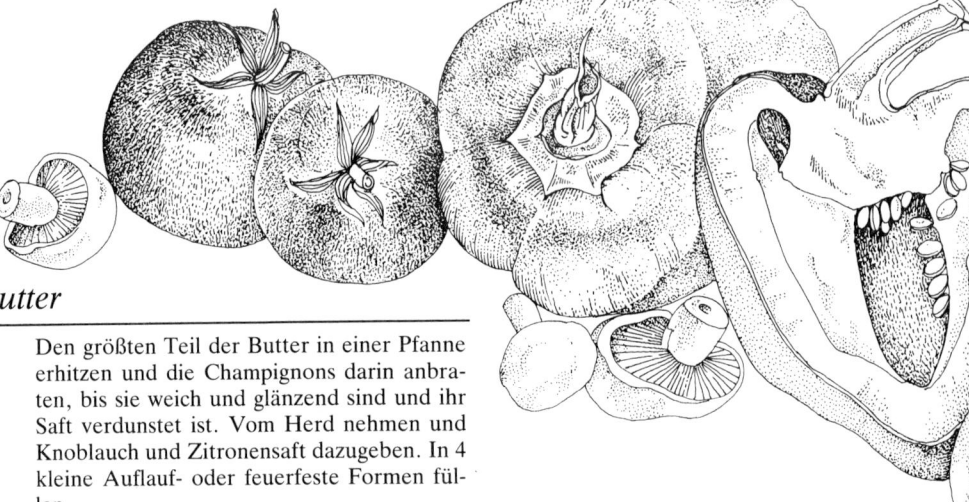

Champignons mit Knoblauchbutter

Für 4 Personen
Kalorien pro Portion: 225 (1055 kJ)
Proteingehalt Pro Portion: 2 g
Vorbereitungs- u. Garzeit: 30 Min.

350 g grob gehackte Champignons
125 g Butter, plus 1-2 Eßlöffel
1-2 Knoblauchzehen, geschält und fein
  gehackt
2 EL Zitronensaft
50 g frische Weizenschrot-Brotkrumen
1 EL gehackte Petersilie

Den größten Teil der Butter in einer Pfanne erhitzen und die Champignons darin anbraten, bis sie weich und glänzend sind und ihr Saft verdunstet ist. Vom Herd nehmen und Knoblauch und Zitronensaft dazugeben. In 4 kleine Auflauf- oder feuerfeste Formen füllen.

Ofen auf 200°C, Gas Stufe 6, vorheizen. Die Brotkrumen in der restlichen Butter braten, bis sie knusprig und goldbraun sind. Dabei ständig umrühren, damit sie nicht anbrennen. Petersilie zugeben, gut untermischen und über die Pilze geben. Mit einer Gabel leicht andrücken und auf der obersten Schiene des vorgeheizten Backofens 10 Min. backen. Dann servieren.

Zwiebelbrot

Für 4 Personen
Kalorien pro Person: 350 (1465 kJ)
Proteingehalt: 20 g
Vorbereitungs- u. Garzeit: 40 Min.

12 Perlzwiebeln
Salz
300 ml Béchamelsauce (S. 196)
2−3 EL abgeklärte Butter (S. 198)
4 dicke Scheiben Weizenschrotbrot, ohne
  Rinde
1 TL Meaux-Senf oder anderer französischer
  Senf
einige Tropfen Tabasco
frisch gemahlener Pfeffer
225 g Edamer- oder Emmentalerkäse in
  Würfeln

Perlzwiebeln schälen und in kochendem Salzwasser 10−12 Min. garen. Die Béchamelsauce zubereiten. Mit einem Teigrädchen einen Kreis aus jeder Brotscheibe ausschneiden. Die abgeklärte Butter im Topf erhitzen, Brotkreise und Reste darin knusprig und goldbraun braten. Gut abtropfen lassen und auf einer Platte warm stellen. Béchamelsauce erhitzen, Senf und Tabasco unterrühren und mit Salz und Pfeffer würzen. Käsewürfel und gekochte Zwiebeln unterheben.

Geben Sie ein wenig von der Sauce in die Mitte jeder gebratenen Brotscheibe, und decken Sie sie mit einer zweiten Scheibe ab. Ein wenig Salz darüberstreuen und sofort servieren.

Gefüllte Zwiebeln mit Orientalischem Reis

Für 4 Personen
Kalorien pro Portion: 230 (1222kJ)
Proteingehalt pro Portion: 9 g
Vorbereitungs- u. Garzeit: 45 Min.

4 Zwiebeln, jede sollte ca. 100 g wiegen
Salz
½ TL gemahlene Kurkuma
2 TL Oliven- o. Sonnenblumenöl
125 g Butter
2 gut verschlagene Eier
1 TL Zitronensaft
200 ml Naturjoghurt

Der Reis:
4 Kardamomkapseln
½−1 TL gemahlene Kurkuma
½−1 TL gemahlener Cumin
1 EL Oliven- o. Sonnenblumenöl
450 g gekochter brauner Reis – ungekocht
  ca. 225 g

Geschälte Zwiebeln in Salzwasser 5 Min. kochen, dann abtropfen und abkühlen lassen. Quer halbieren und das Innere dabei herausnehmen, die beiden äußeren Schichten bleiben als Rand. Das Innere fein hacken.

Kardamom aufschlitzen, den Samen herausschaben und mit Kurkuma und Cumin zerstoßen, dann in Öl 1 Min. anbraten. Den gekochten Reis dazugeben; umrühren, bis das Ganze gut durchgewärmt ist. Heiß stellen bis zum Servieren.

Kurkuma in 2 TL Öl und Butter anbraten und die gehackten Zwiebeln darin goldbraun dünsten. Eier und Zitronensaft schnell hineinrühren. Diese würzige Eiermixtur in die geschälten Zwiebeln geben.

Den Reis auf einer vorgewärmten Platte anrichten, die gefüllten Zwiebeln daraufsetzen und mit Naturjoghurt als Sauce servieren.

Käse-Eier-Auflauf

Für 4 Personen
Kalorien pro Portion: 360 (1505 kJ)
Proteingehalt pro Portion: 15 g
Vorbereitungs- u. Garzeit: 1½ Std.

50 g geriebener, würziger Käse
1 TL Butter
1 TL fein gehackte Zwiebeln
1 TL Weizenschrotmehl
100 ml Schlagrahm
2 Eier
2 Eigelb
300 ml Milch
300 ml Béchamelsauce (S. 196)
eine Prise Paprika
Petersilie zum Garnieren

Butter in einem Topf bei mäßiger Hitze schmelzen und die Zwiebeln darin glasig dünsten. Mehl einrühren, umrühren, bis die Zwiebeln bedeckt sind, Topf vom Feuer nehmen und langsam die Sahne zugießen. Topf wieder auf den Ofen bringen, unter ständigem Rühren kochen, bis die Sauce eindickt. Käse unterrühren, bis er geschmolzen ist, Topf beiseite stellen und das Ganze leicht abkühlen lassen.

Eier, Eigelb und Milch in einem Gefäß vermischen. In die Käsemischung geben, dann alles durch ein Sieb in 4 gut gefettete Auflaufförmchen oder kleine, feuerfeste Formen füllen. In einen Topf mit kochendem Wasser

stellen, so daß ¹/₃ der Förmchen bedeckt ist. Den Topf fest verschließen und den Auflauf bei milder Hitze ca. 15 Min. kochen, bzw. bis er fest ist, dann aus dem Topf herausnehmen und abkühlen lassen.

Backherd auf 200°C, Gas Stufe 6, vorheizen, Béchamelsauce erhitzen, Auflauf vorsichtig aus der Form lösen und auf eine feuerfeste Platte setzen, mit heißer Béchamelsauce überziehen. Im vorgeheizten Ofen 10—15 Min. überbacken, bis der Auflauf braun ist und die Sauce kocht.

Paprika darüberstreuen, mit Petersilie garniert servieren.

Käse-Beignets

Für 8 Personen
Kalorien pro Portion: 253 (1058 kJ)
Proteingehalt pro Portion: 10 g
Vorbereitungs- u. Garzeit: 1¼ Std.

100 g geriebener Cheddar-Käse
25 g Butter
100 g fein gehackte Zwiebeln
600 ml Milch
1 TL Salz
1 Lorbeerblatt
75 g Maismehl
1 Ei, gut verschlagen
150—300 ml Eierteig (S. 194)
Öl zum Fritieren

Die Butter im Topf bei mäßiger Hitze schmelzen und die Zwiebeln darin goldbraun braten. Milch, Salz und Lorbeerblatt zugeben und aufkochen. Maismehl einrühren und 5 Min. köcheln lassen, dabei ständig umrühren. Topf vom Herd nehmen, Käse langsam zufügen, dann das Ei hineinschlagen.

Die Mischung auf eine ölige Arbeitsplatte geben; die Paste soll etwa 1 cm hoch sein; die Ecken glatt schneiden. Kalt werden lassen.

In Quadrate von 5 cm schneiden, den Eierteig daraufgeben; Öl auf 180°C erhitzen, einige Quadrate gleichzeitig hineingeben und goldbraun fritieren. Mit dem Schaumlöffel herausnehmen und auf Küchenkrepp gut abtropfen lassen. Warm stellen und den Rest ausbacken. Rasch servieren.

Eier-Soubise

Für 4 Personen
Kalorien pro Portion: 255 (1072 kJ)
Proteingehalt pro Portion: 11 g
Vorbereitungs- u. Garzeit: 40—45 Min.

4 weichgekochte Eier (S.72)
50 g Butter
225 g fein gehackte Zwiebeln
25 g Weizenschrotmehl
300 ml Milch
eine Prise frisch geriebener Muskat
Salz
frisch gemahlener Pfeffer
100 g blättrig geschnittene Champignons
4 Scheiben Weizenschrotbrot, ohne Rinde,
in ein wenig extra Butter geröstet
(Croûtes)
4 TL geriebener Cheddar-Käse

Die Hälfte der Butter bei schwacher Hitze schmelzen und die Zwiebeln darin goldbraun braten, dabei ständig wenden, damit sie nicht anbrennen. Mehl dazugeben und 1—2 Min. unter ständigem Rühren anschwitzen. Topf vom Feuer nehmen und langsam die Milch zugießen; gut einrühren. Die Sauce aufkochen, bis sie eindickt, dabei ständig rühren.

Die Sauce im Mixer bei hoher Drehzahl sämig rühren, dann in einen sauberen Topf füllen, Muskat, Salz und Pfeffer zugeben. Sauce ins Wasserbad stellen. Oberfläche mit gefetteter Folie abdecken, damit sich keine Haut bilden kann, und 20 Min. durchziehen lassen.

In der Zwischenzeit die Eier weich kochen und in einem Gefäß mit heißem Wasser warm halten. Jetzt die Croûtes zubereiten. Dann die restliche Butter bei schwacher Hitze schmelzen, die Champignons 1—2 Min. darin anbraten und gut umrühren. Warm stellen, während Sie die Croûtes auf eine vorgewärmte, feuerfeste Platte legen, ein abgetropftes Ei daraufgeben und mit der Zwiebel-(Soubise)-Sauce bedecken.

Den Käse darüberstreuen und unter dem heißen Grill so lange überbacken, bis der Käse leicht geschmolzen ist. Vor dem Servieren mit Champignons garnieren.

Gemüserohkost und pikante Dips

Servieren Sie gewürfeltes oder streifig geschnittenes, rohes Gemüse (Crudités), oder gewürfeltes, streifig geschnittenes Brot oder Toast, Kartoffelchips oder Cracker mit heißen und kalten Dips. Für 4 Personen nehmen Sie ca. 450 g gemischte Gemüsesorten; für 8 Personen rechnen Sie das Doppelte.

Zu einer frischen Gemüserohkostplatte paßt auch ausgezeichnet eine dicke Mayonnaise oder Aioli (S. 126).

Hummus

Bis zu 8 Personen
Gesamtkalorien: 2290 (9570 kJ)
Gesamtproteingehalt: 27 g
Vorbereitungszeit: 30 Min.

225 g gekochte Kichererbsen
150 ml Tahina-Paste
150 ml Oliven- o. Sonnenblumenöl, plus 3 EL
1–2 Knoblauchzehen, geschält u. fein gehackt
6–8 EL Zitronensaft
1 EL gehackte Minze o. Petersilie
1 TL Paprikapulver

Kichererbsen mit Tahina-Paste, Öl, 150 ml Wasser, Zitronensaft, Knoblauch, Minze oder Petersilie zu einem dicken Püree im Mixer verarbeiten, dabei langsam ein wenig Wasser nachgießen – Hummus sollte sehr dickflüssig sein.

Oder die Kichererbsen und Knoblauch im Mörser zerdrücken, bevor Sie die anderen Zutaten zugeben; am Schluß langsam das Wasser dazurühren, um die angegebene Konsistenz zu erhalten.

Hummus in eine flache Schale füllen. Paprikapulver mit den restlichen 3 EL Öl verrühren und über den Hummus träufeln. Mit einer Gabel ein Spiralmuster ziehen und mit Pitta-Brot servieren.

Meerrettich-Erdnuss-Dip

Bis zu 8 Personen
Gesamtkalorien: 800 (3355 kJ)
Gesamtproteingehalt: 27 g
Vorbereitungszeit: 5–10 Min.

100 g gesalzene Erdnüsse
2 EL geriebener Meerrettich oder
  2–3 EL Meerrettich-Creme
150 ml Schlagrahm

Erdnüsse im Mixer fein hacken. Meerrettich und Schlagrahm zufügen und zu einem dicken, glatten Dip verarbeiten. Mit Kartoffelchips und streifig geschnittenem Sellerie anrichten.

Avocadodip

Für 8 Personen
Gesamtkalorien: 930 (3890 kJ)
Gesamtproteingehalt: 19 g
Vorbereitungs- u. Kühlzeit: 1½ Std.

2 Avocados
2 EL Zwiebelsaft (S. 55)
3 EL Zitronensaft
Salz u. frisch gemahlener Pfeffer
1 EL gehackte Petersilie

Avocados schälen, entkernen und mit einer Gabel zerdrücken. Zwiebelsaft und 2 EL Zitronensaft zugeben und abschmecken. Im Mixer ganz fein pürieren oder durch ein Sieb drücken.

Dip in eine Schale geben, mit ein wenig Zitronensaft beträufeln, damit er nicht braun wird, und kalt stellen. Mit gehackter Petersilie servieren.

Curry-Käse-Dip

Bis zu 8 Personen
Gesamtkalorien: 270 (1300 kJ)
Gesamtproteingehalt: 32 g
Vorbereitungszeit: 10–15 Min.

225 g Quark
1–2 TL Currypulver o. nach Geschmack
2 EL Zwiebelsaft (S.55)
1 EL Ananassaft
2 EL Ananas, zerdrückt
1 Knoblauchzehe, geschält u. zerdrückt
1–2 EL Milch
Salz, eine Prise Cayennepfeffer

Alle Zutaten sorgfältig vermischen und soviel Milch zugeben, daß eine dickflüssige Paste entsteht. Abschmecken, Cayennepfeffer darüberstreuen und servieren.

Pikanter Ananasdip

Für 4–6 Personen
Kalorien pro Portion: 100 (417 kJ)
Proteingehalt pro Portion: 1 g
Vorbereitungszeit: 20–30 Min.

225 g Ananas in Stücken
225 g fein gehackte Zwiebeln
2 EL Oliven- o. Sonnenblumenöl
1 TL gemahlener Zimt
Salz u. Chilipulver nach Geschmack
1 EL Wein, Apfel- o. Weinessig

Ananas und Zwiebeln in dem Öl goldbraun braten. Restliches Öl abgießen und die Ananas und Zwiebeln mit Zimt, Salz, Chilipulver und Essig zu einem weichen Püree im Mixer verarbeiten.

Masur dhal

Für 6–8 Personen
Gesamtkalorien: 425 (1785 kJ)
Gesamtproteingehalt: 11 g
Vorbereitungs- u. Garzeit: 1 Std.

125 g gekochte rote Linsen
½ TL Salz
½ TL gemahlener Cumin
½ TL gemahlene Kurkuma
½ TL fein gemahlener Bockshornklee
½ TL Senfkörner
2 EL Oliven- o. Sonnenblumenöl
225 g fein gehackte Zwiebeln
⅛–¼ TL Chilipulver (nach Geschmack)
2–4 grüne Chilischoten, fein gehackt

Gewürze in Öl anbraten bis sich ihr Aroma voll entfaltet. Zwiebeln dazugeben und bei milder Hitze weich und goldbraun dünsten. Die gekochten Linsen und soviel Wasser zugeben, daß eine dicke Soße entsteht.

Würzen, und wenn Sie den Dip scharf mögen, ein wenig Chilipulver und Öl einrühren. Heiß mit gehackten Chilischoten bestreut servieren.

Anmerkung: Eventuelle Reste mit Kokosmilch und Sahne aufwärmen.

Würziger Tomatendip

Für 6 Personen
Kalorien pro Portion: 220 (930 kJ)
Proteingehalt pro Portion: 11 g
Vorbereitungszeit: 45–60 Min.

1 kg reife Tomaten, grob gehackt
225 g Zwiebeln, in dünnen Scheiben
2 Knoblauchzehen, geschält und fein gehackt
6 Kardamomkapseln
½–1 TL gemahlener Cumin
1 Lorbeerblatt
Salz u. frisch gemahlener Pfeffer
1 EL Weinessig
1 TL brauner Rohzucker
einige Tropfen Worcestershire-Sauce
ein wenig Chilipulver nach Geschmack

Tomaten und Zwiebeln in einer festen Pfanne bei schwacher Hitze anbraten. Knoblauch, Kardamomsamen, Cumin, Lorbeerblatt und Salz und Pfeffer nach Geschmack zufügen. 25–30 Min. köcheln lassen, bis ein dickes Püree entstanden ist, gelegentlich umrühren.

Püree durch ein Sieb in einen sauberen Topf drücken, Essig, braunen Zucker, Worcestershire-Sauce umd Chilipulver zufügen. Das Ganze aufkochen lassen, abschmecken und etwas einkochen lassen. Dann in eine Schale füllen und servieren.

Eier- und Käsegerichte

Vom weitverbreiteten Käsebrot und dem einfachen Frühstücksei bis zu der kulinarischen Köstlichkeit eines Käsesoufflés mit goldbrauner Kruste, innen wunderbar cremig, reichen die Gerichte, die sich aus diesen beiden proteinreichen Grundnahrungsmitteln zaubern lassen. Viele weltbekannte Gerichte werden auf der Basis von Eiern oder Käse zubereitet.
Probieren Sie folgende Rezepte aus – als reichhaltiges Frühstück, leichtes Mittagessen oder als Vorspeise für ein Menü am Abend – oder machen Sie einmal, wie die Schweizer, an einem Winterabend ein köstliches Raclette-Essen. Stellen Sie ein großes Stück Käse, nach Möglichkeit Gruyerzer, auf ein offenes Feuer; sobald er schmilzt, schneiden Sie dünne Scheiben ab und servieren ihn mit heißen Pellkartoffeln, dazu gibt es eingelegte Gurken. Eine Spezialität aus dem Wallis; ein köstliches Gericht…

Omelettes

Manche Leute glauben, man müsse eine besondere Begabung haben, um ein gutes Omelett zuzubereiten oder über ein Geheimrezept verfügen, damit es jedesmal gelingt. Das ist falsch. Die Grundzutaten für ein einfaches Omelett sind Eier, Butter, Salz und Pfeffer. Es gibt kein Geheimrezept, man sollte sich nur an einige Grundregeln halten.

Nehmen Sie stets eine dicke Eisenpfanne mit glattem Boden, so daß das Omelett gleich-mäßig brät und nicht anbrennt. Die Eier sollten nicht zu lange verquirlt werden – nur so lange schlagen, bis sich Eiweiß und Eigelb gut vermischt haben. Nehmen Sie viel gute, ungesalzene Butter, um die Pfanne damit auszustreichen, bevor Sie das Omelett zubereiten, und gießen Sie überschüssiges Fett ab. Ein perfektes Omelett sollte goldbraun sein und eine fast knusprige Oberseite haben; das Innere sollte aber noch so flüssig bleiben, daß das Omelett im eigenen Saft schmort.

Alle gekochten, gewürfelten Gemüse – Kartoffeln, Erbsen, Karotten oder Nüsse – sind, mit Kräutern gewürzt, eine sehr gute Füllung; dann wird das Omelett zusammengeklappt. Es ist wichtig, daß das Gemüse in gleich große Würfel geschnitten wird, da das fertige Gericht sonst eine ungleichmäßige Form hat.

Einfaches Omelett

Für 1 Person
Kalorien: 275 (1150 kJ)
Proteingehalt: 14 g
Vorbereitungs- u. Garzeit: 5 Min.

2 Eier
Salz
frisch gemahlener Pfeffer
15 g abgeklärte o. ungesalzene Butter

Eier in ein Gefäß geben, mit Salz und Pfeffer würzen und die Eier leicht verquirlen.

Die Butter in einer Pfanne (15 cm ⌀) bei mittlerer bis starker Hitze schmelzen, aber nicht bräunen lassen. Die Eier zugeben und einige Minuten braten, dann die Pfanne schräg halten, das Omelett an einer Seite mit dem Pfannenwender anheben, damit das noch flüssige Ei auf den Boden fließt. Noch zwei- oder dreimal wiederholen, bis keine Flüssigkeit mehr da ist.

Wenn die Oberfläche des Omeletts festzuwerden beginnt, aber noch ein wenig flüssig aussieht, die Pfanne wieder schräg halten und das Omelett mit dem Wender zusammenklappen. Auf eine vorgewärmte Platte gleiten lassen und sofort servieren. Ein Omelett darf nicht kalt werden!

Anmerkung: Mit ein wenig Übung und den geeigneten Utensilien kann man 4 Omeletts gleichzeitig machen. Die Eier mit Salz und Pfeffer in vier Schälchen verschlagen. Die Pfannen auf dem Ofen erhitzen, wobei die Hitze unter allen 4 Pfannen gleich sein sollte. In jede ein wenig Butter geben und schmelzen lassen. Die Eier in der gleichen Reihenfolge, wie Sie sie verquirlt haben, hineingeben und wie ein einzelnes Omelett braten.

Käseomelett

Für 1 Person
Kalorien: 375 (1580 kJ)
Proteingehalt: 20 g
Vorbereitungs- u. Garzeit: 5 Min.

Richten Sie sich nach dem Grundrezept für ein einfaches Omelett; bevor Sie das Omelett zur Hälfte zusammenklappen, *25 g geriebenen Cheddarkäse* darüberstreuen. Sofort servieren, sonst zieht der Käse Fäden.

Man kann auch einen EL frisch gehackte Kräuter dazugeben.

Maisomelett

Für 1 Person
Kalorien: 425 (1770 kJ)
Proteingehalt: 15 g
Vorbereitungs- u. Garzeit: 10 Min.

50 g gekochte Maiskörner
15 g abgeklärte o. ungesalzene Butter

Butter in einer Pfanne bei milder Hitze schmelzen, Mais zufügen und 4–5 Min., oder bis er weich ist, garen lassen. Der Mais soll seinen Eigengeschmack behalten; er wird deshalb nicht zusätzlich gewürzt.

Ein einfaches Omelett zubereiten, den Mais daraufgeben, dann das Omelett zur Hälfte zusammenklappen. Sofort servieren.

Omelett mit Frühlingszwiebeln

Für 1 Person
Kalorien: 465 (1940 kJ)
Proteingehalt: 14 g
Vorbereitungs- u. Garzeit: 15 Min.

50 g fein gehackte Frühlingszwiebeln
15 g Butter
1 EL Schlagrahm
½ TL fein gehackter Thymian

Die Butter bei schwacher Hitze schmelzen, Frühlingszwiebeln darin weich dünsten, aber nicht bräunen lassen. Rahm und Thymian dazugeben und kochen, bis das Ganze dick und gut vermischt ist. Vom Feuer nehmen und heiß stellen.

Ein einfaches Omelett zubereiten, die Zwiebelfüllung in die Mitte geben, dann das Omelett zur Hälfte zusammenklappen.

Pipérade

Für 4 Personen
Kalorien pro Portion: 365 (1520 kJ)
Proteingehalt pro Portion: 11,5 g
Vorbereitungs- u. Garzeit: 20 Min.

450 g gewürfelte rote Paprikaschoten
4 EL Oliven- o. Sonnenblumenöl
450 g geschälte, geviertelte Tomaten
Salz
frisch gemahlener Pfeffer
6 Eier
4 Scheiben Weizenschrotbrot, ohne Rinde,
  in Dreiecke geschnitten u. in ein wenig
  Butter geröstet. (Croûtes)

Öl in einer Pfanne erhitzen und Paprikaschoten 5 Min. darin anbraten. Tomaten mitkochen, bis die Flüssigkeit fast verdunstet und das Ganze zu einem Püree eingekocht ist. Salzen und pfeffern.

Eier in einem Gefäß mit Salz und Pfeffer gut verschlagen. In das Püree gießen und so lange unter ständigem Rühren schmoren, bis sie sich mit der Tomaten-Paprika-Mischung verbunden haben. Das Gericht in einer vorgewärmten Schale anrichten, die gerösteten Brotdreiecke herumlegen und sofort servieren.

Bauernomelett

Für 4 Personen
Kalorien pro Portion: 360 (1507 kJ)
Proteingehalt pro Portion: 16 g
Vorbereitungs- u. Garzeit: 30 Min.

450 g fein gewürfelte Kartoffeln
50 g abgeklärte o. ungesalzene Butter
100 g fein gehackte Zwiebeln
Salz
frisch gemahlener Pfeffer
8 Eier

Butter in einer Pfanne (20 cm ⌀) bei schwacher Hitze schmelzen, Kartoffeln zugeben und ca. 15 Min. darin anbraten, bis sie fast gar sind. Während der ersten Hälfte der Kochzeit Pfanne fest verschließen, aber gelegentlich umrühren, damit die Kartoffeln nicht anbrennen. Zwiebeln zufügen und weitere 5 Min. schmoren lassen. Jetzt sollen die Kartoffeln weich und die Zwiebeln glasig sein. Großzügig Salz und Pfeffer darüberstreuen.

Eier mit viel Salz und Pfeffer leicht verschlagen, dann über die Kartoffeln gießen. Wie Rührei zubereiten; umrühren, bis das meiste der Flüssigkeit fest ist. Eine Servierplatte über die Pfanne legen, die Pfanne vorsichtig umdrehen, so daß das Omelett auf der Platte liegt. Sofort servieren.

Omelett in Tomatensauce

Für 4 Personen
Kalorien pro Portion: 270 (1135 kJ)
Proteingehalt pro Portion: 15,5 g
Vorbereitungs- u. Garzeit: 30 Min.

40 g abgeklärte o. ungesalzene Butter
100 g fein gehackte Zwiebeln
1 Knoblauchzehe, geschält u. zerdrückt
15 g Weizenschrotmehl
Salz u. frisch gemahlener Pfeffer
450 g grob gewürfelte Tomaten
200 ml Rotwein
8 Eier
1 EL fein gehackter Fenchelsamen o.
  Basilikum (nach Wahl)

25 g Butter in der Pfanne bei milder Hitze schmelzen, Zwiebeln und Knoblauch zugeben und glasig dünsten, aber nicht bräunen. Mehl zufügen, mit Salz und Pfeffer würzen und so lange rühren, bis die Butter völlig aufgelöst ist. Nun die Tomaten dazugeben und 1−2 Min. darin anschmoren, dabei umrühren, damit sie nicht anbrennen. Den Wein zugießen, gut umrühren und aufkochen lassen, dann die Sauce bei milder Hitze eindicken lassen. Weitere 15−20 Min. köcheln lassen, bis der Mehlgeschmack verschwunden ist, dabei gelegentlich umrühren.

In der Zwischenzeit mit der restlichen Butter und den Eiern ein festes, einfaches Omelett zubereiten. Salzen und pfeffern. (Wenn nötig, in 2 Arbeitsgängen zubereiten.)

Das fertige Omelett in Streifen schneiden und nebeneinander auf einer warmen Platte anrichten. Sauce darübergießen, dabei die Omelettstreifen wenden, damit sie ganz bedeckt sind. Mit Fenchelsamen oder Basilikum bestreuen und sofort mit gekochtem braunem Reis, neuen Kartoffeln und einem Salat servieren.

Kräuteromelett

Für 1 Person
Kalorien: 275 (1150 kJ)
Proteingehalt: 14 g
Vorbereitungs- u. Garzeit: 10 Min.

1 El frisch gehackte, gemischte Kräuter
  (Petersilie, Kerbel, Brunnenkresse,
  Estragon)
15 g abgeklärte o. ungesalzene Butter
2 Eier

Einfaches Omelett nach Grundrezept zubereiten, aber die Hälfte der Kräuter in die rohe Eiermischung geben. Restliche Kräuter über das fertige Omelett streuen, zur Hälfte zusammenklappen und mit einem Tupfer Kräuterbutter (S. 198) servieren.

Grundrezept Käsesoufflé

Für 4 Personen
Kalorien pro Portion: 275 (1162 kJ)
Proteingehalt pro Portion: 17,5 g
Vorbereitungs- u. Garzeit: 35–40 Min.

100 g geriebener Cheddarkäse
40 g Butter
25 g Weizenschrotmehl
200 ml Milch
Salz
frisch gemahlener Pfeffer
4 Prisen frisch geriebene Muskatnuß
   (nach Wunsch)
4 Eigelb
5 Eiweiß

25 g Butter bei milder Hitze in einer Pfanne schmelzen, das Mehl einrühren und 1–2 Min. anschwitzen, bis das Ganze dicklich wird; Pfanne vom Feuer nehmen und langsam die Milch unterrühren. Die Pfanne auf den Herd zurückstellen, die Sauce aufkochen lassen, dabei so lange rühren, bis sie eindickt.

Pfanne vom Feuer nehmen, den Käse dazugeben und mit Salz und Pfeffer nach Geschmack und geriebener Muskatnuß, wenn Sie wollen, würzen. Leicht abkühlen lassen, dann das Eigelb gut einrühren. Ofen auf 200°C, Gas Stufe 6, vorheizen und eine Souffléform, die 1½ l faßt, zum Anwärmen hineinstellen.

Das Eiweiß ganz steif schlagen. Die Hälfte der Käsesauce vorsichtig unterheben, bis alles gut vermischt ist. Die restliche Käsesauce genauso unterheben.

Die restliche Butter schmelzen und die Souffléform damit ausstreichen, dann die Soufflémasse einfüllen. Mit einem in Butter getauchten Messer auf der Oberfläche einen Kreis schneiden – dadurch entsteht die Spitze im fertigen Soufflé.

Auf der mittleren Einschubleiste des vorgeheizten Backofens ca. 10 Min. backen, wenn das Innere halbflüssig sein soll; wenn Sie ein trockeneres Soufflé vorziehen, 25 Min. backen; sofort servieren.

Spinatsoufflé

Für 4 Personen
Kalorien pro Portion: 470 (1232 kJ)
Proteingehalt pro Portion: 20,5 g
Vorbereitungs- u. Garzeit: 45 Min.

115 g gekochten Spinat,
   gehackt und gut abgetropft

Richten Sie sich nach dem Grundrezept Käsesoufflé; geben Sie vor dem Käse den Spinat in die Sauce.

Anmerkung: Wenn Sie ein glattes Soufflé vorziehen, Spinat nach dem Abtropfen pürieren.

Zucchinisoufflé

Für 4 Personen
Kalorien pro Portion: 335 (1392 kJ)
Proteingehalt pro Portion: 18 g
Vorbereitungs- u. Garzeit: 50 Min.

225 g Zucchini, in dünnen Scheiben
25 g Butter

Butter in einer Pfanne bei milder Hitze schmelzen, Zucchini darin anbraten, bis sie weich sind und die meiste Flüssigkeit verdampft ist. Aus der Pfanne nehmen und pürieren.

Richten Sie sich nach dem Grundrezept Käsesoufflé und geben Sie die pürierten Zucchini vor dem Käse in die Sauce.

Maissoufflé

Für 4 Personen
Kalorien pro Portion: 320 (1340 kJ)
Proteingehalt pro Portion: 19 g
Vorbereitungs- u. Garzeit: 35–40 Min.

225 g Gemüsemaiskörner

Richten Sie sich nach dem Grundrezept Käsesoufflé und geben Sie den Mais zu den 25 g geschmolzener Butter in eine Pfanne, bevor Sie das Mehl einstreuen. Den Mais garen, dann die Milch zugießen.

Rührei mit Spargel

Für 4 Personen
Kalorien pro Portion: 405 (1695 kJ)
Proteingehalt pro Portion: 13 g
Vorbereitungs- u. Garzeit: 30 Min.

4 Eier
450 g frischer Spargel, oder die gleiche
   Menge tiefgefrorener oder Dosenspargel
225 g Zwiebeln, in Ringe geschnitten
2 EL Oliven- oder Sonnenblumenöl
Salz
frisch gemahlener Pfeffer
75 g Butter
4 Scheiben Weizenschrotbrot, getoastet
   u. ohne Rinde

Zwiebeln im Öl knusprig braten, je langsamer, desto besser; sie brauchen ca. 20 Min. Wenn sie halb fertig sind, salzen; dabei ständig umrühren, damit sie gleichmäßig anbraten können.

Den Spargel bündeln und 15–25 Min. im Kochtopf garen. (Wenn Sie gefrorenen oder Dosenspargel verwenden, halten Sie sich an die angegebenen Kochanleitungen.) Eier verquirlen und mit Salz und Pfeffer würzen. ²⁄₃ der Butter bei milder Hitze in einer Pfanne schmelzen und die verschlagenen Eier hineingießen. So lange unter ständigem Rühren anbraten, bis sie fest werden; nicht zuviel rühren, sonst werden sie zu fein; aber nicht zuwenig rühren, damit sie nicht anbrennen.

Wenn sie fertig sind, sollten sie noch eben feucht sein. Den Toast mit Butter bestreichen, die 4 Rühreier darauf verteilen. Darauf die Spargelstangen anrichten. Zwiebelringe auf Küchenkrepp abtropfen lassen, auf den Spargel geben und heiß servieren.

Links: Gougère, ein Brandteigring aus Eiern und Käse, mit einer kräftigen Tomatensauce serviert. Rechts: Ein köstliches, leichtes Soufflé, das auf der Zunge zergeht, mit Käse und Spinat gefüllt. Servieren Sie es zum Frühstück oder als Vorspeise für ein festliches Abendessen.

Gougère

Für 4 Personen

Kalorien pro Portion: 353 (1480 kJ)
Proteingehalt pro Portion: 13,5 g
Vorbereitungs- u. Garzeit: 1¼ Std.

50 g Butter
150 ml Wasser
75 g ungebleichtes weißes Mehl
3 Eier
75 g würziger Hartkäse, in 5-mm-Würfel
   geschnitten
ca. 300 ml Tomaten- oder Pikante Sauce
   (S. 196)

Ofen auf 150°C, Gas Stufe 2, vorheizen. Butter und Wasser in mittelgroßem Topf bei mäßiger Hitze aufkochen. Sobald es kocht, Topf vom Herd nehmen und das ganze Mehl hineinschütten, dabei mit einem Holzlöffel kräftig abschlagen, bis das Mehl aufgesogen ist und sich der Teigkloß vom Boden löst. Leicht abkühlen lassen, dann nacheinander die Eier zugeben, dabei kräftig umrühren, bis der Teig weich und glänzend ist. Nur so viele Eier nehmen, daß der Teig noch fest genug und in Form bleibt. ⅔ des Käses untermischen.

Teig mit einem Löffel oder einer Spritze auf ein gut gefettetes Backblech geben; dabei einen Ring von 25 cm ⌀ formen. Die restlichen Käsewürfel daraufsetzen, Antihaft-Folie darumgeben, damit der Ring in Form bleibt und gut aufgeht.

In die mittlere Schiene des vorgeheizten Ofens stellen, dabei Hitze langsam steigern; Brandteig geht am besten bei steigender Temperatur. 40 Min. backen, Hitze abschalten, bei geöffneter Tür noch 5–10 Min. abkühlen lassen; währenddessen können Sie Ihre Sauce aufwärmen. Die Gougère auf eine heiße Servierplatte geben und mit Sauce anrichten.

Spinatroulade

Für 4 Personen
Kalorien pro Portion: 775 (3245 kJ)
Proteingehalt pro Portion: 20 g
Vorbereitungs- u. Garzeit: 1 Std.

Die Roulade:
225 g frischer, gekochter Spinat, fein
gehackt u. gut abgetropft
25 g Butter
Salz
frisch gemahlener Pfeffer
knapp 40 g Weizenschrotmehl
150 ml Milch
3 Eier, getrennt

Die Füllung:
3 EL Oliven- o. Sonnenblumenöl
5 Scheiben Weizenschrotbrot, jede ca.
100 g schwer, ohne Rinde, in 1-cm-
Würfel geschnitten
225 g gehackte Zwiebeln
eine kräftige Prise Cayennepfeffer
225 g Quark o. passierter Hüttenkäse

Butter in der Pfanne bei milder Hitze schmelzen, Spinat zugeben und dünsten, bis alle Flüssigkeit verdampft ist. Nach Geschmack salzen und pfeffern, dann das Mehl zuschütten und 1–2 Min. unter ständigem Umrühren anbraten. Pfanne vom Feuer nehmen und langsam die Milch einrühren. Die Pfanne auf die Platte zurückstellen, das Ganze aufkochen lassen, dabei ständig rühren, bis die Sauce eindickt.

Sauce vom Herd nehmen und leicht abkühlen lassen. Ofen auf 200°C, Gas Stufe 6, vorheizen. Eigelb schlagen, dann sorgfältig in den Spinat einrühren. Eiweiß steif schlagen, dann unter die Sauce heben.

Masse in eine mit gefetteter Folie ausgelegte Rouladenform füllen und auf der mittleren Schiene des vorgeheizten Ofens ca. 30 Min. backen.

Für die Füllung die Brotwürfel in 2 EL Öl bei schwacher Hitze knusprig braun braten.

Mit einer Schaumkelle aus der Pfanne heben und auf Küchenkrepp abtropfen lassen. Das restliche Öl in der Pfanne erhitzen und die Zwiebeln darin goldbraun schmoren. Mit einer Schaumkelle herausnehmen und gut abtropfen lassen.

Geben Sie einige Minuten, bevor die Roulade fertig ist, die trockenen Brotwürfel zu den Zwiebeln und würzen Sie mit ein wenig Cayennepfeffer, Salz und Pfeffer. Quark oder Hüttenkäse dazugeben und bei schwacher Hitze schmelzen, aber nicht kochen lassen, da der Käse sonst Fäden zieht. So lange kochen, bis der Käse geschmolzen und sehr heiß ist.

Die Roulade aus dem Ofen und der Form nehmen. Die Fülle dick daraufstreichen. Aufrollen, indem Sie sie an einem Ende mit dem Papier leicht anheben und vorsichtig über die Füllung aufrollen. Sofort mit heißer Tomatensauce (S. 196) und gebackenen Kartoffeln in der Schale servieren.

Käseroulade

Für 4 Personen
Kalorien pro Portion: 515 (2145 kJ)
Proteingehalt pro Portion: 22 g
Vorbereitungs- u. Garzeit: 1 Std.

125 g Cheddarkäse
25 g Weizenschrotmehl
½ TL fein gehackter Thymian oder Majoran
Salz
frisch gemahlener Pfeffer
eine Prise Cayennepfeffer
4 Eier

Die Füllung:
450 g fein gehackte Zwiebeln
2–3 EL Oliven- o. Sonnenblumenöl
o. geschmolzene Butter
25 g Weizenschrotmehl
300 ml Milch
75 g gehackte Walnüsse
½ TL geriebene Muskatnuß
Salz
frisch gemahlener Pfeffer
6 EL fein gehackte Petersilie

Zuerst die Füllung zubereiten: Zwiebeln in geschmolzener Butter oder Öl goldbraun braten, dabei ständig umrühren, damit sie nicht anbrennen. Wenn sie gar sind, nach ca. 30 Min., restliche Butter oder Öl abgießen, das Mehl zugeben und gut verrühren, dann vom Herd nehmen. Langsam die Milch unter ständigem Rühren zugießen; die Sauce erneut zum Kochen bringen, dabei ständig umrühren, bis sie eindickt.

Walnüsse und Muskatnuß hinzugeben und mit Salz und Pfeffer würzen. Topf mit Butterbrotpapier fest verschließen und in einen größeren Topf mit kochendem Wasser stellen, damit sie warm bleibt, während Sie die Roulade zubereiten.

Eine gut gefettete Rouladenform, 30 x 20 cm, mit Antihaft-Folie auslegen. Mit der restlichen Butter bestreichen und den Ofen auf 200°C, Gas Stufe 6, vorheizen.

Käse, Mehl, Thymian oder Majoran vermengen, mit Salz, Pfeffer und einer Prise Cayennepfeffer abschmecken. Die Eier dickschaumig schlagen. Mit einem breiten Messer Mehl und Käsemischung unter die Eier heben; das Ganze in die vorbereitete Form füllen und im vorgeheizten Ofen 20 Min. backen. Die Roulade herausnehmen, aus der Form lösen und die Hälfte der Füllung daraufgeben. Aufrollen, indem Sie das Papier an einem Ende fassen und die Roulade vorsichtig über die Füllung rollen; dabei vorsichtig das Papier entfernen. Roulade auf einer warmen Platte anrichten und restliche Sauce darübergeben. Mit Petersilie bestreuen und mit Polnischer Sauce (S. 196) servieren. Dazu Peperoni oder Zucchini Provençales.

1. Form mit gut gefetteter Folie auslegen, dann Rouladenteig schnell einfüllen; Ecken gut damit auskleiden.

2. Nach dem Backen die Hälfte der Füllung daraufgeben, dabei einen kleinen Rand lassen. Mit Papier aufrollen.

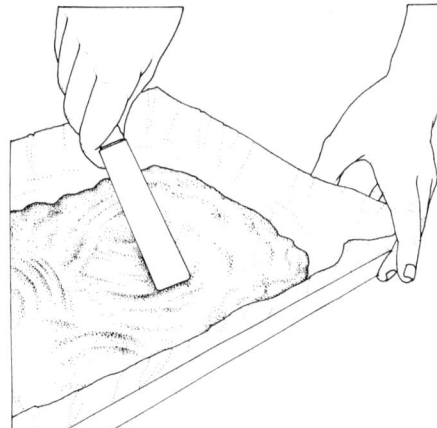
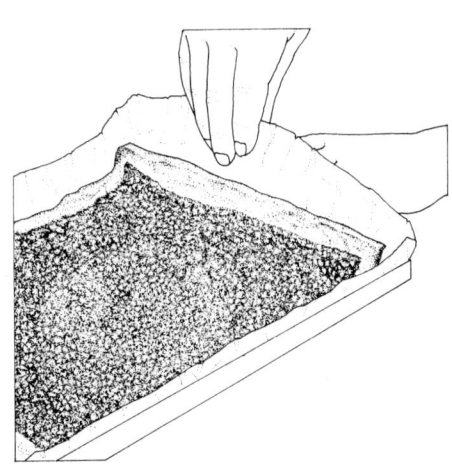

Grundrezept Käse-Quiche

Für 4 Personen
Kalorien pro Portion: 365 (1515 kJ)
Proteingehalt pro Portion: 12 g
Vorbereitungs- u. Garzeit: 1½ Std.

Der Teig:
100 g ungebleichtes weißes Mehl
¼ TL Salz
50 g ungesalzene Butter
ein wenig Eiswasser

Die Füllung:
25 g Butter
50 g fein gehackte Zwiebeln
3 Eier, verschlagen
300 ml sahnige Milch
25 g geriebener Cheddarkäse
Salz
frisch gemahlener Pfeffer

Mehl und Salz in einem Gefäß mischen, dann mit dem Messer oder einem sauberen Teigschaber die Butter hineinschneiden. Den Teig mit den Fingern so lange zerreiben, bis er feinen Brotkrumen ähnelt; soviel Wasser zugeben, daß er weich, aber nicht klebrig wird. In Folie im Kühlschrank 30 Min. kalt stellen.

Den kalten Teig auf bemehlter Fläche sehr dünn aufrollen. Eine Kuchenform – möglichst eine Springform (20 cm ⌀) – damit auslegen oder den Springformrand auf ein Backblech stellen. Mit Folie abdecken und erneut in den Kühlschrank stellen, während Sie die Füllung zubereiten. Den Backofen auf 200°C, Gas Stufe 6, vorheizen. Butter in einer Pfanne bei schwacher Hitze schmelzen, Zwiebeln darin goldbraun braten. Eier mit Milch und Käse verquirlen, mit Salz und Pfeffer würzen. Zwiebeln mit einer Schaumkelle aus der Pfanne nehmen und in die Eiermischung geben.

Folie abziehen, Teig mit der Füllung belegen und im vorgeheizten Ofen ca. 20 Min. backen, dann Temperatur auf 180°C, Gas Stufe 4, senken und weitere 10 Min. backen. Bei geöffneter Tür die Quiche ein paar Minuten auskühlen lassen. Aus der Form nehmen und warm oder kalt mit Salat servieren.

Anmerkung: Wenn Sie wollen, können Sie die Zwiebeln auch ein paar Minuten in kochendem Wasser blanchieren, anstatt sie zu braten.

Blumenkohl-Quiche

Für 4 Personen
Kalorien pro Portion: 370 (1537 kJ)
Proteingehalt pro Portion: 12,5 g
Vorbereitungs- u. Garzeit: 1½ Std.

225 g gekochter Blumenkohl, püriert
oder in kleinen Röschen

Richten Sie sich nach dem Grundrezept Käse-Quiche; geben Sie den Blumenkohl zur Käsefüllung. Mit pikanter Aprikosensauce (S. 197) servieren.

Spinat-Quiche

Für 4 Personen
Kalorien pro Portion: 380 (1857 kJ)
Proteingehalt pro Portion: 15 g
Vorbereitungs- u. Garzeit: 1½ Std.

225 g gekochter, pürierter Spinat

Wie Grundrezept Käse-Quiche; den Spinat zu der Käsefüllung geben.

Lauch-Käse-Quiche

Für 4 Personen
Kalorien pro Portion: 410 (1705 kJ)
Proteingehalt pro Portion: 13 g
Vorbereitungs- u. Garzeit: 1½ Std.

225 g Lauch, in dünne Scheiben
geschnitten, in ein wenig Butter weich
gedünstet, dann gut abgetropft.

Richten Sie sich nach dem Grundrezept Käse-Quiche; den Lauch zur Käsefüllung geben.

Curry-Eier

Für 4 Personen
Kalorien pro Portion: 290 (1215 kJ)
Proteingehalt pro Portion: 17 g
Vorbereitungs- u. Garzeit: 10–15 Min.

4 hartgekochte Eier, gepellt und
längs halbiert
2 EL Oliven- o. Sonnenblumenöl
100 g fein gehackte Zwiebeln
1–2 EL fein gehackte Ingwerwurzel
1 kleine Knoblauchzehe, geschält und
zerdrückt
4 TL Currypulver o. nach Geschmack
½ TL fein geriebene Zitronenschale
15 g Weizenschrotmehl
300 ml kräftige weiße Gemüsebrühe (S. 34)
1–2 TL Zitronensaft
225 g gekochter Langkornreis, mit Kurkuma
gewürzt – ungekocht ca. 125 g
1–2 EL geraspelte Kokosnuß

Zwiebeln und Ingwerwurzel im Öl goldbraun braten, dabei gelegentlich umrühren, damit das Gemüse nicht klebt oder anbrennt. Currypulver, Knoblauch und Zitronenschale einrühren und gut vermengen. Mehl hineingeben und 1–2 Min. anschwitzen, dabei gut umrühren. Pfanne vom Feuer nehmen und langsam unter ständigem Rühren die Brühe und den Zitronensaft zugeben. Pfanne auf den Herd zurückstellen, die Sauce aufkochen lassen, so lange rühren, bis sie dick ist. Ein wenig Wasser zugeben, wenn sie zu dick wird.

Die halbierten Eier vorsichtig in die kochende Sauce gleiten lassen, dann die Hitze senken und mindestens noch 5 Min. köcheln lassen, während Sie den Reis aufwärmen.

Eier auf dem Reisbett anrichten, ein wenig Currysauce darübergeben. Mit Kokosnußraspeln servieren; die restliche Sauce getrennt reichen.

Welsh Rarebit

Für 4 Personen
Kalorien pro Portion: 230 (957 kJ)
Proteingehalt pro Portion: 9 g
Vorbereitungs- u. Garzeit: 10 Min.

100 g geriebener, trockener Cheddarkäse
25 g Butter
25 g Weizenschrotmehl
100 ml braunes Ale oder Bier
4 Scheiben warmer Weizenschrottoast

Den Grill anheizen. Butter im Topf bei milder Hitze schmelzen, Mehl einrühren, dann den Käse. So lange kochen, bis der Käse schmilzt, dann das Bier einrühren und so lange umrühren, bis der Käse ganz aufgelöst und die Masse glatt ist. Über die Toastscheiben gießen und unter dem heißen Grill überbacken, bis die Oberseite goldbraun ist und Blasen wirft. Mit eingelegten, in Scheiben geschnittenen Gurken servieren.

Weichgekochte Eier

Weichgekochte Eier sollten so lange gekocht werden, bis sich die Schale leicht pellen läßt, aber das Eigelb noch flüssig ist. Weil sie eine ausgezeichnete Vorspeise sind, haben wir einige Rezepte im nächsten Kapitel aufgenommen. Da es viele Variationen gibt, lassen sie sich auch als leichtes und schmackhaftes Mittag- oder Abendessen servieren.

Kochen: Eier auf Zimmertemperatur bringen, dann langsam in einen Topf mit kochendem Wasser gleiten lassen; wenn Sie mehrere Eier gleichzeitig kochen wollen, einen Fritierkorb benutzen! Das Wasser sollte nicht länger als 1−2 Min. unter dem Siedepunkt

sein. Große Eier brauchen ca. 6 Min., kleinere weniger. Danach den Fritiereinsatz herausnehmen und sofort in einem Topf mit kaltem Wasser 1−2 Min. abschrecken.

Pellen: Leicht anschlagen, damit die Schale bricht, dabei das Ei im Handballen halten; vorsichtig einen Teil der Schale lösen, dabei die darunterliegende Haut mitfassen. Das Ei beim Pellen in der Hand rollen, dabei darauf achten, daß es nicht auseinanderbricht. Unter leicht fließendem Wasser mögliche Reste der Schale entfernen, dann die Eier in einer Schale mit kaltem Wasser im Kühlschrank aufbewahren, bis sie gebraucht werden.

Aufwärmen: Eier in einer Schale mit heißem, aber nicht kochendem Wasser ca. 5 Min. liegen lassen.

Servieren Sie die Eier auch auf folgende Art: auf einem Bett gewürfelter, gekochter Pilze mit Madeira-Sauce; mit gewürfeltem, gekochtem Frühlingsgemüse und einer reichhaltigen Béchamel-Sauce; mit Linsen und Katalonischer Sauce oder auf gerösteten Brotwürfeln mit Sauce Béarnaise oder Malteser Sauce (S. 127). Andere Saucen finden Sie im Kapitel mit den Grundrezepten.

Weichgekochte Eier Crécy

Für 4 Personen
Kalorien pro Portion: 460 (1917 kJ)
Proteingehalt pro Portion: 13 g
Vorbereitungs- u. Garzeit: 35 Min.

4 weichgekochte Eier
4 EL abgeklärte Butter oder Oliven-
oder Sonnenblumenöl
450 g Karotten, in dünnen Scheiben
300 ml dicke Béchamelsauce (S. 196)
4 Scheiben Weizenschrotbrot, ohne Rinde
und in Butter geröstet (Croûtes)
Salz
frisch gemahlener Pfeffer

Karotten in Butter oder Öl bei schwacher Hitze 20−30 Min. zugedeckt schmoren, bis die Karotten weich und goldbraun sind, dabei wenden, damit sie nicht anbrennen.

In der Zwischenzeit die Eier kochen oder 5 Min. in einer Schale mit heißem Wasser erwärmen. Sauce langsam erwärmen und das Brot rösten.

Geschmorte Karotten vom Ofen nehmen, mit Salz und Pfeffer würzen und gleichmäßig auf den Brotscheiben verteilen, dabei einige zum Garnieren zurückbehalten.

Ein Ei auf das Karottenbett in die Mitte jeder Brotscheibe geben, mit Béchamelsauce überziehen. Wenn nötig, nachwürzen, mit den restlichen Karotten belegen und sofort servieren.

Weichgekochte Eier in Kartoffelnestern

Für 4 Personen
Kalorien pro Portion: 435 (1825 kJ)
Proteingehalt pro Portion: 22 g
Vorbereitungs- u. Garzeit: 1 Std.

4 weichgekochte Eier
225 g Kartoffeln, in Scheiben
2 Eier, gut verschlagen
100 g kräftiger, geriebener Cheddarkäse
Salz
frisch gemahlener Pfeffer
300 ml dicke Pilz- oder Béchamel-Sauce

Die Kartoffeln 7−10 Min., oder bis sie gar sind, in Salzwasser kochen. Abgießen und durch ein Sieb streichen. Verquirlte Eier zugeben, dabei ein wenig aufheben, um die Nester zu bestreichen. Käse, Salz und Pfeffer zugeben und gut vermischen. Ofen auf 200°C, Gas Stufe 6, vorheizen.

Käse-Kartoffelpüree in eine Spritztüte mit Sterntülle füllen und vier große »Nester« auf ein gut gefettetes Backblech spritzen. 5 Min. im vorgeheizten Ofen backen, dann mit dem restlichen Ei bestreichen. Weitere 15 Min. backen.

In der Zwischenzeit Eier weich kochen oder gekochte Eier in einer Schale mit heißem Wasser 5 Min. erwärmen.

Pilz- oder Béchamel-Sauce langsam aufwärmen.

Die gebackenen Kartoffelnester auf einer Servierplatte anrichten und in die Mitte jedes Nestes ein wenig heiße Sauce gießen. Eier daraufgeben, mit restlicher Sauce bedecken. Sofort servieren.

Schottische Eier

Für 4 Personen
Kalorien pro Portion: 395 (1662 kJ)
Proteingehalt pro Portion: 25 g
Vorbereitungs- u. Garzeit: 1 Std.

4 hartgekochte Eier, gepellt
450 g gekochte Sojabohnen
100 g fein gehackte Zwiebeln
½ TL getrockneter Thymian
1 TL getrockneter Salbei
Salz
frisch gemahlener Pfeffer
2 Eier, gut verschlagen
4 EL Weizenschrotmehl
4 EL fein zerriebene Semmelbrösel aus
Weizenschrotmehlbrot
Öl zum Fritieren

Sojabohnen mit Zwiebeln und Kräutern gut zerdrücken und mit Salz und Pfeffer würzen. Die Hälfte der verquirlten Eier zugeben und gut vermischen. In 4 Portionen teilen; jede Portion zu einem Kreis formen, ein hartgekochtes Ei in die Mitte legen und die Sojabohnenmischung sorgfältig darüberdrücken.

Die Schottischen Eier zuerst in Mehl, dann in dem restlichen, verquirlten Ei und dann in den Semmelbröseln wälzen.

Öl im Fritiertopf auf 180°C erhitzen. Die Eier vorsichtig hineingleiten lassen und 2−3 Min., oder bis sie goldbraun sind, fritieren. Mit einer Schaumkelle herausnehmen und auf Küchenkrepp gut abtropfen lassen. Auskühlen lassen, dann kalt mit Salat servieren.

Teigwaren

Eine der größten Überraschungen der italienischen Küche ist für den Uneingeweihten die enorme Vielfalt der Teigwarenformen. Man könnte sich vorstellen, daß der Geschmack bei allen der gleiche ist, da die Grundzutaten die gleichen sind. Die Form der Teigwaren – lang, kurz, hohl, flach oder gebogen – entscheidet darüber, wieviel Sauce Sie mit jeder Gabel voll aufnehmen, und Sie werden überrascht sein, wie sich der Geschmack mit der Form der Teigwaren zu ändern scheint.

Versuchen Sie es zuerst mit verschiedenen Sorten, mit der gleichen Sauce serviert, dann mit verschiedenen Saucen und der gleichen Sorte, und Sie werden erstaunt sein, wie sich der Geschmack verändert. Ihre Experimentierfreude wird noch angeregt durch die verschiedenen gefüllten Nudelgerichte – Cannelloni und Ravioli – es gibt endlos viele Variationen; leider können wir Ihnen nur einige wenige zeigen … sie sind äußerst beliebt, da sie leicht zuzubereiten und aufzubewahren sind und den Hunger stillen. Wenn Sie die Teigwaren einmal selbst mit Weizenschrotmehl zubereitet haben, werden Sie nur ungern gekaufte verwenden. Reisen Sie mit einem Notizblock durch Italien, und Sie werden weitere köstliche Rezepte entdecken.

Grundrezept Nudelteig

Weizenschrotmehl gibt einen gröberen Nudelteig als weißes Mehl und kann nicht so dünn ausgerollt werden, ist aber dennoch sehr delikat.

Für 4 Personen
Kalorien pro Portion: 410 (1712 kJ)
Proteingehalt pro Portion: 19 g
Vorbereitungs- u. Garzeit: 1 Std.

*450 g Weizenschrotmehl o. ungebleichtes,
   griffiges weißes Mehl*
3 Eier
1 TL Salz
1−2 EL Wasser

Mehl in eine große Schüssel oder auf eine Arbeitsplatte geben, in die Mitte eine Mulde drücken. 2 Eier mit Salz verquirlen und mit den Fingerspitzen leicht mit dem Mehl verarbeiten, bis es gleichmäßig verteilt ist und frischen Brotkrumen ähnelt. Wenn nötig, restliches Ei untermischen, um die richtige Konsistenz zu erhalten.

Auf der Arbeitsplatte zu einem festen Teig kneten und so lange ein wenig Wasser zugeben, bis der Teig glatt ist. Die Wassermenge hängt von der Griffigkeit des Mehls und der Größe der Eier ab. Teig 5−10 Min. kneten, bis er elastisch ist, dabei Hände, Teig und Arbeitsplatte gut mit Mehl bestäuben.

Jetzt kann der Nudelteig geformt werden. Hier sind ein oder zwei leichte Arten.

Grüne Lasagne

1 Den Nudelteig wie angegeben zubereiten, 75 g gekochten, pürierten, abgetropften Spinat nach den Eiern zufügen. Spinat in die Mehl-Eiermischung gleichmäßig einrühren, dann soviel Wasser zugießen, daß ein fester Teig entsteht.
2 Wie bei Tagliatelle, einschl. Schritt 4.
3 Teig in Quadrate von 6 cm schneiden und nebeneinander auf bemehltem Backblech zum Trocknen ausbreiten.

Tagliatelle

1 Teig in 2 gleiche Portionen teilen. Mit bemehlten Händen zu einer langen »Wurst« formen, dann Arbeitsplatte, Teig und Nudelholz leicht mit Mehl bestäuben.
2 An einem Ende der »Wurst« einen kleinen Teil des Teiges unter leichtem Druck längs ausrollen. Von der Mitte nach links, dann von der Mitte nach rechts rollen, dabei den Teig ein wenig ziehen, damit er gleichmäßig dick wird.
3 Den Teig Stück für Stück auf die gleiche Weise ausrollen, bis Sie das Ende der »Wurst« erreicht haben, dann noch einmal entgegengesetzt ausrollen. Teig so lange rollen, bis er ca. 45 cm lang und so dünn ist, daß man hindurchsehen kann; wenn nötig, etwas Mehl zugeben. Ecken und Kanten gerade ausrollen, indem Sie den Teigroller von Zeit zu Zeit nach innen drücken.
4 Die zweite Teigportion genauso rollen und ziehen; das wiederholte Ausrollen ist für den Teig unbedingt notwendig.
5 Jede Teigplatte locker zusammenrollen und mit einem scharfen, dünnen Messer in Abständen von 5 mm quer durchschneiden. Ohne Druck schneiden, da sonst die Teigschichten zusammenkleben.
6 Die Teigstreifen auseinanderrollen und auf einem sauberen Tuch ausbreiten, bis sie gebraucht werden.

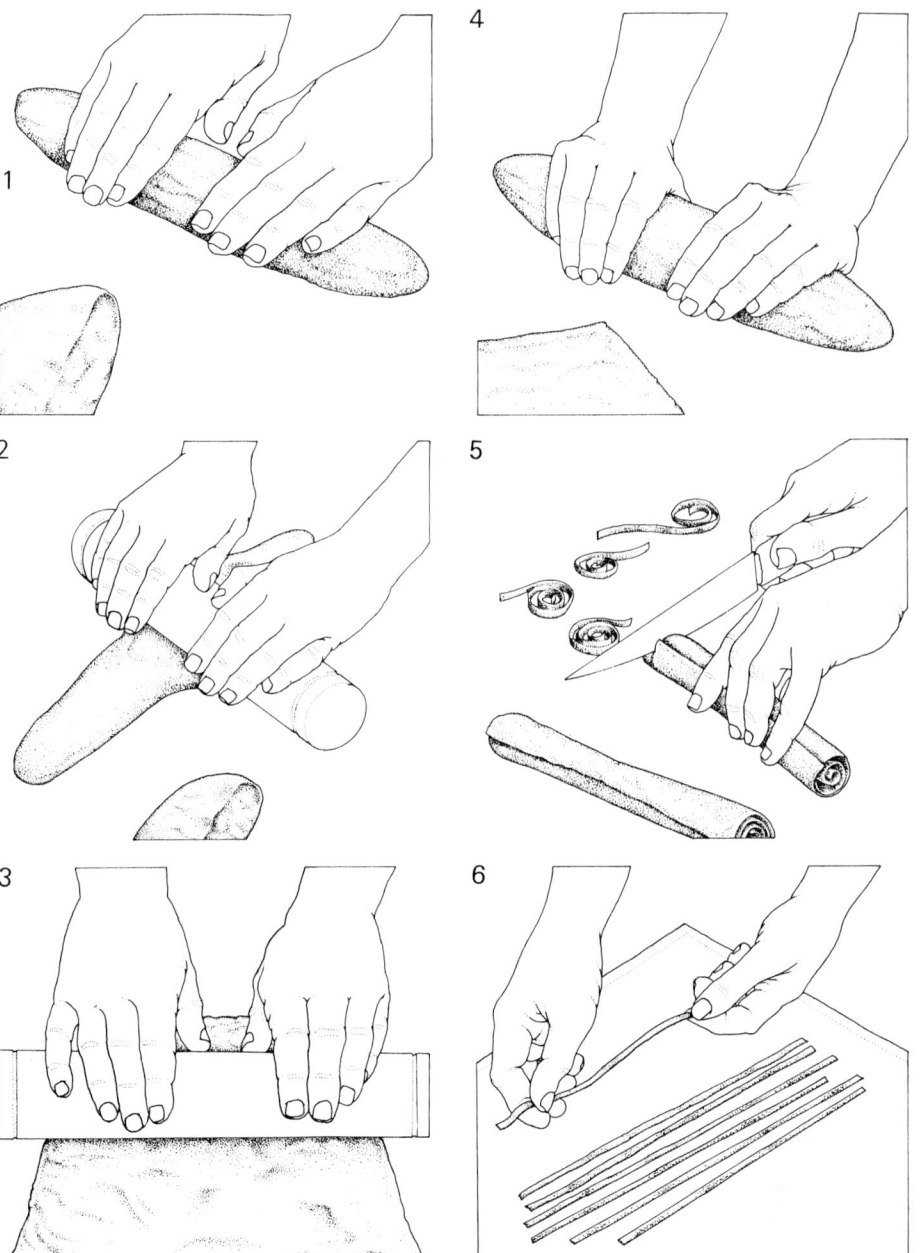

Cappelletti

1 Wie bei Tagliatelle, einschließlich Schritt 4.
2 Teig in 6 cm große Quadrate schneiden. Ein wenig Füllung in die Mitte geben, dann die Ecken mit verquirltem Ei bestreichen.
3 Eine Teigecke über der Füllung zu einem Dreieck zusammenfalten, die Ecken fest andrücken. Dreieck über dem Zeigefinger rollen, Enden zu einem kleinen »Hütchen« oder »Cappelletto« zusammendrücken.

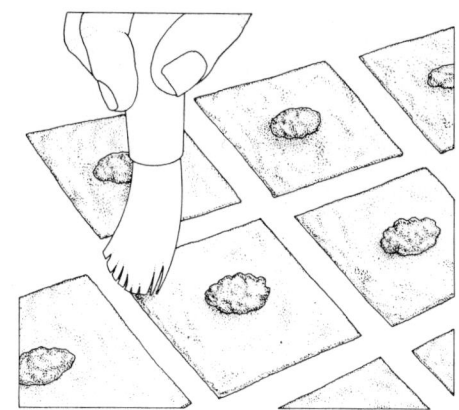

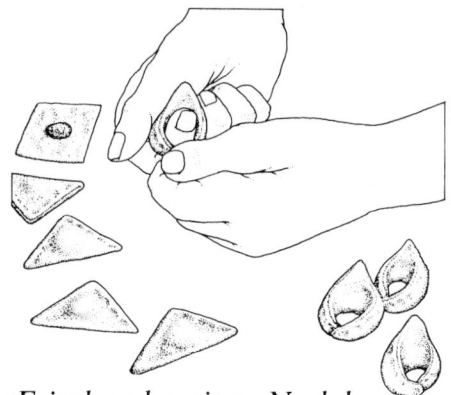

Farfalletti

1 Wie bei Tagliatelle, bis einschließlich Schritt 4.
2 Dünne Teigstreifen von 7 cm Länge und 2 cm Breite abschneiden. In der Mitte zu einem Bogen zusammendrücken und gut trocknen lassen.
Wenn die Ränder des Bogens gezackt sein sollen, mit einem Teigrad ausradeln.

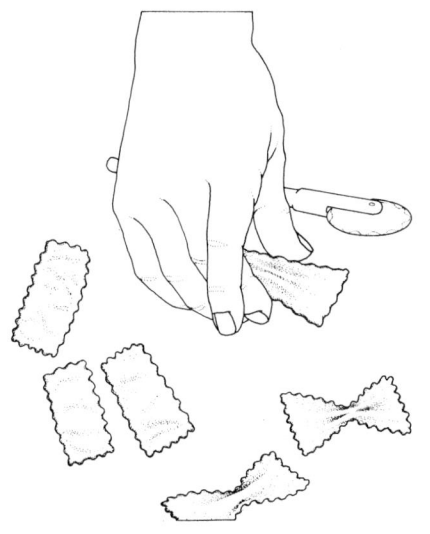

Frisch zubereitete Nudeln kochen

3 Liter gut gesalzenes Wasser in einem großen Topf zum Kochen bringen. 2 EL Öl zugeben, damit die Nudeln beim Kochen nicht zusammenkleben; Nudeln 5–7 Min. *al dente*, d.h. weich, aber mit Biß, kochen.

Nudeln in ein Sieb schütten und mit einem Kessel kochendem Wasser übergießen. Nudeln abtropfen lassen und mit reichlich Butter oder einer Sauce aus Olivenöl, fein gehackter Petersilie und Knoblauch servieren. Man kann auch geriebenen Parmesan, gehackte, gekochte Pilze oder gekochte Gemüse dazureichen. Im Sommer, wenn es frisches Basilikum gibt, servieren Sie frisch zubereitete Nudeln mit »Pesto« oder »Pesto di Formaggio«.

Spaghetti- oder Makkaronisalat

Für 4 Personen
Kalorien pro Portion: 1202 (5035 kJ)
Proteingehalt pro Portion: 27 g
Vorbereitungs- u. Garzeit: 1 Std.

*225 g Makkaroni o. Spaghetti aus
    Weizenschrotmehl, in kleine Stücke
    gebrochen
5 EL Oliven- o. Sonnenblumenöl
1 TL Paprikapulver
2 TL Zitronensaft
1 EL Weinessig
175 g Champignons, in dünne Scheiben
    geschnitten
1 EL Sojasauce
50 g fein gehackte Frühlingszwiebeln
125 g fein gehackter Sellerie
25 g Sonnenblumenkerne
2 hartgekochte Eier, geschält und fein
    gehackt
175 g grob geriebener Cheddarkäse
2 EL fein gehacktes Basilikum o. Petersilie
300 ml mit Knoblauch gewürzte Mayonnaise
    (S. 126)*

Nudeln in kochendem Salzwasser mit 2 EL Öl *al dente* (weich, aber mit Biß) kochen. In der Zwischenzeit restliches Öl, Paprika, Zitronensaft und Essig verrühren, über die Pilze geben und umrühren, bis sie bedeckt sind. Wenn die Nudeln gar sind, abtropfen, unter laufendem, kaltem Wasser abschrecken und erkalten lassen; dabei von Zeit zu Zeit mit einer Gabel umrühren, damit sie nicht zusammenkleben.

Die kalten Nudeln mit Sojasauce, Zwiebeln, Sellerie, Sonnenblumenkernen, Eiern und Kräutern mischen. Soviel Mayonnaise unterziehen, daß das Ganze leicht gebunden ist; auf einer Platte anrichten und die marinierten Champignons vor dem Servieren darübergeben.

Pesto

Für 4 Personen
Kalorien pro Portion: 405 (1670 kJ)
Proteingehalt pro Portion: geringfügig
Vorbereitungs- u. Garzeit: 10 Min.

*50 g frisch gehackte Basilikumblätter
3 Knoblauchzehen, geschält
Salz
200 ml Olivenöl*

Knoblauch und Basilikum mit ein wenig Salz zerdrücken. Öl tropfenweise zufügen, bis die Sauce dünnflüssig ist. Zu Nudeln oder Minestrone servieren.

Pesto di Formaggio

Für 4 Personen
Kalorien pro Portion: 665 (2780 kJ)
Proteingehalt pro Portion: 12 g

Wie Pesto, aber *100 g geriebenen Parmesan und 50–100 g Pinienkerne* dazugeben.

Spaghetti mit Ei und knusprigen Zwiebelringen

Für 4 Personen
Kalorien pro Portion: 330 (1374 kJ)
Proteingehalt pro Portion: 13 g
Vorbereitungs- u. Garzeit: 40 Min.

450 g Spaghetti aus Weizenschrotmehl
Salz
1–2 EL Öl
Öl zum Fritieren
450 g Zwiebeln, in dünnen Ringen
6 Eier, gut verquirlt
1 Knoblauchzehe, geschält u. gehackt
grob gemahlener schwarzer Pfeffer

Spaghetti in einem großen Topf mit Salzwasser und 2 EL Öl 10–15 Min. *al dente* (weich, aber mit Biß) kochen.

In der Zwischenzeit das Öl im Fritiertopf auf 180°C erhitzen. Zwiebelringe in den Fritierkorb legen, salzen, dann langsam in den Fritiertopf senken. Zwiebeln fritieren, bis sie goldbraun und knusprig sind, dabei von Zeit zu Zeit umrühren, damit sie gleichmäßig bräunen. Fritierkorb aus dem Topf heben, Zwiebeln abtropfen lassen und warm stellen.

Spaghetti in einem Sieb abtropfen lassen, einen Kessel heißes Wasser darübergießen,

gut abtropfen und in den ausgespülten Topf zurückgeben. Zwiebeln unter die Spaghetti heben, dann die verquirlten Eier und Knoblauch zufügen. Bei milder Hitze leicht braten, bis die Eier leicht fest werden, dabei den Topf ständig schütteln, damit die Eier nicht anbraten. Mit frisch gemahlenem Pfeffer würzen und servieren.

Anmerkung: Man kann auch statt Spaghetti Tagliatelle nehmen; die Zwiebeln können, nach Wunsch, auch über die Spaghetti mit Ei gestreut werden.

Spaghetti mit Pilzen

Für 4 Personen
Kalorien pro Portion: 915 (3830 kJ)
Proteingehalt pro Portion: 18,5 g
Vorbereitungs- u. Garzeit: 35 Min.

450 g Spaghetti aus Weizenschrotmehl
Salz
4–5 EL Oliven- o. Sonnenblumenöl
450 g fein gehackte Pilze
8 Frühlingszwiebeln, längs halbiert u.
fein gehackt
frisch gemahlener schwarzer Pfeffer
300 ml Schlagrahm

Spaghetti in einem großen Topf mit Salzwasser und 1–2 EL Öl *al dente* (weich, aber mit Biß) 10–15 Min. kochen. In der Zwischenzeit 2 EL Öl in einem Topf erhitzen, die Pilze darin bei relativ starker Hitze anbraten, dabei ständig umrühren, bis sie dunkel und glänzend sind und der meiste Saft verdunstet ist. Vom Feuer nehmen und warm halten.

Das restliche Öl in einem kleinen Topf erhitzen, die Frühlingszwiebeln bei schwacher Hitze darin weich dünsten.

Spaghetti im Sieb abtropfen lassen und einen Kessel kochendes Wasser darübergießen. Wieder abtropfen lassen, unter die Pilze mischen und mit Salz und Pfeffer würzen. Sahne in einem extra Topf aufkochen, über die Spaghetti-Pilz-Mischung gießen. Mit den Zwiebeln bestreuen und servieren.

Geriebener Gruyerzer-Käse und ein knackiger, grüner Salat passen gut zu diesem Gericht.

Spaghetti mit Auberginen

Für 4 Personen
Kalorien pro Portion: 730 (3057 kJ)
Proteingehalt pro Portion: 25 g
Vorbereitungs- u. Garzeit: 1¼ Std.,
incl. Salzen u. Einziehen der Auberginen

450 g Spaghetti aus Weizenschrotmehl
450 g Auberginen, in dünne Streifen geschnitten
100 g Zwiebeln, in dünnen Scheiben
Salz
6 EL Oliven- o. Sonnenblumenöl
frisch gemahlener schwarzer Pfeffer
2 große Knoblauchzehen, geschält u.
sehr fein gehackt (o. nach Wunsch)
300 ml Sauerrahm o. Joghurt (nach Wunsch)
100 g geriebener Parmesan

Auberginen und Zwiebeln vermengen, salzen und 30 Min. einziehen lassen. Unter fließendem, kaltem Wasser abspülen und mit Küchenkrepp trockentupfen. Spaghetti in einem großen Topf mit Salzwasser und 2 EL Öl 10–15 Min. *al dente* (weich, aber mit Biß) kochen.

In der Zwischenzeit 2 weitere Eßlöffel Öl in einem Topf erhitzen; bei milder Hitze die Hälfte der Zwiebeln und Auberginen darin goldbraun und knusprig braten. Dabei ständig umrühren, damit sie gleichmäßig bräunen. An den Topfrand drücken, damit Sie überschüssiges Öl entfernen können, dann wieder zurücklegen, gut abtropfen lassen und warm halten.

Restliches Öl erhitzen, restliche Auberginen und Zwiebeln darin ebenso braun und knusprig braten; herausnehmen, abtropfen und warm stellen.

Wenn die Spaghetti gar sind, in ein Sieb schütten; einen Kessel kochendes Wasser darübergießen, gut abtropfen lassen und in eine flache, warme, feuerfeste Schüssel schichten. Auberginen und Zwiebeln dazugeben, mit Salz und Pfeffer würzen und leicht unter die Spaghetti heben. Wenn Sie wollen, Oberseite mit Knoblauch bestreuen. Sauerrahm unterrühren oder Joghurt, wenn Sie eine Sauce dazu wollen, und mit geriebenem Parmesan und Tomatensalat servieren.

Oben: Saftige Spaghetti aus Weizenschrotmehl, wie sie in dem Gericht Spaghetti mit Auberginen verwendet werden (Mitte). Probieren Sie sie mit Sauerrahm, um den Geschmack des Gemüses noch zu unterstreichen. Vorne: Schmackhafte, braune Ravioli mit einer Füllung aus Zwiebeln, Käse und Petersilie; die Gnocchi Romana, aus Maismehl gemacht, sind mit reichlich Parmesan bestreut und unter dem Grill überbacken.

Ravioli

Um gute Ravioli zu machen, brauchen Sie ein wenig Übung; Die Füllung muß ausreichend und die Teigplatten dürfen nicht zu dick sein. Aber versuchen Sie es selbst, es lohnt sich!

Für 4 Personen
Kalorien pro Portion: 610 (2555 kJ)
Proteingehalt pro Portion: 34 g
Vorbereitungs- u. Garzeit: 2 Std.

½ Menge Nudelteig (Grundrezept)
1—2 EL Öl
1 kleines Ei, gut verquirlt
300—600 ml Tomatensauce (S. 196)
2—3 EL geriebener Parmesan

Die Füllung:
7 g Butter
1 EL fein gehackte Zwiebel
225 g Quark
100 g geriebener Parmesan
4 EL gehackte Petersilie
ein wenig Zitronensaft
1 Ei, gut verschlagen
Salz
frisch gemahlener Pfeffer

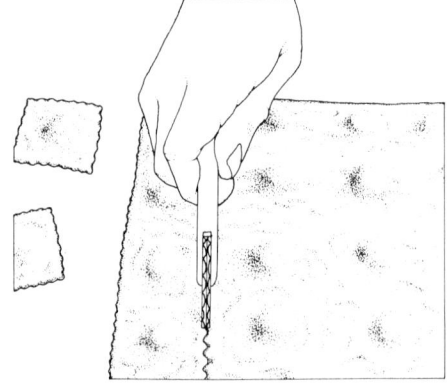

Teig auf bemehlter Arbeitsfläche zu einem 50 cm großen Quadrat ausrollen. Beide Teigseiten müssen gut bemehlt sein; Teig halbieren und in der einen Hälfte Quadrate von 5 cm Größe markieren.

Für die Füllung die Butter schmelzen und die Zwiebeln darin glasig schmoren. Zwiebeln dann mit den übrigen Zutaten für die Füllung in einem Gefäß gut vermischen. Einen kleinen Teelöffel der Füllung in jedes Quadrat geben. Die Ecken des Quadrats mit dem ver-schlagenen Ei bestreichen; dann die unmarkierte Teigplatte vorsichtig darauflegen oder über ein bemehltes Nudelholz abrollen. Teigquadrate fest verschließen, indem Sie den Teig mit den Fingerspitzen um jeden TL Füllung herum fest andrücken, so daß sich keine Luft in den Ravioli bilden kann. Die Teigquadrate mit einem Teigrädchen ausstechen.

Ravioli nebeneinander auf einer bemehlten Platte ausbreiten, mit einem bemehlten, feuchten Tuch bedecken und mindestens 30 Min. stehenlassen.

Ravioli in einem großen Topf mit Salzwasser und 1—2 EL Öl in 5—7 Min. *al dente* (weich, aber mit Biß) kochen.

In der Zwischenzeit die Tomatensauce in einem separaten Topf erhitzen. Gekochte Ravioli mit einer Schaumkelle herausnehmen, sorgfältig abtropfen lassen und auf einer vorgewärmten Platte anrichten. Die heiße Tomatensauce darübergießen und mit geriebenem Parmesan bestreuen.

Cannelloni mit Spinat

Diese Menge reicht für 4 Personen als Hauptgericht, für 8 als Vorspeise.

Gesamtkalorien: 2330 (9750 kJ)
Gesamtproteingehalt: 120 g
Vorbereitungs- u. Garzeit: 2 Std.

½ Menge Nudelteig (Grundrezept)
1—2 EL Öl
300—600 ml Tomatensauce (S. 196)
100 g geriebener Parmesan

Die Füllung:
450 g gekochter, frischer oder tiefgefrorener
*   Spinat, gut abgetropft*
25 g Butter
100 g fein gehackte Zwiebeln
25 g Weizenschrotmehl
100 ml Milch
1 Ei, gut verquirlt
Salz u. frisch gemahlener Pfeffer

Den Teig, wie bei Tagliatelle, auf gut bemehlter Arbeitsfläche leicht ziehen und ausrollen, bis er sehr dünn ist, dann 10 Rechtecke von 12x10 cm Größe ausschneiden. Nudeln in kochendem Salzwasser in einem großen Topf mit 1—2 EL Öl in 5 bis 7 Min. *al dente* (weich, aber mit Biß) kochen. Mit der Schaumkelle herausnehmen, gut abtropfen lassen, auf eine Platte (kein Küchenkrepp nehmen, sonst kleben sie zusammen) schichten und zudecken.

Für die Füllung den Spinat grob hacken, die Butter bei milder Hitze schmelzen und die Zwiebeln darin goldbraun braten. Mehl unter ständigem Rühren 1—2 Min. darin anschwitzen. Topf vom Feuer nehmen, langsam die Milch zugeben, dabei ständig umrühren; Topf auf den Herd zurückstellen und die Sauce unter ständigem Rühren bei größerer Hitze aufkochen, bis sie eindickt.

Spinat zufügen, umrühren, dann Sauce vom Feuer nehmen und leicht abkühlen lassen. Ei zugeben, mit Salz und Pfeffer würzen und umrühren. Ofen auf 200°C, Gas Stufe 6, vorheizen.

Eine dünne Schicht Tomatensauce auf den Boden einer feuerfesten Form gießen. Spinatfüllung auf den Cannelloni verteilen, über der Füllung zusammenrollen. Nebeneinander auf die Tomatensauce legen, mit der restlichen Tomatensauce bedecken. Mit der Hälfte des Parmesan bestreuen.

Im vorgeheizten Ofen 20—30 Min. backen, oder bis die Sauce Blasen wirft und der Käse goldbraun ist. Heiß servieren, restlichen Parmesan dazu reichen.

Grüne Lasagne al forno

Für 6 Personen
Kalorien pro Portion: 650 (2723 kJ)
Proteingehalt pro Portion: 25 g
Vorbereitungs- u. Garzeit: 2 Std.

450 g grüne Lasagne, siehe Grundrezept,
gekocht u. abgetropft

Die Füllung:
450 g gekochter, frischer oder tiefgefrorener
Spinat, gut abgetropft
25 g Butter
100 g fein gehackte Zwiebeln
25 g Weizenschrotmehl
100 ml Milch
1 Ei, gut verquirlt
Salz
frisch gemahlener Pfeffer

Die Sauce:
2 EL Oliven- o. Sonnenblumenöl
100 g fein gehackte Zwiebeln
450 g grob gehackte Pilze
2 Knoblauchzehen, geschält u. fein gehackt
25 g Weizenschrotmehl
300 ml trockener Rotwein
Salz
frisch gemahlener Pfeffer
600 ml Béchamel-Sauce (S. 196)
100 g geriebener Parmesan

Füllung nach dem Rezept für Cannelloni zubereiten.

Für die Sauce Öl in einem Topf erhitzen und Zwiebeln darin goldbraun braten. Pilze und Knoblauch zugeben und bei starker Hitze so lange braten, bis die Pilze dunkel und glänzend sind und der meiste Saft verdunstet ist. Ständig umrühren, damit sie nicht zusammenkleben oder anbrennen.

Mehl und Wein einrühren und aufkochen lassen. Hitze senken und leise kochen lassen, bis die Sauce eindickt; dabei kräftig umrühren. Mit Salz und Pfeffer würzen und den Topf vom Feuer nehmen.

Backofen auf 180°C, Gas Stufe 4, vorheizen. Boden einer gut gefetteten, ca. 7.5 cm tiefen, feuerfesten Form mit ein wenig Béchamelsauce ausgießen und Spinatfüllung und Pilzsauce einfüllen. Ein wenig geriebenen Käse darüberstreuen; Schicht für Schicht wiederholen, bis alle Zutaten aufgebraucht sind; zuletzt eine Schicht Lasagne darauflegen und mit Parmesan bestreuen.

Auf der obersten Schiene des vorgeheizten Backofens 30 Min. backen, bis die Oberseite goldbraun ist und die Sauce Blasen wirft. Heiß servieren und, falls erwünscht, Parmesan dazu reichen.

Tagliatelle mit Sahnesauce

Für 4 Personen
Kalorien pro Portion: 785 (3285 kJ)
Proteingehalt pro Portion: 17,5 g
Vorbereitungs- u. Garzeit: 35 Min.

450 g Tagliatelle aus Weizen-
schrotmehl (Grundrezept)
1–2 EL Oliven- o. Sonnenblumenöl
25 g Butter
100 g fein gehackte Zwiebeln
225 g Quark oder passierter Hüttenkäse
ein wenig Schlagrahm
50 g geriebener Parmesan
Salz
frisch gemahlener Pfeffer

Tagliatelle in einem großen Topf mit kochendem Salzwasser und 1–2 EL Öl *al dente* (weich, aber mit Biß) kochen.

Butter bei milder Hitze schmelzen, die Zwiebeln darin weich und hellgelb schmoren.

Nudeln in ein Sieb schütten, mit einem Kessel kochendem Wasser begießen, abtropfen lassen und warm stellen. Quark oder Hüttenkäse zu den Zwiebeln geben und rühren, bis er schmilzt. (Nicht kochen lassen, sonst zieht er Fäden.) Nudeln unter die Käsemischung rühren, so daß alle Nudeln mit Sauce bedeckt sind. Nur soviel Rahm einrühren, daß die Sauce flüssiger und sämiger wird. Den geriebenen Parmesan, nach Wunsch, unterziehen. Mit Salz und viel Pfeffer würzen und servieren.

Anmerkung: Wenn Ihnen 450 g Nudeln für 4 Personen zuviel erscheinen oder Sie das Gericht als Vorspeise servieren, nehmen Sie nur ½ oder ¾ der Nudelmenge; dadurch ändert sich natürlich auch der Kalorien- und Proteingehalt.

Tagliatelle mit Tomaten-Sellerie-Mandelsauce

Für 4 Personen
Kalorien pro Portion: 1045 (4375 kJ)
Proteingehalt pro Portion: 39 g
Vorbereitungs- u. Garzeit: 1 Std.

450 g Tagliatelle aus Weizenschrotmehl
(Grundrezept)
225 g fein gehackte Zwiebeln
225 g fein gehackter Sellerie
7 EL Oliven- o. Sonnenblumenöl
25 g Weizenschrotmehl
1 große Knoblauchzehe, geschält u. fein
gehackt
450 g geschälte Tomaten, grob gewürfelt
125 g blanchierte Mandeln
Salz
frisch gemahlener Pfeffer
175 g geriebener Parmesan

Nudeln in einem großen Topf mit kochendem Salzwasser und 1–2 EL Öl *al dente* (weich, aber mit Biß) kochen. In der Zwischenzeit Zwiebeln und Sellerie in 4 EL Öl goldgelb braten; Mehl unterrühren, Tomaten und Knoblauch zufügen und unter ständigem Umrühren so lange anschmoren, bis die Tomaten musig sind und die Flüssigkeit verdunstet ist.

Mandeln in 1 EL Öl goldbraun rösten, dann grob hacken. Wenn die Tagliatelle gar sind, in einem Sieb abtropfen lassen, einen Kessel mit kochendem Wasser darübergießen, wieder abtropfen lassen und in die Sauce geben. Vorsichtig untermischen, so daß die Nudeln mit Sauce bedeckt sind. Mit Salz und Pfeffer nach Geschmack würzen und auf eine vorgewärmte Platte geben. Käse darüberstreuen und die gehackten Mandeln darauf verteilen; dann servieren.

Conchiglie mit Erbsen

Für 4 Personen
Kalorien pro Portion: 930 (3895 kJ)
Proteingehalt pro Portion: 32 g
Vorbereitungs- u. Garzeit: 45 Min.
(bei frischen Erbsen länger)

450 g Conchiglie (Muschelnudeln)
6 EL Oliven- o. Sonnenblumenöl
225 g frische o. tiefgefrorene Erbsen
25 g Butter
225 g grob geraffelte Karotten
225 g fein gehackte Zwiebeln
1—2 Knoblauchzehen, geschält u. fein gehackt
150 ml Sauerrahm

25 g entrahmte Trockenmilch, mit
   4—6 EL kalter Milch zu einer Creme gerührt
125 g grob geriebener, würziger Käse
ca. 4 EL heiße Milch
Salz
frisch gemahlener Pfeffer

Nudeln in einem großen Topf mit kochendem Salzwasser mit 1—2 EL Öl *al dente* (weich, aber mit Biß) kochen. In der Zwischenzeit Erbsen in Butter andünsten und aufpassen, daß sie nicht anbrennen. Karotten und Zwiebeln im restlichen Öl bei milder Hitze 20 Min., oder bis sie goldbraun sind, schmoren.

Wenn die Erbsen gar sind, zu den Karotten und Zwiebeln geben, dann den Knoblauch, Sauerrahm und die Milchlösung zufügen. Hitze reduzieren und Sauce warm halten, dabei gelegentlich umrühren. Nudeln in einem Sieb abtropfen lassen, einen Kessel kochendes Wasser darübergießen, wieder abtropfen lassen und zur Sauce geben.

Käse daruntermengen; wenn die Sauce zu dick ist, notfalls ein wenig heiße Milch zugießen. Kräftig mit Salz und Pfeffer abschmecken und sofort servieren.

Gnocchi Romana

Für 4 Personen
Kalorien pro Portion: 330 (1377 kJ)
Proteingehalt pro Portion: 15 g
Vorbereitungs- u. Garzeit: 1 Std.

600 ml Milch
25 g Zwiebeln, in dünnen Scheiben
1 Knoblauchzehe, geschält u. fein gehackt
1 Lorbeerblatt
25 g Butter
½—1 TL Salz
50 g Maismehl
1—2 EL geschmolzene Butter
100 g geriebener Parmesan
frisch gemahlener schwarzer Pfeffer
300 ml Tomaten- o. Pilzsauce (S. 196)

Milch, Zwiebel, Knoblauch, Lorbeerblatt, Butter und Salz in einem Topf langsam aufkochen, so daß die Milch das Aroma gut aufnimmt. Milch in einen sauberen Topf sieben, aufkochen lassen, dann das Maismehl zufügen. Rühren, bis das Ganze dick ist, dann noch 5 Min. leicht kochen lassen, dabei ständig umrühren, damit die Masse nicht klebt oder anbrennt.

Paste auf eine gut geölte Steinplatte oder geeignete Arbeitsplatte geben; ca. 1 cm dick auseinanderdrücken; die Seiten sollen gerade sein. Erkalten lassen, dann Kreise von 6 cm ⌀

ausstechen. Backofen auf 200°C, Gas Stufe 6, vorheizen. Kreise überlappend in eine gut gefettete, feuerfeste Form schichten, mit geschmolzener Butter bestreichen, ein wenig Parmesan und reichlich Pfeffer darüberstreuen. Auf der obersten Schiene des vorgeheizten Ofens 15—20 Min. goldbraun backen. Wenn Sie wollen, die Gnocchi noch einige Minuten unter den heißen Grill schieben. Ganz heiß mit dem restlichen Käse, extra serviert, auf den Tisch bringen. Dazu Tomaten- oder Muschelsauce reichen.

Spinat-Gnocchi

Für 4 Personen
Kalorien pro Portion: 495 (2067 kJ)
Proteingehalt pro Portion: 33 g
Vorbereitungs- u. Garzeit: 1½—2 Std.

225 g gekochter, gut abgetropfter Spinat
225 g Quark oder passierter Hüttenkäse
2 Eier
1 Eiweiß
50 g geriebener Parmesan
6 EL Weizenschrotmehl
Salz
1 EL Essig
frisch gemahlener Pfeffer

Zum Überbacken:
1—2 EL geschmolzene Butter
25 g geriebener Parmesan

Spinat, Quark oder Hüttenkäse, Eier, Eiweiß und die Hälfte des Parmesan im Mixer zu einer glatten Masse rühren, dann in ein Gefäß füllen und restlichen Parmesan einrühren. Mehl sorgfältig unterrühren, dann den Teig an einem kühlen Platz 30 Min. stehenlassen. Backofen auf 200°C, Gas Stufe 6, vorheizen.

Einen großen Topf mit Salzwasser zum Kochen bringen, dann den Essig zugießen. Den Teig kräftig mit Salz und Pfeffer würzen, dann mit 2 Eßlöffeln Teigbällchen in der Größe von Golfbällen abstechen; dabei die Außenseiten so gut wie möglich glätten, weil sich die Gnocchi sonst im Wasser auflösen können.

Gnocchi vorsichtig ins Wasser gleiten und 2—3 Min. kochen lassen, bis sie an der Oberfläche schwimmen, dann mit der Schaumkelle herausnehmen und auf Küchenkrepp gut abtropfen lassen. Gnocchi in vier Partien kochen.

Gekochte Gnocchi in eine gut gefettete, feuerfeste Form geben; mit geschmolzener Butter beträufeln und mit ein wenig extra Parmesan bestreuen. Im vorgeheizten Backofen ca. 10 Min. überbacken und sofort servieren.

Anmerkung: Eine Sauce aus gleichen Teilen Béchamel- und Tomatensauce paßt sehr gut dazu.

Hauptgerichte

*Wenn Sie ein Essen geben wollen, sollten Sie sich für ein
Hauptgericht entscheiden und alle anderen Gerichte darauf
abstimmen. Wenn Sie für Nicht-Vegetarier kochen, ist das
Ihre Chance, sie mit der Vielfalt und Schmackhaftigkeit der
vegetarischen Küche zu überraschen. Das Essen sollte nicht
nur ein Genuß für das Auge, sondern auch nahrhaft sein und
ausreichend Vitamine, Proteine und Nährstoffe enthalten.
Ein Sechstel des täglichen Proteinbedarfs sollte beim Frühstück,
drei Sechstel bei einem Mittagessen und zwei Sechstel
bei einem leichten Abendessen gedeckt werden.
Hauptproteinquelle für den Vegetarier sind Nüsse,
Hülsenfrüchte, Eier, Käse und Milch; ich kombiniere sie in
meinen Rezepten mit Gemüsen, Kräutern und Gewürzen, um
schmackhafte wie auch nahrhafte Gerichte zuzubereiten.
Man kann zu vielen einen Salat oder, als Nachspeise und
besondere Gaumenfreude, ein einfaches Sorbet reichen.
Sie finden auch Rezepte aus der chinesischen Küche – die
Chinesen machen die wohl delikatesten und leichtesten
Gemüsegerichte. Ich habe auch einige indische Rezepte
ausgewählt – und denken Sie daran, daß man selbst die
traditionellsten Gerichte immer wieder anders zubereiten
oder servieren kann.*

Grundrezept Crêpes

Für 4 Personen
Kalorien pro Portion: 260 (1095 kJ)
Proteingehalt pro Portion: 9 g
Vorbereitungs- u. Garzeit: 1¼ Std.,
incl. Ruhezeit

2 Eier
½ TL Salz
100 g Weizenschrotmehl
300 ml Milch
Öl oder abgeklärte Butter zum Braten

Eier mit Salz verschlagen, dann das Mehl unterrühren. Milch zugießen und zu einer dünnflüssigen Creme rühren, wenn nötig, ein wenig Milch extra dazugeben. 20 Min. ruhen lassen. Eine Pfanne von 16 cm Ø mit festem Boden mit Öl oder abgeklärter Butter auspinseln; bei mäßiger Hitze erwärmen. 2 EL Teig hineingeben, dabei die Pfanne drehen, so daß er gleichmäßig auf dem Boden zerläuft. Wenn er fest ist und nicht mehr glänzt, mit einem Spatel wenden und auf der anderen Seite backen. Ist die Pfanne zu heiß, wird der Teig fest, bevor er zerlaufen ist, und die Crêpes könnten anbrennen.

Weitere Crêpes backen, bis der Teig verbraucht ist, dazwischen die Pfanne jedesmal einölen. Auf einer leicht gefetteten Platte über einem Topf mit heißem Wasser übereinanderschichten, wenn Sie sie sofort servieren wollen; sonst auf eine kalte Platte legen und mit Alu- oder Frischhaltefolie bedeckt in den Kühlschrank stellen, bis sie verwendet werden.

Anmerkung: Pfannkuchen lassen sich gut einfrieren, wenn Sie eine Lage Folie zwischen die einzelnen Crêpes legen, bevor Sie sie verpakken und einfrieren.

Crêpes Gruyère

Für 4 Personen
Kalorien pro Portion: 900 (3757 kJ)
Proteingehalt pro Portion: 35 g
Vorbereitungs- u. Garzeit: 35 Min.

12 Crêpes, siehe Grundrezept
150 g fein gewürfelter Gruyerzer-Käse
450 ml Béchamel-Sauce, mit 50 g Butter,
  50 g Weizenschrotmehl o. ungebleichtem
  weißem Mehl u. 450 ml Milch gemacht
1 EL Kirschwasser
4 EL frische Semmelbrösel aus Weizenschrotmehlbrot
50 g grob geriebener Gruyerzer-Käse
2 EL fein gehackte Petersilie

Backofen auf 200°C, Gas Stufe 6, vorheizen. Béchamel-Sauce langsam erwärmen und den gewürfelten Käse und das Kirschwasser unterrühren. Ein wenig auf jede Crêpe geben und aufrollen. In eine heiße, gut gefettete, feuerfeste Form schichten und mit Bröseln und geriebenem Käse bestreuen.
  Crêpes im vorgeheizten Ofen 10−15 Min. backen, bis sie ganz heiß und goldbraun sind. Mit der gehackten Petersilie bestreuen und mit gegrillten Pilzen, Lyoner Kartoffeln oder zarten, kleinen Erbsen servieren.

Lauch-Joghurt-Crêpes

Für 4 Personen
Kalorien pro Portion: 730 (3045 kJ)
Proteingehalt pro Portion: 30 g
Vorbereitungs- u. Garzeit: 35 Min.

12 Crêpes, siehe Grundrezept
700 g Lauch, gewaschen u. halbiert,
  dann in 1 cm lange Stücke geschnitten
4 EL Öl
100 g Weizenschrotmehl
600 ml einfacher Joghurt
1 TL fein gehacktes Majoran
Salz
frisch gemahlener schwarzer Pfeffer
4 EL frische Semmelbrösel aus
  Weizenschrotmehlbrot
50 g geriebener Cheddarkäse

Backofen auf 200°C, Gas Stufe 6, vorheizen. Lauchstücke im Öl anbraten, bis sie den scharfen Geschmack verloren haben, aber noch fest sind, und eben Farbe angenommen haben. Mehl zufügen und gut umrühren. Joghurt kräftig damit vermischen, aufkochen lassen und gut umrühren, bis die Mischung dick wird. Majoran dazugeben und mit Salz und Pfeffer würzen.
  Die Füllung auf die Crêpes geben und aufrollen. In eine heiße, gut gefettete, feuerfeste Form setzen und mit Brösel und Käse bestreuen. Im vorgeheizten Backofen 10−15 Min. backen, bis sie ganz heiß und goldbraun sind. Mit dem Naturjoghurt als Sauce servieren.
Beilagen: Fenchel mit Orangen-Sauce, Rosenkohl mit Erdnüssen und Kräuterbutter oder gebackene Karotten.

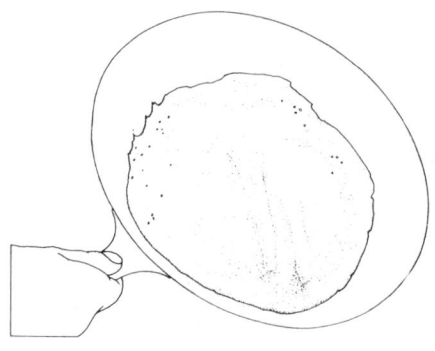

1

1. Ein wenig Teig in die Pfanne geben und die Pfanne schnell schwenken, so daß sich der Teig gleichmäßig auf dem Boden verteilt.

2. Wenn die eine Seite fest ist, mit einem Spatel wenden und die zweite Seite backen, bevor Sie die Crêpes füllen und aufrollen.

2

Mais-Zitronen-Crêpes

Für 4 Personen
Kalorien pro Portion: 860 (3595 kJ)
Proteingehalt pro Portion: 36 g
Vorbereitungs- u. Garzeit: 35 Min.

12 Crêpes, siehe Grundrezept
450 g gekochte Maiskörner
50 g Butter oder Margarine
225 g fein gehackte Zwiebeln
50 g Weizenschrotmehl
300 ml Milch
275 g geriebener Cheddarkäse
geriebene Schale und Saft 1 Zitrone
Salz
frisch gemahlener Pfeffer
ein wenig frisch geriebene Muskatnuß
4 EL frische Semmelbrösel aus
   Weizenschrotmehlbrot

Backofen auf 200°C, Gas Stufe 6, vorheizen. Butter oder Margarine bei milder Hitze schmelzen und die Zwiebeln darin braten, bis sie weich sind und gerade Farbe annehmen. Mais zufügen und wärmen. Mehl gut unterrühren. Topf vom Feuer nehmen und langsam die Milch zugießen. Bei milder Hitze aufkochen lassen und rühren, bis das Ganze eindickt. Den größten Teil des Käses, die Zitronenschale und den Saft untermischen; rühren, bis der Käse geschmolzen ist, dann mit Salz, Pfeffer und Muskatnuß würzen.

Die Füllung auf den Crêpes verteilen und aufrollen. Crêpes in eine heiße, gut gefettete, feuerfeste Form geben, Brösel und den restlichen Käse darüberstreuen und im vorgeheizten Backofen 10–15 Min. backen, bis die Crêpes ganz heiß und goldbraun sind. Mit Tomatensauce (S. 196) servieren. *Beilagen:* Geschmorter Sellerie, grünes Blattgemüse oder ein großer, gemischter Salat.

Auberginen-Zwiebeln-Tomaten-Crêpes

Für 4 Personen
Kalorien pro Portion: 570 (2377 kJ)
Proteingehalt pro Portion: 18 g
Vorbereitungs- u. Garzeit: 1–1¼ Std.

12 Crêpes, siehe Grundrezept
450 g Auberginen
Salz
4 EL Öl
175 g Zwiebeln, in dünnen Scheiben
450 g grob gewürfelte Tomaten
175 g geriebener Cheddarkäse
1–2 EL Weizenschrotmehl
   (nach Wunsch)
1 TL fein gehacktes Oregano
frisch gemahlener schwarzer Pfeffer
4 EL frische Semmelbrösel aus
   Weizenschrotmehlbrot

Auberginen in 1 cm große Würfel schneiden und auf ein Sieb geben. Mit Salz bestreuen und 30 Min. ziehen lassen. Unter fließendem, kaltem Wasser abspülen und gut trockentupfen. Backofen auf 200°C, Gas Stufe 6, vorheizen. Die Hälfte des Öls in einer Pfanne erhitzen und die Auberginenwürfel darin anbraten, bis sie goldbraun und in der Mitte weich sind. Aus der Pfanne nehmen und warm stellen.

Restliches Öl in die Pfanne geben und die Zwiebeln darin goldbraun braten. Tomaten zufügen und langsam musig kochen. Auberginen und den größten Teil des Käses zufügen und rühren, bis der Käse geschmolzen ist und die Auberginen heiß sind. Wenn die Mischung zu dünn ist, um ihre Form zu behalten, rühren Sie das in ein wenig Wasser aufgelöste Mehl ein. Mit Oregano, Salz und Pfeffer abschmecken.

Die Füllung auf die Crêpes geben und aufrollen. In eine heiße, gut gefettete, feuerfeste Form legen und mit Bröseln und dem restlichen Käse bestreut im vorgeheizten Ofen backen, bis die Crêpes ganz heiß und goldbraun sind. *Beilagen:* Rotkohl mit Äpfeln, weiße Bohnen mit Joghurt und Petersilie oder Griechischer Salat.

Linsen-Pilz-Crêpes

Für 6 Personen
Kalorien pro Portion: 320 (1351 kJ)
Proteingehalt pro Portion: 15 g
Vorbereitungs- und Garzeit: 1 Std. (ohne
   Einweichen)

12 Crêpes, siehe Grundrezept
225 g eingeweichte braune Linsen
225 g fein gehackte Zwiebeln
2 EL Pflanzenöl
225 g Pilze, in Scheiben
125 g grob geraffelter Sellerie
½ TL getrockneter Thymian
Salz
frisch gemahlener Pfeffer
1–2 Eier, verquirlt

Linsen 30–45 Min. in 300 ml Wasser leicht kochen lassen. Wenn sie fast gar sind, ein wenig Salz zugeben – möglicherweise müssen Sie während des Kochens noch ein wenig Wasser zufügen. In der Zwischenzeit die Zwiebeln in Öl braten, bis sie gerade Farbe annehmen. Pilze und Sellerie zugeben und ca. 10 Min. mitkochen, dabei aufpassen, daß das Ganze nicht anbrennt und genügend Flüssigkeit vorhanden ist. Wenn nötig, ein wenig Wasser nachgießen. Den Backofen auf 200°C, Gas Stufe 6, vorheizen.

Wenn die Linsen gar sind, abtropfen lassen und zu der Pilz-Zwiebel-Mischung geben; mit Thymian, Salz und Pfeffer würzen. Schnell ein Ei einquirlen, so daß das Ganze gebunden ist. Das Gemüse sollte die Konsistenz von weichem Rührei haben; ist es noch zu bröselig, das zweite Ei zugeben. Die Füllung auf die Crêpes geben und aufrollen. In eine heiße, gut gefettete, feuerfeste Form füllen und im vorgeheizten Ofen 10–15 Min. backen, bis sie ganz heiß sind.

Mit Madeira- oder Tomatensauce (S. 196) servieren.
Beilagen: Eierkürbis-Tomaten-Kasserolle oder Zucchini Provençales.

Quark-Zwiebel-Kroketten

Für 4 Personen
Kalorien pro Portion: 445 (1857 kJ)
Proteingehalt pro Portion: 10 g
Vorbereitungs- u. Garzeit: 1½ Std.

450 g Kartoffeln
1 großes Lorbeerblatt
100 g Sojakörner
100 g fein gehackte Zwiebeln
1 EL Oliven- oder Sonnenblumenöl
1 Knoblauchzehe, geschält, zerdrückt
225 g Quark
1 Ei, verschlagen
½ TL fein gehackter Thymian
½ TL fein gehackter Majoran
Salz und frisch gemahlener Pfeffer
ein wenig geriebene Muskatnuß
Weizenschrotmehl zum Panieren
Öl zum Fritieren

Kartoffeln mit Lorbeerblatt in Salzwasser garen. Abtropfen und Kochwasser aufheben, Lorbeerblatt entfernen und Kartoffeln durch ein Sieb pressen. Sojakörner im Kochwasser 3 Min. weichen lassen. Das Wasser abgießen und, wenn erwünscht, für Brühe verwenden. Die Zwiebeln im Öl weich und goldbraun braten. Knoblauch, Kartoffelpüree, Sojakörner, Käse, Ei und Kräuter zufügen und gut vermischen. Mit Salz, Pfeffer und Muskatnuß würzen und mindestens für 30 Min. kalt stellen, bis das Ganze fest ist.

12 große Kroketten daraus formen und gut in Mehl wälzen. Im 180° heißen Öl braun und knusprig fritieren. Auf Küchenkrepp gut abtropfen lassen und sofort mit Pilzsauce servieren. *Beilagen:* Zucchini mit Salbei-Käse-Sauce oder Rosenkohl mit Joghurt und Petersilie oder ein proteinreicher Salat.

Anmerkung: Diese Kroketten lassen sich sehr gut kalt essen.

Käse-Paprika-Überraschung

Ergibt 40 Stück

Für 4 Personen
Kalorien pro Portion: 450 (1872 kJ)
Proteingehalt pro Portion: 22,5 g
Vorbereitungs- u. Garzeit: 1¼ bis 1½ Std.

225 g Edamer-Käse
4 grüne Paprikaschoten,
   je 225 g schwer
ein wenig fertiger franz. Senf
ein wenig Weizenschrotmehl
300 ml Eierteig (S. 194)
Öl zum Fritieren

Käse in 40 Streifen, 3 x 1 cm groß, schneiden. Paprikaschoten entkernen und längs in 10 cm lange Streifen schneiden. In einen Topf geben, mit kochendem Wasser übergießen und leicht kochen lassen, bis sie gar, aber nicht zu weich sind. Abtropfen lassen und in kaltes Wasser legen, dann wieder abtropfen lassen und mit Küchenkrepp trockentupfen.

Käsestreifen mit ein wenig Senf bestreichen, Paprikastreifen darumwickeln und mit einem Holzstäbchen feststecken. In Mehl wenden, überschüssiges Mehl entfernen und in Eierteig wälzen. Im 180° heißen Öl fritieren, bis sie goldbraun und knusprig sind. Gut abtropfen lassen und sofort mit Sauce Tartare servieren. *Beilagen:* Gekochte Linsen, Sojabohnen oder Erbsen oder Tomatensalat.

Auberginen-Käse-Frikadellen

Ergibt 8 Stück

Für 4 Personen
Kalorien pro Portion: 816 (3415 kJ)
Proteingehalt pro Portion: 37 g
Vorbereitungs- u. Garzeit: 1¼ bis 1½ Std.

350 g geschälte, gewürfelte Auberginen
Salz
Öl zum Fritieren oder Ausbacken
100 g fein gehackte rote Paprika
100 g fein gehackte Zwiebeln
2 EL Oliven- oder Sonnenblumenöl
100 g Sojakeime
2 EL Wasser
1 Knoblauchzehe, geschält und fein gehackt
225 g frische Semmelbrösel aus
   Weizenschrotmehlbrot
175 g geriebener Cheddar-Käse
1–2 Eier, verschlagen
frisch gemahlener Pfeffer
600 ml Braune Sauce (S. 196)

Auberginen mit Salz bestreut in einem Sieb 30 Min. ziehen lassen. Unter laufendem, kaltem Wasser abspülen und trockentupfen. Auberginen fritieren oder in schwimmendem Fett ausbacken, abtropfen und auskühlen lassen. Backofen auf 200°C, Gas Stufe 6, vorheizen. Paprika und Zwiebeln in 2 EL Öl weich, aber nicht braun braten. Sojakeime und Wasser zufügen und 5 Min. köcheln lassen, bis alle Flüssigkeit aufgesogen ist. Wenn nötig, ein wenig Wasser zugießen, damit die Mischung nicht anbrennt.

Vom Feuer nehmen, Auberginen, Knoblauch, Brösel und Käse zugeben und mit dem verschlagenen Ei binden. Zu einer festen Paste rühren und mit Salz und Pfeffer würzen. 8 Bällchen formen, in eine gefettete, feuerfeste, flache Form geben und die Frikadellen leicht drücken. 10 Min. im vorgeheizten Ofen backen, dann die Hälfte der Braunen Sauce darübergießen und weitere 10 Min. backen, dabei einmal mit Fett begießen. Mit der restlichen Sauce servieren. *Beilagen:* Lyoner Kartoffeln oder würziger brauner Reis und Salat.

Links: Auberginen-Käse-Frikadellen – nur eine der vielen Frikadellen- und Krokettenarten, die man aus den verschiedensten Gemüsen und Hülsenfrüchten macht. Rechts: Cornwall Pastete zum Picknick. Gut mit eingemachten Essiggemüsen, danach Käse und frisches Obst.

Gemüsefrikadellen

Für 4 Personen
Kalorien pro Portion: 305 (1277 kJ)
Proteingehalt pro Portion: 14 g
Vorbereitungs- u. Garzeit: ca. 1 Std.

225 g streifig geschnittener Lauch
(roh ca. 450 g)
100 g geriebene Karotten
100 g fein geraspelter Sellerie
100 g geriebene Rüben
1 EL Öl
1 EL kaltes Wasser
50 g Weizenschrotmehl
100 g Semmelbrösel
(Weizenschrotmehlbrot)
100 g geriebener Cheddarkäse
1 Ei
1 Knoblauchzehe, geschält und fein gehackt
½ – 1 TL fein gehackter Thymian
½ – 1 TL fein gehackter Majoran
Salz und frisch gemahlener Pfeffer
ein wenig Öl zum Bestreichen

Alle Gemüse in eine Pfanne mit dickem Boden geben und Öl und Wasser zufügen. Fest verschließen und sehr langsam garen, bis das Gemüse nicht mehr roh aussieht, aber noch Biß hat. Pfanne hin- und herschwenken, damit das Gemüse nicht anbrennt, und ein- oder zweimal umrühren. Pfanne vom Feuer nehmen und das Ganze abkühlen lassen.

Das Mehl gut untermischen, dann die restlichen Zutaten für die Frikadellen zugeben; die Mischung sollte ziemlich fest sein. 12 Frikadellen mit bemehlten Händen daraus formen und auf ein gut gefettetes Backblech setzen. Mit ein wenig Öl einpinseln und unter dem heißen Grill 10 Min. pro Seite, bis sie braun sind, überbacken. Mit Käsesauce servieren. *Beilagen:* Erbsen mit Salat und Zwiebeln, Broccoli, oder ein Salat aus Linsen und Tomaten.

Arancini Siciliani (Sojabohnen-Reis-Kroketten)

Für 4 Personen
Kalorien pro Portion: 450 (1872 kJ)
Proteingehalt pro Portion: 21 g
Vorbereitungs- u. Garzeit: 45 Min.

225 g gekochte Sojabohnen
225 g gekochter brauner Rundkornreis
(ungekocht 100 g)
50 g geriebener Parmesan
1 Knoblauchzehe, geschält und fein gehackt
½ – 1 TL fein gehackter Thymian
1 – 2 Eier, verquirlt
Salz
frisch gemahlener Pfeffer
100 g Edamer-Käse, in 8 cm große Würfel
geschnitten
1 verschlagenes Ei
frische oder getrocknete Semmelbrösel zum
Panieren
Öl zum Fritieren
8 Zweige Minze zum Garnieren

Sojabohnen, Reis, Parmesan, Knoblauch, Thymian und soviel Ei vermischen, daß das Ganze gebunden ist. Salz und Pfeffer nach Geschmack zufügen.

8 gleich große Bällchen formen und in die Mitte ein Stück Käse drücken. In Ei und Bröseln wälzen und portionsweise in Öl, das auf 180 °C erhitzt wurde, knusprig und goldbraun fritieren. Gut abtropfen lassen, jede Krokette mit einem Minzzweig garnieren. Mit Tomatensauce servieren. *Beilage:* Brunnenkresse-Tomatensalat, Chicoree-Orangen-Walnußsalat oder Krautsalat.

Walnuss-Kräuter-Frikadellen

Ergibt 8 Stück

Für 4 Personen
Kalorien pro Portion: 590 (2457 kJ)
Proteingehalt pro Portion: 17 g
Vorbereitungs- u. Garzeit: 1 ¼ Std.

100 g fein gemahlene Walnüsse
100 g frische Semmelbrösel aus
Weizenschrotmehlbrot
100 g fein gehackte Zwiebeln
1 Knoblauchzehe, geschält und zerdrückt
½ – 1 TL fein gehackter Salbei
½ – 1 TL fein gehackter Thymian
6 fein zerdrückte Nelkenpfefferbeeren,
oder ¼ TL gemahlener Nelkenpfeffer
Salz und frisch gemahlener Pfeffer
50 g Butter
50 g Weizenschrotmehl
knapp 300 ml Milch
1 TL Hefeextrakt
2 Eier, verquirlt
Tomaten- oder Braune Sauce (S. 196)
zum Servieren
Brunnenkresse zum Garnieren

Backofen auf 180°C, Gas Stufe 4, vorheizen. Nüsse, Brösel, Zwiebeln, Knoblauch, Kräuter und Nelkenpfeffer mischen und mit Salz und Pfeffer würzen.

Butter bei milder Hitze schmelzen und das Mehl einrühren. Topf vom Feuer nehmen und langsam die Milch zugießen, dabei ständig rühren. Topf auf den Herd stellen und die Sauce aufkochen; rühren, bis das Ganze dick wird. Leicht abkühlen lassen, dann den Hefeextrakt, danach die Eier und die Nußmischung zugeben – das Ganze soll fest, aber noch feucht sein. Mit gut bemehlten Händen 12 Frikadellen formen, wenn nötig, ein wenig extra Mehl zugeben.

Auf ein gut geöltes Backblech legen und im vorgeheizten Ofen 20 Min. backen, bis die Frikadellen fest und die Oberseiten goldbraun sind. Sollen sie brauner werden, müssen Sie die Frikadellen nach dem Backen mit ein wenig Öl einpinseln und unter dem heißen Grill überbacken. Auf einer Platte anrichten und Tomaten- oder Braune Sauce darübergießen. Mit Brunnenkresse garnieren und sofort servieren. *Beilagen:* Gebackene Karotten, rote Bete mit Joghurt oder Zucchini Provençales und grüner Salat.

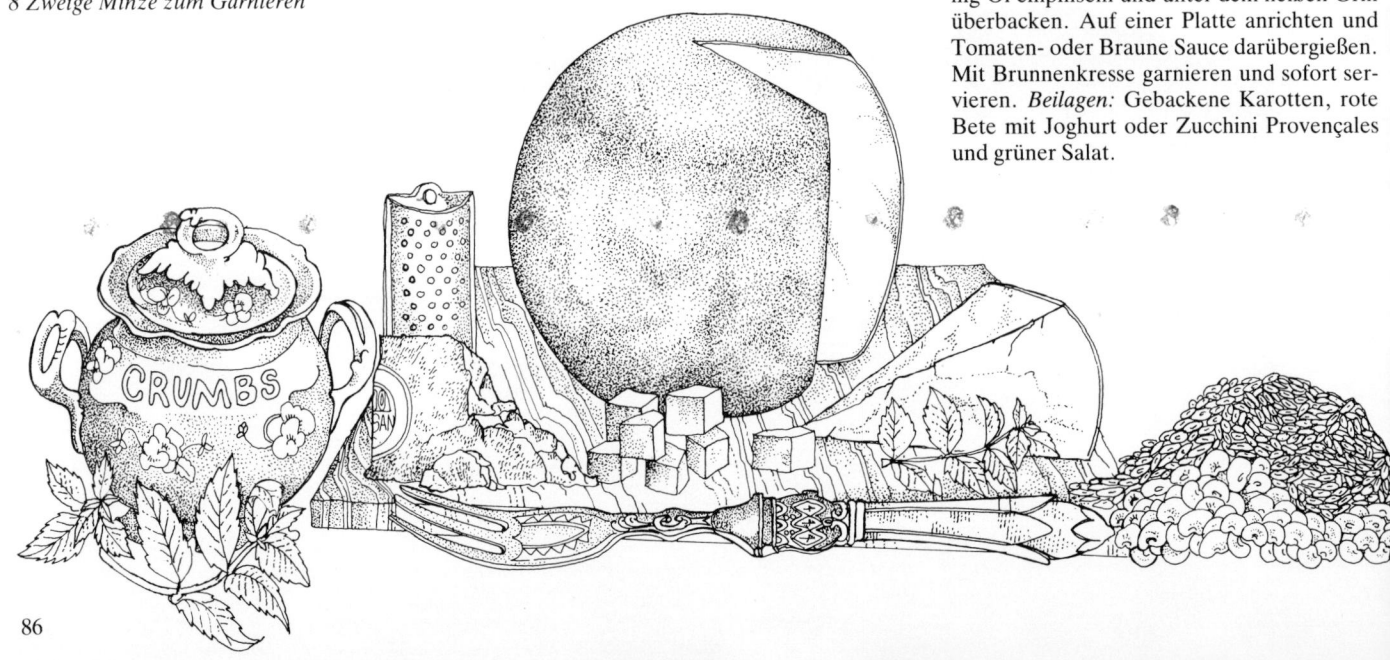

Sojabohnen-Nussburger

Ergibt 12 dünne oder 6 dicke!

Für 4–6 Personen
Kalorien: 1445 (6040 kJ)
Proteingehalt: 51 g
Vorbereitungs- u. Garzeit: 1–1¼ Std.

225 g gekochte Sojabohnen
225 g fein gemahlene Walnüsse
225 g fein gehackte grüne Paprikaschoten
225 g fein gehackte Zwiebeln
2 Knoblauchzehen, geschält und fein gehackt
12 fein gemahlene Nelkenpfefferbeeren,
  oder ½ TL gemahlener Nelkenpfeffer
2 Eier, verquirlt
Salz
frisch gemahlener Pfeffer
Weizenschrotmehl-Brötchen (nach Wunsch)

Backofen auf 200°C, Gas Stufe 6, vorheizen. Sojabohnen im Mixer oder in der Mühle pürieren, oder im Mörser grob zerdrücken. Alle Zutaten dazugeben, Eier salzen und gut damit verrühren. 6 oder 12 Frikadellen formen, fest zusammendrücken, damit sie beim Braten nicht auseinanderfallen. Frikadellen auf ein gut geöltes Backblech geben und im vorgeheizten Ofen 15 bis 20 Min. backen, bis sie goldbraun und knusprig sind. Umdrehen und weitere 10 Min. backen. Frikadellen auf ein durchgeschnittenes Brötchen legen und eine Scheibe Käse (extra Protein) darauflegen, oder mit Tomatensauce oder Tomatenketchup und Essiggemüsen servieren.

Spinatkroketten

Für 4 Personen
Kalorien pro Portion: 285 (1197 kJ)
Proteingehalt pro Portion: 21 g
Vorbereitungs- u. Garzeit: 45–60 Min.

450 g gekochter Spinat
100 g geriebener Cheddarkäse
100 g frische Semmelbrösel aus
  Weizenschrotmehlbrot
2 Eier, gut verquirlt
1 EL Zitronensaft
50 g Weizenschrotmehl
Salz
frisch gemahlener Pfeffer
1–2 TL gehackter Thymian oder Minze
  (nach Wahl)
Öl zum Ausbacken

Gekochten Spinat gut abtropfen lassen und fein hacken. Käse, Brösel, Eier, Zitronensaft und die Hälfte des Mehls zufügen und gut vermischen. Mit Salz und Pfeffer würzen und, nach Wunsch, die gehackten Kräuter dazugeben.

1 TL der Mischung probeweise in das Öl geben; sie sollte zusammenhalten. Wenn nicht, ein wenig mehr Mehl zufügen und die Kroketten fest zusammendrücken. Aber nicht zuviel Mehl nehmen, sonst werden sie zu fest.

Wenn die Konsistenz richtig ist, Kroketten mit einem großen Eßlöffel abstechen und im Öl schwimmend auf beiden Seiten goldbraun braten. Aufpassen, daß sie beim Wenden nicht auseinanderbrechen. Gut abtropfen lassen und heiß mit Tomatensauce (S. 196) servieren.
Beilagen: Dauphin-Kartoffeln, Paprikabohnen in Sauerrahm oder ein Schwedisches Soufflé.

Nussfrikadellen

Für 4 Personen
Kalorien pro Portion: 113 (475 kJ)
Proteingehalt pro Portion: 4 g
Vorbereitungszeit: 30–40 Min.

225 g fein gemahlene, gemischte Nüsse
100 g frische Semmelbrösel (aus
  Weizenschrotmehlbrot)
50 g fein gehackte Frühlingszwiebeln
Minze, fein gehackt
½ TL fein gehackter Majoran
geriebene Schale von ½ Zitrone
1 EL Zitronensaft (nach Wunsch)
1 Ei, verquirlt
2 EL trockener Sherry
Salz und frisch gemahlener Pfeffer
6–8 EL fein gehackte Petersilie

Alle Zutaten, außer der Petersilie, gut vermischen. 8 Bällchen abstechen und Frikadellen daraus formen. In gehackter Petersilie wälzen, bis alle gut bedeckt sind. Kalt stellen. Mit Zitronenspalten servieren.

Anmerkung: Wenn die Mischung nicht gut genug bindet, können Sie ein wenig geschmolzene Butter zufügen.

Cornwall Pasteten

Für 4 Personen
Kalorien pro Portion: 490 (2050 kJ)
Proteingehalt pro Portion: 18 g
Vorbereitungs- u. Garzeit: ¾ Std.

225 g Mürbeteig (S. 194)
100 g Zwiebeln, in dünnen Scheiben
50 g Butter
50 g Karotten, in dünnen Scheiben
50 g gewürfelte weiße Rüben
100 g gewürfelte Kartoffeln
100 g grob gehackte Pilze
ein wenig Weizenschrotmehl
1 TL Hefeextrakt
100 ml Milch
1 Ei, verquirlt
100 g geriebener Cheddarkäse
Salz
frisch gemahlener Pfeffer
ein wenig Pflanzenöl
geschlagenes Ei zum Bestreichen

Zwiebeln in Butter langsam braten, bis sie weich, aber nicht braun sind. Karotten, Rüben und Kartoffeln zugeben und 5 Min. leicht anbraten. Pilze und 2 EL Wasser zufügen; zugedeckt bei schwacher Hitze 10 Min. dünsten lassen.

In der Zwischenzeit Teig zu einem 36 cm Quadrat ausrollen, dann in 4 Teile schneiden. Jede Portion mit Mehl bestäuben und zugedeckt in den Kühlschrank stellen.

Hefe in Milch auflösen, Eier einrühren. Über das gekochte Gemüse gießen; rühren, bis die Eier kochen und das Ganze eindickt. Käse, Salz und Pfeffer zugeben und abkühlen lassen. Ofen auf 200°C, Gas Stufe 6, vorheizen. Backblech gleichmäßig einölen; ein wenig mehr daraufgeben, damit die Pastetenböden knusprig werden.

Teigquadrate auf das Backblech legen und in die Mitte jedes Quadrates ein Viertel der Füllung geben. Seiten mit Wasser bestreichen, diagonal zusammenklappen und fest andrücken. Im vorgeheizten Ofen 30 Min. backen. Nach 20 Min. Pasteten mit verquirltem Ei bestreichen.

Mit Salat Niçoise oder Krautsalat servieren.

Gefüllte Auberginen

Für 6 Personen
Kalorien pro Portion: 485 (2025 kJ)
Proteingehalt pro Portion: 19 g
Vorbereitungs- u. Garzeit: 1−1¼ Std., incl.
Einziehen des Salzes

3 kleine Auberginen, je 100 g schwer
Salz
Oliven- oder Sonnenblumenöl zum Beträufeln
Grundfüllung

Backofen auf 200°C, Gas Stufe 6, vorheizen. Auberginen halbieren, Fleisch mit einem Teelöffel ausschaben, dabei eine 5 mm dicke Wand stehenlassen. Auberginenfleisch grob würfeln und mit Gehäuse in ein Sieb geben. Großzügig salzen und 30 Min. ziehen lassen. Abspülen und gut trockentupfen. Auberginengehäuse mit Öl beträufeln und in eine flache, feuerfeste Form stellen.

Die gehackte Auberginenfüllung in die vorbereiteten Gehäuse geben, die Oberseite mit Öl einpinseln und im vorgeheizten Ofen 30 Min. backen. Heiß mit Tomaten- oder Brauner Sauce (S. 196) servieren. Dazu verschiedene grüne Gemüse.

Grundfüllung

Gesamtkalorien: 1775 (7420 KJ)
Gesamtproteingehalt: 76 g
Vorbereitungszeit: 20−30 Min

2 Eier
1 TL Hefeextrakt
225 g gemahlene, gemischte Nüsse
225 g fein gehackte Zwiebeln
100 g fein gehackter Sellerie
100 g geriebener Cheddarkäse
Salz
frisch gemahlener schwarzer Pfeffer
½ TL fein gehackter Thymian
½ TL fein gehackter Majoran
1 Knoblauchzehe, geschält, zerdrückt

Eier mit dem Hefeextrakt verquirlen. Alle anderen Zutaten vermengen und zu den Eiern geben. Gut mischen; Füllung wie in den folgenden Rezepten angegeben verwenden.

Gefüllte Kohlblätter

Für 6 Personen
Kalorien pro Portion: 570 (2392 kJ)
Proteingehalt pro Portion: 23 g
Vorbereitungs- u. Garzeit: 1¼ Std.

Dieses Gericht läßt sich auch mit Weinblättern und weniger Füllung zubereiten.

12 große, grüne Kohlblätter
Grundfüllung
600 ml Tomatensauce (S. 196)

Backofen auf 200°C, Gas Stufe 6, vorheizen. Die dicken Rippen der Blätter abschneiden, dann die Blätter in kochendem Wasser 5 Min. blanchieren. Abtropfen und unter fließendem, kaltem Wasser abkühlen. Mit Küchenkrepp trockentupfen.

Ein wenig Füllung auf das hintere Blattende geben, die Seiten darüberfalten und das Blatt zusammenrollen, so daß die Füllung ganz bedeckt ist. Wenn nötig, mit einem Holzstäbchen feststecken, damit sich das Blatt nicht

aufrollt. Blätter in zwei Schichten übereinander in eine kleine, feuerfeste Form geben und Tomatensauce darübergießen. Im vorgeheizten Backofen 45 Min. backen. Heiß oder kalt mit Reis oder Linsen servieren.

Nüsse, Gemüse, Käse und Kräuter sind die Grundlage der proteinreichen Grundfüllung. Rechts: Zu diesem reichhaltigen Gemüsepudding braucht man nur einen Salat.

Gefüllte Paprikaschoten

Für 6 Personen
Kalorien pro Portion: 505 (2125 kJ)
Proteingehalt pro Portion: 21 g
Vorbereitungs- u. Garzeit: 45 Min. bis 1 Std.

6 grüne oder rote Paprikaschoten,
jede ca. 100 g schwer
Grundfüllung
Oliven- oder Sonnenblumenöl zum Beträufeln

Backofen auf 200°C, Gas Stufe 6, vorheizen. Von den Paprika einen Deckel abschneiden und Kern und Gehäuse entfernen. In eine feuerfeste Form legen. Grundfüllung hineingeben und mit reichlich Öl beträufeln. Im vorgeheizten Ofen 30–45 Min. backen, dann mit Tomaten- oder Brauner Sauce servieren.

Gefüllter Eierkürbis

Für 4 Personen
Kalorien pro Portion: 485 (2022 kJ)
Proteingehalt pro Portion: 21 g
Vorbereitungs- u. Garzeit: 2½ Std.

1 großer Eierkürbis
Salz
Grundfüllung

Backofen auf 200°C, Gas Stufe 6, vorheizen. Vom Kürbis einen Deckel abschneiden und mit einem langen Löffel Mark und Kerne herausholen. Inneres leicht mit Salz bestreuen und mit der Öffnung nach unten 30 Min. ziehen lassen. Inneres mit kaltem Wasser auswaschen und gut trocknen.

Kürbis füllen und den Deckel auflegen, mit Holzstäbchen oder Spießchen feststecken. In eine gut gefettete, feuerfeste Form auf die Seite legen und im vorgeheizten Ofen 1½ Stunden, oder bis er weich ist, backen.

Mit heißer Brauner Sauce servieren, dazu Polnischen Blumenkohl mit Käse oder Brokkoli.

Gemüsepudding

Für 4 Personen
Kalorien pro Portion: 490 (2050 kJ)
Proteingehalt pro Portion: 20 g
Vorbereitungs- u. Garzeit: 3½–4 Std.

Puddinghülle:
175 g Weizenschrotmehl
Salz
1 TL Backpulver
75 g Butter
1 Ei, gut verschlagen
ein wenig Wasser

Die Füllung:
50 g fein gehackte Zwiebeln
100 g Wurzelgemüse, gewürfelt
100 g grob gehackte Pilze
100 g frische oder tiefgefrorene Erbsen
175 g geriebener Cheddarkäse
2 EL Weizenschrotmehl
½ TL fein gehackter Majoran
Salz und frisch gemahlener Pfeffer
4 EL Wasser

Für die Puddinghülle Mehl in ein Gefäß sieben, mit Salz und Backpulver mischen und die Butter unterkneten. Eier und soviel Wasser zufügen, daß ein ziemlich fester Teig entsteht. Teig in ein Viertel und drei Viertel teilen. Mit der größeren Portion eine Puddingform (90 ml Inhalt) auskleiden. Die kleinere Portion für den Deckel aufheben.

Für die Füllung Gemüse und Käse in einem großen Gefäß mischen. Mit Mehl, Majoran, Salz und Pfeffer gut vermischen. Füllung in die mit Teig ausgelegte Form geben; gut andrücken. Wasser dazugießen und den Deckel auflegen. Mit Folie abdecken und fest verschließen.

Pudding in eine Kasserolle stellen und soviel Wasser hineingeben, daß die Seiten halb bedeckt sind. Kasserolle mit einem Deckel verschließen und den Pudding 3 Std. bei leichter Hitze kochen lassen; wenn nötig, während der Kochzeit etwas Wasser nachgießen. Mit Tomatensalat servieren.

Geschmorte Gemüse

Für 4 Personen
Kalorien pro Portion: 285 (1190 kJ)
Proteingehalt pro Portion: 16 g
Vorbereitungs- u. Garzeit: 1 Std.

4 EL Oliven- oder Sonnenblumenöl
150 g gewürfelte weiße Rüben
150 g gewürfelte Karotten
200 g Sellerie, in dünnen Scheiben
150 g rote und grüne Paprikaschoten,
*   entkernt, in gleich großen Würfeln*
200 g frische oder tiefgefrorene Erbsen
200 g frische oder gefrorene grüne Bohnen
2 EL Weizenschrotmehl
600 ml Wasser
1 EL Hefeextrakt
1 Knoblauchzehe, geschält und zerdrückt
400 g streifig geschnittener Weißkohl
Salz und frisch gemahlener Pfeffer
200 g Blattspinat
50 g grob geriebener Käse

Öl in einer Pfanne mit festem Boden erhitzen, Rüben und Karotten unter ständigem Rühren darin goldbraun braten.

Nach 5 Min. den Sellerie, nach weiteren 5 Min. die Paprikaschoten zugeben. Insgesamt ca. 15–20 Min. andünsten. Das Gemüse mit einer Schaumkelle herausnehmen und in eine feuerfeste Form von ca. 25 cm ⌀ schichten.

Erbsen und Bohnen im Öl ca. 5 Min. anbraten – so daß sie gerade an den Enden braun werden. Abtropfen lassen, zu den anderen Gemüsen geben und gut vermischen.

Mehl in das restliche Öl einrühren – Sie müssen jetzt eventuell etwas Öl nachgießen – und zu einer weichen Paste verrühren. Das Wasser, dann den Hefeextrakt und Knob-lauch zugeben, aufkochen lassen und so lange rühren, bis die Sauce eindickt. Den Kohl zufügen, wieder zum Kochen bringen und über die anderen Gemüse geben. Kräftig würzen.

Backofen auf 200°C, Gas Stufe 6, vorheizen. Spinatblätter gut waschen und die Stiele entfernen; später über das Gericht streuen. Spinat in reichlich kochendem Wasser blanchieren, herausnehmen und abtropfen lassen, wenn er zusammenfällt. Die Spinatblätter überlappend auf dem gemischten Gemüse arrangieren und mit ein wenig Olivenöl beträufeln. Den geriebenen Käse darüberstreuen und auf der Mittelschiene des vorgeheizten Backofens 20 Min. überbacken. Mit Sojabohnen, mit fein gehackter Petersilie bestreut und mit Butter und Zitronensaft servieren.

Zucchini-Tomatenkasserolle mit Käseklößchen

Für 4 Personen
Kalorien pro Portion: 525 (2190 kJ)
Proteingehalt pro Portion: 26 g
Vorbereitungs- u. Garzeit: 1½ Std.

Die Kasserolle:
450 g Zucchini, in 5 mm dicke Scheiben
*   geschnitten*
Salz
225 g Zwiebeln, in feinen Scheiben
2 EL Oliven- oder Sonnenblumenöl
450 g gewürfelte Tomaten
2 Knoblauchzehen, geschält und fein gehackt
frisch gemahlener schwarzer Pfeffer

Die Klößchen:
1 Liter Milch
1 EL Weinessig
1 EL Wasser
2 große Eier, leicht verquirlt
Salz und frisch gemahlener schwarzer Pfeffer
eine Prise Cayennepfeffer
½–1 TL getrockneter Thymian
125 g Cheddarkäse, in kleine Würfel
*   geschnitten*
150 g Bröseln aus Weizenschrotmehlbrot

Zucchini leicht salzen und 30 Min. stehenlassen, während Sie die Klößchen zubereiten. Die Milch zum Kochen bringen, Essig und Wasser hinzufügen, dann vom Feuer nehmen und leicht rühren, bis die Milch nicht mehr geronnen aussieht und die Flüssigkeit fast klar ist. Durch ein feines, mit Mull ausgelegtes Sieb streichen. Molke in einen Topf zurückschütten und bis auf 600 ml einkochen lassen. Dann leicht abkühlen lassen, zu den Eiern geben und mit Salz, Pfeffer, Cayennepfeffer und Thymian würzen. Gut vermischen. Käse und Bröseln vermengen. Eier-Käse-Mischung darübergeben und zu einem festen Teig verarbeiten. 10 runde Klößchen daraus formen und beiseite stellen.

Mittlerweile die Zwiebeln in Öl bei mäßiger bis starker Hitze goldbraun braten. Gut abtropfen lassen und in eine feuerfeste Kasserolle geben. Zucchini abspülen und mit einem sauberen Tuch oder Küchenkrepp gut ab-trocknen. Temperatur erhöhen und die Zucchini braten, bis sie außen gerade braun werden. Abtropfen lassen und in die Kasserolle geben. Backofen auf 200°C, Gas Stufe 6, vorheizen.

Tomaten und Knoblauch anbraten, bis der Saft austritt, salzen und pfeffern und so lange kochen, bis das Ganze musig ist; nicht anbrennen lassen. Molke dazugeben und zum Kochen bringen. Diese Mischung über die Zwiebeln und Zucchini in der Kasserolle gießen.

Klößchen nebeneinander in die Flüssigkeit in der Kasserolle legen; sie müssen ganz bedeckt sein. Offen auf der Mittelschiene des vorgeheizten Ofens 20 Min. backen. Mit einem gemischten Salat und Sojabohnen servieren.

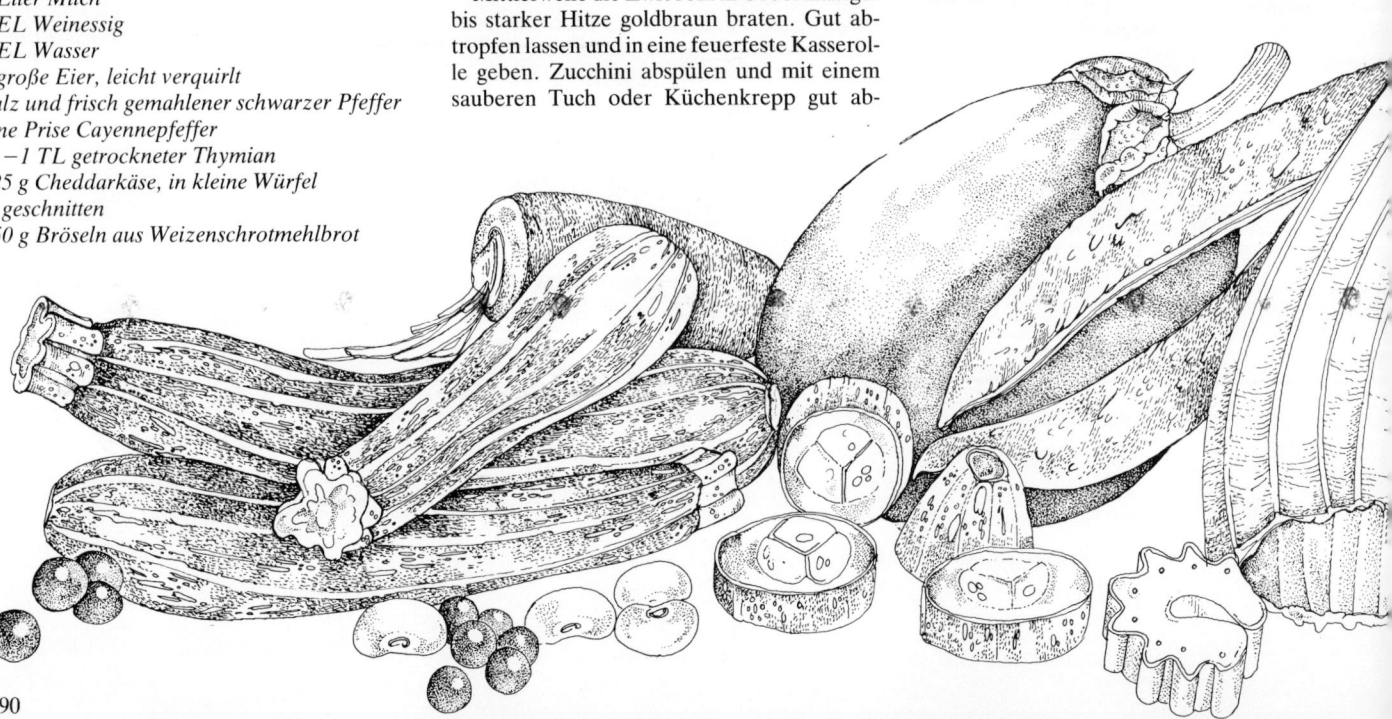

Gemüse-Moussaka

Für 4 Personen
Kalorien pro Portion: 435 (1815 kJ)
Proteingehalt pro Portion: 21 g
Vorbereitungs- u. Garzeit: 1½ Std.

450 g Auberginen, in Scheiben
Salz
5 EL Oliven- o. Sonnenblumenöl
450 g grob gewürfelte Tomaten
frisch gemahlener schwarzer Pfeffer
1 TL gehackter Thymian
1 Knoblauchzehe, geschält und fein gehackt
225 g gehackte Zwiebeln
450 g gekochte Sojabohnen (ca. 200 g
ungekocht), grob zerdrückt
1 Ei, verquirlt
300 ml Milch
40 g entrahmte Trockenmilch (nach Wunsch)

Auberginenscheiben salzen und 30 Min. stehenlassen. Abspülen und mit einem sauberen Tuch oder Küchenkrepp trockentupfen.

Backofen auf 180°C, Gas, Stufe 4, vorheizen. 2 EL Öl in eine feuerfeste Backform von 25 cm Ø, ca. 8 cm tief, gießen. Auberginenscheiben hineintauchen und aneinander reiben, so daß sie gleichmäßig mit Öl überzogen sind. Auf Folie auf ein Backblech nebeneinander legen und im vorgeheizten Backofen 20 Min., oder bis sie braun sind, backen.

In der Zwischenzeit die Tomaten mit Salz und Pfeffer, Thymian und Knoblauch bei mäßiger Hitze musig kochen, dabei ständig umrühren, damit sie nicht anbrennen. Beiseite stellen. Zwiebeln in dem restlichen Öl (ca. 3 EL) goldbraun braten.

Backofentemperatur auf 200°C, Gas Stufe 6, erhöhen. Eine leicht geölte, feuerfeste Form mit den gekochten Auberginen auslegen, dabei aufpassen, daß die Scheiben nicht brechen, wenn Sie sie aus dem Öl nehmen. Bohnen, Tomaten und Zwiebeln gut vermischen, in die Backform geben. Mit einer weiteren Lage Auberginen abdecken, dabei 6 schöne Scheiben aufheben.

Eier, Milch, Trockenmilch, nach Wunsch, und Salz und Pfeffer verrühren. Über das Gemüse gießen. Mit den 6 aufgehobenen Auberginenscheiben garnieren und auf der oberen Schiene des vorgeheizten Ofens 30 Min. backen. Dazu Griechischen Salat reichen.

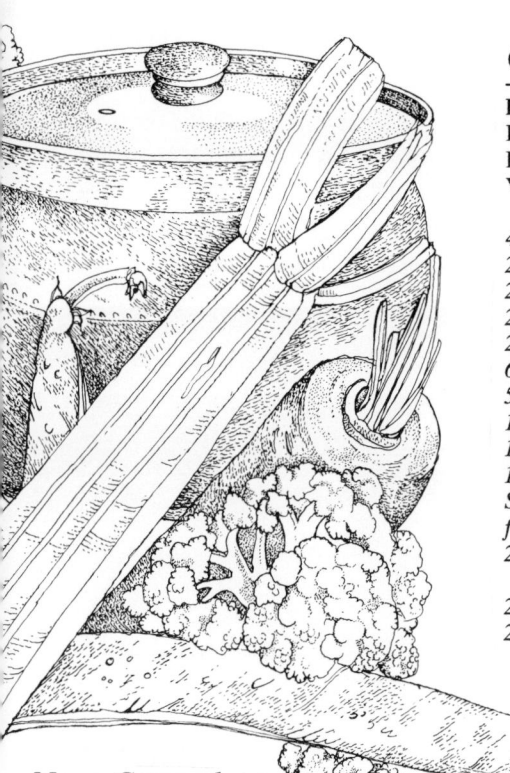

Gemüse-Kasserolle

Für 4 Personen
Kalorien pro Portion: 510 (2142 kJ)
Proteingehalt pro Portion: 21 g
Vorbereitungs- u. Garzeit: 1½–2 Std.

4 EL Pflanzenöl
225 g fein gehackte Zwiebeln
225 g Sellerie, in feinen Scheiben
225 g Karotten, in feinen Scheiben
225 g gewürfelte weiße Rüben
600 ml Wasser
50 g entrahmte Trockenmilch
1 TL Hefeextrakt
1 großes Lorbeerblatt, zerkrümelt
1 TL fein gehackter Majoran
Salz
frisch gemahlener schwarzer Pfeffer
225 g Blumenkohlröschen, in dünnen
Scheiben
225 g Lauch, in dünnen Scheiben
225 g ungeröstete Erdnüsse

Backofen auf 180°C, Gas Stufe 4, vorheizen. Öl in eine Pfanne mit dickem Boden geben und Zwiebeln, Sellerie, Karotten und Rüben darin anbraten. Bei mittlerer Hitze 20–25 Min. schmoren lassen. Pfanne schütteln und ständig umrühren, bis das Gemüse gar ist und braun wird.

In eine feuerfeste Kasserolle geben. Wasser, Trockenmilchpulver, Hefeextrakt, Lorbeerblatt und Majoran verrühren, mit Salz und Pfeffer würzen und zum Kochen bringen. Über das gebratene Gemüse gießen, den Blumenkohl, Lauch und Erdnüsse dazugeben.

Im vorgeheizten Backofen 1 Std. backen, dann die Kasserolle mit Käseklößchen, gebackenen Kartoffeln und einem großen, gemischten Salat servieren.

Nuss-Cassoulet

Für 6 Personen
Kalorien pro Portion: 755 (3157 kJ)
Proteingehalt pro Portion: 32 g
Vorbereitungs- u. Garzeit: 2½ Std.,
ohne Einweichen über Nacht

350 g eingeweichte weiße Bohnen
Salz
Grundfüllung (S. 88) mit Knoblauch
300–450 ml Béchamel-Sauce (S. 196)
geriebene Schale von 1 Zitrone
2–4 hartgekochte Eier, gepellt
(nach Wunsch)
6 EL getrocknete Brösel aus
Weizenschrotmehlbrot

Weiße Bohnen langsam in reichlich Wasser 1 Std. garen, bis sie weich sind, aber nicht platzen. Wenn sie fast fertig sind, ½–1 TL Salz in das Kochwasser geben. Gut abtropfen lassen.

Backofen auf 200°C, Gas Stufe 6, vorheizen. Aus der Füllung 12 kleine Frikadellen formen, gut andrücken, damit sie ihre Form behalten. Die Béchamel-Sauce zum Kochen bringen. Soviel Sauce zu den Bohnen geben, daß sie gut bedeckt sind, aber nicht zuviel. Knoblauch und abgeriebene Zitronenschale

dazugeben und die Hälfte der Mischung in eine ziemlich flache, feuerfeste Form geben.

Die geviertelten, hartgekochten Eier, nach Wunsch, auf die Klößchen geben, mit dem Rest der Bohnenmischung abdecken. Mit Bröseln bestreuen und im vorgeheizten Ofen 20–30 Min., oder bis die Oberfläche braun ist und das Cassoulet Blasen wirft, backen.

Dieses Gericht ist sehr reichhaltig und sollte heiß, nur mit einem knackigen Salat, serviert werden.

Gemüsegulasch mit Spätzle

Für 6 Personen
Kalorien pro Portion: 540 (2266 kJ)
Proteingehalt pro Portion: 23 g
Vorbereitungs- u. Garzeit: 50 Min.

225 g grob gehackte Zwiebeln
225 g gehackte weiße Rüben
4 EL Oliven- o. Sonnenblumenöl
225 g grob gewürfelte rote Paprikaschoten
225 g grob geraffelter Weißkohl
2 EL Paprikapulver
2 EL Weizenschrotmehl
50 g entrahmte Trockenmilch
300 ml Wasser (vorzugsweise das
    Einweichwasser der Bohnen)
Salz u. frisch gemahlener Pfeffer
300 ml braunes Ale
2 Knoblauchzehen, geschält u. zerdrückt
1 EL Zitronensaft oder Weinessig
450 g gekochte Sojabohnen (ca.
    200 g ungekocht), sehr grob zerdrückt
    – dabei eine gute Portion ganz lassen)
50 g Essiggurken, in Scheiben
2 hartgekochte Eier, gehackt (nach Wunsch)
200 ml Sauerrahm (nach Wunsch)
2 EL gehackte Petersilie (nach Wunsch)

Die Spätzle:
225 g Weizenschrotmehl
Salz
½ TL geriebene Muskatnuß
2 Eier
2 EL Milch
4 EL geschmolzene Butter

Zwiebeln und Öl in einer Pfanne mit dickem Boden goldbraun braten. Paprika zufügen und anbraten, bis alle Flüssigkeit verdunstet ist und die Zwiebeln wieder braun werden. Den Kohl, dann Paprikapulver und Mehl einrühren.

Milchpulver im Wasser auflösen und mit Salz und Pfeffer würzen. Das braune Ale zu den Zwiebeln geben; wenn der Schaum verschwunden ist, die aufgelöste Milch, Knoblauch und Zitronensaft oder Weinessig zugeben. Sojabohnen einrühren, zum Kochen bringen und 10 Min. zugedeckt köcheln lassen, dabei gelegentlich umrühren, damit nichts anbrennt. Die Hälfte der Essiggurken in das Gulasch rühren. In eine vorgewärmte Schüssel geben, und mit den gehackten Eiern, nach Wunsch, und den restlichen Gurken garnieren. Sauerrahm unterrühren und mit Petersilie bestreuen. Mit Spätzle anrichten.

Für die Spätzle das gesiebte Mehl, Salz und Muskatnuß mischen. Die Eier leicht mit der Milch und 1 EL geschmolzener Butter verquirlen.

Zum Mehl geben und zu einem weichen Teig verrühren, wenn nötig, ein wenig extra Milch zugießen.

Mit einem Teelöffel kleine Teigklümpchen abstechen, oder mit einer Spritztüte mit glatter runder Tülle 5 mm dicke Spätzle von 1 cm Länge formen.

Spätzle in einem großen Topf mit kochendem Salzwasser ca. 5 Min. garen: Sie sollten noch *al dente* (weich, mit Biß) sein. Abtropfen lassen und mit dem Rest der geschmolzenen Butter begießen; wenn Sie wollen, ein wenig geriebene Muskatnuß zusätzlich darüberstreuen.

Anmerkung: Nehmen Sie nur frisches Paprikapulver. Das Gewürz verliert bei zu langer Lagerzeit sein Aroma; dadurch wird der Geschmack des Gerichtes beeinträchtigt.

Gemüsegulasch servieren wir hier mit Sauerrahm, um den scharfen Paprikageschmack zu mildern. Selbstgemachte Spätzle aus Weizenschrotmehl, mit einem Hauch Muskatnuß, passen gut zu diesem Gericht

Leipziger Allerlei

Für 4—6 Personen
Kalorien bei 4 Portionen: 520 (2182 kJ)
Proteingehalt bei 4 Portionen: 20 g
Vorbereitungs- u. Garzeit: 1 Std.

4—6 EL Pflanzenöl
225 g gewürfelter Sellerie
225 g gewürfelte Karotten
225 g gewürfelte weiße Rüben
225 g fein gehackte Zwiebeln
450 ml Béchamel-Sauce (S. 196)
225 g gekochte Blumenkohlröschen
225 g gekochte Erbsen
Salz
frisch gemahlener Pfeffer
150 g geriebener Cheddarkäse

Öl in einer Pfanne erhitzen; Sellerie, Karotten, Rüben und Zwiebeln dazugeben. Gemüse bei milder Hitze 20—30 Min. braten, dabei die Pfanne ständig schwenken und das Gemüse umrühren, bis es weich ist und Farbe annimmt. In der Zwischenzeit die Sauce erwärmen und Blumenkohl und Erbsen kochen, wenn sie noch nicht vorbereitet sind.
Ca. 2/3 der Sauce zu dem gegarten Gemüse gießen. Die Mischung in eine vorgewärmte, flache, feuerfeste Form geben, die Erbsen darüberstreuen und die Blumenkohlröschen in der Mitte anrichten. Mit Salz und Pfeffer würzen. Mit restlicher Sauce bedecken und den Käse daraufstreuen. Unter dem heißen Grill überbacken, bis der Käse zerlaufen ist und knusprig und goldbraun aussieht. Dieses Gericht ist sehr reichhaltig und sollte nur mit Salat serviert werden.

Chili »ohne« Carne

Für 4 Personen
Kalorien pro Portion: 325 (1375 kJ)
Proteingehalt pro Portion: 19 g
Vorbereitungs- u. Garzeit: ca. 2½ Std.,
ohne Einweichzeit

225 g rote Kidney-Bohnen, über
   Nacht eingeweicht
225 g grob gehackte Zwiebeln
2 EL Pflanzenöl
450 g geschälte Tomaten
2 TL fein gehackter Oregano
1 große Knoblauchzehe, geschält u.
   zerdrückt
1—4 TL Chilipulver, nach Geschmack
100 g geriebener Cheddarkäse
Salz
frisch gemahlener Pfeffer

Eingeweichte Bohnen abtropfen lassen; in kochendem Salzwasser 2 Std. leicht köcheln lassen, oder bis sie weich sind und die meiste Flüssigkeit verdunstet ist. Abtropfen lassen und restliches Kochwasser aufheben. Zwiebeln in Öl goldbraun braten, dann Tomaten zufügen und musig kochen. Bohnen mit 4 EL Kochwasser, Oregano, Knoblauch und Chilipulver gut einrühren. Käse darüberstreuen und rühren, bis er geschmolzen ist; mit Salz und Pfeffer würzen.
Heiß mit Tortillas und einem großen, gemischten Salat servieren. Ein Rumpunsch auf Zitronenbasis löscht gut den Durst!

Tortillas

Für 8 Personen
Kalorien pro Portion: 170 (705 kJ)
Proteingehalt pro Portion: 5,5 g
Vorbereitungs- u. Garzeit: 45 Min.

100 g Maismehl
100 g Weizenschrotmehl
½ TL Natron
Salz
ein wenig heißes Wasser
Öl zum Ausbacken

Maismehl, Weizenmehl, Natron und Salz vermischen und mit ein wenig heißem Wasser zu einem festen Teig rühren. Teig 3 Min. kneten, dann 30 Min. ruhen lassen. In 8 Portionen teilen; jede zu einem »Pfannkuchen« von ca. 15 cm Ø ausrollen und auf beiden Seiten bakken, bis sie braun und gar ist. Dabei die Tortillas 2— oder 3mal wenden, und darauf achten, daß sie nicht brechen.

Erdnuß-Curry

Für 4 Personen
Kalorien pro Portion: 455 (1890 kJ)
Proteingehalt pro Portion: 13 g
Vorbereitungs- u. Garzeit: 45 Min.

225 g ungeröstete Erdnüsse, grob
   gehackt
2 TL gemahlener Koriander
1 TL gemahlene Kurkuma
2 EL Pflanzenöl
100 g fein gehackte Zwiebeln
1 TL frische Ingwerwurzel, geschält
   und sehr fein gehackt
1 Knoblauchzehe, geschält und sehr
   fein gehackt
Salz
25 g grüne Chilischoten, in feinen
   Streifen (nach Wunsch)
225 g geschälte Tomaten, grob gehackt

100 ml Kokosnußmilch
200 ml kochendes Wasser
100 g geriebene, frische Kokosnuß
2 EL fein gehackte Korianderblätter

Koriander und Kurkuma in Öl einige Min. erhitzen. Zwiebeln, Ingwer und Knoblauch zugeben und so lange braten, bis die Zwiebeln weich sind. Erdnüsse, Salz, Pfeffer, Chili (nach Wunsch), Tomaten und Kokosnußmilch zugeben und kochen, bis die Tomaten musig sind. Kochendes Wasser zugießen und 20 Min. leicht kochen. Kokosnuß und 1 EL Korianderblätter zugeben und zu einem dikken Püree einkochen; dabei achtgeben, daß das Ganze nicht anbrennt. In einem vorgewärmten Gefäß mit den restlichen Korianderblättern bestreut anrichten; als Beilage eignen sich geröstete Gurken.

Geröstete Gurken

Für 4 Personen
Kalorien pro Portion: 35 (150 kJ)
Proteingehalt pro Portion: 3 g
Vorbereitungs- u. Kühlzeit: 1½ Std.

400 g geschälte, gewürfelte Gurken
Salz
½ TL Cumin
200 ml Naturjoghurt
1 EL fein gehackte Minze

Gurken salzen und 20 Min. stehenlassen. Abspülen und trockentupfen. Cumin in einer trockenen Kasserolle einige Min. erhitzen, damit sich das Aroma voll entfalten kann. Im Mörser zerkleinern und in den Joghurt mischen. Minze und Gurken dazugeben und gründlich mischen. Kalt stellen, dann servieren.

Geschichtetes Reispilaw

Für 4 Personen
Kalorien pro Portion: 730 (3057 kJ)
Proteingehalt pro Portion: 22 g
Vorbereitungs- u. Garzeit 2–3 Std.,
inkl. Einweichen

Der Reis:
225 g brauner Reis, eine Std. lang
*   eingeweicht*
1 TL fein gemahlener Cumin
2,5 cm lange Zimtstange, in kleine
*   Stücke gebrochen*
1 TL Garam masala auf Nelkenbasis
50 g abgeklärte Butter
100 g fein gehackte Zwiebeln
50 g frische Ingwerwurzel, geschält
*   und fein gehackt*
3 Knoblauchzehen, geschält und sehr
*   fein gehackt*
500 ml kochendes Wasser
Salz
4 Kardamomkapseln, aufgebrochen
25 g halbierte Pistazienkerne

Die Füllung:
1 TL gemahlene Kurkuma
50 g blanchierte, halbierte Mandeln
50 g Cashewnüsse
½ TL gemahlener Cumin
2 EL Pflanzenöl
100 g Zwiebeln, in dünnen Scheiben
50 g frische Ingwerwurzel, geschält
*   u. fein gehackt*
2 Knoblauchzehen, geschält u. zerdrückt
100 g frische, gekochte o. gefrorene Erbsen
150 ml kochendes Wasser
100 g Panir (S. 200), in kleine Würfel
*   geschnitten und goldbraun gebraten*
25 g rote Chilischoten, entkernt
*   und fein gehackt (nach Wunsch)*
4 EL gehackte Korianderblätter
Salz
2 hartgekochte Eier, geschält
*   und geviertelt*

Für den Reis: Cumin, Zimt und Garam masala einige Minuten in Butter erhitzen, bis sich das Aroma voll entfaltet hat. Zwiebeln, Ingwer und Knoblauch zufügen und kochen, bis die Zwiebeln weich sind. Reis 2–3 Minuten mitkochen, dabei ständig umrühren, dann das kochende Wasser, Salz, Kardamom und Pistazien einrühren. Topf fest verschließen und den Reis bei milder Hitze oder im Backofen bei 150°C, Gas Stufe 3, ca. 45 Min. garen. Bei richtiger Temperatur ist der Reis dann weich und trocken. Wenn nötig, während des Kochens ein wenig Wasser zugießen, aber den Reis dabei nicht umrühren oder den Deckel zu oft anheben, so daß zuviel Dampf entweicht. Nehmen Sie einen feuerfesten Glasdeckel, so daß Sie den Reis beim Kochen beobachten können.

Für die Füllung Kurkuma, Nüsse und Cumin im Pflanzenöl erhitzen, bis sich das Aroma voll entfaltet. Zwiebeln u. Ingwer zugeben und goldbraun braten. Knoblauch einige Minuten mitbraten, dann Erbsen und das kochende Wasser hinzufügen. Weitere 5 Min. köcheln lassen, dann das Panier, Chili (wenn gewünscht), 3 EL gehackten Koriander und Salz und Pfeffer zugeben. Kochen, bis das Ganze gut heiß ist.

Die Hälfte des Reis auf einer heißen Servierplatte anrichten und mit der Hälfte der Füllung bedecken. Restlichen Reis daraufschichten und mit dem Rest der Füllung abdecken. Eier in die Mitte setzen. Mit den übrigen Korianderblättern bestreuen und servieren.

Spinat-Curry mit roten Linsen

Für 4 Personen
Kalorien pro Portion: 215 (900 kJ)
Proteingehalt pro Portion: 15 g
Vorbereitungs- u. Garzeit 45–60 Min.,
    ohne Einweichen

175 g rote Linsen, gewaschen und
*   1 Std. lang eingeweicht*
450 g Spinat, gut gewaschen
2 EL Pflanzenöl
1 TL Garam masala auf Fenchelbasis
½ TL fein gemahlener Cumin
100 g fein gehackte Zwiebeln
600 ml Wasser
½ gemahlene Kurkuma
1 Knoblauchzehe, geschält und fein gehackt
Salz
Saft von 1 großen Zitrone

Spinat in 1 cm lange Stücke hacken. Öl in einen Topf gießen und darin das Garam masala und Cumin leicht anbraten, bis sich das Aroma voll entfaltet. Zwiebeln zufügen und rühren, bis sie weich sind. Wasser, die abgetropften Linsen, Kurkuma, Knoblauch und Salz hinzugeben und 5 Min. kochen lassen. Spinat einrühren, Topf fest verschließen und das Ganze 20 Min. kochen lassen, bis fast alle Flüssigkeit aufgesaugt ist und die Linsen gar sind. Wenn nötig, während des Kochens ein wenig Wasser zusetzen. Zitronensaft unterrühren und sofort servieren.

Parsi Eier

Für 4 Personen
Kalorien pro Portion: 395 (1662 kJ)
Proteingehalt pro Portion: 17 g
Vorbereitungs- u. Garzeit 45–50 Min.

8 Eier, gut verquirlt
450 g Kartoffeln
Öl zum Ausbacken
2 EL Pflanzenöl
100 g fein gehackte Zwiebeln
25–50 g frische Ingwerwurzel, geschält
*   und fein gehackt*
1 TL gemahlene Kurkuma
2 grüne Chilischoten, entkernt,
*   in dünnen Scheiben*
1 Knoblauchzehe, geschält und gehackt
175 g geschälte, grob gehackte Tomaten
Salz
eine Prise frisch gemahlene Muskatnuß
1 EL gehackte Korianderblätter

Kartoffeln in der Schale 10 Minuten kochen. Erkalten lassen, schälen und fein würfeln. In heißem Öl knusprig und goldbraun rösten. Warm stellen.

In der Zwischenzeit Zwiebeln und Ingwer in Öl weich braten. Kurkuma, Chilischoten, Knoblauch, Tomaten und Salz zufügen und kochen, bis die Tomaten musig sind. Bei starker Hitze aufkochen, bis alle Flüssigkeit verdunstet ist; Hitze reduzieren, Eier zugeben und so lange leicht kochen, bis die Eier so fest wie Rührei sind. In die Mitte einer vorgewärmten Servierplatte geben. Kartoffeln mit Salz und Muskatnuß bestreuen und um die Eier herum anrichten. Mit Koriander bestreut servieren.

Kartoffeln-Tomaten-Curry

Für 4 Personen
Kalorien pro Portion: 275 (1147 kJ)
Proteingehalt pro Portion: 4 g
Vorbereitungs- u. Garzeit: 45–60 Min.

450 g Kartoffeln
4 EL Pflanzenöl
1 TL gemahlene Kurkuma
1 TL Garam masala auf Korianderbasis
½ TL Chilipulver (nach Wunsch)
50 g frische Ingwerwurzel, geschält
    und fein gehackt
100 g fein gehackte Zwiebeln
1 Knoblauchzehe, geschält und sehr
    fein gehackt
Salz
2 grüne Chilischoten, in dünnen Scheiben
450 g geschälte Tomaten, grob gehackt
2 EL gehackte frische Korianderblätter
oder gehackte Petersilie

Kartoffeln in der Schale 10 Minuten kochen. Abtropfen und leicht abkühlen lassen, dann schälen und in dicke Scheiben schneiden. In Öl auf beiden Seiten goldbraun braten. Aus der Pfanne nehmen und beiseite stellen. Kurkuma, Garam masala und Chilipulver einige Minuten in Öl anbraten, dann Ingwer und Zwiebeln zugeben und goldbraun braten. Knoblauch, Salz, Chilischoten und Tomaten hinzufügen und so lange braten, bis die Tomaten musig sind.

Kartoffeln wieder in die Pfanne geben, zudecken und garen, dabei gelegentlich umrühren, damit sie nicht anbrennen oder zusammenkleben. Wenn sie fertig sind, die Temperatur erhöhen und so lange weiterkochen, bis die überschüssige Flüssigkeit verdunstet und das Tomatenmus beinahe so fest wie eine Paste ist. Die Pfanne dabei ständig schütteln, um ein Anbrennen zu verhindern. Mit Koriander oder Petersilie garniert servieren.

Türkisches Pilaw

Für 4 Personen
Kalorien pro Portion: 825 (3450 kJ)
Proteingehalt pro Portion: 24 g
Vorbereitungs- u. Garzeit: 1 Std.,
ohne Einweichen

450 g Auberginen
Salz
225 g Zwiebeln, in dünnen Scheiben
8 EL Oliven- oder Pflanzenöl
125 g Champignons, in Scheiben
225 g brauner Langkornreis
600 ml Braune Gemüsebrühe (S. 34)
225 g geschälte, gehackte Tomaten
125 g Sojagrieß
125 g ungeröstete Erdnüsse
1–2 Knoblauchzehen, geschält und fein
    gehackt
½ TL gemahlener Cumin
½ TL gemahlener Koriander
½ TL gemahlener Zimt
frisch gemahlener Pfeffer
2 hartgekochte Eier, gepellt und fein gehackt
8 fein gehackte Frühlingszwiebeln

Auberginen in 1,5 cm große Würfel schneiden, salzen und 30 Minuten ziehen lassen. In der Zwischenzeit Zwiebeln in 4 EL Öl goldbraun braten. Pilze zugeben und braten, bis sie schwarz und glänzend sind. Reis unterrühren und weitere 1–2 Minuten mitgaren, bis er gut mit Öl durchtränkt ist.

Brühe, Tomaten, Sojagrieß, Erdnüsse, Knoblauch und Gewürze zugeben und mit Pfeffer würzen. Zugedeckt 5 Min. leicht dünsten; währenddessen die Auberginen abspülen und trockentupfen. Im restlichen Öl in einem anderen Topf anbraten, bis sie durchsichtig und bräunlich werden. Abtropfen lassen und über das Pilaw geben.

Weitere 30–40 Min. zugedeckt bei schwacher Hitze kochen, oder bis der Reis gar ist – wenn nötig, während des Kochens ein wenig Wasser nachgießen. Das Pilaw sollte feucht, aber nicht musig sein. Wenn der Reis fertig ist, das Pilaw auf einer vorgewärmten Servierplatte anrichten, mit den gehackten Eiern und Frühlingszwiebeln bestreut servieren. Griechischen Salat dazu reichen.

Linsen-Reis-Kedgeree

Für 4 Personen
Kalorien pro Portion: 635 (2657 kJ)
Proteingehalt pro Portion: 22 g
Vorbereitungs- u. Garzeit: 1 ¼ – 1 ½ Std.,
    ohne Einweichen

225 g grüne oder braune Linsen,
    2 Std. eingeweicht
225 g brauner Reis
4 EL Pflanzenöl
1 TL gemahlene Kurkuma
1 TL fein gehackter Cumin
½ TL Garam masala auf Knoblauchbasis
    (S. 200)
½ TL Chilipulver (nach Wunsch)
1–2 gehackte grüne Chilischoten
    (nach Wunsch)
50 g frische Ingwerwurzel, geschält
    und fein gehackt
100 g fein gehackte Zwiebeln
3 Knoblauchzehen, geschält und
    fein gehackt
Salz
2 hartgekochte Eier, geschält und halbiert
2 Bananen, in dicken Scheiben
50 g halbierte, blanchierte Mandeln
2 EL gehackte Korianderblätter

Öl in einer Pfanne mit dickem Boden erhitzen, Kurkuma, Cumin, Garam masala und Chilipulver, nach Wunsch, hinzugeben. Leicht erwärmen, bis sich das Aroma voll entfaltet hat; dann grüne Chilischoten, falls erwünscht, Ingwer und Zwiebeln zufügen und unter ständigem Rühren braten, bis die Zwiebeln weich sind. Knoblauch, abgetropfte Linsen und Reis gleichmäßig mitbraten. Salzen und soviel kochendes Wasser zugießen, daß das Ganze gut bedeckt ist.

Pfanne fest verschließen und 45 Minuten leicht kochen lassen, bis Reis und Linsen gar sind und das Wasser ganz aufgesogen ist. Wenn nötig, während des Kochens ein wenig Wasser nachgießen – das fertige Gericht sollte noch feucht, aber nicht musig sein. Auf einer heißen Platte anrichten, mit Eiern, Bananenscheiben, Mandeln und Koriander garnieren und sofort servieren.

Vegetarische Paella

Für 4 Personen
Kalorien pro Portion: 555 (2328 kJ)
Proteingehalt pro Portion: 23,5 g
Vorbereitungs- u. Garzeit: 1 Std.

225 g Zucchini, in dicken Scheiben
Salz
225 g grob gehackte Zwiebeln
4 EL Oliven- oder Sonnenblumenöl
225 g brauner Langkornreis
600 ml Weiße Gemüsebrühe (S. 34)
ein großer Safranfaden, in ein wenig
    Wasser aufgeweicht
1 Knoblauchzehe, geschält und fein gehackt
125 g rote Paprika, in feinen Streifen
225 g geschälte Tomaten, grob gehackt
frisch gemahlener Pfeffer
75 g grob geraffelte Mandeln
2 hartgekochte Eier, gepellt und fein gehackt
175 g geriebener Cheddarkäse
25 g grüne, mit Paprika gefüllte Oliven,
    in Scheiben geschnitten.

Zucchinischeiben salzen und 30 Min. ziehen lassen. In der Zwischenzeit Zwiebeln in einer Pfanne mit festem Boden in Öl goldbraun braten. Reis bei schwacher Hitze 2 Min. mitkochen, dabei ständig umrühren, damit er nicht anbrennt und gleichmäßig mit Öl überzogen ist. Brühe zugießen, Safran mit dem Wasser und Knoblauch hinzufügen und unter ständigem Rühren zum Kochen bringen. Hitze reduzieren und zugedeckt 30 Min. leicht kochen lassen.

Zucchini abspülen, mit Küchenkrepp trockentupfen, mit den roten Paprikastreifen und Tomaten in die Pfanne geben. Ist der Reis zu trocken (er soll feucht, aber nicht musig sein), ein wenig kochendes Wasser nachfüllen. Mit Salz und Pfeffer würzen, zudecken und 10—15 Min. leicht kochen lassen, bis Reis, Paprika und Zucchini weich sind.

Auf einer vorgewärmten, feuerfesten Platte anrichten. Mit Mandeln, gehackten Eiern und Käse bestreuen, mit Oliven garnieren und unter dem heißen Grill überbacken. Einen gemischten Salat dazu reichen.

Linsen-Nuß-Kuchen

Für 4 Personen
Kalorien pro Portion: 345 (1445 kJ)
Proteingehalt pro Portion: 11 g
Vorbereitungs- u. Garzeit: 35—40 Min.

225 g gekochte braune Linsen, grob zerdrückt
2—3 EL Pflanzenöl
1 TL fein gemahlener Cumin
1 TL gemahlene Kurkuma
1 TL Garam masala auf Knoblauchbasis
100 g fein gehackte Zwiebeln
25 g frische Ingwerwurzel, geschält und
    fein gehackt
1 Knoblauchzehe, geschält und gehackt
Salz
100 g fein gemahlene, gemischte Nüsse
2 EL Weizenschrotmehl
1 Ei, gut verquirlt
Öl zum Ausbacken

Gewürze einige Minuten in Öl erhitzen. Zwiebeln, Ingwer, Knoblauch und Salz nach Geschmack zufügen und so lange braten, bis die Zwiebeln weich sind. Zerdrückte Linsen und Nüsse untermischen. Mehl darüberstreuen, Eier dazugeben und gut vermischen.
Mit einem großen EL Häufchen von der Linsenmischung abstechen, auf einer gut bemehlten Platte zu 8 Kugeln formen. Leicht flachdrücken und auf beiden Seiten goldbraun braten. Mit Naturjoghurt servieren.

Gemüse-Couscous

Für 4—6 Personen
Kalorien pro Portion: 1085 (4540 kJ)
Proteingehalt pro Portion: 38 g
Vorbereitungs- u. Garzeit: 2 ¼ Std.,
ohne Einweichen

450 g Couscous
225 g getrocknete Kichererbsen, über
    Nacht eingeweicht
3 EL Erdnußöl
200 g Zwiebeln, in Scheiben
2 große Knoblauchzehen, geschält und
    zerdrückt
200 g gewürfelte grüne Paprika
200 g Karotten
200 g Auberginen, in Scheiben
3 Kartoffeln, geschält und geviertelt
225 g Kürbis, gewürfelt (nach Wunsch)
900 ml Wasser
100 g Sultaninen
400 g Okra in Dosen, abgetropft
1 TL Cayennepfeffer
2 TL gemahlener Cumin
1 TL Paprikapulver
Salz und frisch gemahlener schw. Pfeffer
150 g Harissa Sauce
40 g Butter
150 g reife Tomaten, geschält und
    geviertelt
3 hartgekochte Eier, geviertelt

Zuerst das Couscous zubereiten. Körner in ein Gefäß geben, mit ca. 300 ml lauwarmem Salzwasser übergießen. Verrühren, dann 30 Min. quellen lassen. Mindestens einmal wiederholen. Kichererbsen mit Einweichwasser in einen großen Topf geben; die Erbsen müssen bedeckt sein. Bei starker Hitze aufkochen lassen, Hitze reduzieren und zugedeckt ca. 1 Std., oder bis die Erbsen weich sind, köcheln lassen. Abtropfen und beiseite stellen.

Öl in einer großen, tiefen Kasserolle mit festem Boden erhitzen. Zwiebeln, Knoblauch, Paprika und Karotten darin anbraten, bis die Zwiebeln weich sind. Zucchini, Kartoffeln, Kürbis (wenn gewünscht) und Wasser zufügen. Zum Kochen bringen, Hitze reduzieren, zudecken und 20 Min. leicht kochen lassen. Nun die Kichererbsen, Sultaninen, Okra, Cayennepfeffer, Cumin, Paprikapulver und Salz und Pfeffer dazugeben; dann 1 EL Harissa Sauce zugießen. Erneut zum Kochen bringen.

Ein Sieb mit Mull auslegen (ein grobes Küchentuch reicht auch), auf die Pfanne mit den Gemüsen oder auf einen anderen Topf mit siedendem Wasser stellen. Zwischenraum zwischen Sieb und Pfanne, wenn nötig, mit einem zusammengerollten Tuch abdecken. Couscous in das Sieb schütten, fest verschließen und mit der Gemüsemischung bei schwacher Hitze 15 Min. kochen.

Sieb von der Pfanne nehmen, die Butter vorsichtig unter das Couscous mischen. Tomaten und Eier in die Gemüsemischung geben. Sieb wieder auf die Pfanne stellen, zudecken und Couscous und Gemüsemischung noch einmal 5 Min. kochen.

Couscous auf einer großen, tiefen Platte anrichten. Gemüsemischung und ein wenig Kochflüssigkeit darübergeben. Restliche Harissa Sauce getrennt dazu reichen. (Sie können sie ein wenig verdünnen, wenn Sie die restliche Flüssigkeit aus der Pfanne dazugießen.)

Couscous – serviert mit einer exotischen und einfallsreichen Gemüsekombination; die Eier enthalten zusätzliches Protein

Gemüse-Kebabs

Für 4 Personen
Kalorien pro Portion: 557 (2335 kJ)
Proteingehalt pro Portion: 11 g
Vorbereitungs- u. Garzeit: 1 Std.

225 g Zucchini, in 3 cm große
  Würfel geschnitten
225 g Auberginen, in 3 cm große Würfel
  geschnitten
Salz
10 EL Oliven- oder Sonnenblumenöl
½ TL gemahlener Cumin
125 g fein gehackte Zwiebeln
2 dünne Scheiben Weizenschrotmehlbrot,
  in 3 cm große Würfel geschnitten
125 g Pilze
175 g grüne Paprika, in Streifen
2 halbierte Tomaten
frisch gemahlener schw. Pfeffer
125 g geriebener Cheddarkäse

Zucchini und Auberginen salzen und 30 Min. stehenlassen, um die Bitterstoffe zu entfernen.

In der Zwischenzeit Cumin und Zwiebeln in 6 EL Öl bei schwacher Hitze anbraten, bis die Zwiebeln Farbe annehmen. Abtropfen und beiseite stellen. Brotwürfel knusprig und goldbraun braten, wenn nötig, ein wenig mehr Öl zugeben. Aus der Pfanne nehmen und auf Küchenkrepp abtropfen lassen.

Zucchini und Auberginen abspülen und im Dampftopf mit Pilzen und Paprika 5 Min. kochen. Gemüse herausnehmen. leicht abkühlen lassen; abwechselnd Zucchini, Auberginen, geröstetes Brot, Paprika und Pilze auf einen Spieß stecken. Mit einer halbierten Tomate abschließen und das Kebab auf ein leicht geöltes Backblech legen, mit 1 TL Cumin bestreuen und mit Zwiebeln aromatisiertes Öl darüberträufeln. Mit Salz und Pfeffer würzen und mit der Hälfte der gebratenen Zwiebeln bestreuen. Unter dem heißen Grill 5 Min. überbacken, bis das Gemüse goldbraun ist. Kebabs wenden, ein wenig mehr Öl darüberträufeln, mit den restlichen, gebratenen Zwiebeln und geriebenem Käse bestreuen. Wieder im Grill überbacken, bis der Käse geschmolzen ist. Die Hitze im Grill darf nicht zu stark sein, sonst trocknen die Kebabs aus oder verbrennen. Mit Barbecue-Sauce (S. 197) und gekochtem Reis, oder mit Kurkuma aromatisiertem, gekochtem Reis servieren.

Ein Tomatensalat oder ein Tunesischer Orangensalat sind ideale Beilagen dazu.

Anmerkung: Wenn Sie die Kebabs auf dem Holzkohlengrill zubereiten, die Tomaten nach der Hälfte der Grillzeit aufspießen.

Rühr-Brat-Gericht (mit Reis)

Für 4 Personen
Kalorien pro Portion: 420 (1792 kJ)
Proteingehalt pro Portion: 21 g
Vorbereitungs- u. Garzeit: 30–40 Min.

4 Eier
ein wenig geschmolzene Butter
350 g gewürfelter Bohnenkäse
Öl zum Ausbacken
225 g fein gehackte Zwiebeln
50 g frische Ingwerwurzel, geschält
  und fein gehackt
225 g rote Paprikaschoten, in Streifen
4 EL Pflanzenöl
225 g Pilze, längs in Scheiben
  geschnitten
225 g Sojabohnensprossen
225 g grob gehackter Spinat
2 EL Miso-Sauce
2 EL Sojasauce
6–8 EL Gemüsebrühe ohne Wasser
2 EL Sherry
½ Sternanisschote
Salz

Ein Omelett mit Eiern, siehe Grundrezept S. 66, zubereiten und in dünne Streifen schneiden; warm stellen.

Bohnenkäse in Öl schwimmend ausbacken, bis er außen knusprig und goldbraun ist. Abtropfen lassen und warm stellen.

Zwiebeln, Ingwer und Paprika in 3 EL Öl weich braten. Pilze dazugeben und mitbraten, bis sie glänzen. Sojabohnensprossen, Spinat, Miso- und Sojasauce und Brühe oder Wasser mit Sherry und gemahlenem Anis zufügen. Einige Minuten rührbraten, bis die Sprossen heiß sind, wenn nötig, das restliche Öl zugießen. Omelettstreifen und gebratenen Bohnenkäse untermischen und gut erhitzen. Nach Geschmack mit ein wenig Salz würzen, wenn nötig, und mit gekochtem braunem Reis anrichten.

Chinesische Nuß-Frikadellen

Für 4 Personen
Kalorien pro Portion: 555 (2310 kJ)
Proteingehalt pro Portion: 16,5 g
Vorbereitungs- u. Garzeit: 1 Std.

½ Menge Grundfüllung (S. 88)
Eierteig (S. 194)
Öl zum Fritieren

Die süß-saure Sauce:
225 g Zwiebeln, in dünnen Scheiben
225 g rote Paprika, in Streifen
2 EL Pflanzenöl
2 EL Sojasauce
4 EL Weinessig
1 fein gemahlene Sternanis-Schote
2 TL Maismehl
300 ml Braune Brühe
3 EL brauner Rohzucker

Füllung und Eierteig zubereiten.

Zwiebeln und Paprika in Öl bei schwacher Hitze weich braten. Sojasauce, Weinessig, Anis und das mit Brühe und Zucker vermischte Mehl dazugeben. Aufkochen lassen und rühren, bis die Mischung dick wird, dann die Hitze reduzieren und 5 Min. leicht kochen lassen. Warm stellen.

Aus der Füllung 8 Frikadellen formen, in den Eierteig tauchen und in Öl goldbraun und knusprig fritieren. Gut abtropfen lassen, dann in die süß-saure Sauce legen. Sauce erneut zum Kochen bringen und sofort mit viel braunem Reis servieren.

1. Gemüse in gleich große Stücke schneiden.

2. Rührbraten; Gemüse mit 2 Gabeln anheben und ständig wenden.

Kulebiak

Dieses Rezept ist für 10–12 Personen gerechnet und eignet sich ausgezeichnet für ein kaltes Buffet.

Gasamtkalorien: 4860 (20.340 kJ)
Gesamtproteingehalt: 247 g
Vorbereitungs- u. Garzeit: 2 ½ Std.

Der Hefeteig:
25 g Frischhefe (bei Trockenhefe
    Anleitung auf der Packung beachten)
2 TL weichen braunen Zucker
300 ml lauwarme Milch
450 g Weizenschrotmehl
1 TL Salz
225 g fein geriebener Cheddarkäse
2 Eier, verquirlt

Die Füllung:
1 kg fein geraspelter Weißkohl
2 TL Salz
150 ml kaltes Wasser
225 g fein gehackte Zwiebeln
75 g Butter
225 g grob gehackte Pilze
50 g Weizenschrotmehl
200 ml Milch
225 g geriebener Cheddarkäse
Salz
frisch gemahlener Pfeffer
1 EL fein gemahlener Koriander
    (nach Wunsch)
3 hartgekochte Eier, geschält und
    gehackt
verquirltes Ei zum Glasieren

Für den Hefeteig Hefe und Zucker mischen, lauwarme Milch zugeben und an einem warmen Ort 10 Min. gehen lassen, bis er rissig wird. Mehl, Salz und Käse leicht in einer Schüssel mischen. In die Mitte eine Mulde machen, Hefe und geschlagene Eier hineinfüllen und zu einem weichen, aber nicht klebrigen Teig verarbeiten. Wenn nötig, ein wenig mehr Milch zufügen. Auf bemehlter Arbeitsfläche weich kneten. In ein leicht geöltes Gefäß geben, zudecken und an einem warmen Ort gehen lassen, bis sich der Teig verdoppelt hat.

In der Zwischenzeit die Füllung zubereiten. Kohl in einer Kasserolle mit festem Boden mit Salz und Wasser zum Kochen bringen. 10 Min. leicht kochen lassen, bis er zusammengekocht und gerade weich ist, dann weitere 2–3 Min. kochen, bis alle Flüssigkeit verdunstet ist. Achtgeben, daß der Kohl nicht anbrennt. Vom Feuer nehmen und abkühlen lassen.

Zwiebeln in Butter goldbraun und weich braten. Pilze darin anbraten, bis sie dunkel und glänzend sind, dann die Pfanne vom Feuer nehmen und das Mehl unterrühren. Langsam die Milch zugießen, dabei jedesmal gut umrühren. Die Pfanne wieder auf das Feuer stellen, und unter ständigem Rühren aufkochen lassen, bis die Mischung dicklich wird. Vom Feuer nehmen, Käse einrühren, bis er geschmolzen ist. Zwiebel-Pilz-Mischung in den Kohl geben und mit Salz, Pfeffer und Koriander, nach Wunsch, würzen. Zur Seite stellen und völlig auskühlen lassen.

Den Teig einmal kräftig durchkneten und in 2 Portionen teilen. Jede Portion zu einem Rechteck von 25 cm x 38 cm Größe ausrollen. Auf ein gut gefettetes Backblech geben, mit Füllung belegen, dabei einen Rand von 5 cm freilassen. Die gehackten Eier darüberstreuen, die Ecken mit Wasser anfeuchten und die zweite Teighälfte darüberlegen. Ränder fest andrücken und 2–3 Schnitte in den Teig machen, damit der Dampf entweichen kann. An einem warmen Ort noch einmal 30 Min. gehen lassen. Backofen auf 200°C, Gas Stufe 6, vorheizen. Kulebiak im vorgeheizten Ofen 20 Min. backen.

Oberseite mit verquirltem Ei bestreichen und weitere 10–15 Min. goldbraun backen.

Gemischte Gemüse-Pastete

Für 4 Personen
Kalorien pro Portion: 555 (2332 kJ)
Proteingehalt pro Portion: 18 g
Vorbereitungs- u. Garzeit: 1–1¼ Std.

350 g Mürbeteig aus Weizenschrotmehl
    (S. 194)
100 g fein gehackte Zwiebeln
25 g Butter
100 g gekochte Sojabohnen
100 g gekochte Erbsen
100 g grob gehackte Pilze
50 g entrahmte Trockenmilch
200 ml Milch
2 EL Weizenschrotmehl
Salz
frisch gemahlener Pfeffer
½–1 TL fein gehackter Majoran
1 Lorbeerblatt, zerkrümelt
1 kleine Knoblauchzehe, geschält und
    fein gehackt

Teig bis zum Gebrauch gut verpackt im Kühlschrank lassen. Ofen auf 200°C, Gas Stufe 6, vorheizen. Zwiebeln in Butter goldbraun braten. Bohnen, Erbsen, Pilze und 1 EL Wasser zufügen und mitkochen, bis die Pilze dunkel und glänzend sind. Vom Feuer nehmen und erkalten lassen. Wenn nötig, die Pfanne in kaltes Wasser stellen, um den Abkühlungsprozeß zu beschleunigen. Die Trockenmilch mit der Frischmilch vermischen, dann das Mehl einrühren. Die erkalteten Gemüse untermischen, mit Salz, Pfeffer, Majoran, Lorbeerblatt und Knoblauch würzen.

Hälfte des Teiges ausrollen und in eine gut gefettete Springform von 20 cm Ø oder in einen Springformrand auf ein Backblech geben. Mit der vorbereiteten Gemüsemischung füllen. Restlichen Teig ausrollen und als Deckel auflegen. Gut andrücken und den Rand einkerben. Mit Teigresten garnieren und ein Loch in die Mitte schneiden, damit der Dampf entweichen kann. Im vorgeheizten Ofen 30 Min. backen.
Beilagen: Polnischer Blumenkohl, Zucchini oder Brokkoli

Hohe Gemüse-Pastete

Für 6 Personen
Kalorien pro Portion: 744 (3113 kJ)
Proteingehalt pro Portion: 24 g
Vorbereitungs- u. Garzeit: 2–2½ Std.

Die Pastete:
350 g Weizenschrotmehl
1 TL Salz
175 g Butter
1 Ei, gut verquirlt

Die Füllung:
175 g fein gehackte Zwiebeln
225 g rote Paprikaschoten, entkernt und
*   in 2 cm große Würfel geschnitten*
100 g grob geraffelter Sellerie
225 g gewürfelte Rüben
100 g gewürfelte Karotten
4 EL Oliven- o. Sonnenblumenöl
225 g Kohl, in 1 cm große Würfel
*   geschnitten*
Salz
frisch gemahlener Pfeffer
½–1 TL fein gehackter Majoran
1 Lorbeerblatt, zerkrümelt
4 hartgekochte Eier, gepellt

Die bindende Sauce:
2 EL Pflanzenöl
25 g Weizenschrotmehl
2 TL Agar-Agar
300 ml Milch
150 g geriebener Cheddarkäse
Salz
frisch gemahlener Pfeffer

Für die Pastete Mehl und Salz in einem Gefäß mischen; Butter unterkneten. Verquirltes Ei dazugeben und zu einem festen Teig verarbeiten, wenn nötig, ein wenig kaltes Wasser zufügen, und bis zum Gebrauch in den Kühlschrank stellen.

Für die Füllung alle Gemüse, außer dem Kohl, in eine Kasserolle mit dickem Boden geben und bei mäßiger Hitze anbraten. Dabei die Kasserolle ständig schwenken, damit sie gleichmäßig Farbe annehmen und fast weich sind. Das dauert ca. 20 Min. Kohl, Knoblauch, Gewürze und Kräuter zufügen und weitere 5 Min. anbraten, dabei die Kasserolle ständig schwenken. Vom Feuer nehmen und abkühlen lassen.

In der Zwischenzeit die bindende Sauce zubereiten. Öl in einem kleinen Topf erhitzen, bis es zischt. Mehl gut einrühren. Topf vom Feuer nehmen. Agar-Agar mit ein wenig Milch cremig rühren. Restliche Milch zugießen, dann langsam in die Mehlmischung im Topf geben, dabei jedesmal kräftig umrühren. Auf den Herd zurückstellen, zum Kochen bringen und rühren, bis die Sauce dicklich wird. Käse unterrühren, bis er schmilzt und kräftig mit Salz und Pfeffer würzen. Sauce gut unter das gekochte Gemüse rühren. Backofen auf 180°C, Gas Stufe 4, vorheizen. Mit ¾ des Teiges eine gut gefettete, hohe Pieform, die 1 l faßt, oder eine Kastenform (Fassungsvermögen 1 kg) auskleiden. Die Hälfte des Gemüses hineingeben und die Eier daraufsetzen. Mit der restlichen Füllung abdecken. Aus dem restlichen Teig einen Deckel ausrollen, die Ecken mit Wasser bestreichen und die beiden Schichten fest andrücken. Teigreste zum Dekorieren aufheben. Ein Loch in die Mitte schneiden, damit der Dampf entweichen kann und mit den Teigresten dekorieren. Im vorgeheizten Ofen 1 Std. backen. Die Pastete sollte völlig abgekühlt sein, bevor Sie sie aus der Form nehmen.

Kalt mit Mayonnaise oder Rémouladensauce und Salat servieren.

Cashewnuss-Pastete

Für 6 Personen
Kalorien pro Portion: 744 (3113 kJ)
Proteingehalt pro Portion: 24 g
Vorbereitungs- u. Garzeit: 2–2½ Std.

Die Pastete:
225 g geriebene Cashewnüsse
100 g frische Semmelbrösel aus
*   Weizenschrotmehlbrot*
100 g fein gehackte Zwiebeln
25 g Butter
1 Knoblauchzehe, geschält und fein gehackt
2 Eier, verquirlt
150 ml Milch
abgeriebene Schale von 1 Zitrone
½ TL fein gehackter Majoran
Salz
frisch gemahlener schw. Pfeffer

Die Füllung:
100 g fein gehackte Zwiebeln
225 g rote Paprikaschoten, in Streifen
25 g Butter
frisch gemahlener schw. Pfeffer
Salz
100 g grob geriebener Edamer oder
*   Cheddarkäse*
1 Ei, verquirlt

Backofen auf 200°C, Gas Stufe 6, vorheizen. Nüsse und Brösel in einem Gefäß mischen. Die Zwiebeln in Butter goldbraun braten. Knoblauch zugeben, aber nicht braun werden lassen. Aus der Pfanne nehmen und zu der Nuß-Brösel-Mischung geben.
Eier mit der Milch, Zitronenschale, Majoran, Salz und Pfeffer verschlagen. Zu der Nuß-Brösel-Mischung geben und gut verrühren. Für die Füllung Zwiebeln und rote Paprika in Butter fast weich garen, aber nicht bräunen lassen. Kräftig mit schwarzem Pfeffer und ein wenig Salz würzen, vom Feuer nehmen, Käse und soviel verschlagenes Ei zugeben, daß die Menge gebunden ist.
Die Häfte der Nußmasse in eine Alufolie oder mit Pergamentpapier ausgekleidete Kastenform, 1 l Fassungsvermögen, legen und gut andrücken. Die Füllung daraufgeben und mit der restlichen Nußmischung bedecken. Im vorgeheizten Ofen 30–40 Min. backen, oder bis die Pastete fest ist. Heiß mit Sauce Béarnaise (S. 195) servieren, dazu Blumenkohl oder Brokkoli reichen.

Anmerkung : Diese Pastete schmeckt auch kalt mit Salaten.

Sojabohnen-Pastete

Für 6 Personen
Kalorien pro Portion: 1040 (4350 kJ)
Proteingehalt pro Portion: 58 g
Vorbereitungs- u. Garzeit: 1–1¼ Std.

400 g gekochte Sojabohnen
100 g fein gehackte Zwiebeln
100 g fein gehackter Sellerie
2 EL Oliven- o. Sonnenblumenöl
2 Eier
200 ml Milch
1 Knoblauchzehe, geschält und fein
*   gehackt*
½–1 TL fein gehacktes Winter-
*   oder Sommerbohnenkraut*
Salz und frisch gemahlener schw. Pfeffer

Backofen auf 200°C, Gas Stufe 6, vorheizen. Sojabohnen gut zerdrücken. Eine 450 g fassende Kastenform mit Alufolie oder Pergamentpapier auskleiden.
Zwiebeln und Sellerie in Öl weich braten, aber nicht bräunen. Zu den Sojabohnen geben und gut verrühren. Eier mit Milch, Knoblauch, Bohnenkraut, Salz und Pfeffer mischen und unter die Sojabohnenmasse heben.
Mischung in die vorbereitete Form füllen und im vorgeheizten Ofen 30 Min. backen. Einige Minuten abkühlen lassen, dann aus der Form nehmen. Mit Tomaten- oder Pilzsauce servieren. Dazu paßt grünes Gemüse oder ein Salat.

Erdnuss-Curry-Pastete

Für 6 Personen
Gesamtkalorien: 2185 (9140 kJ)
Gesamtproteingehalt: 110 g
Vorbereitungs- u. Garzeit: 1¼ – 1½ Std.

Die Pastete:
225 g gemahlene Erdnüsse
225 g frische Brösel aus
　Weizenschrotmehlbrot
225 g fein gehackte Zwiebeln
100 g fein gehackter Sellerie
1 TL gemahlener Cumin
1 TL gemahlener Koriander
½ TL gemahlener Kümmel
1 TL Salz oder nach Geschmack
1 TL gemahlene Kurkuma
1 große Knoblauchzehe, geschält und
　gehackt
4 cm großes Stück Ingwerwurzel, geschält
　u. fein gehackt
3 Eier, gut verquirlt

Der Belag:
200 ml Milch
2 Eier
¼ TL Salz
1 TL Currypulver

Backofen auf 200°C, Gas Stufe 6, vorheizen.
Für die Pastete alle trockenen Zutaten in
einem Gefäß gut mischen. Eier zugeben und
gut verrühren. In eine 450 g fassende, mit Alufolie oder Pergamentpapier ausgekleidete Kastenform oder in eine feuerfeste Form füllen,
wenn Sie das Gericht gleich daraus servieren
wollen; so kann der Eiercreme-Belag nicht
brechen. Im vorgeheizten Ofen 15 Min. bakken.

Für den Belag alle Zutaten vermischen und
auf die Pastete geben, weitere 30–35 Min.
backen. Nach dem Backen – die Pastete sollte
fest und goldbraun sein – ein wenig abkühlen
lassen, bevor Sie sie aus der Form nehmen;
dabei aufpassen, daß die Pastete oder der Belag nicht bricht.

Heiß mit Tomatensauce, die leicht mit Currypulver aromatisiert wurde, servieren. Dazu
einen gemischten Salat oder einen Tomatensalat reichen. Läßt sich auch kalt servieren.

Pizza

Für 4 Personen
Kalorien pro Portion: 620 (2600 kJ)
Proteingehalt pro Portion: 29 g
Vorbereitungs- u. Garzeit: 2 Std.

400 g Weizenschrotmehl
2 TL Salz
25 g Frischhefe (bei Trockenhefe
　Anleitung auf der Packung beachten)
1 TL weicher brauner Zucker
200 ml lauwarme Milch
350 g rote Paprikaschoten, entkernt u.
　in 1 cm lange Streifen geschnitten
Oliven- o. Sonnenblumenöl
400 g geschälte Tomaten, entkernt, geachtelt
225 g dünne Scheiben Mozzarella-Käse
Salz
frisch gemahlener schw. Pfeffer
eine Prise frischer oder getrockneter
　Oregano
24 schwarze Oliven, entkernt u. halbiert

Mehl und Salz in eine Schüssel sieben; in die
Mitte eine Mulde drücken. Hefe mit Zucker
und 2 EL warmem Wasser verrühren. An
einem warmen Ort 5 Min. gehen lassen. Zu
der warmen Milch geben und in die Mulde gießen. Gut verrühren, wenn nötig, ein wenig
Milch zugeben, damit der Teig weich, aber
nicht klebrig wird. Auf gut bemehlter Arbeitsfläche weich kneten. In ein leicht geöltes Gefäß geben und zugedeckt an einem warmen
Ort gehen lassen, bis sich der Teig verdoppelt
hat.

Den Teig »abschlagen« und in 4 Portionen
teilen. Jede Portion zu einem Kreis von 20 cm
Durchmesser ausrollen und auf ein gut geöltes
Backblech setzen. Ofen auf 200°C, Gas Stufe 6, vorheizen.

In der Zwischenzeit Paprikastreifen in ein
wenig Öl (vorzugsweise Olivenöl) und Wasser
garen. Paprikastreifen, Tomatenachtel und
Käse auf die Teigkreise geben. Mit ein wenig
Öl beträufeln und kräftig mit Salz, Pfeffer und
Oregano abschmecken. Mit schwarzen Oliven
garnieren. Pizzas an einem warmen Ort noch
30 Min. ruhen lassen, bis sie gerade aufgehen.
Im vorgeheizten Ofen 30 Min. backen und mit
einem gemischten oder grünen Salat servieren. Dazu Rotwein oder Cidre reichen.

*Oben: Erdnuß-Curry-Pastete mit delikatem
Eierbelag, direkt aus der Form serviert.
Rechts: Die würzige Cashewnuß-Pastete hat
eine Füllung aus Käse und roten Paprikaschoten. Sie ist mit Majoran und Knoblauch
gewürzt. Unten: Die beliebte Pizza, mit
Mozzarella-Käse, Oliven und Tomaten belegt
– und um dem Ganzen einen echten italienischen Hauch zu geben – mit Oregano gewürzt.*

Erbsen-Mais-Frühlingszwiebel-Torte

Für 6 Personen
Kalorien pro Portion: 480 (3012 kJ)
Proteingehalt pro Portion: 27 g
Vorbereitungs- u. Garzeit: 1 Std.

Vorgebackener Mürbeteigboden,
(Springform von 22 cm Durchmesser)
(S. 194)
100 g Sojakörner
225 g gekochte Erbsen
225 g gekochte Gemüsemaiskörner
25 g Butter
25 g Weizenschrotmehl
300 ml Milch
100 g geriebener Cheddarkäse
6 große Frühlingszwiebeln, grob gehackt
2 Eier, verquirlt
Salz
frisch gemahlener Pfeffer

Backofen auf 200°C, Gas Stufe 6, vorheizen. Sojakörner in ein wenig Wasser 5–8 Min. köcheln lassen; soviel Wasser zugeben, daß die Masse feucht bleibt, aber alle Flüssigkeit aufgesogen wird. Erbsen und Mais zufügen und abkühlen lassen.

Butter in einer anderen Pfanne schmelzen und das Mehl einrühren. Vom Feuer nehmen und nach und nach die Milch zugießen, dabei jedesmal umrühren. Pfanne auf das Feuer zurückstellen und das Ganze zum Kochen bringen, dabei umrühren, bis die Masse dicklich wird. Den Käse einrühren, bis er schmilzt, dann Frühlingszwiebeln und Sojamischung dazugeben. Leicht abkühlen lassen, dann die Eier unterziehen und mit Salz und Pfeffer würzen.

Die Masse in die Springform füllen und im vorgeheizten Ofen 30 Min. backen – bzw. bis sie fest und goldbraun ist. Heiß oder kalt mit pikanter Aprikosen- oder Kirschsauce (S. 197) und einem Salat servieren.

Kartoffel-Käse-Zwiebel-Torte

Für 4 Personen
Kalorien pro Portion: 645 (2707 kJ)
Proteingehalt pro Portion: 22 g
Vorbereitungs- u. Garzeit: 1 Std.

Vorgebackener Mürbeteigboden
(Springform 20 cm Durchmesser)
(S. 194)
350 g Kartoffeln, in dünnen Scheiben
100 g grob gehackte Zwiebeln
175 g geriebener Cheddarkäse
2 EL fein gehackte Petersilie
1 Ei, verquirlt
200 ml Milch
1 Knoblauchzehe, geschält u. fein gehackt
Salz
frisch gemahlener Pfeffer

Kartoffeln in ein wenig kochendem Salzwasser garen, dann abtropfen lassen. Backofen auf 200°C, Gas Stufe 6, vorheizen. Zwiebeln, mit Wasser bedeckt, in einem Topf zum Kochen bringen. Abtropfen und abkühlen lassen. ¹/₃ des Käses auf den Mürbeteigboden in der Springform geben, mit der Hälfte der abgetropften Kartoffelscheiben bedecken und mit Petersilie bestreuen. Die Hälfte der Zwiebeln daraufgeben, dann die Schichten aus Kartoffeln, Käse, Petersilie und Zwiebeln wiederholen.

Eier mit Milch, Knoblauch, Salz und Pfeffer verquirlen. Über die geschichtete Füllung gießen. Mit dem restlichen Käse bestreuen und im vorgeheizten Ofen 30–40 Min. überbacken, bis die Masse fest und auf der Oberseite goldbraun ist. Mit grünem Gemüse, grünem oder gemischtem Salat servieren.
Variaton: Die Zwiebeln können in 25 g Butter gebraten, anstatt blanchiert werden.

Pikante Sojabohnen-Torte

Wenn die Füllung ganz glatt sein soll, kann man die Sojabohnen im Mixer pürieren; erst dann zu den übrigen Zutaten geben.

Für 4 Personen
Kalorien pro Portion: 600 (2517 kJ)
Proteingehalt pro Portion: 21 g
Vorbereitungs- u. Garzeit: 1 Std.

Vorgebackener Mürbeteigboden
(Springform 20 cm Durchmesser)
(S. 194)
350 g gekochte Sojabohnen
100 g fein gehackte Zwiebeln
25 g Butter
100 ml Milch
1 Knoblauchzehe, geschält und fein gehackt
1 Ei, verquirlt
¼ TL gehackter Thymian
50 g geriebener Cheddarkäse
Salz
frisch gemahlener Pfeffer

Backofen auf 200°C, Gas Stufe 6, vorheizen. Zwiebeln in Butter weich und goldbraun braten. Sojabohnen mit den restlichen Zutaten vermischen, dabei die Hälfte des Käses unterrühren. Salzen und pfeffern. Auf den Mürbeteigboden in der Springform geben, mit dem restlichen Käse bestreuen und im vorgeheizten Ofen 30–40 Min. backen, bzw. bis die Füllung fest und die Oberseite goldbraun ist.

Mit Okra kreolische Art, roten Beten oder Lauch in Joghurt-Sauce servieren.

Blumenkohl im Blätterteigring

Für 4 Personen
Kalorien pro Portion: 1290 (5865 kJ)
Proteingehalt pro Portion: 22 g
Vorbereitungs- u. Garzeit: 35—40 Min.

1 großen Blätterteigboden von 20 cm
*   Durchmesser (S. 94)*
350 g Blumenkohl, in Röschen
1 EL getrockneter Rosmarin
225 g Champignons, in Scheiben
25 g Butter
25 g Weizenschrotmehl
50 g entrahmte Trockenmilch
300 ml Milch
Salz u. frisch gemahlener Pfeffer

Backofen auf 200°C, Gas Stufe 6, vorheizen. Blätterteig auf leicht bemehlter Fläche ausrollen. 2 Kreise v. 20 cm Durchmesser ausschneiden. Aus der Mitte des einen Kreises einen Deckel von 16 cm Durchmesser ausschneiden. Rand des Kreises mit verquirltem Ei bestreichen. Boden und Ring mit einem angefeuchteten Backblech 25 Min. backen, dabei nicht anfassen!

Rosmarin in einem Topf mit 600 ml Wasser aufkochen. Blumenkohlröschen über dem aromatisierten Wasserdampf 10 Min. garen, oder bis sie weich sind.

Champignons in Butter 3—4 Min. anbraten;

Mehl einrühren und Topf vom Feuer nehmen. Die Trockenmilch in der Frischmilch auflösen und langsam in den Topf gießen, dabei ständig umrühren. Den Blumenkohl zugeben, den Topf aufs Feuer zurückstellen und bei sehr mäßiger Hitze kochen, dabei ständig rühren, bis das Ganze dicklich wird. Mit Salz und Pfeffer würzen, in den heißen Blätterteigring füllen und sofort servieren.

Anmerkung: Blätterteigpastetchen werden genauso gebacken. Backzeit: 20 Min. Die Röschen sollten klein sein. Ein wenig Käse gibt zusätzliche Würze.

Zucchini im Blätterteigring

Für 4 Personen
Kalorien pro Portion: 1550 (6490 kJ)
Proteingehalt por Portion: 25 g
Vorbereitungs- u. Garzeit: 1 Std.

1 großer Blätterteigboden von
*   20 cm Durchmesser (S. 194), wie oben*
*   gemacht*
450 g Zucchini, in dünnen Scheiben
125 g fein gehackte Zwiebeln
25 g Butter o. Pflanzenöl
225 g Champignons, in dünne Scheiben
*   geschnitten*
1—2 Knoblauchzehen, geschält u. fein
*   gehackt*
3—4 EL Wasser
300 ml Béchamel-Sauce (S. 196)
125 g geriebener Cheddarkäse
Salz
frisch gemahlener schwarzer Pfeffer

Den Blätterteigring bei mäßiger Hitze im Backofen (180°C, Gas Stufe 4) durchwärmen. Zucchini salzen und 30 Min. stehen lassen, um die Bitterstoffe zu entfernen. Zwiebeln in Butter oder Öl goldgelb braten. Zucchini abspülen, auf Küchenkrepp abtropfen lassen und mit Champignons und Knoblauch zu den Zwiebeln geben. Weiterkochen lassen, bis sich Saft bildet. Wasser zufügen, Topf zudecken und bei schwacher Hitze 5 Min. dünsten, bzw. bis die Zucchini gar, aber noch fest sind. Nicht zusammenkleben oder anbrennen lassen.

Béchamel-Sauce erhitzen und den Käse einrühren; Gemüse zugeben, nach Geschmack mit Salz und Pfeffer würzen und gut vermischen. Füllung in den heißen Blätterteigring geben und sofort servieren.

Anmerkung: Wenn Sie einzelne Blätterteigtörtchen backen wollen, sollte diese Mischung für 6—8 Förmchen, je nach Größe, reichen.

Nuß-Linsen-Pastete

Für 6—8 Personen
Gesamtkalorien: 1720 (7208 kJ)
Gesamtproteingehalt: 56 g
Vorbereitungs- u. Garzeit: 2½ Std.,
    ohne Abkühlen

350 g gemahlene, gemischte Nüsse
350 g gekochte braune Linsen
150 g gehackter Sellerie
225 g fein gehackte Zwiebeln
2 Knoblauchzehen, geschält u. fein gehackt
400 g grob gewürfelte Tomaten
100 g Butter
3 Eier, gut verquirlt
½—1 TL fein gehackter Oregano
Salz
frisch gemahlener Pfeffer

Backofen auf 200°C, Gas Stufe 6, vorheizen. Nüsse, Linsen, Sellerie, Zwiebeln und Knoblauch mischen. Tomaten zu einem Mus verkochen, dann durch ein Sieb pressen. Es sollte ca. 200 ml Tomatenpüree ergeben; wenn Sie mehr haben, einkochen lassen; wenn Sie zuwenig haben, ein wenig Wasser zufügen. Butter im Tomatenpüree schmelzen, leicht abkühlen lassen, dann die Eier, Kräuter und Salz und Pfeffer dazugeben.

Diese Mischung zu den anderen Zutaten in ein Gefäß geben und gut vermischen. In eine gut geölte Kastenform, die 1 l faßt, füllen und im vorgeheizten Ofen 1½ bis 2 Std. backen, bzw. bis die Pastete fest ist. Ganz abkühlen lassen, erst dann aus der Form nehmen. Eisgekühlt mit dünnen Scheiben Weizenschrot-Toast servieren.

Champignon-Nuß-Pastete

Für 6 Personen
Gesamtkalorien: 410 (1715 kJ)
Gesamtproteingehalt: 12 g
Vorbereitungs- u. Garzeit: 2—2½ Std.

100 g Champignons, in Scheiben
225 g Kastanien
225 g fein gehackte Zwiebeln
2 EL Pflanzenöl
1 Knoblauchzehe, geschält u. fein gehackt
225 g gemahlene Walnüsse
100 g frische Semmelbrösel
50 g Weizenschrotmehl
½—1 TL fein gehackter Salbei
½—1 TL fein gehackter Thymian
Salz u. frisch gemahlener schw. Pfeffer
1 TL Hefeextrakt
150 ml warme Milch
2 Eier, verquirlt

Kastanien aufschlitzen und im kochenden Wasser ca. 30 Min. garen. Noch warm abspülen, Schale und Haut entfernen. Vierteln und in ein Gefäß legen.

Backofen auf 200°C, Gas Stufe 6, vorheizen. Eine 1 l fassende Kastenform mit Pergament oder Alufolie auskleiden. Zwiebeln in dem Öl goldbraun braten. Pilze und Knoblauch zugeben und 3—4 Min. leise köcheln lassen. Mit den Walnüssen, Semmelbröseln, Mehl und Kräutern zu den Kastanien geben und kräftig würzen.

Hefeextrakt in der Milch auflösen, die Eier hineinrühren, dann die Kastanienmasse, dabei kräftig umrühren. In die vorbereitete Kastenform füllen und im vorgeheizten Ofen 30 bis 40 Min. backen, bis die Pastete fest und goldbraun ist.

Heiß mit Tomaten- oder Brauner Sauce servieren; als Beilage eignen sich Erbsen mit Kopfsalat und Zwiebeln, Lyoner Kartoffeln, gebratener Spinat; oder kalt mit Salaten reichen.

Erbsen-Soufflé

Für 4–6 Personen
Gesamtkalorien: 1275 (5340 kJ)
Gesamtproteingehalt: 60 g
Vorbereitungs- u. Garzeit: 2–2½ Std.

400 g gekochte Erbsen
100 g fein gehackte Zwiebeln
50 g Butter
25 g Weizenschrotmehl
200 ml Milch
100 g geriebener Cheddarkäse
3 Eier, getrennt
Salz u. frisch gemahlener schw. Pfeffer

Zwiebeln in Butter weich, aber nicht braun werden lassen. Erbsen 1–2 Min. mitgaren. Mehl einrühren. Pfanne vom Feuer nehmen und langsam Milch und Käse einrühren, dabei gut umrühren. Auf das Feuer zurückstellen und bei mäßiger Hitze aufkochen lassen. So lange rühren, bis die Masse dicklich wird. Im Mixer oder mit dem Rührstab zu einem glatten Püree verarbeiten. In ein Gefäß geben, die Eigelb zufügen, gut vermischen und würzen.

Eiweiß steif schlagen, so daß ein Messerschnitt sichtbar bleibt, und vorsichtig unter das Püree rühren. In eine gut gebutterte Souffléform von 18 cm Durchmesser füllen; mit gut gefettetem Papier abdecken. In eine große Pfanne mit soviel heißem Wasser füllen, daß die Form zur Hälfte darin steht, und leicht 1–1½ Std. köcheln, bzw. bis das Gericht fest ist.

In der Souffléform servieren oder leicht abkühlen lassen und auf eine Platte stürzen, wenn das Soufflé ganz fest ist. Das ist nicht ganz einfach, weil die Erbsenflüssigkeit die Festigkeit beeinträchtigt. Mit Tomaten- oder Pilzsauce servieren; dazu gebackene Kartoffeln reichen.

Würziger Nußbraten

Für 4 Personen
Kalorien pro Portion: 580 (2430 kJ)
Proteingehalt pro Portion: 22 g
Vorbereitungs- u. Garzeit: 1¼–2½ Std.

225 g gemahlene, gemischte Nüsse
225 g frische Brösel aus Weizenschrotmehlbrot
100 g fein gehackte Zwiebeln
2 EL Oliven- o. Sonnenblumenöl
2 Eier, verquirlt
Salz u. frisch gemahlener schw. Pfeffer
1–2 große Knoblauchzehen, geschält u. fein gehackt
1–2 TL Hefeextrakt
½–1 TL fein gehackter Thymian
½–1 TL fein gehackte Petersilie
100 g geriebener Edamer- oder Cheddarkäse

Backofen auf 180 °C, Gas Stufe 4, vorheizen. Nüsse und Brösel in einem Gefäß mischen. Zwiebeln in Öl weich braten, aber nicht bräunen lassen, dann zu den Nüssen und Bröseln geben. Eier mit den übrigen Zutaten verquirlen und kräftig unter die Nußmasse kneten. 15 Min. ruhen lassen, dann eine 15 cm lange Rolle daraus formen und auf ein gut geöltes Backblech legen. Im vorgeheizten Ofen 30–45 Min. backen, bis der Braten fest und goldbraun ist. Mit Brauner Sauce oder Pilzsauce und diversen Gemüsen servieren.

Gratinierte Gemüsenester

Für 4 Personen
Kalorien pro Portion: 730 (3060 kJ)
Proteingehalt pro Portion: 31 g
Vorbereitungs- u. Garzeit: 1 Std.

500 g Kartoffeln
175 g geriebener Cheddarkäse
1 Ei, verquirlt
ein wenig Milch
225 g fein gehackte Zwiebeln
225 g fein gehackte grüne Paprikaschoten
100 g fein gehackter Sellerie
50 g Butter
225 g ungeröstete Erdnüsse
1 EL gehackte Petersilie
2 EL Weizenschrotmehl
25 g entrahmte Trockenmilch
150 ml Milch
Salz
frisch gemahlener Pfeffer
eine Prise Cayennepfeffer (n. Wunsch)

Kartoffeln in der Schale garen. Abtropfen lassen und unter fließendes Wasser halten, bis sie kühl genug sind zum Schälen. Dann mit ⅔ des Käses, dem verquirlten Ei und soviel Milch verrühren, daß ein relativ weicher Teig entsteht, der sich spritzen läßt. Mit einer Spritztüte mit großer Zackentülle Ringe in 4 kleine, feuerfeste Förmchen von 13 cm Durchmesser spritzen; bis zum Gebrauch beiseite stellen.

Backofen auf 200°C, Gas Stufe 6, vorheizen. Zwiebeln, Paprika und Sellerie in Butter braten, bis sie braun werden. Erdnüsse, Petersilie und Mehl dazugeben und gut vermischen. Vom Feuer nehmen und leicht abkühlen lassen. Trockenmilch in Frischmilch auflösen und kräftig unter das Gemüse rühren. Auf kleiner Hitze weiterkochen und rühren, bis die Masse eindickt.

Mit Salz und Pfeffer würzen und die Füllung in die Ringe geben. Mit dem restlichen Käse und Cayennepfeffer, wenn gewünscht, bestreuen. Im vorgeheizten Ofen 30 Min. backen; heiß servieren.

Croûtes

Für 4 Personen
Kalorien pro Portion: 239 (990 kJ)
Proteingehalt pro Portion: 2 g
Garzeit: 7 Min.

4 Scheiben Weizenschrotbrot, ohne Rinde, diagonal geviertelt
125 g Butter, vorzugsweise abgeklärt, oder Öl
ein wenig Salz oder ger. Parmesan

Butter in einer Pfanne mit festem Boden bei schwacher Hitze schmelzen. Brotscheiben hineingeben und auf beiden Seiten knusprig rösten. Auf Küchenkrepp abtropfen lassen und mit Salz oder Parmesan bestreuen.

Gemüse-beilagen

Es ist schade, daß die angelsächsische Gewohnheit, Gemüse mit dem Hauptgericht zusammen – oft auf derselben Platte – zu servieren, so weit verbreitet ist. Viele Leute schätzen und genießen ein Gemüsegericht nicht mehr als das, was es sein sollte: ein separater Gang nach dem Hauptgericht. In meinem Menü nimmt es diesen Platz ein. Halten Sie sich an die Zubereitungstabelle auf Seite 202. Widerstehen Sie der Versuchung, Ihr Gemüse zu lange zu kochen oder in Saucen zu ertränken – und Sie werden es wieder um seiner selbst willen schätzen lernen.

Gemüse: Zubereiten und Kochen

Die meisten Gemüse kann man roh essen; durch Kochen zerstört man den größten Teil des Vitamin -C-B-Komplexes; beide sind wasserlöslich. Diese 3 Fakten sind eine Hilfe bei der Zubereitung. Kochen Sie Gemüse so kurz wie möglich in möglichst wenig Wasser, und servieren Sie es sofort. Hält man Gemüse für längere Zeit warm, leidet der Geschmack, und wertvolle Vitamine werden zerstört.

Bereiten Sie Ihr Gemüse kurz vor dem Kochen vor; entfernen Sie Schadstellen oder braune Teile und waschen Sie es sorgfältig, um Sand oder Insekten zu entfernen. Wurzelgemüse sollten mit einer Bürste gesäubert werden. Blattgemüse wie Spinat, Grünkohl und die meisten Grüngemüse sollte man Blatt für Blatt unter fließendem Wasser waschen. Wurzelgemüse werden braun, wenn sie nach dem Schälen liegen bleiben; da der nährstoffreichste Teil der Wurzel direkt unter der Haut liegt, sollte man sie sorgfältig abbürsten, Schadstellen entfernen und mit Schale kochen. Ältere Wurzelgemüse mit harter Schale sollte man nur dünn schälen und sofort in Wasser legen. Die Schalen können für Gemüsebrühen verwendet werden.

Wurzel-und Blattgemüse können meistens ganz, halbiert oder geviertelt werden. Will man sie braten oder kurz dünsten, muß man sie zerreißen, in Scheiben schneiden, würfeln oder raffeln. Das sollte unmittelbar vor dem Kochen geschehen, um möglichst wenig Vitamine zu verlieren. Vorbereitetes Gemüse sollte auch vor dem Kochen nicht zu lange im Wasser liegen.

Zerreißen

Blatt zwischen Zeigefinger und Daumen einer Hand halten und ca. 5 cm große Stücke abreißen. Es ist besser, Stücke abzureißen statt abzuschneiden, weil das Blatt nicht beschädigt wird; soll es schnell gehen, legen Sie die Blätter übereinander, schneiden Sie sie in Stücke, dann in Quadrate.

Scheiben schneiden

Gemüse längs halbieren, fest mit Daumen und Zeigefinger auf ein Schneidbrett drücken und mit einem 12 cm langen Schälmesser in 2 bis 5 mm dicke Scheiben schneiden. Sie können auch, wie die Chinesen, ein längeres Messer (25 cm) mit fester Klinge nehmen. Halbieren Sie dann das Gemüse nicht; schneiden Sie als erstes in einem Winkel von 30°, drehen Sie das Gemüse um 180°, schneiden Sie wieder in einem Winkel von 30° usw. Dadurch erhalten sie sehr dekorative, keilförmige Scheiben. Mit einiger Übung geht das recht schnell!

Würfeln

Scheiben in Streifen von gleicher Dicke schneiden - ca. 1 cm. Die Scheiben zusammen- und flach halten, dann quer in Würfel schneiden.

Raffeln

Nehmen Sie ein grobes Reibeisen, vorzugsweise aus rostfreiem Stahl, und reiben Sie das Gemüse daran auf und ab; achten Sie dabei auf Ihre Finger. Man kann das Gemüse auch mit einem dicken Küchentuch anfassen, um Verletzungen zu vermeiden.

Zum Reiben und Raffeln gibt es diverse handbetriebene oder elektrische Geräte, deren Kauf sich lohnt, weil Gemüse und Salate blitzschnell vorbereitet sind.

Blattgemüse, die so fest wie Kohl sind, kann man auch raffeln, indem man sie zuerst viertelt, sie fest auf ein Schneidbrett drückt und sehr dünne Scheibchen abschneidet. Oder legen Sie die einzelnen Blätter, z.B. beim Spinat, übereinander und schneiden Sie dünne Streifen ab.

Gemüse können gebacken, geschmort, geröstet, gekocht, gebraten und rührgebraten werden. Jede Methode gibt dem fertigen Gericht eine besondere Qualität und ein eigenes Aroma; dadurch lassen sich Ihre Mahlzeiten beliebig variieren. Sie können auch vor oder nach dem Kochen frische Kräuter oder Salz zufügen. Servieren Sie Ihr Gemüse mit einem Klecks Butter oder einer Vinaigrette-Sauce aus Oliven- oder Sonnenblumenöl und einem herben Wein- oder Apfelweinessig.

Gekochte Gemüse dürfen nicht matschig sein; wenn Sie mit einem spitzen Holzstäbchen hineinstechen, sollte noch ein leichter Widerstand vorhanden sein. Wurzelgemüse müssen noch fest sein.

Backen

Beim Backen gart das Gemüse in einer trockenen Atmosphäre. Bei Wurzelgemüsen und Gemüsefrüchten ist die Haut normalerweise so dick, daß sie nicht austrocknen. Geben Sie vor dem Backen ein Stück Knoblauch in Kartoffeln oder Auberginen. Andere Gemüse kann man in Alufolie oder Pergamentpapier einwickeln, damit sie nicht zuviel Wasser verlieren; man kann auch ein paar Tropfen Öl, geschmolzene Butter, Wein oder Brühe darauf geben, damit sie nicht zu trocken werden. Die Haut einstechen, damit sie nicht platzt.

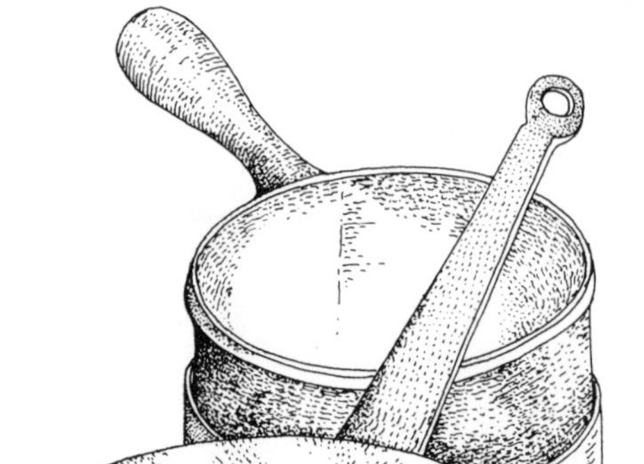

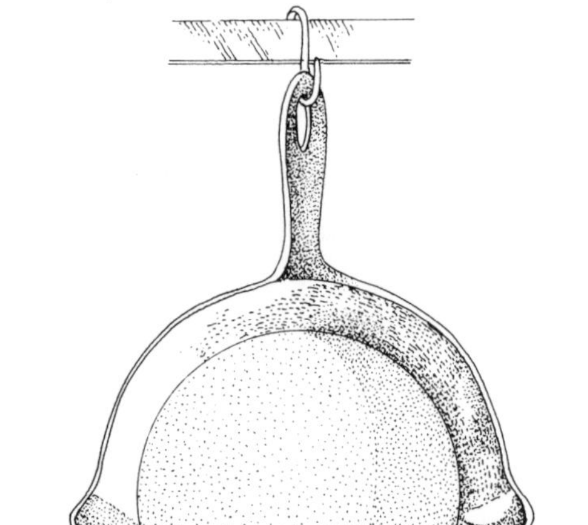

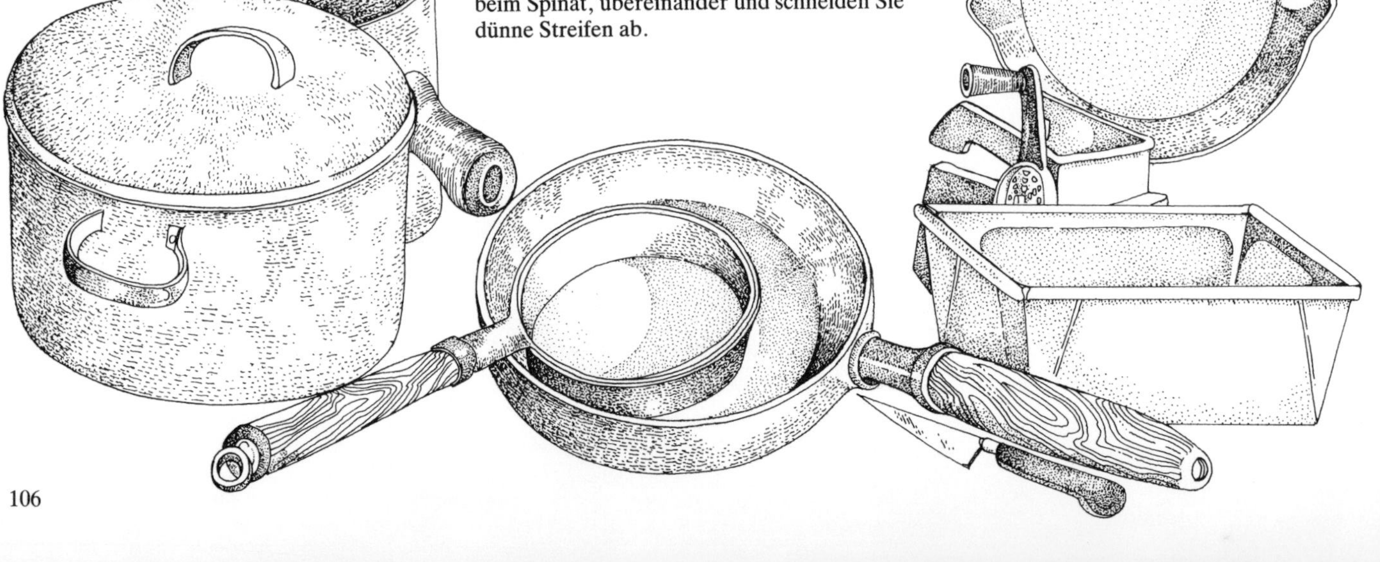

Spinat, junge Kohlblätter oder andere weiche, junge Grüngemüse kann man mit Kräutern bestreuen – mit Basilikum, Oregano oder Sommerbohnenkraut – mit ein wenig Salz und Pfeffer, einem Tropfen Öl oder geschmolzener Butter innen, dann aufrollen und mit einem Faden umwickeln. Außenseite mit Öl bestreichen und auf dem Backblech im heißen Ofen 20-30 Min. backen. Die äußeren Blätter werden knusprig, die inneren bleiben saftig und zart.

Schmoren

Hierbei wird das Gemüse in einer feuchtheißen Atmosphäre gegart; früher hatten die Schmorpfannen spezielle Deckel, so daß Kohle und heiße Asche daraufgelegt werden konnten, und die Pfanne am Herdrand stand. Heute versteht man unter Schmoren normalerweise das Vorbräunen in Öl oder Butter; dann wird das Gemüse im Backofen in einem fest verschlossenen Topf mit ein wenig zusätzlicher Flüssigkeit zu Ende gegart. Geschmorter Sellerie oder geschmorte Zwiebeln sind besonders gut.

Rösten

Beim Rösten wird das Gemüse bei hoher Temperatur in Öl oder Butter gegart. Es ist eine Form des Bratens; ihr Hauptvorteil ist, daß das Gemüse gleichmäßig gart und bräunt, und da die meisten Aromastoffe – Gewürze und Kräuter – in Öl löslich sind, erhält das Gemüse Würze, indem man sie in die Pfanne gibt, in der das Gemüse geröstet wird. Versuchen Sie einmal geröstete Karotten mit Zimt oder weiße Rüben mit Macisblüte oder Muskatnuß.

Kochen

Um grüne Gemüse zu kochen, nehmen Sie die kleinstmögliche Kasserolle; sie muß einen gut schließenden Deckel haben. Ihre Höhe sollte möglichst ⅔ ihres Durchmessers betragen.

Messen Sie soviel Wasser ab, daß der Boden der Kasserolle 5−10 mm hoch bedeckt ist; bringen Sie es in einem Kessel oder anderem Topf zum Kochen. Erhitzen Sie die Gemüsekasserolle, geben Sie das vorbereitete Gemüse hinein und gießen Sie das kochende Wasser darauf; salzen, zudecken und so lange kochen wie vorgeschrieben. Die Einstellung der Temperatur ist eine Sache der Erfahrung. Es sollte möglichst nur 1 Eßlöffel Flüssigkeit übrigbleiben, wenn das Gemüse gar ist; Sie können sie über das angerichtete Gemüse geben, oder es leicht mit ein wenig gekneteter Butter andicken (Beurre manié – siehe Rezept Lauchcreme-Suppe, S. 41).

Wurzelgemüse sollten mit Salzwasser bedeckt in der vorgeschriebenen Zeit kochen. Das Kochwasser läßt sich für eine Gemüsebrühe verwenden.

Dünsten

Es gibt spezielles Geschirr zum Dünsten – von den chinesischen Bambuskörben, die übereinander über einem Topf mit kochendem Wasser stehen, bis hin zu Metallkonstruktionen, die sehr futuristisch anmuten.

Man kann auch improvisieren; wichtig ist, daß das Gemüse im Dampf bei 100°C gart. Stellen Sie eine flache, feuerfeste Schale auf einen Dreifuß in eine Kasserolle mit 2 cm kochendem Wasser; füllen Sie das Gemüse locker ein, oder geben Sie es in ein Sieb, das über kochendes Wasser gestellt und zugedeckt wird.

Wenn Sie chinesische Körbe nehmen, achten Sie bitte darauf, daß sie gut ineinanderpassen und zwischen Kasserolle und unterstem Korb kein großer Zwischenraum ist. Das Gemüse mit der längsten Garzeit kommt in den untersten Korb; wenn – z.B. bei Pilzen – Saft auslaufen könnte, legen Sie das Gemüse auf einen kleinen Teller oder eine Platte, wobei darauf zu achten ist, daß genug Raum zwischen Platte und Korbseite ist, damit der Dampf zirkulieren kann. Experimentieren Sie ruhig ein wenig – alle Kräuter und Gewürze sind in Öl löslich; wenn Sie sie ins Wasser geben, garen Sie in aromatisiertem Dampf: Nehmen Sie ein wenig ausgepreßten Zitronensaft, Sojasauce oder Wein.

Braten

Der Begriff Braten bezeichnet 2 verschiedene Methoden des Garens in sehr heißem Öl (180°C ist am besten), geschmolzener, abgeklärter oder ungeklärter Butter. Ich nehme zwar häufig Butter, aber sie brennt leichter an als Öl; Sie können auch beides mischen.

Wenn das Würzen im Rezept nicht ausdrücklich angegeben ist, sollte man erst nach dem Braten würzen.

Schwimmend ausbacken

Das Gemüse wird in einer Bratpfanne mit festem Boden in heißem Öl oder Fett gebraten, so daß es zur Hälfte bedeckt ist. Ganze, vorgekochte Kartoffeln kann man in 1 cm hohem Öl braten, wenn man sie ständig wendet, so daß sie gleichmäßig garen. Braten Sie das Gemüse auf einer Seite knusprig goldbraun, dann mit einem Spatel oder einer Gabel wenden und auf der anderen Seite braten. Die Temperatur sollte nicht zu hoch sein, damit das Gemüse nicht anbrennt, und nicht zu niedrig, damit es nicht zusammenfällt und zuviel Fett aufsaugt. Das Gemüse ist gar, wenn beide Seiten knusprig und braun sind. Mit einer Schaumkelle oder einem Spatel aus der Pfanne nehmen und auf Küchenkrepp abtropfen lassen oder auf einer Platte im geöffneten, heißen Ofen trocknen. Sofort auf einer vorgewärmten Platte servieren.

Fritieren

Das Gemüse wird in einem Fritierkorb in einem Topf mit heißem Öl (180°C) gegart. Der Topf sollte nur halbvoll sein. Ein Thermometer ist vorteilhaft. Prüfen Sie, ob das Öl die richtige Temperatur hat, indem Sie ein Stück Brot, das 1 Tag alt ist, hineingeben. Es sollte in 60 Sek. goldbraun sein. Fritieren lassen sich sehr gut Kroketten, Frikadellen oder Gemüse in Teig oder mit Semmelbröseln paniert. Auf dem Gemüse dürfen keine Wassertropfen mehr sein, da das Öl sonst gefährlich spritzt.

Nicht zuviel Gemüse gleichzeitig hineingeben; sinkt nämlich die Temperatur des Öls, schließt sich die Oberfläche nicht sofort und das Fritiergut nimmt zuviel Öl auf oder zerbricht. Es besteht auch die Gefahr, daß das Öl überschäumt, auf die heiße Ofenplatte läuft und sich entzündet.

Das gare Fritiergut aus dem Topf nehmen, abtropfen lassen und warm stellen. Das Öl muß wieder die richtige Temperatur haben, bevor Sie die nächste Portion hineingeben. Reste mit einem kleinen Sieb entfernen, sonst brennen sie an und beeinträchtigen den Geschmack. Das Öl völlig auskühlen lassen, dann durch ein feines Mulltuch gießen, und wieder in ein Gefäß zurückgeben.

Entzündet sich das Öl, nicht mit Wasser löschen! Herd ausschalten, Topf mit einem Deckel fest verschließen, dann vorsichtig von der Herdplatte nehmen. Mit einem feuchten Tuch bedecken, um die Flammen zu ersticken.

Rührbraten

Das ist die ideale Methode, Gemüse zu garen. Mit ein wenig Übung kann man gleichzeitig 4 Pfannen benutzen. Das Gemüse wird in Scheiben geschnitten, gewürfelt oder geraffelt, dann gibt man ein wenig Öl oder Butter in eine Pfanne mit festem Boden; für diese Garmethode eignet sich besonders der chinesische Wok (S. 98). Man gibt die Gemüse hinein und wendet sie immer wieder mit einem Holzlöffel – die weichsten Gemüse mit der kürzesten Garzeit werden zuletzt dazugegeben. Mit Brühe, Wasser, Wein oder Sojasauce auffüllen und weiterkochen. Wenn das Gemüse richtig vorbereitet und dünn genug geschnitten ist, dauert das Ganze nur ca. 5−10 Minuten.

Salzen

Generell gibt man ½ TL Salz auf 450 g Grüngemüse und 1 TL auf die gleiche Menge Wurzelgemüse; zusätzlich rechnet man ½ TL Salz auf 300 ml Wasser. Es ist besser, zuwenig als zuviel zu salzen! Niemals Natrium zugeben; es zerstört den Vitamin-C-Gehalt.

Rosenkohl mit Erdnüssen und Kräuterbutter

Für 4 Personen
Kalorien pro Portion: 14 (597 kJ)
Proteingehalt pro Portion: 7 g
Vorbereitungs- u. Garzeit: 30 Min.

350 g Rosenkohl
50 g fein gehackte Zwiebeln
50 g Erdnüsse
12 g. Majoranblätter, gehackt
25 g Butter
2 EL Zitronensaft

Rosenkohl in wenig Salzwasser 10–15 Min. garen, oder bis er weich ist. (Wenn Sie tiefgekühlten nehmen, richten Sie sich nach der Anleitung auf der Packung, kochen aber etwas kürzer. Er soll in Zitronensaft und Zwiebeln fertig garen.) In der Zwischenzeit Zwiebeln in einem separatem Topf mit kochendem Wasser 1 Min. kochen, dann abtropfen lassen. Erdnüsse im Mixer oder in einer Nußmühle mahlen oder mit einem scharfen Messer kleinhacken; sie sollten fein, aber nicht zu fein sein,

so daß sie noch leicht zusammenkleben. Die rote Haut entfernen, Majoran mit Butter verkneten, in 4 Portionen teilen und kalt stellen.

Wenn der Rosenkohl gar ist, abtropfen lassen, dabei den Gemüsesaft für Brühe aufheben, und Zwiebeln und Zitronensaft zugeben. Die Rosenkohlpfanne wieder auf das Feuer stellen, vorsichtig umrühren und dabei die Erdnüsse unterziehen. Auf einer vorgewärmten Platte mit einem Klecks Kräuterbutter auf jeder Portion anrichten.

Brokkoli-Überraschung

Für 4 Personen
Kalorien pro Portion: 275 (1242 kJ)
Proteingehalt pro Portion: 14 g
Vorbereitungs- u. Garzeit: 30 Min.

225 g Brokkolistangen
2 EL Oliven- o. Sonnenblumenöl
2 EL Weizenschrotmehl
150 ml Milch
Salz
50 g geriebener Cheddarkäse
4 Eier, getrennt

Brokkolistangen in kochendem Salzwasser 10 Min. garen; sie sollten noch Biß haben. Abtropfen lassen und warm stellen. Backofen auf 180°C, Gas Stufe 4, vorheizen. Öl und Mehl in einem kleinen Topf bei mäßiger Hitze verrüh-

ren, dann vom Feuer nehmen, die Milch zugießen und salzen. Auf das Feuer zurückstellen und unter Rühren die Sauce aufkochen und eindicken lassen. Vom Feuer nehmen und den geriebenen Käse unterziehen. Leicht abkühlen lassen, Eigelb zugeben und gut umrühren. 4 feuerfeste Soufflé- oder Auflaufförmchen mit Butter einfetten und im vorgeheizten Ofen 5 Min. anwärmen.

In der Zwischenzeit das Eiweiß steif schlagen, so daß ein Messerschnitt sichtbar bleibt, und die Käsesauce unterheben. Einen großen Löffel Soufflé in jedes Förmchen füllen und obenauf vorsichtig eine Portion Brokkoli setzen. Den Rest der Soufflémasse auf die vier Förmchen verteilen und 10 Min. backen. Das Soufflé sollte nicht ganz fest sein, sondern eher wie eine leichte Sauce für den Brokkoli sein.

Rotkohl mit Äpfeln

Für 4 Personen
Kalorien pro Portion: 80 (365 kJ)
Proteingehalt pro Portion: 3 g
Vorbereitungs- u. Garzeit:
   Version 1: 30–40 Min.,
   Version 2: 1½ Std.

450 g geraffelter Rotkohl
225 g Kochäpfel
1 EL Oliven- o. Sonnenblumenöl
50 g gehackte Zwiebeln
1 TL Hefeextrakt
200 ml warmes Wasser
1 EL Wein, Apfelwein o. Essig
¼ TL gemahlener Zimt (nach Wunsch)
2 TL Weizenschrotmehl
1 EL kaltes Wasser
Salz

Zwiebeln in einer großen Pfanne in Öl goldbraun braten. Äpfel schälen und würfeln. Hefeextrakt im warmen Wasser auflösen. Kohl, Äpfel, Hefelösung mit Essig und Zimt zu den Zwiebeln geben und so umrühren, daß Äpfel und Kohl gleichmäßig verteilt sind. Entweder

in einer geschlossenen Pfanne schmoren, bis der Kohl weich ist, aber noch Biß hat, oder nach traditionell mitteleuropäischer Art den Backofen auf 180°C, Gas Stufe 4, vorheizen, und den Kohl in einer feuerfesten Kasserolle im Backofen 1–1½ Std. zu Ende kochen. Welche Methode Sie auch wählen – die Kochflüssigkeit sollte am Ende folgendermaßen angedickt werden: Mehl mit dem kalten Wasser in einem kleinen Topf glattrühren. Kochflüssigkeit unter Rühren zugießen und das Ganze aufkochen lassen. Abkühlen lassen, bis der Saft eindickt, wenn nötig, nachwürzen und über den Kohl gießen; gut umrühren.

Gemüsebeilagen können eine komplette Mahlzeit sein. Oben links: Karotten mit Äpfeln und knusprigen Zwiegelringen. Vorne: Spinat mit Semmelbröseln. Rechts: Zucchini Provençales. Kombinieren Sie für ein Abendessen eine ähnliche Auswahl an Gemüsen.

Spinat, mit Semmelbröseln überbacken

Für 4 Personen
Kalorien pro Portion: 235 (985 kJ)
Proteingehalt pro Portion: 8 g
Vorbereitungs- u. Garzeit: 30 Min.

450 g Blattspinat, sehr sorgfältig gewaschen
50 g fein gehackte Zwiebeln
5 EL Oliven- o. Sonnenblumenöl
25 g Weizenschrotmehl
100 ml trockener Weißwein
Salz
50 g frische Brösel aus Weizenschrotbrot

Die dicken Rippen vom Spinat entfernen und für eine Brühe verwenden. Zwiebeln in der Hälfte des Öls braten. Den Spinat grob hacken und, wenn die Zwiebeln glasig sind, dazugeben. Bei mäßiger Hitze 10 Min. anbraten, bis der Spinat weich ist. In der Zwischenzeit Mehl mit 1 EL Öl anrühren; wenn der Spinat gar ist, den Saft in die Öl-Mehl-Masse sieben und glattrühren. Zum Spinat geben und rühren, bis das Ganze eindickt. Wein zugießen, salzen und gut vermischen. Die Pfanne vom Feuer nehmen.

Backofen auf 180°C, Gas Stufe 4, vorheizen. Restliches Öl in einer separaten Pfanne erhitzen, und die Brösel darin knusprig und goldbraun rösten. Den gekochten Spinat in eine flache, feuerfeste Form füllen, die Brösel darüberstreuen und auf der obersten Einschubleiste im vorgeheizten Ofen 10−15 Min. backen.

Anmerkung: Dieses Gericht eignet sich auch als leichtes Mittag- oder Abendessen. Soll es sättigender sein, machen Sie, nachdem Sie es mit Bröseln bestreut haben, in die Mitte eine Mulde, lassen ein Ei hineingleiten und bestreuen das Gericht mit Käse.

Gebackene Blumenkohlröschen

Für 4 Personen
Kalorien pro Portion: 500 (2087 kJ)
Proteingehalt pro Portion: 20,5 g
Vorbereitungs- u. Garzeit: 45 Min.

450 g Blumenkohlröschen
Eierteig (S. 194)
Öl zum Fritieren
125 g geriebener Parmesan-Käse
eine Prise Cayennepfeffer

Die pikante Apfelsauce:
125 g fein gehackte Zwiebeln
2 EL geschmolzene Butter oder Pflanzenöl
350 g Kochäpfel, geschält u. gehackt
4 fein gemahlene Gewürznelken
½ TL gemahlener Zimt
1 TL brauner Rohzucker
150 ml Weißwein

Blumenkohlröschen in einen Topf mit ein wenig Salzwasser geben und zum Kochen bringen. Zugedeckt 5 Min. köcheln lassen. Röschen herausnehmen und sorgfältig trockentupfen. Abkühlen lassen, dann in Eierteig tauchen und portionsweise in Öl, auf 180°C erhitzt, goldbraun und knusprig fritieren. Auf Küchenkrepp abtropfen lassen und warm stellen, während Sie die nächste Portion machen.

Für die Sauce die Zwiebeln in Butter oder Öl goldbraun braten, Äpfel, Gewürze und Zucker zugeben und weitere 2 Min. kochen; dann den Wein und die gleiche Menge Wasser zugießen und so lange kochen, bis die Äpfel musig sind. Sauce durch ein Sieb streichen und wieder erwärmen.

Blumenkohl auf einer vorgewärmten Platte anrichten, mit Käse und Cayennepfeffer bestreuen. Die Sauce extra dazu reichen.

Blumenkohl, polnische Art

Für 4 Personen
Kalorien pro Portion: 130 (550 kJ)
Proteingehalt pro Portion: 7 g
Vorbereitungs- u. Garzeit: 35 Min.

450 g Blumenkohl, in Röschen
Salz
2 Eier
50 g fein geschnittene Zwiebeln
25 g Butter
50 g Brösel aus Weizenschrotmehlbrot
4 EL feingehackte Petersilie
frisch gemahlener Pfeffer

Blumenkohlröschen in kochendem Salzwasser 10–15 Min. garen; die Köpfe sollten noch fest sein. Hartgekochte Eier schälen und warm stellen. Zwiebeln in Butter goldbraun braten. Brösel zugeben und weich dünsten. Geschnittene Petersilie hinzugeben und gut vermischen. Blumenkohl abtropfen lassen und die Hälfte auf einer vorgewärmten Platte anrichten. Die Hälfte der Brösel darübergeben, mit Salz und Pfeffer würzen und mit den restlichen Bröseln bestreuen. Die Eier in große Stücke teilen, in der Mitte des Gerichtes anrichten und sofort servieren.

Weißkraut mit Butter und Kümmel

Für 4 Personen
Kalorien pro Portion: 187 (785 kJ)
Proteingehalt pro Portion: 6,5 g
Vorbereitungs- u. Garzeit: 15 Min.

350 g Weißkraut, in 1 cm lange
  Streifen geschnitten
Salz
50 g Butter
frisch gemahlener schw. Pfeffer
½ TL Kümmel
75 g geriebener Cheddarkäse
eine Prise Paprika

Geben Sie den geschnittenen Kohl in eine Kasserolle. 1 Liter kochendes Wasser dazugeben, salzen und zum Kochen bringen. Abseihen und sofort Butter, Pfeffer und Kümmel hinzugeben und 10 Min. weiterkochen mit geschlossenem Deckel. Den Käse unterrühren, dabei den Kohl wenden, bis der Käse schmilzt, und der Kohl eine Käsekruste hat. Auf vorgewärmter Platte anrichten und mit Paprika bestäuben.

1. Den Kohl vierteln

2. Längs sehr fein schneiden

Colcannon

Für 4 Personen
Kalorien pro Portion: 300 (1260 kJ)
Proteingehalt pro Portion: 4 g
Vorbereitungs- u. Garzeit: 30 Min.

450 g in Scheiben geschnittene Kartoffeln
Salz
225 g in Streifen geschnittener Kohl
125 g kleingeschnittene Zwiebeln
3 EL Oliven- u. Sonnenblumenöl,
frisch gemahlener Pfeffer
50 g Butter o. 3 EL Öl

Kartoffeln in Salzwasser 5–10 Min. kochen, bis man sie mit der Gabel einstechen kann. Kohl mit Wasser bedeckt aufkochen, dann abseihen. Zwiebeln in Öl goldbraun braten. Abgetropften Kohl zugeben und bräunen lassen. Mit Salz und Pfeffer würzen und warm stellen. Kartoffeln in Butter oder Öl braun braten. Zum Kohl geben und sofort servieren.

Geschmorter Sellerie

Für 4 Personen
Kalorien pro Portion: 160 (660 kJ)
Proteingehalt pro Portion: 3 g
Vorbereitungs- u. Garzeit: 1 Std.

450 g Sellerie, in 5 cm lange Stücke
  geschnitten
4 EL Oliven- o. Sonnenblumenöl
50 g grob geschnittene Zwiebeln
2 EL Roggenmehl
300 ml dunkle Gemüsebrühe (Seite 34)
1 TL Hefeextrakt
Salz u. frisch gemahlener Pfeffer

Öl erhitzen und Sellerie darin anbraten, bis er braun wird. Herausnehmen und auf Küchenkrepp abtropfen lassen. Wenn der Sellerie gar ist, Zwiebeln im Öl gut bräunen lassen. Überschüssiges Öl abgießen und Mehl einrühren, bis es sich mit den Zwiebeln gut vermischt hat; dann langsam Brühe einfüllen, dabei ständig rühren, damit keine Klumpen entstehen; Hefeextrakt einrühren. Das Ganze unter ständigem Rühren zum Kochen bringen, dann die Hitze reduzieren und so lange kochen, bis die Sauce dick und glatt ist. In der Zwischenzeit den Ofen auf 180°C, Gas Stufe 4, vorheizen. Abschmecken mit Salz und Pfeffer nachwürzen.

Sellerie in eine feuerfeste Form füllen und mit der Sauce übergießen. Zugedeckt im vorgeheizten Backofen 30–45 Min. backen. Ist das Gericht sehr dick, ein wenig länger im Ofen lassen.

Sellerie mit Tomaten

Für 4 Personen
Kalorien pro Portion: 65 (267 kJ)
Proteingehalt pro Portion: 2 g
Vorbereitungs- u. Garzeit: 45 Min.

450 g Sellerie, in 1 cm lange Stücke
gebrochen
40 g Butter
100 g fein gehackte Zwiebeln
350 g geschälte Tomaten, entkernt u. gehackt
Salz
frisch gemahlener Pfeffer

Butter bei schwacher Hitze schmelzen und die Zwiebeln darin 5 Min. braten, bis sie glasig sind. Sellerie 5 Min. mitbraten, aber nicht bräunen lassen. Tomaten mit ein wenig Salz und Pfeffer zufügen, umrühren und weiterkochen, bis die Tomaten musig sind. Weitere 10 Min. zugedeckt köcheln lassen, dann den Deckel abnehmen, Hitze erhöhen, so daß die Tomatensauce aufkocht und schnell zu Püree wird. Vom Feuer nehmen und servieren.

Gefüllte Artischocken, italienische Art

Für 4 Personen
Kalorien pro Portion: 210 (882 kJ)
Proteingehalt pro Portion: 7 g
Vorbereitungs- u. Garzeit: 1¼ Std.

4 mittelgroße Erdartischocken,
eingeweicht u. geputzt

Die Füllung:
125 g sehr fein gehackte Zwiebeln
2 EL Oliven- o. Sonnenblumenöl
125 g gehackte Champignons
20 g frische Rosmarinblätter, fein gehackt
Salz
8 EL frische Brösel aus Weizenschrotbrot
1 Ei, gut verquirlt
frisch gemahlener Pfeffer (nach Wunsch)
300 ml Tomatensauce (S. 196)

Artischocken in kochendem Salzwasser 30–45 Min. kochen, bzw. bis sich die Blätter leicht herausziehen lassen. Oberseite nach unten abtropfen und abkühlen lassen. In der Zwischenzeit die Füllung zubereiten. Zwiebeln in Öl glasig dünsten, Pilze zugeben und braten, bis sie weich und glänzend sind. Pfanne vom Feuer nehmen, Rosmarin, Salz und Brösel einstreuen und gut mischen. (Haben Sie keinen frischen Rosmarin, nehmen Sie ½ TL getrockneten.) Abkühlen lassen, dann das Ei untermischen und gut verrühren. Nach Wunsch mit Pfeffer würzen.

Backofen auf 180°C, Gas Stufe 4, vorheizen. Artischocken öffnen und die kleinen, mittleren Blätter und das Herz auslösen. In die ausgehöhlte Mitte die Füllung geben, diese gleichmäßig auf alle vier Artischocken verteilen. Blätter zusammendrücken und die Artischocken in eine große, feuerfeste Kasserolle legen.

Tomatensauce über die Artischocken gießen, Kasserolle zudecken und im vorgeheizten Ofen 30 Min. backen.

Gefüllte Artischockenherzen

Für 4 Personen
Kalorien pro Portion: 230 (960 kJ)
Proteingehalt pro Portion: 7 g
Vorbereitungs- u. Garzeit: 1½ Std.,
incl. Kühlzeit

4 mittelgroße Erdartischocken,
eingeweicht u. geputzt
Salz
25 g Butter
2 EL Weizenschrotmehl
frisch gemahlener Pfeffer
150 ml Milch
1 Eiweiß
300 ml Béchamel-Sauce (S. 196)
2 EL gehackte Petersilie

Artischocken in Salzwasser 30–45 Min. kochen. Alle Blätter entfernen und die Herzen beiseite legen. Den unteren, weichen Teil der Blätter mit einem Messer ausschaben, dabei Fasern entfernen. ²/₃ der Butter in einem kleinen Topf schmelzen, Mehl zuschütten, mit Salz und Pfeffer würzen und glattrühren. Topf vom Feuer nehmen und unter Rühren langsam die Milch zugießen. Topf auf das Feuer zurückstellen und die Sauce zum Kochen bringen, dabei rühren bis sie eindickt. Über einen Topf mit leicht kochendem Wasser stellen und 30 Min. ziehen lassen, oder die Sauce ins Wasserbad stellen. Restliche Butter unterschlagen.

In der Zwischenzeit das Artischockenmus aus den Blättern durch ein Sieb drücken; an die Seiten pressen. Wenn die Sauce fertig ist, zuerst das Püree, dann das Eiweiß sorgfältig unterrühren und nachwürzen. 30 Min. kalt stellen.

20 Min. vor dem Servieren das Püree auf die Artischockenherzen geben. Im Dampftopf bei voller Hitze 20 Min. kochen. Am Ende der Kochzeit die Béchamel-Sauce aufwärmen. Herzen vorsichtig aus dem Dampftopf nehmen und in einer flachen, feuerfesten, heißen Schüssel anrichten.

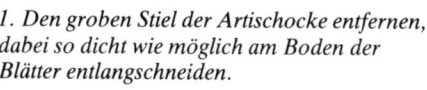

1. Den groben Stiel der Artischocke entfernen, dabei so dicht wie möglich am Boden der Blätter entlangschneiden.

2. Mit einer Schere die Blätter bis zur Hälfte abschneiden. Dadurch kommen Sie leichter an den mittleren Teil heran.

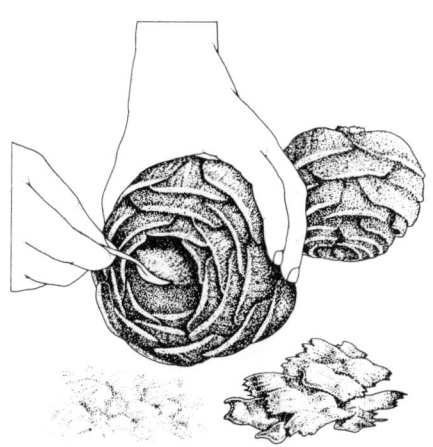

3. Die weichen, mittleren Blätter mit einem Ruck herausziehen. Mit einem Löffel das Stroh herausholen. Ausspülen.

Geschmorter Endiviensalat mit Käsesauce

Für 4 Personen
Kalorien pro Portion: 160 (665 kJ)
Proteingehalt pro Portion: 3 g
Vorbereitungs- u. Garzeit: 1 Std.

1−2 Köpfe Endiviensalat pro Person
2 EL Oliven- oder Sonnenblumenöl
1 EL Zitronensaft
150 ml Gemüsebrühe
Salz
frisch gemahlener Pfeffer
150 ml Käsesauce (S. 196)

Backofen auf 200°C, Gas Stufe 6, vorheizen. Den Boden von jedem Salatkopf abschneiden und beschädigte oder verfärbte Stellen entfernen. Öl in eine feuerfeste Form gießen und schräg halten, so daß der Boden gleichmäßig damit bedeckt ist. Salatköpfe hineingeben und wenden, so daß jeder gleichmäßig mit Öl überzogen ist. Zitronensaft und Brühe mischen und darübergießen. Kräftig mit Salz und Pfeffer würzen, das Gericht mit Alufolie oder gefettetem Pergamentpapier abdecken und im vorgeheizten Ofen 45−60 Min. bakken, bzw. bis der Endiviensalat weich ist.

Zu Ende der Garzeit die Käsesauce erwärmen und, wenn der Endiviensalat gar ist, die Kochflüssigkeit in einen Topf gießen und auf ca. 1 EL einkochen lassen; zur heißen Sauce geben. Über den Endiviensalat gießen und servieren.

Links: Maiskrapfen mit gebratenen Bananen. Rechts: Haricot-Bohnen mit Joghurt und Petersilie. Vorne: Fenchel mit Orangensauce

Fenchel mit Orangensauce

Für 4 Personen
Kalorien pro Portion: 115 (475 kJ)
Proteingehalt pro Portion: 4 g
Vorbereitungs- u. Garzeit: 20 Min.

2−4 Fenchelknollen, zusammen 450 g schwer
Salz
20 g Butter
2 TL Weizenschrotmehl
100 ml Orangensaft
abgeriebene Schale von 2 Orangen
1−2 EL gehackte Petersilie

Große Fenchelknollen vierteln, kleinere halbieren. In kochendem Salzwasser 10−15 Min. garen, bis sie gerade weich sind. In der Zwischenzeit Butter in einem kleinen Topf schmelzen, Mehl einstreuen u. rühren, bis das Ganze dick wird. Orangensaft dazugießen und bei schwacher Hitze unter ständigem Rühren aufkochen und eindicken lassen. Topf vom Feuer nehmen, Orangenschale und den größten Teil der Petersilie zufügen. Warm halten.

Fenchel abtropfen lassen und die Stücke mit den Schnittflächen nach oben auf einer vorgewärmten Platte anrichten. Die Sauce darübergießen, dabei die Fenchelblätter ein wenig öffnen, damit die Sauce einfließen kann. Mit der restlichen Petersilie bestreuen und servieren.

Grüne Bohnen mit Joghurt und Mandeln

Für 4 Personen
Kalorien pro Portion: 160 (657 kJ)
Proteingehalt pro Portion: 4 g
Vorbereitungs- u. Garzeit: 10−12 Min.

450 g frische oder tiefgefrorene
* grüne Bohnen, geputzt*
50 g halbierte, blanchierte Mandeln
1−2 TL Oliven- oder Sonnenblumenöl
grobes Salz
25 g Butter
½ TL Weizenschrotmehl
100 ml Naturjoghurt

Frische Bohnen in ein wenig Salzwasser 10−15 Min. weich garen (gefrorene nach Anweisung auf der Packung kochen). Mandeln in einer Pfanne mit wenig Öl bei mäßiger Hitze bräunen. Nur der Pfannenboden sollte gut bedeckt und ein wenig Öl sollte übrig sein. Mandeln herausnehmen und mit ein wenig grobem Salz bestreuen.

Butter in einer separaten Pfanne schmelzen, Mehl einrühren und leicht köcheln lassen, bis die Masse goldbraun und glatt ist. Joghurt einrühren und sehr langsam zum Kochen bringen, dabei ständig umrühren. (Manche Köche in Mittelasien sagen, daß Joghurt stets nur in einer Richtung gerührt werden soll, um ein Gerinnen zu verhindern.) So lange weiterkochen, bis die Sauce zur Hälfte reduziert ist, dann die Bohnen zufügen und wenden, damit sie gleichmäßig überzogen sind.

Auf eine vorgewärmte Platte schichten und mit Mandeln bestreuen oder die Mandeln extra dazu reichen.

Paprikabohnen in Sauerrahm

Für 4 Personen
Kalorien pro Portion: 115 (487 kJ)
Proteingehalt pro Portion: 2 g
Vorbereitungs- u. Garzeit: 20 Min.

450 g grüne Bohnen, geputzt
50 g Zwiebeln, in dünnen Scheiben
200 ml Sauerrahm
2 EL Paprikapulver

Frische Bohnen in ein wenig Salzwasser 10−15 Min., oder bis sie weich sind, garen (gefrorene nach Anleitung auf der Packung zubereiten). Nach der Hälfte der Garzeit die Zwiebelscheiben zugeben. Sauerrahm in einem kleinen Topf aufkochen lassen, dabei ständig umrühren, damit er nicht anbrennt. Wenn die Bohnen weich sind, das Wasser abgießen, mit Paprika bestreuen und so lange wenden, bis sie gleichmäßig überzogen sind. In die Mitte einer vorgewärmten, flachen Schüssel schichten und den Sauerrahm herumgießen. Sofort servieren, dabei ein wenig Rahm über jede Portion geben.

Süß-Saure Bohnen

Für 4 Personen
Kalorien pro Portion: 65 (262 kJ)
Proteingehalt pro Portion: 1 g
Vorbereitungs- u. Garzeit: 15–20 Min.

450 g frische oder tiefgefrorene
  grüne Bohnen, geputzt
Salz
20 g Butter
50 g fein gehackte Zwiebeln
4 E'. Wein oder Apfelweinessig
1 TL braunen Rohzucker
6 große Minzeblätter, fast breiig
  zerdrückt

Frische Bohnen in wenig kochendem Salzwasser 10–15 Min. garen. (Bei tiefgefrorenen Anleitung auf der Packung beachten.) In der Zwischenzeit die Butter in der Pfanne bei schwacher Hitze schmelzen, Zwiebeln und Essig zufügen und 5 Min. kochen.

Wenn die Bohnen weich sind, sollte kein oder nur wenig Wasser übrig sein (tiefgefrorene Bohnen, wenn nötig, abgießen). Zucker zugeben und rühren, bis die Bohnen gleichmäßig damit überzogen sind, dann die Zwiebeln hineinschütten. Minze zufügen und rühren, bis Minze und Zwiebeln gut mit den Bohnen vermischt sind. In einer vorgewärmten Schüssel anrichten.

Succotash

Für 4 Personen
Kalorien pro Portion: 230 (752 kJ)
Proteingehalt pro Portion: 4 g
Vorbereitungs- u. Garzeit: 40 Min.

225 g enthülste dicke Bohnen
1 großer oder 2 mittelgroße Maiskolben
  oder 225 g Maiskörner, tiefgefroren
  oder in Dosen
4 EL Wasser
25 g ungesalzene Butter
100 ml Schlagrahm
2 TL fein gehackte Petersilie
Salz

Bohnen in kochendem Salzwasser 7–10 Min. weich garen. Maiskörner vom Kolben abstreifen und in Wasser und Butter zugedeckt in einem kleinen Topf 10 Min. ohne Salz kochen. (Tiefgefrorenen oder Dosenmais gut abtropfen lassen, dann in einem Topf mit Butter und Wasser 4–5 Min. erhitzen.) Wenn der Mais gar ist, gut abtropfen lassen, Schlagrahm darübergießen, Petersilie unterrühren und gut vermischen. Die Haut von den Bohnen abziehen, salzen und dazugeben. Das Ganze vorsichtig umrühren, bis alles gut vermischt ist, und ein wenig Petersilie darüberstreuen.

Maiskrapfen mit gebratenen Bananen

Für 4 Personen
Kalorien pro Portion: 470 (1960 kJ)
Proteingehalt por Portion: 11 g
Vorbereitungs- u. Garzeit: 50 Min.

1 großer oder 2 mittelgroße Maiskolben
  oder 225 g Maiskörner in Dosen
  oder tiefgefroren
Öl zum Ausbacken
4 Bananen
Prise gemahlener Zimt oder
  geriebene Ingwerwurzel

Der Ausbackteig:
100 g Weizenschrotmehl
½ TL Salz
ein wenig frisch gemahlener Pfeffer
1 großes Ei, verquirlt
50 g geriebener Cheddarkäse
200 ml Milch

Maiskolben in kochendem, ungesalzenem Wasser 5–10 Min. weich garen, unter fließendem, kaltem Wasser abspülen, dann mit einem scharfen Messer die Kerne auslösen. (Bei tiefgefrorenem oder Dosenmais Anleitung auf der Packung beachten.) In der Zwischenzeit den Ausbackteig zubereiten.

Mehl, Salz und Pfeffer mischen, in die Mitte eine Mulde drücken, die Eier, dann den Käse und nach und nach die Milch zugeben und rühren, bis der Teig glatt ist. Stehenlassen bis der Mais gar ist.

Maiskörner gut abtropfen lassen und in den Teig rühren. Öl ca. 1 cm hoch in einer großen Pfanne mit festem Boden erhitzen und die Krapfen eßlöffelweise auf beiden Seiten goldbraun backen; auf Küchenkrepp abtropfen lassen und warm stellen, bis die Bananen fertig sind.

Bananen schälen, längs halbieren, dann in 8 Stücke schneiden. Mit Zimt oder Ingwer bestäuben, Öl wieder erhitzen und die Bananen darin goldbraun braten. Krapfen in die Mitte einer vorgewärmten Platte geben, die Bananen ringsherum anrichten und noch heiß servieren.

Erbspüree mit Käsecroûtes

Für 4 Personen
Kalorien pro Portion: 250 (1040 kJ)
Proteingehalt pro Portion: 10 g
Vorbereitungs- u. Garzeit: 25 Min.

350 g geschälte, frische oder
  tiefgefrorene Erbsen
Salz
4 Scheiben Weizenschrotmehlbrot,
  ohne Rinde
50 g Butter
25 g geriebener, würziger Käse
eine Prise Cayennepfeffer
ein wenig Milch
frisch gemahlener Pfeffer
1–2 EL Schlagrahm
2 große Minzeblätter,
  fein gehackt

Frische Erbsen in ein wenig kochendem Salzwasser ca. 10–15 Min. garen (bei tiefgefrorenen Anleitung auf der Packung beachten). Jede Brotscheibe in 4 Dreiecke schneiden, in Butter rösten, dabei einmal wenden, bis sie knusprig und eben braun sind; auf Küchenkrepp abtropfen lassen. Mit Käse und Cayennepfeffer bestreuen. Brot unter dem heißen Grill überbacken, bis der Käse schmilzt und braun wird.

In der Zwischenzeit die Erbsen mit dem restlichen Wasser (ca. 1 EL) im Mixer pürieren; wenn nötig, von Zeit zu Zeit ein paar Tropfen Milch zugeben, damit das Püree die richtige Konsistenz erhält.

Püree in den Topf umfüllen und bei mäßiger Hitze unter Rühren erwärmen. Mit Salz und Pfeffer abschmecken, in einer vorgewärmten Schüssel anrichten und den Rahm darübergießen. Mit fein gehackter Minze bestreuen und die Käsecroûtes ringsherum anrichten.

Erbsen mit Kopfsalat und Zwiebeln

Für 4 Personen
Kalorien pro Portion: 175 (725 kJ)
Proteingehalt pro Portion: 6 g
Vorbereitungs- u. Garzeit: 20 Min.

350 g enthülste, frische oder
  tiefgefrorene Erbsen
100 g grob zerrissener Kopfsalat
65 g Butter
50 g fein gehackte Zwiebeln
1 EL Weizenschrotmehl
½ TL Salz
frisch gemahlener Pfeffer

50 g Butter in einer Pfanne schmelzen und die Zwiebeln darin glasig braten. Kopfsalat zugeben, bevor die Zwiebeln bräunen, und mitbraten, bis der Saft herausläuft. Zum Kochen bringen, Erbsen zufügen, wieder aufkochen (frische Erbsen 5–10 Min. mitkochen lassen, für gefrorene braucht man weniger Zeit). Wenn nötig, ein wenig Wasser nachgießen. Mehl mit Salz und restlicher Butter in einem Gefäß verkneten, die Flüssigkeit aus der Pfanne zugießen und gut verrühren. In die Pfanne zurückgeben, mit Salz und Pfeffer würzen und kochen, bis die Sauce eindickt. Dann servieren.

Okra, kreolische Art

Für 4 Personen
Kalorien pro Portion: 165 (682 kJ)
Proteingehalt pro Portion: 3 g
Vorbereitungs- u. Garzeit: 30 Min.

225 g Okra, in 2 cm lange Stücke
  geschnitten
4 EL Oliven- oder Sonnenblumenöl
225 g fein gehackte Zwiebeln
100 g gehackter Sellerie
225 g gewürfelte rote Paprika
Salz
200 ml Wasser

Öl in einer Pfanne erhitzen, Zwiebeln eben darin Farbe annehmen lassen, dann Sellerie zufügen. 5 Min. leicht kochen lassen, dann Paprika und Okra zugeben. Salzen, das abgemessene Wasser zugießen und das Ganze 15–20 Min. zugedeckt köcheln lassen, oder bis die Okra weich sind. Abtropfen lassen, dann in eine vorgewärmte Schüssel geben und servieren.

Anmerkung: Man kann auch 4 geviertelte Tomaten zugeben und die Sauce mit Mehl andicken.

Mattar Panir

Für 4 Personen
Kalorien pro Portion: 335 (1395 kJ)
Proteingehalt pro Portion: 18 g
Vorbereitungs- u. Garzeit: 20 Min.

400 g frische oder tiefgefrorene
  gekochte Erbsen
6 EL Butter aus Büffelmilch oder
  abgeklärte Butter
225 g Panir (S. 200)
1 TL gemahlene Kurkuma
1 TL rotes Chilipulver
2 EL gehackter, frischer Koriander
Salz
1 Prise Zucker (nach Wunsch)

Die Butter in der Bratpfanne erhitzen, Erbsen, Kurkuma und Chilipulver 3–4 Min. bei mäßiger Hitze gut darin verrühren.

Panir zugeben, gut mischen und 2 Min. leicht kochen lassen. Gehackten Koriander einrühren, mit Salz und Pfeffer würzen und 10 Min. unter dem Siedepunkt köcheln lassen, bzw. bis die Erbsen weich sind. Wenn das Panir zu sauer ist, ein wenig Zucker einstreuen.

Okra in Eierteig

Für 4 Personen
Kalorien pro Portion: 300 (1255 kJ)
Proteingehalt pro Portion: 10 g
Vorbereitungs- u. Garzeit: 30 Min.

225 g geputzte Okra
Salz
Öl zum Fritieren
Eierteig (S. 194) mit ½ TL gemahlenem
  Cumin und ½ TL gemahlenem Zimt,
  in das gesiebte Mehl gerührt

Okra in kochendem Salzwasser 5–10 Min. garen, bis sie weich, aber nicht musig sind. Wasser abgießen und sofort unter kaltem Wasser abschrecken, dann wieder abtropfen lassen und trockentupfen.

Den Eierteig glattrühren, die Okra hineintauchen und portionsweise in Öl, Temperatur 180°C, goldbraun und knusprig fritieren. Auf Küchenkrepp abtropfen lassen und heiß mit pikanter Tomatensauce oder Sauce Tartare (S. 196 und S. 127) servieren.

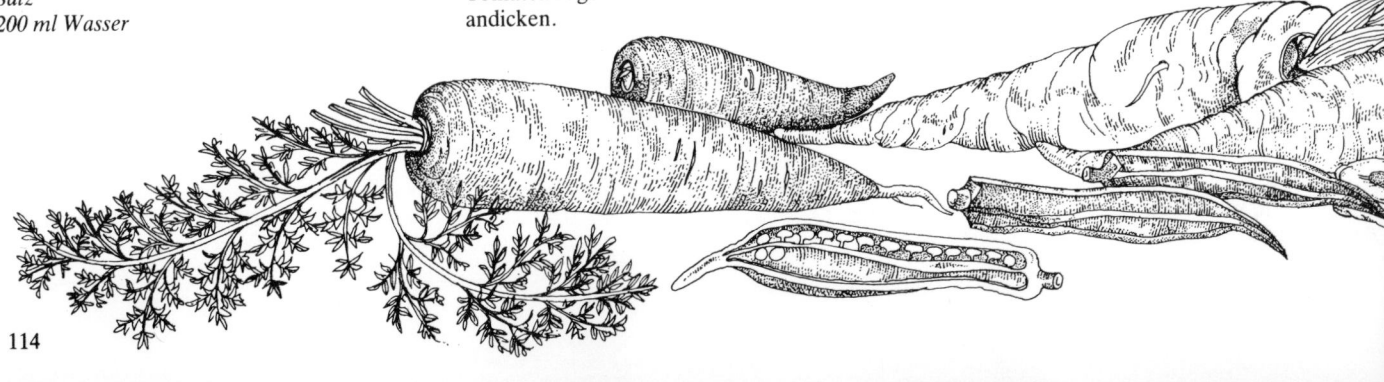

Karotten, deutsche Art, mit Äpfeln

Für 4 Personen
Kalorien pro Portion: 175 (726 kJ)
Proteingehalt pro Portion: 1,5 g
Vorbereitungs- u. Garzeit: 40−50 Min.

350 g geschabte, junge Karotten
Salz
175 g geschälte Kochäpfel, ohne Kern
  und Gehäuse
ein wenig Weizenschrotmehl
4 EL Oliven- oder Sonnenblumenöl
100 g Zwiebeln, in Ringe geschnitten
frisch gemahlener Pfeffer

Karotten längs in dünne Streifen schneiden und in einem großen Topf in Salzwasser 10−15 Min. gerade weich kochen; eine rostfreie Pfanne aus Edelstahl ist ideal; in einer gußeisernen können die Karotten sich verfärben. Wenn die Karotten gar sind, sollte nur mehr wenig Wasser übrigbleiben.

In der Zwischenzeit die Äpfel in 1 cm dicke Scheiben schneiden. In Mehl wälzen und in ca. 3 EL Öl braten; wenden und auf beiden Seiten bräunen. Sie dürfen nicht matschig werden – deshalb muß das Öl so heiß sein, daß sich außen eine knusprige Haut bilden kann. Auf Küchenkrepp abtropfen lassen und warm stellen, während Sie die Zwiebelringe im restlichen Öl anbraten. Wenn sie knusprig und goldbraun sind, abtropfen lassen. Karotten und Apfelscheiben abwechselnd auf eine Platte schichten, die Zwiebelringe darüberstreuen. Vor dem Servieren mit Salz und Pfeffer würzen.

Soufflé aus schwedischen Rüben

Für 4 Personen
Kalorien pro Portion: 165 (688 kJ) mit Rahm; 85 (355 kJ) ohne
Proteingehalt pro Portion: 7 g mit Rahm; 6 g ohne
Vorbereitungs- u. Garzeit: 50 Min.

450 g gehackte schwedische Rüben
Salz
2 EL Zwiebelsaft (S. 55)
¼ TL gemahlener Zimt
frisch gemahlener schwarzer Pfeffer
1 EL Wein oder Apfelweinessig
3 Eier, getrennt
Sauerrahm (nach Wunsch)

Schwedische Rüben in Salzwasser ca. 20 Min. kochen; sie sollten weich, aber nicht breiig sein. Im Mixer pürieren oder durch ein Sieb oder eine Gemüsepresse streichen. Das Zwiebelmus, Zimt, Pfeffer, Essig und ein wenig Salz zugeben und gut vermischen. Die Eigelb nacheinander unterrühren. Backofen auf 180°C, Gas Stufe 4, vorheizen.

Eiweiß steif schlagen, so daß ein Messerschnitt sichtbar bleibt, und unter das Püree heben. In eine heiße, gebutterte Souffléform füllen, die ca. 1 l faßt und im vorgeheizten Ofen 25 Min. backen. Mit ein wenig Sauerrahm servieren.

Karottenpastete

Für 4 Personen
Kalorioen pro Portion: 83 (349 kJ)
Proteingehalt pro Portion: 6 g
Vorbereitungs- u. Garzeit: 1 Std.

350 g geschabte, junge Karotten
2 Eier
150 ml Naturjoghurt
Salz und frisch gemahlener Pfeffer
¼ TL fein gehackter Thymian
50 g fein gehackte Zwiebeln
Saft und Rinde von ½ Zitrone

Karotten in ein wenig Salzwasser 10−15 Min. garen; wenn sie weich sind, sollte fast kein Wasser im Topf übrig sein. Backofen auf 200°C, Gas Stufe 6, vorheizen. Karotten mit den übrigen Zutaten im Mixer fein pürieren. Wenn Sie keinen Mixer haben, Karotten durch ein Sieb oder eine Gemüsepresse streichen und die übrigen Zutaten gut untermischen. In eine gut gebutterte Kuchenform von 18 cm Durchmesser, ca. 6 cm tief, füllen und im vorgeheizten Ofen ca. 30 Min. backen.

Aus dem Ofen nehmen und einige Minuten abkühlen lassen, bevor Sie die Pastete auf eine vorgewärmte, flache Platte stürzen. Mit gekochten Erbsen oder breiten Bohnen servieren.

Pastinakefrikadellen

Für 4 Personen
Kalorien pro Portion: 170 (701 kJ)
Proteingehalt pro Portion: 3,5 g
Vorbereitungs- u. Garzeit: 40 Min.

450 g gehackte Pastinake
Salz und ein wenig frisch gemahlener Pfeffer
50 g fein gehackte Zwiebeln
1 EL Oliven- oder Sonnenblumenöl
1 kleines Ei
eine Prise frisch gemahlene Muskatnuß
Öl zum Fritieren

Pastinake in Salzwasser 20−30 Min., oder bis sie weich, aber nicht breiig sind, garen. Zwiebeln in ein wenig Öl glasig dünsten. Pastinake durch ein Sieb oder eine Gemüsepresse streichen oder im Mixer pürieren, beiseite stellen und abkühlen lassen. Ei mit ½ TL Salz, Pfeffer und Muskat verquirlen; mit den gebratenen Zwiebeln zum Pastinakepüree geben und gut mischen.

Öl auf 180°C erhitzen und den Fritierkorb einhängen. Mit einem Eßlöffel Püree in der Größe von 2 Walnüssen abstechen, dabei noch vorhandene Stücke entfernen und langsam in das Öl geben. 3 oder 4 Stück gleichzeitig goldbraun und knusprig fritieren. Auf Küchentuch abtropfen lassen, warm stellen und servieren.

Glasierte Karotten mit Zimt

Für 4 Personen
Kalorien pro Portion: 100 (415 kJ)
Proteingehalt pro Portion: 1 g
Vorbereitungs- u. Garzeit: 40 Min.

450 g geschabte Karotten
Salz
50 g fein gehackte Zwiebeln
2 EL Oliven- oder Sonnenblumenöl
2 TL brauner Rohzucker
1 TL gemahlener Zimt

Schneiden Sie jede Karotte viermal längs gleich tief ein; schneiden Sie sie dann in 2 mm dicke Scheiben und kochen Sie sie in wenig Salzwasser im geschlossenen Topf ca. 5 Min., bis sie gerade weich sind.

Wenn sie fast gar sind, den Deckel abheben, die Hitze erhöhen und kochen lassen, bis sie fast trocken sind. In der Zwischenzeit Zwiebeln in Öl goldbraun braten, Zimt und Zucker zufügen und umrühren, bis die Zwiebeln damit überzogen sind. Karotten dazugeben und so lange rühren, bis sie ebenfalls glasiert sind. Sofort servieren.

Rote Bete in Joghurt

Für 4 Personen
Kalorien pro Portion: 115 (485 kJ)
Proteingehalt pro Portion: 5 g
Vorbereitungs- u. Garzeit: 15 Min.

450 g gekochte rote Bete, gewürfelt
(vorzugsweise gebacken)
1 EL gehackte Zwiebeln
1 EL Oliven- oder Sonnenblumenöl
1 EL Weizenschrotmehl
½ TL gemahlener Cumin
3 EL gehackte Petersilie
Salz
frisch gemahlener Pfeffer
200 ml Joghurt

Zwiebeln in Öl glasig dünsten, rote Bete gut einrühren, bis das Ganze heiß ist und zu braten beginnt. Mit Mehl bestäuben, Cumin, ⅔ der Petersilie, Salz und Pfeffer einrühren. Joghurt darübergießen und bei mäßiger Hitze rühren, bis die Masse eindickt. Dann die Hitze reduzieren und noch einige Min. köcheln lassen; mit ein wenig Petersilie bestreut servieren.

Lyoner Kartoffeln

Für 4 Personen
Kalorien pro Portion: 205 (850 kJ)
Proteingehalt pro Portion: 3 g
Vorbereitungs- u. Garzeit: 30 Min.

450 g Kartoffeln, in dünnen Scheiben
Salz
50 g Butter
225 g Zwiebeln, in Ringe geschnitten

Geben Sie die Kartoffelscheiben vorsichtig in kochendes Salzwasser und garen Sie sie in 10–15 Min. – sie sollten noch leicht fest sein. In der Zwischenzeit Butter in einer Pfanne mit festem Boden schmelzen, Zwiebeln darin bei mäßiger Hitze glasig dünsten, dabei von Zeit zu Zeit wenden, damit sie nicht anbrennen. Zwiebeln herausnehmen und warm halten. Streichen Sie die Butter durch ein Sieb in ein Gefäß, um Stücke zu entfernen, die sonst anbrennen und den Geschmack des Gerichtes beeinträchtigen würden. Pfanne mit Küchenkrepp auswischen und die Butter zurückgießen.

Kartoffeln abgießen, mit Küchenkrepp abtrocknen, dann auf beiden Seiten in der mit Zwiebeln aromatisierten Butter in 2 oder 3 Portionen knusprig und goldbraun braten. Kartoffeln und Zwiebeln abwechselnd auf eine vorgewärmte Servierplatte schichten und mit ein wenig Salz bestreuen.

Süße Kartoffeln Louisiana

Für 4 Personen
Kalorien pro Portion: 190 (807 kJ)
Proteingehalt pro Portion: 2 g
Vorbereitungs- u. Garzeit: 1 Std. 20 Min.

700 g süße Kartoffeln
Salz
15 g Butter
25 g fein gehackte Zwiebeln
½ EL Weizenschrotmehl
100 ml Gemüsebrühe
2 EL gehackte Petersilie
1 EL Zitronensaft

Kartoffeln waschen und in der Schale in kochendem Salzwasser mindestens 40 Min. garen, so daß man sie leicht mit einem Holzstäbchen einstechen kann; sie sollten aber noch etwas fest sein. Leicht abkühlen lassen, schälen und mit einem Melonenausstecher Bällchen in Walnußgröße ausstechen.

Butter in einer kleinen Pfanne schmelzen und Zwiebeln bei mäßiger Hitze darin glasig dünsten. Mit Mehl bestäuben und rühren, bis die Zwiebeln glasiert sind, dann die Brühe zugießen und rühren, bis sie kocht und eindickt.

Die Hälfte der Petersilie und Zitronensaft zufügen, Kartoffeln hineingeben, wenn nötig ein wenig Brühe nachgießen. Schnell erwärmen, rühren, bis sie gut mit Sauce und Petersilie bedeckt sind, dann auf einer vorgewärmten Platte anrichten und mit der restlichen Petersilie bestreuen.

Anmerkung: Wollen Sie einen stärkeren Zitronengeschmack, geben Sie die abgeriebene Schale von ½ Zitrone in die Sauce.

Himmel und Erde (Kartoffeln und Äpfel)

Für 4 Personen
Kalorien pro Portion: 245 (1016 kJ)
Proteingehalt pro Portion: 2,5 g
Vorbereitungs- u. Garzeit: 30 Min.

350 g gewürfelte Kartoffeln
Salz
450 g Kochäpfel
225 g Zwiebeln, in dünnen Scheiben
½ TL gemahlener Zimt
4 EL Oliven- oder Sonnenblumenöl

Kartoffeln in gut gesalzenem Wasser 10 Min. kochen; sie sollten noch fest sein. In der Zwischenzeit Äpfel schälen und würfeln und nach 7 Min. Garzeit zu den Kartoffeln geben – die Äpfel sollten weich, aber nicht breiig kochen. Zwiebeln mit Zimt in der Hälfte des Öls in einer Pfanne mit festem Boden goldbraun dünsten. Herausnehmen und warm halten.

Die Pfanne auswischen, auf das Feuer zurückstellen und das restliche Öl hineingeben.

Kartoffeln und Äpfel abgießen, mit Küchenkrepp abtrocknen und in das heiße Öl geben. Braten, bis sie gerade braun werden, dabei vorsichtig wenden. Dabei sollten die Äpfel und Kartoffeln fertig garen. Auf einer heißen Platte anrichten, die Zwiebeln darüberstreuen und servieren.

Dauphin Kartoffeln

Für 4 Personen
Kalorien pro Portion: 275 (1150 kJ)
Proteingehalt pro Portion: 7 g
Vorbereitungs- u. Garzeit: 1 Std.

550 g Kartoffeln, in dünnen Scheiben
40 g Butter
500 ml Milch
1 TL Salz
frisch gemahlener schwarzer Pfeffer
1 Lorbeerblatt (nach Wunsch)
1 Knoblauchzehe, geschält (nach Wunsch)

Backofen auf 200°C, Gas Stufe 6, vorheizen. Eine feuerfeste Form von ca. 23 cm Durchmesser mit 1/3 der Butter ausstreichen. Milch in einem Topf erhitzen, restliche Butter, Salz, Pfeffer und Lorbeerblatt, nach Wunsch, zufügen. Falls gewünscht, die Form mit der Knoblauchzehe einreiben.

Kartoffeln überlappend in die Form schichten, die Milch darübergießen. Im vorgeheizten Ofen 45 Min. backen, bis die Kartoffeln weich und oben braun sind und die Milch zu einer cremigen Sauce geworden ist.

Links: Dauphin Kartoffeln, ein klassisches franz. Gericht, mit Knoblauch, in einer cremigen Sauce; Rechts: Knusprige Schweizer Rösti, in Butter gebraten – ein delikates Kartoffelgericht

Schweizer Rösti

Für 4 Personen
Kalorien pro Portion: 145 (602 kJ)
Proteingehalt pro Portion: 2 g
Vorbereitungs- u. Garzeit: 35 Min.

450 g große Kartoffeln, in dicken Scheiben
25 g ungesalzene Butter
Salz
frisch gemahlener schwarzer Pfeffer

Kartoffeln vorsichtig in kochendes Wasser geben und 10 Min. garen. Abgießen und abkühlen lassen.

Butter bei schwacher Hitze in einer Pfanne mit festem Boden schmelzen, Kartoffeln mit einer groben Reibe in die Butter raffeln, mit Salz und Pfeffer würzen.

Mit 2 Gabeln die Ecken begradigen, so daß ein runder »Kuchen« von 18 cm Durchmesser, ca. 1 cm dick, entsteht. Zugedeckt bei mäßiger bis schwacher Hitze ca. 10 Min. braten. Deckel entfernen, dann auf der anderen Seite weitere 10 Min. braten. Sofort servieren.

Jerusalem-Artischocken, provençalische Art

Für 4 Personen
Kalorien pro Portion: 90 (383 kJ)
Proteingehalt pro Portion: 2,5 g
Vorbereitungs- u. Garzeit: 30 Min.

450 g Jerusalem-Artischocken,
* in dünne Scheiben geschnitten*
50 g fein gehackte Zwiebeln
2 EL Oliven- oder Sonnenblumenöl
225 g geschälte Tomaten, grob gehackt
1 große Knoblauchzehe, geschält und fein
* gehackt*
Salz
frisch gemahlener schwarzer Pfeffer
1 EL fein gehackte Petersilie

Zwiebeln in Öl glasig dünsten; Artischocken-scheiben bei milder Hitze einige Minuten mit-braten, bis sie gerade Farbe annehmen. To-maten, Knoblauch, Salz und Pfeffer zugeben und die Hitze erhöhen. Aufkochen lassen und kochen, bis die Tomaten musig sind und die meiste Flüssigkeit verdampft ist, so daß die Artischockenscheiben von einem ziemlich dicken Püree bedeckt sind. Nicht zu lange ko-chen, am Pfannenboden ansetzen oder an-brennen lassen! In eine heiße, flache Form ge-ben, mit Petersilie bestreuen und servieren.

Gebackenes Wintergemüse

Für 4 Personen
Kalorien pro Portion: 375 (1576 kJ)
Proteingehalt pro Portion: 8 g
Vorbereitungs- u. Garzeit: 1 Std. 20 Min.

4 mittelgroße Kartoffeln
4 Pastinaken
4 mittelgroße Zwiebeln
450 g Kürbis
ein wenig Oliven- oder Sonnenblumenöl
Salz
frisch gemahlener Pfeffer
ein wenig gemahlener Zimt

Alle Gemüse waschen und schälen. Kartof-feln halbieren, Pastinaken längs halbieren und Kürbis in 8 cm große Stücke schneiden. Alle Gemüse in einen Topf geben, mit heißem Wasser bedecken und zum Kochen bringen. Backofen auf 200°C, Gas Stufe 6, vorheizen. Gemüse sofort abtropfen lassen, in eine Pfan-ne ca. 5 mm Öl gießen, Gemüse hineingeben und mit ein wenig Öl bestreichen. Kräftig mit Salz und Pfeffer würzen, Pastinaken und Kür-bis mit Zimt bestreuen. Im vorgeheizten Ofen 45 Min. bis 1 Std. backen; während der Gar-zeit das Gemüse dreimal wenden.

Lauch in Rotwein

Für 4 Personen
Kalorien pro Portion: 95 (400 kJ)
Proteingehalt pro Portion: 2 g
Vorbereitungs- u. Garzeit: 30 Min.

Geputzt ca. 450 g Lauch, in
* gleichlange Stücke geschnitten, längs*
* halbiert*
2 EL Oliven- oder Sonnenblumenöl
1 TL zerdrückter Koriander
200 ml Rotwein

Öl in einer Pfanne mit festem Boden erhitzen, den Lauch so hineinlegen, daß alle Stangen in die gleiche Richtung zeigen, und mit dem zer-drückten Koriander bestreuen. Bei milder Hitze ca. 5 Min. garen, bis er gerade Farbe an-nimmt. Vorsichtig wenden und auf der ande-ren Seite in der gleichen Zeit anbräunen, dann den Wein zugießen und zugedeckt 10 Min. kö-cheln lassen; kalt serviert eine sehr gute Vor-speise.

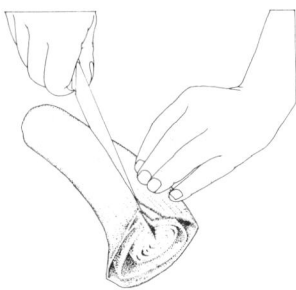

1. Lauch längs fast bis zum Ende aufschlit-zen.

2. Fächerförmig, Oberseite nach unten, auffalten und unter Wasser Schmutzteile ent-fernen.

Gebackene Gewürzzwiebeln

Für 4 Personen
Kalorien pro Portion: 125 (535 kJ)
Proteingehalt pro Portion: 3 g
Vorbereitungs- u. Garzeit: 35 Min.

4 mittelgroße Zwiebeln,
* jede ca. 100 g schwer*
2 EL Oliven- oder Sonnenblumenöl
½ TL gemahlener Cumin
½ TL gemahlener Koriander
Salz
frisch gemahlener schwarzer Pfeffer
8 gehäufte EL Brösel aus frischem
* Weizenschrotbrot*

Von den Zwiebeln die braune, äußere Haut entfernen; quer halbieren. In kochendem Wasser 10 Min. garen, die Mitte aushöhlen, so daß nur 2 Schichten außen stehenbleiben. Backofen auf 180°C, Gas Stufe 4, vorheizen.

Öl in einer kleinen Pfanne erhitzen, die Ge-würze mit Salz und Pfeffer darin ca. 10 Sek. anbraten, die ausgelösten Zwiebelstücke hak-ken und goldgelb darin anbraten. Brösel zu-fügen und gut vermischen. Füllung in die 8 Zwiebelgehäuse geben und auf ein gut geöl-tes Backblech legen. Im vorgeheizten Ofen 15–30 Min. backen, bis sie weich sind. Wenn die Zwiebeln zu schnell braun werden, mit Fo-lie abdecken.

Frühlingszwiebeln in Butter

Für 4 Personen
Kalorien pro Portion: 146 (612 kJ)
Proteingehalt pro Portion: 2 g
Vorbereitungs- u. Garzeit: 15 Min.

450 g Frühlingszwiebeln, in gleichlange
* Stücke geschnitten, dabei 10 cm der*
* grünen Spitze stehenlassen*
40 g Butter
einige Tropfen Zitronensaft
4–8 EL Brösel aus Weizenschrotbrot
Salz
frisch gemahlener Pfeffer

Butter in einer Pfanne mit festem Boden schmelzen und die Zwiebeln darin 5–10 Min. anbraten, bis die Blätter zusammenfallen und ihre Schärfe verloren haben. Wenn alle Zwie-beln beim Anbraten in der gleichen Richtung liegen, sieht das fertige Gericht ansprechen-der aus.

Zwiebeln mit einigen Tropfen Zitronensaft beträufeln, um die Öligkeit der Butter auszu-gleichen. Mit soviel Brösel bestreuen, daß die restliche Butter aufgesogen wird, mit Salz und Pfeffer würzen und servieren – ein einfaches Gericht mit einem Hauch von Luxus.

Peperonata

Peperonata läßt sich auch sehr gut kalt servieren.

Für 4 Personen
Kalorien pro Portion: 110 (473 kJ)
Proteingehalt pro Portion: 2,5 g
Vorbereitungs- u. Garzeit: 45 Min.

350 g reife Tomaten, geviertelt
200 ml Rotwein
2 Lorbeerblätter
2 Knoblauchzehen, geschält und gehackt
225 g Zwiebeln, in dünnen Scheiben
2 EL Oliven- oder Sonnenblumenöl
350 g rote Paprikaschoten, in Streifen
Salz

Tomaten mit Wein, Lorbeerblättern und Knoblauch in einem Topf zum Kochen bringen. Hitze reduzieren und Tomaten zu Püree einkochen lassen. Zwiebeln in Öl anbraten, bis sie gerade Farbe annehmen. Paprikastreifen bei milder Hitze 10 Min. mitbraten, dabei umrühren, um ein Anbrennen zu verhindern. Tomaten abgießen und durch ein Sieb streichen; in die Pfanne zurückschütten, wenn nötig, auf 450 g einkochen lassen.

Diese Sauce zu den Paprika und Zwiebeln geben und 20 Min. zugedeckt köcheln lassen, dabei gelegentlich umrühren, damit sie nicht anbrennt. Mit einfach gekochtem italienischem Langkorn-Reis servieren, damit sich die Sauce gut aufnehmen läßt.

Zucchini mit Salbei und Käsesauce

Für 4 Personen
Kalorien pro Portion: 180 (758 kJ)
Proteingehalt pro Portion: 7 g
Vorbereitungs- u. Garzeit: 45 Min.
   (incl. Salzen der Zucchini)

450 g Zucchini, längs geviertelt
Salz

Die Sauce:
25 g Butter
25 g fein gehackte Zwiebeln
20 g Weizenschrotmehl
300 ml Milch
50 g geriebener Cheddarkäse
½–1 TL fein gehackter Salbei
Salz
frisch gemahlener Pfeffer
100 ml trockener Weißwein

Zucchini mit Salz bestreuen und 30–45 Min. einziehen lassen. In der Zwischenzeit die Sauce zubereiten; Butter in einer kleinen Pfanne schmelzen, und die Zwiebeln darin leicht Farbe annehmen lassen. Das Mehl gut einrühren, Pfanne vom Feuer nehmen und langsam unter ständigem Rühren die Milch zugießen. Pfanne auf das Feuer zurückstellen, Sauce aufkochen lassen, dabei ständig umrühren, bis sie eindickt. Geriebenen Käse, gehackten Salbei oder ½ TL getrockneten Salbei zugeben und mit Salz und Pfeffer würzen. Sauce mit gebuttertem Pergamentpapier abdecken und ins Wasserbad stellen; Sauce 30 Min. bei schwacher Hitze köcheln und durchziehen lassen.

Zucchini abspülen, trockentupfen und in wenig Wasser – wenn nötig, salzen – 10–15 Min. garen. 5 Min. vor dem Servieren den Weißwein in die Sauce geben, dann Sauce aus dem Wasserbad nehmen und aufkochen lassen. Nachwürzen, wenn nötig; Zucchini herausnehmen, abtropfen lassen, die Sauce darübergießen und servieren.

Baby-Squash mit Eiern

Für 4 Personen
Kalorien pro Portion: 130 (537 kJ)
Proteingehalt pro Portion: 7 g
Vorbereitungs- u. Garzeit: 20–25 Min.

2 Squash (kleine Eierkürbisse),
*   pro Stück ca. 225 g schwer*
Salz
4 TL Butter
frisch gemahlener Pfeffer
4 kleine Eier, getrennt

Squash in kochendem Salzwasser zwischen 10 und 20 Min. weich garen. Abtropfen lassen und halbieren. Mit einem Teelöffel ein wenig Fruchtfleisch aus der Mitte ausschaben und 1 TL Butter hineingeben; wenn sie geschmolzen ist, mit ein wenig Salz und Pfeffer bestreuen und mit einer Gabel einstechen, damit die Butter einziehen kann. Ein Eigelb in jede gebutterte Höhlung geben, dabei aufpassen, daß es nicht zerläuft; mit 2 parallel gehaltenen Messern das Eiweiß glatt schlagen. Soviel Eiweiß in die Höhlung geben, daß sie gut ausgefüllt ist; Squash 3–4 Min. im Dampf garen, bzw. bis das Eiweiß eben fest und das Eigelb noch flüssig ist.

Zucchini Provençales

Für 4 Personen
Kalorien pro Portion: 100 (405 kJ)
Proteingehalt pro Portion: 2 g
Vorbereitungs- u. Garzeit: 1 ½ Std.
   (incl. Salzen)

450 g Zucchini, in Scheiben geschnitten
Salz
100 g Zwiebeln, in dünnen Scheiben
2 EL Olivenöl
350 g geschälte Tomaten, geviertelt
1–2 Knoblauchzehen, geschält und zerdrückt
1 EL gehackte Petersilie

Zucchini salzen und 30–45 Min. stehenlassen. Abspülen und mit Küchenkrepp trockentupfen. Zwiebeln in Öl goldbraun braten, mit einer Schaumkelle herausnehmen, dabei achtgeben, daß keine Reste zurückbleiben, die anbrennen und den Geschmack des Gerichtes beeinträchtigen. Zucchini in die Bratpfanne geben, die Hitze ein wenig vergrößern, damit sie leicht anbräunen, aber nicht anbrennen – aber nicht im eigenen Saft schmoren lassen. Wenn sie braun sind, Hitze reduzieren und ein wenig Saft ansammeln lassen; Tomaten und Knoblauch zufügen, salzen und so lange kochen, bis die Zucchini weich sind und nur noch wenig Saft übrigbleibt. Zwiebeln zugeben, in einer heißen Schüssel anrichten und mit Petersilie bestreut servieren. Dieses Gericht läßt sich auch mit Okra zubereiten.

Gratinierte Auberginen

Für 4 Personen
Kalorien pro Portion: 170 (721 kJ)
Proteingehalt pro Portion: 12 g
Vorbereitungs- u. Garzeit: 1½ Std.

600 g Auberginen
knapp 200 ml Milch oder
*   Schlagrahm*
2 Eier
Salz
1 Knoblauchzehe, geschält und gehackt
50 g Brösel aus frischem Weizenschrotbrot
50 g geriebener Cheddarkäse

Die Auberginen abwischen, die Haut einstechen und in Folie einwickeln. Im Backofen bei mittlerer Hitze, 180°C, Gas Stufe 4, 45 Min. backen, bzw. bis sie weich sind. Leicht abkühlen lassen und das Fruchtfleisch aus der Haut lösen. Im Mixer mit Milch, Eiern, Salz und Knoblauch fein pürieren oder durch ein Sieb streichen, und dann die übrigen Zutaten untermischen. Püree in eine flache, feuerfeste Form, ca. 30 cm lang, geben. Zuerst Brösel darüberstreuen, dann den Käse; im vorgeheizten Ofen 20–30 Min. backen und servieren.

119

Gebackener, pikanter Kürbis

Für 4 Personen
Kalorien pro Portion: 125 (510 kJ)
Proteingehalt pro Portion: 4 g
Vorbereitungs- u. Garzeit: 45 Min.

450 g geschälter Kürbis, in 1 cm
  dicke Stücke geschnitten
ein wenig Oliven- o. Sonnenblumenöl
25 g fein gehackte Zwiebeln
15 g Butter o. 1 EL Öl
Salz
frisch gemahlener Pfeffer
1 Ei
200 ml Milch
1 EL gehackte Petersilie

Backofen auf 200°C, Gas Stufe 6, vorheizen. Kürbis mit ein wenig Öl beträufeln und die Stücke nebeneinander in eine gut geölte Backform, möglichst aus Metall, geben. Im vorgeheizten Ofen 30 Min. backen. Gehackte Zwiebeln in Butter oder Öl gerade Farbe annehmen lassen.

Wenn der Kürbis weich ist, mit Salz und Pfeffer bestreuen. Ei mit Milch verquirlen, Petersilie, Zwiebeln und Salz zufügen. Die Masse über den Kürbis gießen und im Ofen weitere 10 Min. backen, dann servieren.

Champignons und Lauch mit Bohnenkäse, rührgebraten

Für 4 Personen
Kalorien pro Portion: 120 (507 kJ)
Proteingehalt pro Portion: 7 g
Vorbereitungs- u. Garzeit: 20 Min.

225 g vorbereiteter Lauch, in
  4 cm lange Stücke geschnitten
2 EL Pflanzenöl
225 g Champignons, in Scheiben
1 EL Sojasauce
225 g Bohnenkäse, in dünnen Scheiben

Lauch in der Hälfte des Öls in der Bratpfanne oder im Wok bei mäßiger Hitze ein paar Minuten anbraten, bis er gerade weich ist. Champignons und Sojasauce zugeben und rührbraten, bis sie gar sind. Aus der Pfanne nehmen und warm stellen, während Sie den Bohnenkäse im restlichen Öl auf beiden Seiten knusprig und goldbraun braten. Beim Braten aufpassen, da der Bohnenkäse spritzen kann! Lauch und Champignons in eine vorgewärmte Schüssel geben und den Bohnenkäse darauf anrichten. Sie können auch das Gemüse mit dem Bohnenkäse in die Pfanne zurückgeben, und vor dem Servieren noch einige Minuten rührbraten.

Champignon-Pudding

Für 4 Personen
Kalorien pro Portion: 365 (1534 kJ)
Proteingehalt pro Portion: 11 g
Vorbereitungs- u. Garzeit: 1 Std. 20 Min.

450 g grob gehackte Champignons
50 g fein gehackte Zwiebeln
2 EL Oliven- o. Sonnenblumenöl
Salz
frisch gemahlener schw. Pfeffer
50 g Brösel aus frischem Weizenschrotbrot
2 Eier, gut verquirlt
150 ml Sauerrahm
300 ml Braune Sauce zum Servieren (S. 196)

Zwiebeln in Öl bräunen, mit Salz und Peffer würzen und Champignons zufügen. Weiterkochen, bis der Saft fast verdunstet ist, dann die Pfanne vom Feuer nehmen, Masse leicht abkühlen lassen, dann Brösel, Eier und Sauerrahm zugeben. Gut mischen und in eine gut gebutterte Puddingform, die ½ l faßt, füllen; mit Pergamentpapier abdecken und fest verschließen. In einen Topf mit kochendem Wasser stellen und ca. 1 Std. kochen lassen, wenn nötig, Wasser nachgießen. Stürzen und mit einer gehaltvollen Braunen Sauce servieren.

Champignons in Joghurt-Creme

Für 4 Personen
Kalorien pro Portion: 120 (502 kJ)
Proteingehalt pro Portion: 6 g
Vorbereitungs- u. Garzeit: 20 Min.

450 g Champignons, gebürstet o. geschält
300 ml Naturjoghurt
100 g fein gehackte Zwiebeln
2 EL Olivenöl
Salz

Zwiebeln in Öl goldbraun braten. Champignons, in 2 cm große Stücke geschnitten, zufügen. Mit einem Holzlöffel pressen, bis der Saft austritt, dann die nächste Portion zugeben. Anbraten, bis sie glänzend und dunkel sind, ein wenig Saft abgießen und Joghurt und Salz zufügen. (Ich nehme Joghurt, der 2 Tage gestanden hat, weil die Kultur dann kräftiger ist.) Handelsüblicher ist zu fest und zu mild.) Weiterkochen, bis alle Flüssigkeit verdunstet ist und die Champignons nur noch von einer Paste bedeckt sind. In eine vorgewärmte Schüssel füllen.

Dieses Gericht eignet sich auch gut als Füllung für einen Brandteigboden.

Gefüllte Champignons

Für 4 Personen
Kalorien pro Portion: 265 (1108 kJ)
Proteingehalt pro Portion: 17 g
Vorbereitungs- u. Garzeit: 40 Min.

450 g große Feldchampignons
100 g fein gehackte Zwiebeln
75 g Butter
350 g gekochte Linsen – 150 g ungekocht
1 Knoblauchzehe, geschält u. gehackt
2 EL gehackte Petersilie
1 EL Zitronensaft
Salz u. frisch gemahlener Pfeffer

Zwiebeln in der Hälfte der Butter goldbraun braten, Pilze abschälen und Stämme entfernen; diese zu den Zwiebeln geben und 2–3 Min. mitbraten. Eine flache, feuerfeste Form gut buttern und den Boden mit der Hälfte der Champignons bedecken, Lamellen zuoberst.

Backofen auf 200°C, Gas Stufe 6, vorheizen. Linsen, Knoblauch und Petersilie zu den gegarten Zwiebeln geben; gut mischen und weiterkochen, bis die Linsen gut heiß sind. Wenn nötig, ein wenig Wasser nachgießen, um ein Anbrennen zu verhindern. Ein oder zwei Eßlöffel Linsenfüllung in jeden Champignon geben und mit Zitronensaft beträufeln. Mit Salz und Pfeffer würzen, die gefüllten Champignons mit den restlichen Champignons bedecken, Lamellen nach unten, dann die restliche Butter schmelzen und die Oberseite damit bestreichen. 30 Min. backen.

Weitere Gemüsebeilagen für den verwöhnten Gaumen. Oben: Gebackener, würziger Kürbis. Mitte: Chinesische Champignons und Lauch, rührgebraten, mit Bohnenkäse. Unten: Große Feldchampignons, gefüllt mit Linsen und Zwiebeln.

Deutscher Brot- u. Tomatenpudding

Für 4 Personen
Kalorien pro Portion: 210 (872 kJ)
Proteingehalt pro Portion: 9 g
Vorbereitungs- u. Garzeit: 40 Min.

ca. 8 waffeldünne Scheiben
  Weizenschrotmehlbrot
175 g fein gehackte Zwiebeln
25 g Butter
2—3 EL Brösel aus frischem Weizenschrotbrot
450 g Tomaten, in Scheiben
¼ TL geriebene Muskatnuß
1 Ei
150 ml Milch
Salz
1—2 EL geriebener Cheddarkäse

Backofen auf 200°C, Gas Stufe 6, vorheizen. Zwiebeln in Butter goldbraun braten. Eine feuerfeste Form von 23 cm Durchmesser gut mit Butter einpinseln, den Boden mit Brotscheiben bedecken, dabei 3 oder 4 aufheben. Zwischenraum mit Bröseln ausfüllen. Wenn die Zwiebeln gar sind, die Butter aus der Pfanne über das Brot gießen, mit der Hälfte der Zwiebeln und Muskat bestreuen. Eine Schicht Tomaten darauf legen, mit den restlichen Zwiebeln bestreuen und die restlichen Brotscheiben darauf geben. (Dieses Mal die Zwischenräume nicht mit Bröseln füllen.)

Ei mit Milch und einer Prise Salz verquirlen und über den Pudding gießen. Mit Käse bestreuen und im vorgeheizten Ofen 30 Min. überbacken.

Dies ist ein sättigendes Gericht; mit Salat auch gut als leichtes Mittag- oder Abendessen.

Roter Bohnenkäse mit Bohnenschößlingen

Für 4 Personen
Kalorien pro Portion: 235 (992 kJ)
Proteingehalt pro Portion: 9 g
Vorbereitungs- u. Garzeit: 30 Min.

225 g Bohnenkäse, in 1 cm dicke
  Scheiben geschnitten
4 EL Pflanzenöl
4 EL Sojasauce
100 g fein gehackte Zwiebeln
100 g Gurken, längs geviertelt, dann
  in Scheiben geschnitten
100 g Bohnenschößlinge
1 Knoblauchzehe, geschält und sehr
  fein gehackt
2 EL Sherry
2 TL Essig
4 EL Wasser
1 TL Maismehl
2 hartgekochte Eier, grob gehackt

Bohnenkäse in Öl braten, bis die Außenseiten goldbraun sind. Mit 3 EL Sojasauce begießen, vom Feuer nehmen und marinieren lassen, dabei von Zeit zu Zeit wenden.

Zwiebeln im restlichen Öl weich dünsten. Gurken und Bohnenschößlinge zugeben und 1½ Min. rührbraten, dann Knoblauch, den restlichen EL Sojasauce, Sherry, Essig und das mit Wasser vermischte Mehl zugeben. Weiterkochen, bis die Sauce eindickt. Den abgetropften Bohnenkäse dazugeben und heiß werden lassen. In eine vorgewärmte, flache Schüssel geben, die gehackten Eier in der Mitte anrichten und mit der restlichen Sojasauce, die von der Marinade übriggeblieben ist, beträufeln. Sofort servieren.

Frühlingsrollen

Für 4 Personen
Kalorien pro Portion: 1155 (4415 kJ)
Proteingehalt pro Portion: 13 g
Vorbereitungs- u. Garzeit: 1 Std.

3 große Frühlingszwiebeln, fein gehackt,
50 g fein gehackte Champignons,
2 EL Pflanzenöl,
100 g Sojabohnensprossen,
50 g fein geraffelter Chinakohl
100 g gewürfelter Bohnenkäse
1 EL Sojasauce
1 TL Maismehl
350 g Blätterteig (Grundrezept S. 194)

Backofen auf 200° C, Gas Stufe 6, vorheizen. Frühlingszwiebeln, u. Champignons in Öl bei mäßiger Hitze so lange rührbraten, bis sie weich sind u. der Saft ausläuft. Bohnensprossen, Kohl u. Bohnenkäse zufügen und noch 2 Min. kochen. Sojasauce eingießen, Maismehl über das Gemüse streuen, dann alles vermischen u. rühren, bis die Masse eindickt. Abkühlen lassen.

Teig dünn zu einem Rechteck von 30 x 40 cm Größe ausrollen; dieses in 4 gleich große Rechtecke schneiden. Wenn die Füllung fast kalt ist, auf die 4 Rechtecke verteilen. Seiten nach innen einschlagen u. aufrollen. Mit der Nahtstelle nach unten auf ein gut geöltes Backblech legen u. im vorgeheizten Ofen ca. 20 Min. backen, bis die Rollen knusprig u. goldbraun sind. Heiß servieren.

Süß-saurer Kohl

Für 4 Personen
Kalorien pro Portion: 115 (490 kJ)
Proteingehalt pro Portion: 2 g
Vorbereitungs- u. Garzeit: 30 Min.

225 g geraffelter Weißkohl
1 EL Oliven- o. Sonnenblumenöl
50 g fein gehackte Zwiebeln
8 fein zermahlene Gewürznelken
1—2 Prisen fein gemahlener Kümmel
  o. Anissamen
1—2 EL Honig
½ TL frische Ingwerwurzel,
  geschält u. fein gehackt
2—3 EL Apfelwein o. Weinessig
25 g halbierte, blanchierte Mandeln
50 g grob geraffelte Karotten
ein kleines Stück eingelegter Ingwer,
  fein gehackt (n. Wunsch)

Öl im Wok oder einer Bratpfanne erhitzen; Zwiebeln darin weich, aber nicht braun braten. Fein gemahlene Gewürze und Kohl zufügen und mitbraten, bis der Kohl zusammenfällt und feucht wird. Honig und Ingwerwurzel zugeben, und wenn der Honig geschmolzen ist, Essig zugießen. Weiterkochen, bis der Kohl weich ist, aber noch Biß hat; das sollte ca. 10 Min. dauern.

Mandeln, Karotten und eingelegten Ingwer, nach Wunsch, untermischen und sofort servieren.

Rührgebratene Sojabohnensprossen

Für 4 Personen
Kalorien pro Portion: 250 (1047 kJ)
Proteingehalt pro Portion: 4 g
Vorbereitungs- u. Garzeit: 15 Min.

400 g Bohnensprossen
50 g fein gehackte Zwiebeln
25 g fein gehackte, frische Ingwerwurzel
1 Knoblauchzehe, geschält und sehr
  fein gehackt,
3 EL Pflanzenöl,
6 Scheiben Wasserkastanie
100 g grob gehackte Brunnenkresse
1 TL Salz
2 EL Sherry
1 EL Sojasauce
½ TL Glutamat
(nach Wunsch)
½ EL Sesamöl

Zwiebeln, Ingwer u. Knoblauch in Öl weich, aber nicht braun braten. Bohnensprossen, Wasserkastanien, Brunnenkresse u. Salz zufügen u. 2—3 Min. unter ständigem Wenden rührbraten. Sherry, Sojasauce, Glutamat (wenn erwünscht) u. Sesamöl zugießen und weitere 2—3 Min. rührbraten. Heiß auf einer flachen Servierplatte anrichten.

Gebratener Reis

Für 6 Personen
Kalorien pro Portion: 385 (1607 kJ)
Proteingehalt pro Portion: 13 g
Vorbereitungs- u. Garzeit: 30 Min.

400 g trockener, gekochter Reis
100 g fein gehackte Zwiebeln
4 EL Pflanzenöl
4 Eier
Salz
100 g gekochte Erbsen
100 g gekochte Maiskörner
100 g streifig geschnittener Lauch
100 g fein gehackte Champignons
2 EL Sojasauce
frisch gemahlener Pfeffer
1—2 EL gehackte Petersilie

Zwiebeln in 1 EL Öl goldbraun braten. Eier mit ½ TL Salz verquirlen, in die Pfanne mit Zwiebeln gießen und leicht stocken lassen. Herausnehmen und warm halten. Einen weiteren EL Öl in die Pfanne geben u. Erbsen u. Mais 2 Min. darin anbraten. Lauch weitere 1½ Min. unterrühren. Dann die Champignons zufügen u. so lange mitbraten, bis ihre Flüssigkeit fast ganz verdampft ist. Aus der Pfanne nehmen und warm stellen.

Restliches Öl in die Pfanne gießen u. den Reis bei mäßiger Hitze darin anbraten, bis er ganz heiß ist; dabei ständig mit einem Spatel wenden, damit er nicht klebt u. anbrennt. Wenn er richtig heiß ist, Gemüse, Eier u. Sojasauce hineingeben. Leicht mischen, wenn nötig, mit Salz u. Pfeffer würzen u. mit gehackter Petersilie bestreut servieren.

Hülsenfrüchte u. Getreideprodukte waschen, einweichen u. kochen

Waschen

Trockene Hülsenfrüchte o. Getreideprodukte auf einer sauberen, glatten Arbeitsfläche ausbreiten u. Steine oder Fremdkörper entfernen; dann in ein Gefäß mit Wasser geben und die, die oben schwimmen, aussortieren, ebenso wie Holzstückchen oder Blattreste.

Einweichen

2- bis 3mal in frischem Wasser waschen; Linsen u. Erbsen 1—2 Std., Bohnen u. Kichererbsen über Nacht einweichen. Reis, Weizenkörner u. Polenta müssen vorher nicht eingeweicht werden.

Bohnen kann man auch, um ihnen ihren blähenden Effekt zu nehmen, mit reichlich kaltem Wasser bedeckt aufsetzen, zum Kochen bringen u. 5 Min. leicht köcheln lassen; dann vom Feuer nehmen u. leicht abkühlen lassen. Das Wasser abgießen, in frischem Wasser kochen, bis sie gar sind.

Kochen

Zeit u. Art des Trocknens bestimmen, wie lange Hülsenfrüchte u. Getreideprodukte gekocht werden müssen. Folgende Zeiten gelten nur als grobe Richtlinie:
Die Wassermenge, in der Bohnen, Erbsen u. Linsen gekocht werden, sollte das Dreifache ihres Eigengewichts betragen. Bohnen, Erbsen o. Linsen aufkochen u. teilweise bedeckt köcheln lassen, bis sie weich sind; gegen Ende der Kochzeit salzen u. wenn nötig, Wasser nachgießen. Restliches Wasser für Brühe verwenden.

Die meisten Bohnenarten wie auch Kichererbsen brauchen 1—2 Std., Sojabohnen 3—5 Std., bis sie gar sind; braune u. grüne Linsen 30 Min.—1 Std. Gelbe oder rote Spaltlinsen u. gelbe oder grüne Spalterbsen brauchen 30 bis 45 Minuten.

Braunen oder polierten weißen Reis in 2½ mal soviel gesalzenem Wasser wie Eigengewicht aufkochen u. zugedeckt bei milder Hitze köcheln lassen. Brauner Reis braucht 35—40 Min., polierter weißer 12—15 Min. Gekochten Reis in ein Sieb geben, eine Kanne kochendes Wasser darübergießen, um die Stärke zu entfernen u. gut abtropfen lassen. Auf einer vorgewärmten Platte anrichten u. mit einer Gabel auflockern. Der Reis sollte trocken u. nicht klebrig sein und die Körner dürfen nicht zusammenhängen. Wenn Sie einen Dampftopf benutzen, reduziert sich die Kochzeit um die Hälfte bis ein Drittel. Garen Sie das Kochgut mit Flüssigkeit in einem Gefäß, das in den Dampftopf auf einen Dreifuß gestellt wird und richten Sie sich nach der angegebenen Wassermenge, um den Dampf zu erzeugen. Den Dampftopf nicht plötzlich öffnen, sonst kann das Kochgut herausspritzen.

Kochen Sie ganze, gestoßene oder zerdrückte Weizenkörner oder Graupen wie braunen Reis; die Garzeit ist in etwa die gleiche. Burghul braucht 15—45 Min. Echter Burghul muß nur eingeweicht werden, wenn Sie ihn an Salate geben. Siehe S. 124, wie Polenta.

Würziger brauner Reis

Für 4 Personen
Kalorien pro Portion: 240 (997 kJ)
Proteingehalt pro Portion: 4,5 g
Vorbereitungs- u. Garzeit: 1 Std.

225 g gut gewaschener brauner Reis
750 ml Wasser
½ TL Salz
100 g fein gehackte Zwiebeln
1 EL Oliven- o. Sonnenblumenöl
ein wenig geriebene Muskatnuß
1 EL fein gehackte Petersilie
½ TL fein gehackter Thymian

Wasser zum Kochen bringen, salzen, dann den Reis zugeben. Wasser wieder aufkochen lassen, Topf zudecken, Hitze reduzieren und 35—45 Min. leicht köcheln lassen. Nach 30 Min. einige Reiskörner probieren. In der Zwischenzeit die Zwiebeln im Öl goldbraun braten.

Wenn der Reis gar ist, gut abtropfen lassen, wenn nötig, Muskat über die Zwiebeln streuen u. gut mischen; dann Petersilie u. Thymian, der fast pulverisiert sein sollte, zugeben. Ein wenig gekochten Reis unter die Zwiebeln u. Kräuter mischen, dann den restlichen Reis gleichmäßig einrühren. In eine vorgewärmte Schüssel füllen, zudecken u. 15 Min. warm stellen; erst dann servieren.

Haricot-Bohnen mit Joghurt u. Petersilie

Für 4 Personen
Kalorien pro Portion: 170 (720 kJ)
Proteingehalt pro Portion: 14 g
Vorbereitungs- u. Garzeit: 2–3 Std., ohne
Einweichen

225 g getrocknete Haricot-Bohnen,
* gewaschen u. über Nacht eingeweicht*
150 ml Naturjoghurt
5 EL fein gehackte Petersilie

Einweichwasser abgießen, Bohnen mit frischem Wasser bedeckt aufkochen lassen, Hitze senken, zugedeckt köcheln lassen, bis sie weich sind. Wenn nötig, Wasser nachgießen, aber am Ende der Garzeit sollte die meiste Flüssigkeit aufgesogen sein. Überschüssiges Wasser abgießen.

Mit Joghurt übergießen, mit 4 EL Petersilie bestreuen u. gut vermischen. Bohnen erwärmen, aber nicht kochen lassen, sonst gerinnt der Joghurt u. das Aussehen des fertigen Gerichtes wird beeinträchtigt. In einer heißen Schüssel mit der restlichen Petersilie bestreut anrichten.

Rote Kidney-Bohnen mit Zwiebeln u. Koriander

Für 4 Personen
Kalorien pro Portion: 225 (947 kJ)
Proteingehalt pro Portion: 13 g
Vorbereitungs- u. Garzeit: 2–2½ Std., ohne
Einweichen

225 g rote Kidney-Bohnen, gewaschen
* u. eingeweicht*
225 g Zwiebeln, in Ringen
2 EL Oliven- o. Sonnenblumenöl
2 Knoblauchzehen, geschält u. fein gehackt
1 TL gemahlener Koriander
1 TL gehackte Petersilie
1 EL Weinessig

Einweichwasser abgießen u. die Bohnen, mit frischem Wasser bedeckt, zugedeckt in 1½–2 Std. weich kochen; wenn nötig, ein wenig Wasser nachgießen; abtropfen lassen u. ein wenig Kochflüssigkeit aufheben.

Zwiebeln in Öl bei mäßiger Hitze glasig dünsten, dann die restlichen Zutaten gut untermischen. Bohnen u. 1–2 EL Kochflüssigkeit zufügen. Bohnen immer wieder mit einem Spatel wenden, bis sie gleichmäßig mit den Zwiebeln vermischt sind. Dieses Gericht läßt sich auch gut kalt, als Salat, essen.

Soja-Falafel

Für 4 Personen
Kalorien pro Portion: 87 (330 kJ)
Proteingehalt pro Portion: –
Vorbereitungs- u. Garzeit: 1 Std., ohne Einweichen

225 g getrocknete Sojabohnen,
* gewaschen u. eingeweicht*
100 g gehackte Zwiebeln
1 TL gemahlener Cumin
1 TL gemahlener Koriander
Salz
eine kräftige Prise Cayennepfeffer
2 Knoblauchzehen, geschält u. in Scheiben
4 EL fein gehackte Petersilie

Bohnen abtropfen, mit Zwiebeln vermischen. Mit Kräutern, Salz u. Cayennepfeffer bestreuen, Petersilie u. Knoblauch zugeben u. das Ganze im Mixer pürieren. In einer Pfanne mit festem Boden oder im Mörser zu einer ziemlich glatten Paste zerdrücken.

Mit einem Eßlöffel kleine Bällchen abstechen, mit einem Tuch bedecken u. 15 Min. ruhenlassen, dann in heißem Öl, Temperatur 180° C, goldbraun fritieren. Gut abtropfen lassen, warm stellen u. sobald das letzte fertig ist, servieren.

Dies ist eine gute Beilage für eine Gemüsekasserolle oder, wenn man sie kleiner macht, ein ausgezeichneter kleiner Imbiß.

Weizenpilaw

Für 4 Personen
Kalorien pro Portion: 282 (1187 kJ)
Proteingehalt pro Portion: 7 g
Vorbereitungs- u. Garzeit: 1–1½ Std.

225 g ganze Weizenkörner,
* gekocht wie brauner Reis*
225 Auberginen, in Scheiben geschnitten
Salz
2 EL Oliven- o. Sonnenblumenöl
100 g sehr fein gehackte Zwiebeln
½ TL gemahlener Cumin
½ TL gemahlener Koriander
1 Knoblauchzehe, geschält u. fein gehackt
frisch gemahlener schw. Pfeffer
50 g Sultaninen
2 EL Orangensaft
8 Orangenschnitze

Auberginenscheiben in ein Sieb geben, salzen u. 30 Min. stehenlassen. Abspülen u. mit Küchenkrepp trockentupfen. Auberginen in Öl bei milder Hitze anbraten, bis sie ölig aussehen u. gerade bräunen. Zwiebeln hinzugeben u. weiterbraten, bis sie glasig sind.

Gewürze, Knoblauch u. Pfeffer, dann die gekochten Weizenkörner u. die Sultaninen zufügen. Vorsichtig unter die Gemüse u. Gewürze mischen, dann mit Orangensaft beträufeln. In eine flache Schüssel füllen, die Orangenschnitze darauf anrichten u. noch heiß servieren.

Polenta

Für 4 Personen
Kalorien pro Portion: 177 (745 kJ)
Proteingehalt pro Portion: 4,5 g
Vorbereitungs- u. Garzeit: 35 Min.

225 g Polenta (grob gemahlenes Maismehl)
700 ml kaltes Wasser
Salz

Wasser im Topf, der in einen größeren, mit Wasser gefüllten Topf gestellt wurde, im Wasserbad mit Salz aufkochen lassen. Polenta einrühren u. bei mäßiger Hitze so lange rühren, bis der Brei glatt u. dick ist. Im Wasserbad weitere 30 Min. leicht köcheln lassen. Polenta heiß mit einer reichhaltigen Tomatensauce (S. 196) servieren.

Oder die erkaltete Polenta in Streifen schneiden u. in heißem Öl knusprig und goldbraun fritieren.

Kichererbsen-Püree

Für 4 Personen
Kalorien pro Portion: 260 (1082 kJ)
Proteingehalt pro Portion: 13 g
Vorbereitungs- u. Garzeit: 5½ Std.,
  ohne Einweichen

225 g getrocknete Kichererbsen,
* gewaschen u. eingeweicht*
200 ml Milch
25 g Butter
Salz
frisch gemahlener Pfeffer
2 EL fein gehackte Petersilie

Einweichwasser abgießen u. die Kichererbsen mit soviel frischem Wasser aufsetzen, daß sie ganz bedeckt sind. Aufkochen lassen, dann die Hitze reduzieren, Topf zudecken u. 3–5 Std. leicht köcheln lassen, bzw. bis die Erbsen sehr weich sind.

Wenn die Erbsen gar sind, Wasser abgießen u. portionsweise mit ein wenig Milch im Mixer pürieren. Oder Erbsen zweimal durch eine Gemüsepresse oder ein feines Sieb streichen, dann die Milch zufügen. Butter schmelzen, das Erbspüree einrühren, wieder erhitzen u. mit Petersilie bestreut servieren.

Salate
und Salatsaucen

Salate spielen in der vegetarischen Küche eine sehr große Rolle. Sie sind nicht nur eine zusätzliche Protein- und Vitaminquelle, sie lassen sich auch in Zusammenstellung, Geschmack und Farbe herrlich variieren. Sie können als leichte, komplette Mahlzeit, als Vorspeise, als Kontrast zu einem Hauptgericht oder als »Tüpfelchen auf dem i« zwischen den einzelnen Gängen eines reichhaltigen Menüs serviert werden.

Man sagt, das Gelingen einer Salatsauce ähnele einem Erfolg in der Diplomatie- »Man muß nur wissen, wieviel Öl an den Essig gehört«. Wichtig ist vor allem, daß der Geschmack harmonisch ist. Ich persönlich halte nichts davon, eine zu große Menge Salatsauce zuzubereiten und im Kühlschrank aufzubewahren; wenn sie nicht schnell verbraucht wird, ist sie wenig appetitanregend… Nehmen Sie, um zu variieren, Zitronensaft statt Essig, Walnuß- statt Olivenöl, Kräuter, Meerrettich und abgeriebene Zitronen- oder Orangenschale statt des heute fast immer obligatorischen Knoblauchs. In den folgenden Salatrezepten werden Früchte, Gemüse, Hülsenfrüchte und Nüsse verwendet. Essen Sie möglichst jeden Tag ein Salatgericht, und Sie werden feststellen, wie gut Sie sich fühlen.

Salat zubereiten

Wählen Sie Salatzutaten wegen ihres gegensätzlichen Geschmacks, ihrer kontrastierenden Farben und Zusammensetzung. Kombinieren Sie folgendes:

Kopfsalate – mit knackigem Herz; runde, weiche oder lange mit knackigen Blättern.

Andere Blätter – Weiß- oder Rotkraut, junger Spinat, Chinakohl oder Löwenzahn.

Krausblättrige – Endivien, Eskariol, Feld- oder Rapunzelsalat, Römischer Salat oder Sellerieblätter.

Die knackigen – Chicorée, Sellerie, feste Dessertäpfel oder Gurke.

Die aromatischen – Wasser- und Brunnenkresse, Storchschnabelblätter, rote und grüne Paprika, Radieschen, Frühlingszwiebeln, spanische Zwiebeln, Tomaten und die schönen roten Radicchioblätter.

Die Kräuter-Petersilie, Basilikum, Estragon, Fenchel, Thymian, Kerbel, Minze; frische Koriander- und Bergamottenblätter, Blumen- oder Storchschnabelblätter, Apfelminze oder Zitronenmelisse, Melisse und Liebstöckl.

Andere Zutaten – jede Art von Früchten, gekochten Gemüsen, Hülsenfrüchten oder Getreideprodukten, Nüssen, Samen oder Milchprodukten, die harmonisch auf die anderen Zutaten abgestimmt sind oder einen Gegensatz zu ihnen bilden.

Die Salate und Kräuter, die Sie gewählt haben, sorgfältig waschen, besonders die krausblättrigen – niemand hat gern Sand im Salat. Verfärbte oder beschädigte Blätter wegwerfen, Wurzel und Wurzelboden abschneiden und fasrige Stellen, Stiele, Fäden oder Häutchen bei Früchten, Schößlingen oder Blättern entfernen.

Blätter gut trockentupfen; es gibt nichts Schlimmeres als einen wäßrigen Salat, bei dem das Dressing zu flüssig ist und von den Blättern tropft und der Geschmack leidet. Entweder einen Salatkorb oder eine Salatschleuder benutzen, oder in einem sauberen Küchentuch trockenschleudern. Damit der Salat wirklich knackig ist, in einer verschlossenen Schüssel im Kühlschrank kalt stellen.

Wenn Sie für einen gemischten Salat Tomaten nehmen, werden sie entkernt und der Saft entfernt, da der Salat sonst zu naß wird. Bei Paprikaschoten alle Kerne und weißen Stellen entfernen, da sie sehr bitter sind.

Zuletzt das Dressing. Halten Sie sich vor Augen, welche Aufgabe es hat: eine pikante Note geben, ein zu starkes Aroma mildern, dem Salat ein Aroma geben, das den anderen Zutaten fehlt, oder soll es eine Creme sein, mit der alle Zutaten vermischt werden? Wählen Sie unter den folgenden Dressings:

Mayonnaise

Ergibt ca. 4 Portionen
Kalorien pro Portion: 640 (2667 kJ) .
Proteingehalt pro Portion: 1 g
Vorbereitungszeit: 20 Min. von Hand, 5 Min. im Mixer

2 Eigelb
300 ml Oliven- oder Sonnenblumenöl
1–2 EL Weinessig
Salz
frisch gemahlener Pfeffer

Von Hand

Wenn Sie vorher noch nie Mayonnaise von Hand gemacht haben, halten Sie sich genau an diese Methode. Mit ein wenig Übung geht es schneller. Bedenken Sie in erster Linie, daß Sie eine Emulsion herstellen: winzige Öltröpfchen, mit Ei bedeckt, um eine erneute Verbindung zu verhindern. Wenn Sie zum Schluß den Essig zufügen, um die Mayonnaise zu verdünnen und ihr Schärfe zu geben, wird die Eischicht dünner. Wenn Sie das Öl in das Eigelb schlagen, wird es durch die Bewegung in kleinste, mit Eigelb beschichtete Tröpfchen gespalten.

Nehmen Sie ein Gefäß, das die Endmenge, ca. 300 ml, faßt. Geben Sie 2 Eigelb hinein und rühren sie, bis sie gebunden sind, dann 1 TL Öl zugießen und 20 mal rühren. Einen weiteren TL zugeben, wiederholen, bis die Mayonnaise einzudicken beginnt. Dann 2 TL Öl hineingießen. Wenn alles Öl verbraucht ist, haben Sie eine dicke, cremig-glatte Masse. 1 EL Essig zugeben und gut verrühren. Je nach gewünschter Konsistenz und Schärfe mehr Essig einrühren und würzen.

Wenn Sie mehrmals Ihre Mayonnaise selbst gemacht haben, werden Sie feststellen, daß Sie mehr Eigelb zum Öl geben können als oben angegeben . Sieht die Mayonnaise trocken und körnig aus, kein Öl mehr zufügen.

Mit Rührstab oder im Mixer

Eigelb in ein Gefäß oder in den Mixer geben und bei höchster Schaltstufe schlagen. Nach und nach das Öl aus einem schmalen Krug zugießen; schneller gießen, wenn die Mayonnaise eindickt; Essig zum Schluß zugeben.

Wenn die Mayonnaise gerinnt oder nicht bindet, in ein anderes Gefäß geben, die Schüssel säubern und ein weiteres, leicht geschlagenes Eigelb hineingeben. Richten Sie sich nach der oben genannten Methode, wobei Sie die geronnene Mayonnaise anstelle des Öls verarbeiten. Mayonnaise ist die Grundlage verschiedener kalter Saucen; diese lassen sich herstellen, wenn sie dem Grundrezept folgende Zutaten zufügen:

Grüne Mayonnaise

Kalorien- und Proteingehalt pro Portion: wie bei Mayonnaise

Eier-Öl-Mischung in den Mixer gießen und 1-2 EL gehackte Wasserkresseblätter zugeben. So lange mischen, bis die Mayonnaise gleichmäßig grün ist; ein wenig Essig oder Zitronensaft zugeben, um die richtige Konsistenz und Schärfe zu erhalten. Die Blätter verflüssigen die Mayonnaise ein wenig, daher nicht zu dünn werden lassen. Traditionsgemäß nimmt man für dieses Rezept blanchierten Spinat, aber Wasserkresse gibt eine pikantere Mayonnaise.

Aioli

Kalorien- und Proteingehalt pro Portion: wie bei Mayonnaise

Geben Sie 2–4 musig zerdrückte Knoblauchzehen an die Mayonnaise; gut vermischen.

Sauce Tartare

Kalorien pro Portion: 1000 (4197 kJ)
Proteingehalt pro Portion: 5,5 g

4–5 hartgekochte Eidotter mit Salz und Pfeffer verrühren, dann nach und nach 300 ml Oli-

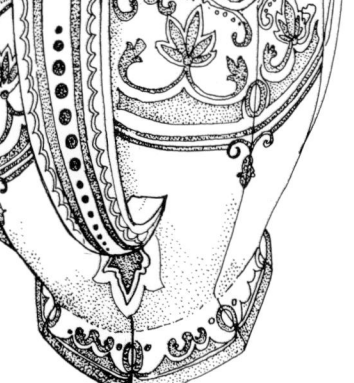

venöl einrühren. 1 TL Essig, 2 EL Mayonnaise und 1 EL Schnittlauch dazugeben.

Roquefort-Dressing

Kalorien pro Portion: 680 (2852 kJ)
Proteingehalt pro Portion: 4,5 g

50 g zerkrümelten Roquefort-Käse in ein wenig Mayonnaise geben und glattrühren. In die restliche Mayonnaise einrühren und mit ein wenig Zitronensaft schärfen. Oder die gleiche Menge Roquefort-Käse an 300 ml Vinaigrette-Sauce geben.

Curry-Mayonnaise

Kalorien- und Proteingehalt wie bei Mayonnaise

1 oder 2 TL Currypulver mit der Mayonnaise verrühren. Die Mayonnaise wird schärfer, wenn Sie eine Prise Chilipulver oder einen Spritzer Chilisauce zum Currypulver geben.

Quark-Dressing

Kalorien pro Portion: 140 (595 kJ)
Proteingehalt pro Portion: 1 g
Vorbereitungszeit: 10 Min.

125 g Quark
1 EL Zitronensaft
1 EL fein gehackter Schnittlauch
1-2 EL Milch
Salz
frisch gemahlener Pfeffer

Thousand Islands Dressing

Kalorien pro Portion: 689 (2872kJ)
Proteingehalt pro Portion: 4,5 g

2 EL gehackte Oliven, 2 feingehackte, hartgekochte Eier, 1 TL Paprikapulver und ein bis zwei Tropfen Chilisauce, nach Geschmack, zugeben.

Sauerrahm-Dressing

Kalorien pro Portion: 400 (1667 kJ)
Proteingehalt pro Portion: 2 g

150 ml Sauerrahm mit der gleichen Menge Mayonnaise verrühren. Oder den Sauerrahm unter die gleiche Menge Vinaigrette-Sauce mischen.

Malteser-Sauce

Kalorien pro Portion: 647,5 (2733 kJ)
Proteingehalt pro Portion: 1 g

Abgeriebene Schale und 2 EL Saft einer Blutorange, 1 EL frisches Tomatenpüree und 1 EL Essig unter eine feste Mayonnaise rühren.

Quark mit Zitronensaft und Schnittlauch verrühren. Ein wenig Milch zugeben und so lange rühren, bis eine dicke Creme entstanden ist; dann soviel Milch einrühren, daß die Marinade dünnflüssig wird. Mit Salz und Pfeffer würzen und über den Salat gießen.

French-Dressing oder Vinaigrette-Sauce

Die angegebene Menge reicht für 4 Portionen grünen Salat.
Kalorien pro Portion: 210 (890 kJ)
Proteingehalt pro Portion: null
Vorbereitungszeit: 5 Min.

2 EL Wein oder Apfelessig
Salz
frisch gemahlener Pfeffer
6–8 EL Oliven- oder Sonnenblumenöl
1–2 EL frische gehackte Kräuter
  (nach Wunsch)

Salz und Pfeffer mit dem Essig gut verrühren. Öl hineingeben und schlagen, bis eine glatte, cremige Sauce entstanden ist; das Ganze mit den Kräutern, nach Wunsch, in ein Glas mit Schraubverschluß gießen und kräftig schütteln, bis alles gut gemischt oder gebunden ist. Oder 1 EL Essig mit 1 EL Zitronensaft oder trockenem Weißwein vermischen, oder alle drei verrühren. Zitronensaft und Weißwein mit Öl verrührt ist eine gute Marinade für jungen Kopfsalat. Oder nehmen Sie zur Abwechslung Walnuß- anstatt Olivenöl – paßt ausgezeichnet zu Chicoréesalat.

Klassischer grüner Salat

Meiner Meinung nach gehören an einen klassischen, grünen Salat grüne oder blanchierte Blätter, frische Kräuter, eine einfache Marinade aus Walnußöl, Zitronensaft, Weißwein und Wein- oder Apfelweinessig. Geben Sie nur eine Spur Knoblauch und ein wenig Salz und frisch gemahlenen Pfeffer daran – das ist alles!

Für 4 Personen

Kalorien pro Portion: 300 (1255 kJ)
Proteingehalt pro Portion: 1,5 g
Vorbereitungszeit: 25 Min.

350–450 g grüne Blätter – z.B. Kopfsalat, Endivien, Senf und Kresse, Wasserkresse, Feld- oder Rapunzelsalat, junge Löwenzahn- und Salatblätter oder Chicorée; nehmen Sie aber überwiegend Kopfsalat, vorzugsweise mit knackigem Herz, oder Lattich und 1–2 EL gehackte, frische Kräuter (nach Wunsch).

Die Marinade:
1 EL Wein- oder Apfelweinessig
1 EL Weißwein oder 2.TL Zitronensaft
1 TL gehackte Kräuter – Kerbel, Estragon, Basilikum, oder eine Mischung daraus
8 EL Oliven- oder Walnußöl
Salz
frisch gemahlener Pfeffer
1 Knoblauchzehe, halbiert
1 kleine Scheibe trockenes Weizenschrotbrot oder Toast, mit Knoblauch eingerieben und mit Olivenöl getränkt – eine ganze Knoblauchzehe (nach Wunsch)

Salatblätter sorgfältig waschen und verfärbte oder beschädigte entfernen. Die Franzosen behaupten, daß Salat nur mit der Gabel gegessen werden sollte; reißen Sie deshalb alle Blätter in mundgerechte Stücke; nicht schneiden, sonst werden sie beschädigt. Chicorée in 2 cm große Scheiben schneiden.

Für die Marinade Essig, Wein oder Zitronensaft und frische Kräuter verrühren, dann das Öl unterschlagen. Mit Salz und Pfeffer würzen. Sie können auch alle Zutaten im Mixer einige Minuten mischen oder in ein Glas mit Schraubverschluß gießen und kräftig schütteln. Das Innere einer Salatschüssel mit den halbierten Knoblauchzehen ausreiben oder die ganze Knoblauchzehe auf den Boden der Schüssel legen. Marinade in die Schüssel gießen, aber den Salat erst kurz vor dem Servieren zugeben, sonst fallen die Blätter – besonders beim Kopfsalat – zusammen.

Salat in der Schüssel immer wieder wenden, bis er gleichmäßig mit Marinade überzogen ist. Knoblauchzehe, die mit dem Salat gewendet werden sollte, herausnehmen. Oder Knoblauch während des Wendens auf einer Seite liegenlassen; er kann dann unter den Knoblauchliebhabern aufgeteilt werden.

Links: Der kühle Elona-Salat besteht aus dünnen Gurken – und Erdbeerscheiben. Rechts: Java-Salat besteht aus Zwiebeln, Sellerie, roten Paprikaschoten und Bananen, die auf frische Ananasscheiben gehäuft werden – eine einzigartige Kombination, ein Festessen!

Gemischter Salat

Bei einem gemischten Salat sollte jeder Bissen anders schmecken. Deshalb sollten auch die Zutaten möglichst gleichgroß sein.

Für 4 Personen

Kalorien pro Portion: 270 (1120 kJ)
Proteingehalt pro Portion: 1,5 g
Vorbereitungs- und Kühlzeit: 30-40 Min.

225 g Kopfsalat oder verschiedene Salatblätter, in kleine Stücke gerissen
50 g fein gewürfelte rote Paprika
125 g Gurken, längs geviertelt, dann in Stücke geschnitten
125 g geschälte Tomaten, entkernt und grob gehackt
25 g fein gehackte Zwiebeln
50 g gehackter Sellerie
50 g Chicorée, in dünnen Streifen
6–12 Radieschen, in dünnen Scheiben (nach Wunsch)

Die Marinade:
8 EL Oliven- oder Sonnenblumenöl
1 EL Zitronensaft
1 EL Wein- oder Apfelweinessig
Salz
frisch gemahlener Pfeffer
1 EL fein gehackte frische Kräuter

Alle Salatzutaten in einer Schüssel mischen und kalt stellen. Öl, Zitronensaft und Essig schnell verrühren und mit Salz und Pfeffer würzen. Kräuter an die Marinade geben, dann über den Salat gießen und vor dem Servieren noch einmal gut vermischen.

Elona Salat

Für 4 Personen

Kalorien pro Portion: 36 (150 kJ)
Proteingehalt pro Portion: 1 g
Vorbereitungs- und Kühlzeit: 45 Min.

450 g geschälte Gurken, in sehr dünne Scheiben geschnitten
225 g Erdbeeren, in dünnen Scheiben (ergibt ca. 16 Stück)
1 EL Zitronensaft
4 EL trockener Weißwein
Salz

Zitronensaft mit Wein mischen, mit Salz würzen und über die Gurken gießen. 30 Min. stehen lassen, dann abgießen. Einen Ring Gurkenscheiben außen auf einer großen Platte anrichten, von außen nach innen abwechselnd Gurken- und Erdbeerscheiben arrangieren. Ein paar schöne Erdbeerscheiben zum Garnieren aufheben. Diese, wenn Sie wollen, in der Mitte mit »Fächern« aus der Gurkenschale anrichten. Kalt stellen und servieren.

Hawai-Salat

Für 4 Personen
Kalorien pro Portion: 465 (1940 kJ)
Proteingehalt pro Portion: 3,5 g
Vorbereitungs- u. Kühlzeit: 50 Min.

225 g Cos-Salat, in kleine Stücke gerissen
125 g fein gewürfelte rote Paprika
225 g grob gehackte Tomaten, entkernt
125 g geraspelte o. geriebene Kokosnuß
225 g Ananas in Würfeln, frisch oder
*   in Dosen*
1 EL Zitronensaft
4 EL dunkler Rum
1 EL Wein- o. Apfelweinessig
6 EL Oliven- o. Sonnenblumenöl
Salz
frisch gemahlener Pfeffer
1 Knoblauchzehe, geschält u. fein gehackt
abgeriebene Schale einer kleinen Zitrone
*   (nach Wunsch)*

Salat, Paprika und Tomaten vermischen. Kokosnuß über die Ananas streuen, dabei ein wenig aufheben und Zitronensaft und Rum darübergießen. Für die Marinade Essig, Öl, Salz, Pfeffer, Knoblauch und Zitronenschale nach Wunsch verrühren und über Salat, Paprika und Tomaten gießen. Salat in einer flachen Schüssel anrichten und die Ananas daraufgeben. Mit den aufgehobenen Kokosraspeln bestreut servieren.

Kreolischer Salat

Für 8 Personen
Kalorien pro Portion: 210 (887 kJ)
Proteingehalt pro Portion: 3 g
Vorbereitungszeit: 30 Min.

225 g geschälte Avocados, in Stücke
*   geschnitten und in 2 EL Zitronensaft*
*   getaucht*
225 g Ananaswürfel, frisch o. in Dosen
125 g gewürfelte rote Paprikaschoten
125 g gewürfelter Sellerie
Salz
frisch gemahlener Pfeffer
225 g gekochter brauner Reis
1 EL Zitronensaft
1 EL Wein- o. Apfelweinessig
6 EL Oliven- o. Sonnenblumenöl

Avocadostücke abtropfen und mit Ananas, Paprika und Sellerie mischen. Mit Salz und Pfeffer würzen.
   Reis leicht unterheben, dabei achtgeben, daß die Avocados nicht zu sehr brechen. Zitronensaft, Essig und Olivenöl gut verrühren. Kräftig mit Salz und Pfeffer würzen und die Marinade über den Salat geben.

Java-Salat

Für 4 Personen
Kalorien pro Portion: 575 (2417 kJ)
Proteingehalt pro Portion: 9 g
Vorbereitungs- u. Garzeit: 50 Min.

125 g fein gehackte Zwiebeln
1 EL Oliven- o. Sonnenblumenöl
¼ TL gemahlener Zimt
¼ TL gemahlener Cumin
125 g Erdnüsse
eine Prise Chilipulver
1 EL Wein- o. Apfelweinessig
50 g fein gehackter Sellerie
1 große Banane, in Scheiben
Salz
frisch gemahlener Pfeffer
150 ml Mayonnaise (S. 126)
4 Scheiben Ananas, frisch o. in Dosen
2 EL gehackte rote Paprikaschote

Zwiebeln in Öl goldbraun braten; Zimt und Cumin einige Min. mitbraten. Erdnüsse, Chilipulver und Essig zufügen. Gut umrühren, vom Feuer nehmen und zugedeckt abkühlen lassen. Wenn das Ganze kalt ist, Sellerie und Banane zugeben und mit Salz und Pfeffer würzen. Die Mayonnaise über den Salat gießen und gut mischen. Den Salat auf Ananasscheiben anrichten, mit roten Paprikaschoten bestreuen und servieren.

Roquefort-Birnen-Salat

Dieses Gericht eignet sich auch als letzter Gang eines Menüs – ein Mittelding zwischen pikantem Dessert und Salat.

Für 4 Personen
Kalorien pro Portion: 805 (3370 kJ)
Proteingehalt pro Portion: 10 g
Vorbereitungs- u. Kühlzeit: 1 Std.

4 feste, geschälte, reife Birnen
100 g zerkrümelter Roquefort-Käse
4 fein gehackte Frühlingszwiebeln
knapp 300 ml Grüne Mayonnaise (S. 126)
4 Zweiglein Wasserkresse zum Garnieren

Von den Birnen eine schmale Scheibe abschneiden, damit sie aufrecht stehen. Jede halbieren und Kerne und Gehäuse entfernen, wobei eine Höhlung für die Füllung entsteht. Käse mit Zwiebeln mischen und mit 6 EL Mayonnaise zu einer festen Paste verrühren. Die Birnen damit füllen und in Form drücken.

Wenn Sie keinen Mixer haben, die Wasserkresse fein hacken; in die Mayonnaise geben, eventuell in 2 Arbeitsgängen; die fertige Mayonnaise muß dick genug sein, um ihre Form zu behalten.

Birnen dünn und gleichmäßig mit der Grünen Mayonnaise überziehen; dazu ein Messer nehmen, damit das Ganze wie eine Kuchenglasur aufgetragen wird. Wasserkresse-Zweiglein wie Birnenblätter in die Birnen stecken.

Birnen auf einer Platte anrichten, darauf achten, daß sie aufrecht stehen und nicht zerfallen. Vor dem Servieren kalt stellen.

Florida-Salat

Für 6 Personen
Kalorien pro Portion: 440 (1841 kJ)
Proteingehalt pro Portion: 3 g
Vorbereitungszeit: 45 Min.

450 g frische, feste Birnen, geschält,
entkernt, in 2 cm große Würfel
geschnitten, gut mit Zitronensaft
überzogen
4 EL Oliven- o. Sonnenblumenöl
4 Scheiben Weizenschrotbrot, ohne Rinde,
in 1 cm große Würfel geschnitten
125 g fein gewürfelte rote Paprikaschote
225 g Quark
225 g knackiger Kopfsalat, vorzugsweise
Cos, in kleine Stücke gerissen
225 g Gurken, in dünnen Scheiben

Die Marinade:
1 EL Zitronensaft
1 EL Wein- o. Apfelweinessig
6–8 EL Olivenöl
Salz
frisch gemahlener Pfeffer
ein wenig abgeriebene Zitronenschale
1 EL fein gehackte Petersilie

Öl in einer Pfanne erhitzen u. die Brotwürfel darin knusprig braten. Auf Küchenkrepp abtropfen und völlig erkalten lassen. Für die Marinade Zitronensaft, Essig und Öl gut verrüh-

ren und mit Salz und Pfeffer würzen. Ein wenig abgeriebene Zitronenschale und Petersilie dazugeben.

Paprikaschote mit Quark und marinierten Birnen mischen, ca. 12 Paprikastücke aufheben. Salat auf einer großen, runden Platte anrichten und mit Marinade begießen. Einen Ring Gurken um die Mitte legen und die Birnen-Quark-Mischung in die Mitte geben. Mit den aufgehobenen Paprikastücken garnieren und die Croûtons außen herumlegen. Vor dem Servieren am Tisch alles zusammenmischen.

Tunesischer Orangensalat

Für 4 Personen
Kalorien pro Portion: 50 (220 kJ)
Proteingehalt pro Portion: 1 g
Vorbereitungs- u. Kühlzeit: 35 Min.

4 große Orangen, geschält und quer
in dünne Scheiben geschnitten,
2 EL Rosenwasser
ein wenig gemahlener Zimt

Die weiße Haut von den Orangenscheiben lösen und sie kreisförmig, überlappend, auf einer Platte anrichten. Rosenwasser darübergießen, mit ein wenig Zimt bestreuen und kalt stellen.

Vor dem Servieren die Platte schräg halten, ablaufenden Saft in einem Gefäß auffangen und wieder über die Orangenscheiben gießen.

Chicorée-Salat

Für 4 Personen
Kalorien pro Portion: 180 (765 kJ)
Proteingehalt pro Portion: 3 g
Vorbereitungszeit: 30 Min.

225 g Chicorée, in 1 cm dicke
Scheiben geschnitten
2–3 geschälte Orangen
1 Eigelb
Salz u. frisch gemahlener Pfeffer
1 TL Weißweinessig
2 EL Oliven- o. Sonnenblumenöl
Orangensaft (siehe Methode)
50 g geschälte Walnüsse, geraspelt

Jede Orange in Schnitze teilen, dabei mit einem scharfen Messer zwischen Haut und Fruchtfleisch fahren, und die Haut ganz ablösen. Jeden Schnitz halbieren und Kerne entfernen. Für die Marinade Eigelb mit Salz, Pfeffer und Essig verquirlen, dann Öl und aufgefangenen Orangensaft, falls vorhanden, unterrühren. Orangenschnitze und Chicorée mischen und mit der Marinade übergießen. Salat in einer flachen Schüssel anrichten und vor dem Servieren mit Walnüssen bestreuen.

Orangen-Apfel Salat

Für 4 Personen
Kalorien pro Portion: 345 (1445 kJ)
Proteingehalt pro Portion: 3 g
Vorbereitungs- u. Kühlzeit: 45 Min.

4 geschälte Orangen, in Schnitzen
(siehe vorhergehendes Rezept)
4 große Dessertäpfel, entkernt,
gewürfelt u. mit Zitronensaft beträufelt
25 g gehackte Datteln
50 g fein gehackte rote Paprikaschote
25 g Pinienkerne

Die Marinade:
1 EL Essig
1 EL Zitronensaft
½ TL gemahlener Cumin
Salz u. frisch gemahlener Pfeffer
6 EL Oliven- o. Sonnenblumenöl

Essig, Zitronensaft, Cumin, Salz – und Pfeffer mit dem Öl verrrühren. Die Apfelstücke unterziehen, Orangen halbieren und mit den Äpfeln gut mischen. Datteln und rote Paprika zugeben und den Salat in einer flachen Schüssel anrichten. Mit Pinien bestreuen und gut gekühlt servieren.

Tomatensalat

Für 4 Personen
Kalorien pro Portion: 140 (582 kJ)
Proteingehalt pro Portion: 1 g
Vorbereitungszeit: 20 Min.

450 g Tomaten, in dünnen Scheiben
2 EL sehr fein gehacktes Basilikum
2 EL sehr fein gehackte Zwiebeln
4 EL Oliven- o. Sonnenblumenöl
1 EL Wein- o. Apfelweinessig
1 EL Zitronensaft
Salz
frisch gemahlener Pfeffer

Tomatenscheiben überlappend auf einer großen, flachen Platte anrichten. Die Hälfte der Tomaten mit gehacktem Basilikum, die andere Hälfte mit gehackter Zwiebel bestreuen. Öl, Essig und Zitronensaft verrühren und über den Salat gießen, dann mit Salz bestreuen. Ein wenig Pfeffer über die Zwiebeln mahlen, aber nicht mit Basilikum bestreuen, da sonst der Geschmack beeinträchtigt wird. Auch beim Servieren sollten die beiden Portionen getrennt bleiben.

Tomaten-Sellerie-Apfel Salat

Für 4 Personen
Kalorien pro Portion: 170 (717 kJ)
Proteingehalt pro Portion: 4,5 g
Vorbereitungszeit: 20 Min.

350 g gehackte Tomaten, mit Kernen
125 g Sellerie, in feinen Scheiben
125 g geschälte u. gewürfelte Dessertäpfel
2 EL Zitronensaft
50 g fein gewürfelter Cheddarkäse
3 EL Oliven- o. Sonnenblumenöl
Salz
frisch gemahlener Pfeffer

Sellerie und Äpfel in Zitronensaft wenden, so daß die Äpfel gut damit überzogen sind, sonst werden sie braun. Tomaten und Käse mit den übrigen Zutaten gut vermischen. Öl darübergießen und den Salat weiter mischen, dabei mit Salz und Pfeffer würzen.

Salat Niçoise

Der Salat sollte ziemlich grob sein; die Menge reicht für 8 Personen.

Kalorien pro Portion: 184 (771 kJ)
Proteingehalt pro Portion: 3 g
Vorbereitungszeit: 30 Min.

225 g Kopfsalat, in kleine Stücke
  gerissen
225 g geviertelte Tomaten, mit Kernen
225 g gekochte Kartoffeln, in Stücke
  geschnitten
125 g Sellerie, in feinen Scheiben
125 g rote oder grüne Paprikaschote, in
  feine Streifen geschnitten
2 hartgekochte Eier, geschält und geviertelt
12 schwarze Oliven mit Stein
6 Radieschen, in dünnen Scheiben
  (nach Wunsch)

Die Marinade:
1 EL Zitronensaft
2 EL Wein- oder Apfelweinessig
8 EL Olivenöl
1 Knoblauchzehe, geschält u. gehackt
  oder breiig zerdrückt
Salz u. frisch gemahlener Pfeffer

Salatzutaten mischen, dann die Marinade zubereiten. Zitronensaft, Essig, Öl und Knoblauch verrühren und mit Salz und Pfeffer würzen. Marinade vorsichtig unter den Salat heben und mit den geviertelten Eiern und den Radieschen vor dem Servieren garnieren.

Tomaten-Kresse Salat

Für 4 Personen
Kalorien pro Portion: 336 (1407 kJ)
Proteingehalt pro Portion: 2 g
Vorbereitungszeit: 30 Min.

ein schöner Bund Wasserkresse,
  zerkleinert (am besten mit der Schere)
450 g halbierte Tomaten,
  plus 4 EL von ihrem Saft

Die Mayonnaise:
1 Eigelb
150 ml Oliven- o. Sonnenblumenöl
Salz
frisch gemahlener Pfeffer

Mark und Kerne der Tomaten entfernen, ausdrücken und 4 EL Saft auffangen. In Streifen schneiden und auf einer Platte anrichten. Mit Wasserkresse bestreuen.
  Eine Mayonnaise mit Eigelb und Öl nach dem Grundrezept S. 126 zubereiten. Wenn Sie das Öl zugießen, achtgeben, da es schwieriger ist, Mayonnaise mit nur einem Eigelb zu machen. Ist sie dick genug, rühren Sie den Tomatensaft darunter. Salat mit Salz und Pfeffer bestreuen und die Mayonnaise mit Tomatengeschmack gesondert reichen.

Avocado-Salat

Dieser Salat und der Libanesische Avocado-Salat (S. 51) enthalten Knoblauch. Erstaunlicherweise zerstört er nicht den delikaten Avocadogeschmack. Dies ist eine der Gewürzkombinationen, die sich gegenseitig ergänzen oder sich erst richtig entwickeln, wenn man sie kombiniert.

Für 4 Personen
Kalorien pro Portion: 290 (1212 kJ)
Proteingehalt pro Portion: 3 g
Vorbereitungs- u. Kühlzeit: 45 Min.

2 große, reife, aber feste Avocados,
  geschält u. in dicke Scheiben geschnitten
einige kleine Blätter Kopfsalat
1 Knoblauchzehe, geschält
2 EL Zitronensaft
Salz
frisch gemahlener Pfeffer
4 EL Oliven- o. Sonnenblumenöl

Salatblätter wie Nester in 4 kleinen Portionen auf einer Platte anrichten. Für die Marinade Knoblauchzehe mit Zitronensaft, Salz und Pfeffer zerdrücken. Gut mischen und dabei das Öl unterrühren. Marinade über die Avocadoscheiben streichen, dabei darauf achten, daß sie gleichmäßig damit überzogen sind, um ein Verfärben zu verhindern. In die Salatnester geben und vor dem Servieren kalt stellen.

Kräuterbrot

Kalorien: 1895 (7930 kJ)
Proteingehalt: 40 g
Vorbereitungszeit u. Erwärmen: 40 Min.

Ein Meter- oder Weizenschrotbrot in dicke, unten noch zusammenhängende Scheiben schneiden. Ca. 125 g Butter oder Margarine mit 2 EL fein gehackten, frischen Kräutern (vorzugsweise Thymian, Salbei, Estragon oder Fenchel) weich rühren und jede Scheibe mit Kräuterbutter bestreichen. Das Brot in Form drücken, in Folie packen und im mäßig warmen Backofen bei 180° C, Gas Stufe 4, ca. 30 Min. erwärmen.

Knoblauchbrot

Kalorien pro Portion: 1895 (7930 kJ)
Proteingehalt pro Portion: 40 g
Vorbereitungszeit u. Erwärmen: 40 Min.

Ein Meter- oder Weizenschrotbrot in dicke, unten noch zusammenhängende Scheiben schneiden. 125 g Butter oder Margarine weichrühren und 2 geschälte und fein gehackte Knoblauchzehen unterziehen. Brotscheiben damit bestreichen, in Folie wickeln und wie das Kräuterbrot backen.

Gemischter Bohnensalat

Dieser Salat ist nicht nur sehr beliebt, sondern hat auch einen hohen Nährwertgehalt. Die 3 getrockneten Bohnensorten sollten ca. 5 Min. getrennt blanchiert (S. 123), dann möglichst über Nacht eingeweicht und in verschiedenen Töpfen gekocht werden. Dieses Rezept reicht für 8 Personen.

Kalorien pro Portion: 230 (968 kJ)
Proteingehalt pro Portion: 5 g
Vorbereitungs- u. Kühlzeit: 1 Std.

125 g gekochte Sojabohnen
125 g gekochte rote Kidney-Bohnen
125 g gekochte Butterbohnen
Salz u. frisch gemahlener Pfeffer
abgeriebene Schale von 1 Zitrone
1 Knoblauchzehe, geschält u. fein gehackt
50 g fein gehackte Zwiebeln
2 TL Paprikapulver
1 EL Zitronensaft
1 EL Weinessig
8 EL Oliven- o. Sonnenblumenöl

Gekochte Bohnen in einem Gefäß mischen, mit Salz und Pfeffer würzen und mit Zitronenschale und Knoblauch bestreuen. Zwiebeln mit Paprikapulver fast breiig zerdrücken und Zitronensaft und Essig unterrühren. Langsam das Öl zugießen und die fertige Marinade gut mit den Bohnen vermischen. Den Salat gut gekühlt servieren.

Links: Avocadoscheiben auf knackigem Kopfsalat, mit Zitronensaft mariniert. Vorne: Ein proteinreicher Salat aus Soja-Kidney- u. Butterbohnen in Vinaigrette-Sauce. Rechts: Tomaten-Kressesalat, mit Tomatenmayonnaise angerichtet, dazu heißes Kräuterbrot

Kichererbsensalat

Für 4 Personen
Kalorien pro Portion: 255 (1070 kJ)
Proteingehalt pro Portion: 9 g
Vorbereitungszeit: 20 Min.

450 g gekochte Kichererbsen –
225 g ungekocht
12 große Kapern
2 EL fein gehackte Petersilie
3 EL Oliven- o. Sonnenblumenöl
1 EL Zitronensaft

Kapern mit Petersilie zu einer glatten Paste zerdrücken. Mit Öl und Zitronensaft mischen und über die gekochten Erbsen geben. Der Salat sollte Zimmertemperatur haben und nicht gekühlt sein, da er sonst an Aroma verliert.

Reis-Linsen-Salat

Für 4 Personen
Kalorien pro Portion: 255 (1070 kJ)
Proteingehalt pro Portion: 6 g
Vorbereitungszeit: 15 Min.

250 g gekochter Reis – 100 g ungekocht
250 g gekochte Linsen – knapp
100 g ungekocht
25 g fein gehackte Zwiebeln
1 EL Wein- o. Apfelweinessig
4 EL Oliven- o. Sonnenblumenöl
Salz
frisch gemahlener Pfeffer
250 g gehackte Tomaten, mit Kernen

Reis, Linsen und Zwiebeln mischen. Essig und Öl verrühren, kräftig würzen und die Marinade über Linsen und Reis geben. Tomaten darüberstreuen. Salat einige Male wenden, damit die Zutaten gut gemischt sind, und mit Marinade bedeckt servieren.

Tabbouleh

Dieses Gericht wird traditionsgemäß mit Burghul gemacht; wenn Sie es nicht bekommen, nehmen Sie statt dessen ganze oder zerdrückte Weizenkörner.

Für 4 Personen
Kalorien pro Portion: 300 (1262 kJ)
Proteingehalt pro Portion: 5,5 g
Vorbereitungs- u. Garzeit: 1-2 Std.

350 g Burghul, 45 Min. in kaltem Wasser eingeweicht, oder kalter, gekochter Weizenbrei
125 g gehackte Petersilie
2 EL gehackte Minze
2 EL fein gehackte Frühlingszwiebeln

Die Marinade:
2 EL Zitronensaft
4–6 EL Oliven- o. Sonnenblumenöl
Salz
frisch gemahlener Pfeffer
2 gehackte Tomaten zum Garnieren

Abgetropften Burghul oder gekochten Weizen mit Petersilie, Minze und Frühlingszwiebeln mischen. Für die Marinade Zitronensaft und Öl verrühren, mit Salz und Pfeffer würzen. Über Burghul oder Weizen gießen und Schüssel mit einer Platte zudecken. Beides gut fest halten und das Ganze vorsichtig auf und ab schütteln und drehen, damit sich die Marinade gleichmäßig im Salat verteilt. Tabbouleh in eine flache Schüssel füllen, mit gehackten Tomaten garnieren und nach 15 Min. servieren.

Eier-Kopfsalat

Für 4 Personen
Kalorien pro Portion: 225
Proteingehalt pro Portion: 7 g
Vorbereitungs- u. Garzeit: 1 Std.

4 hartgekochte Eier, gepellt
4–5 EL Wein- o. Apfelweinessig
Salz
frisch gemahlener Pfeffer
225 g Kopfsalat
6 Frühlingszwiebeln, längs halbiert,
*   dann in feine Scheiben geschnitten*
1–2 TL fein gehackte Kapern (nach Wunsch)

Eier in 5 mm dicke Scheiben schneiden. Vorsichtig das Eigelb auslösen und durch ein Sieb passieren oder mit der Gabel zerdrücken; Eiweißringe beiseite stellen. Langsam das Öl mit einem Holzlöffel unterrühren, Essig zugeben und gut verrühren, bis das Ganze gebunden ist. Mit Salz und Pfeffer würzen.

Kopfsalat und Frühlingszwiebeln mischen und in einer flachen Schüssel anrichten, dabei einige grüne Zwiebelscheiben aufheben. Die Eiweißendstücke hacken und unter die Eigelbmarinade heben.

Marinade in die Mitte des Salates geben, Eiweißringe ringsum anrichten und mit den aufgehobenen Zwiebelringen bestreuen. Vor dem Servieren nochmals mischen.

Dieser Salat ist ziemlich mild; wenn Sie einen pikanteren Geschmack bevorzugen, sollten Sie 1-2 TL fein gehackte Kapern an die Eigelbmarinade geben.

Kartoffel-Walnuß-Salat

Für 4 Personen
Kalorien pro Portion: 396 (1650 kJ)
Proteingehalt pro Portion: 5 g
Vorbereitungs- u. Garzeit: 1 ½ Std.,
    incl. Kartoffeln kochen

450–600 g Kartoffeln – möglichst
*   feste, in der Schale gekocht*
50 g geschälte, vorzugsweise frische Walnüsse
4-8 EL Oliven- o. Sonnenblumenöl
1–2 EL Essig
Salz
frisch gemahlener Pfeffer
125 g Zwiebeln, in Ringen

Öl und Essig gut verrühren – die genaue Menge hängt von der Saugfähigkeit der Kartoffeln ab – und mit Salz und Pfeffer würzen. Kartoffeln pellen und in dicke Scheiben schneiden; in eine flache Schüssel geben. Kochendes Wasser – das Kartoffel-Kochwasser reicht – über die Zwiebelringe gießen und einige Minuten stehenlassen. Abtropfen und in kaltem Wasser abspülen, dann unter die Kartoffeln mischen. Walnüsse in der Mühle oder im Mixer zerhacken und über den Salat streuen. Marinade gut umrühren und über den Salat gießen. Vor dem Servieren leicht abkühlen lassen; wenn er zu kalt ist, verliert er allerdings an Geschmack.

Mais-Paprika-Salat

Für 4 Personen
Kalorien pro Portion: 405 (1705 kJ)
Proteingehalt pro Portion: 3 g
Vorbereitungs- u. Kühlzeit: 1 Std.

225 g gekochte Maiskörner
125 g fein gehackte rote Paprikaschoten
225 g Ananas, frisch oder in Dosen, gewürfelt

Die Mayonnaise:
1 Eigelb
2 EL Zitronensaft
150 ml Oliven- o. Sonnenblumenöl
Salz

Mais, Paprika und Ananas mischen. Mit dem Eigelb, Zitronensaft und Öl eine Mayonnaise nach dem Grundrezept S. 126 herstellen. Diese in den Salat geben und nachwürzen.

Salat auf einer Platte anrichten und vor dem Servieren gut kalt stellen.

Anmerkung: French Dressing oder Vinaigrette-Sauce paßt auch gut zu diesem Salat.

Arabischer Brotsalat

Für 4 Personen
Kalorien pro Portion: 170 (727 kJ)
Proteingehalt pro Portion: 3 g
Vorbereitungs- u. Kühlzeit: 45 Min.

4 Scheiben weißer o. Weizenschrottoast,
*   ca. 1 cm dick, ohne Rinde*
3 EL Zitronensaft
4 EL fein gehackte Petersilie
2 EL fein gehackte Minze
1 EL gehackte Korianderblätter
3–4 EL Oliven- o. Sonnenblumenöl
1 Knoblauchzehe, geschält und
*   sehr fein gehackt*
225 g geschälte Gurke, geviertelt
*   und in 1 cm dicke Scheiben geschnitten*
225 g gehackte Tomaten, mit Kernen
Salz
frisch gemahlener Pfeffer

Toastscheiben in kleine Würfel schneiden und auf einem Drahtgestell abkühlen lassen. Zitronensaft, Petersilie, Minze, Koriander, Öl und Knoblauch mischen und über die Gurkenscheiben geben. Tomaten trockentupfen, sonst nimmt der Toast den Saft auf und das beeinträchtigt den Öl-Zitronensaft-Geschmack. Tomaten zu den Gurken in eine Salatschüssel geben und gut mischen, dann die Toastwürfel unterziehen. Den Salat mit Salz und Pfeffer würzen und gut gekühlt servieren.

Rote Bohnen Salat

Für 4 Personen
Kalorien pro Portion: 205 (855 kJ)
Proteingehalt pro Portion: 15 g
Vorbereitungszeit: 15 Min.

350 gekochte rote Bohnen
*   – 125 g ungekocht*
50 g gehackter Sellerie
2 eingelegte Gurken, in dünnen
*   Scheiben*
125 g grob gehackte Tomaten, entkernt
150 ml Sauerrahm oder Mayonnaise
*   (S. 126)*
Salz u. frisch gemahlener Pfeffer
50 g fein gehackte Zwiebeln
2 EL fein gehackte Petersilie

Alle Gemüse mit Mayonnaise oder Sauerrahm mischen und nachwürzen. Den Salat auf einer flachen Platte anrichten und mit Petersilie bestreut servieren.

Anmerkung: Nehmen Sie vorzugsweise in Dill eingelegte Gurken.

Grüner Bohnensalat, italienische Art

Für 4 Personen
Kalorien pro Portion: 265 (1107 kJ)
Proteingehalt pro Portion: 4,5 g
Vorbereitungszeit: 15 Min.

450 g gekochte grüne Bohnen
50 g Zwiebeln, vorzugsweise spanische,
*   in Ringe geschnitten*
2 hartgekochte Eier, fein gehackt

Die Marinade:
1 EL Wein- o. Apfelweinessig
1 EL Zitronensaft
6–8 EL Oliven- o. Sonnenblumenöl
Salz
frisch gemahlener Pfeffer
1 Knoblauchzehe, geschält u. fein gehackt
½–1 TL fein gehackter, frischer
*   Oregano oder Winterbohnenkraut*

Essig, Zitronensaft, Öl, Salz, Pfeffer, Knoblauch und Kräuter vermischen. Zwiebelringe vorsichtig unter die Bohnen heben, dabei die Marinade darübergießen. Salat in eine flache Schüssel füllen und mit den gehackten Eiern bestreuen.

Anmerkung: Wenn Sie einen milderen Zwiebelgeschmack bevorzugen oder spanische Zwiebeln nicht erhältlich sind, blanchieren Sie die Zwiebeln 5 Min. in kochendem Wasser. Abtropfen lassen und unter fließendem, kaltem Wasser abschrecken, trockentupfen und unter den Salat mischen; oder richten Sie sich nach der Methode, die in dem Rezept Zwiebelring-Salat (unten) angegeben ist.

Zwiebelring-Salat

Blanchierte Zwiebelringe sind auch eine gute Ergänzung zu anderen Salaten.

Für 4 Personen
Kalorien pro Portion: 115 (490 kJ)
Proteingehalt pro Portion: 1 g
Vorbereitungs- u. Garzeit: 15 Min.

450 g geschmacklich milde Zwiebeln,
*   vorzugsweise spanische, in Ringe*
*   geschnitten*
½ TL Weinessig
3 EL Oliven- o. Sonnenblumenöl
Salz
frisch gemahlener Pfeffer
1 EL gehackte Petersilie

Einen großen Topf mit Wasser zum Kochen bringen. Eine Schüssel mit Eiswürfeln oder Eiswasser füllen. Zwiebeln in einem Fritierkorb in das kochende Wasser senken. Mit einem Schaumlöffel die Zwiebeln unter die Oberfläche drücken; in dem Moment, wenn das Wasser wieder aufkocht, den Korb herausnehmen und in das Eiswasser stellen. Den Korb ein wenig schütteln, so daß alle Zwiebeln sofort abkühlen; gut auf Küchenkrepp abtropfen lassen. Nehmen Sie dafür, wenn Sie eine haben, möglichst eine Salatschleuder. In einer flachen Schüssel anrichten.

Essig und Öl gut verrühren und über die Zwiebeln gießen. Mit Salz und Pfeffer würzen und mit Petersilie bestreut servieren.

Anmerkung: Nachdem Sie die Zwiebeln blanchiert und sofort abgeschreckt haben, sollten sie milder im Geschmack, aber noch knusprig sein.

Griechischer Salat

Für 4 Personen
Kalorien pro Portion: 315 (1330 kJ)
Proteingehalt pro Portion: 7 g
Vorbereitungszeit: 20 Min.

225 g knackiger Salat, vorzugsweise
*   Cos, in kleine Stücke gerissen*
12 kleine schwarze Oliven mit Kern,
*   in Scheiben*
100 g fein gehackte Tomaten
6 Frühlingszwiebeln, in dünnen Scheiben
100 g gewürfelte rote und grüne Paprika
6–8 EL Oliven- o. Sonnenblumenöl
1 EL Wein- o. Apfelweinessig
1 EL Zitronensaft
ein wenig abgeriebene Zitronenschale
1 Knoblauchzehe, geschält und fein gehackt
1 EL gehackte Korianderblätter oder
*   Petersilie*
Salz
frisch gemahlener Pfeffer
100g Feta-Käse, in 1 cm dicke Würfel
*   geschnitten*

Salat, Oliven, Tomaten, Frühlingszwiebeln und Paprika in einem großen Gefäß mischen. Öl, Essig, Zitronensaft und -schale, Knoblauch und Koriander oder Petersilie verrühren, mit Salz und Pfeffer abschmecken. Marinade über den Salat gießen und so lange mischen, bis alle Zutaten gleichmäßig damit bedeckt sind und glänzen. Käse darüberkrümeln und servieren.

Cäsar-Salat

Für 4 Personen
Kalorien pro Portion: 380 (1600 kJ)
Proteingehalt pro Portion: 9 g
Vorbereitungs- u. Garzeit: 45 Min.

450 g knackiger Salat, vorzugsweise Cos,
*   in kleine Stücke gerissen*
4 EL Oliven- oder Sonnenblumenöl
4 Scheiben Weizenschrotbrot, ohne Rinde
*   und in 1 cm große Würfel geschnitten*
50 g frischer geriebener Parmesan

Die Marinade:
1 Ei
4 EL Oliven- oder Sonnenblumenöl
1 EL Weinessig
Salz
frisch gemahlener Pfeffer
1 kleine Knoblauchzehe, geschält und
*   fein gehackt*
1 TL Zitronensaft

Öl in einer Pfanne erhitzen und Brotwürfel bei mäßiger Hitze darin kroß braten; auf Küchenkrepp abtropfen und ganz abkühlen lassen.

In der Zwischenzeit für die Marinade Ei, Öl, Essig, Salz, Pfeffer, Knoblauch und Zitronensaft gut verrühren oder in einem Mixer gut mischen. Salat in eine Schüssel geben, Marinade darübergießen und gut vermischen. Croûtons in die Mitte geben und ringsum den Parmesan streuen. Alle Zutaten am Tisch zusammenmischen.

Vegetarischer Salat nach Art des Hauses

Dieser beliebte Salat muß wohl von einem Küchenchef in großer Eile für späte Gäste erfunden worden sein, weil nur solche Zutaten verwendet werden, die man immer zur Hand hat. Er ist ein leichtes Mittag- oder Abendessen, mit einer Suppe als Vorspeise und frischen Früchten als Dessert.

Für 4 Personen
Kalorien pro Portion: 920 (3855 kJ)
Proteingehalt pro Portion: 19,5 g
Vorbereitungs- u. Garzeit: 30 Min.

4 Eier
1 EL Oliven- oder Sonnenblumenöl
Salz
frisch gemahlener Pfeffer
350 g Kopfsalat, in kleine Stücke gerissen
225 g Sellerie, in dünnen Scheiben
50 g fein gehackte Frühlingszwiebeln
125 g Wasserkresseblätter
225 g Chicorée, in dünnen Scheiben
125 g Käse, vorzugsweise Emmentaler,
*   in dünne Streifen geschnitten*
300 ml Mayonnaise (S. 126)
ein wenig Rahm

Aus Eiern und Öl ein Omelett zubereiten (S. 66), mit Salz und Pfeffer würzen und kalt stellen. Sie können diesen Prozeß beschleunigen, indem Sie es auf eine Platte über einige Eiswürfel legen. In der Zwischenzeit Salat, Sellerie und Chicorée in einer Schüssel mit dem Käse mischen.

Abgekühltes Omelett in 1 cm breite, 7.5 cm lange Streifen schneiden, zum Salat geben und gut vermischen, dabei darauf achten, daß Käse- und Omelettstreifen nicht mehr als notwendig brechen.

Mayonnaise, mit ein wenig Rahm verdünnt, einrühren, den Salat gut mischen und, wenn nötig, nachwürzen. In einer flachen Schale servieren.

Krautsalat I

Für 4 Personen
Kalorien pro Portion: 540 (2275 kJ)
Proteingehalt pro Portion: 17 g
Vorbereitungszeit: 20 Min.

350 g Weißkohl, recht fein geraspelt
8 EL Oliven- oder Sonnenblumenöl
2 EL Wein- oder Apfelweinessig
Salz
frisch gemahlener Pfeffer
125 grob geriebener Cheddarkäse
125 g geschälte und geraspelte
*   Dessertäpfel, mit 2 EL Zitronensaft*
*   beträufelt*
100 g Sonnenblumenkerne

Kohl in eine Schüssel geben. Öl, Essig, Salz und Pfeffer gut verrühren. Käse mit ein wenig Marinade nach und nach unter den Kohl mischen, dabei achtgeben, daß der Käse nicht zusammenklebt. Äpfel, Zitronensaft und Sonnenblumenkerne dazugeben, dann die restliche Marinade zufügen und gut mischen. In einer flachen Schüssel servieren.

Krautsalat II

Für 4 Personen
Kalorien pro Portion: 492 (2062 kJ)
Proteingehalt pro Portion: 12 g
Vorbereitungszeit: 20 Min.

350 g Weißkohl, recht fein geraspelt
125 g geschälte und geraspelte
*   Dessertäpfel, mit 2 EL Zitronensaft*
*   beträufelt*
8 EL Oliven- oder Sonnenblumenöl
1 EL Wein- oder Apfelweinessig
1 TL klarer Honig
Salz
frisch gemahlener Pfeffer
1 Ei, leicht verschlagen
50 g fein gehackte Zwiebeln
125 g ungeröstete Erdnüsse

Kohl in eine Schüssel geben. Öl, Essig, Honig, Salz, Pfeffer und Ei gut verrühren. Diese Marinade über den Kohl gießen; Äpfel, Zitronensaft und Zwiebeln zufügen. Erdnüsse im Mixer oder in der Nußmühle einige Sekunden mahlen – oder im Mörser fein zerstampfen. Gut unter den Salat mischen. In einer flachen Schüssel servieren.

Krautsalat III

Für 4 Personen
Kalorien pro Portion: 455 (1872 kJ)
Proteingehalt pro Portion: 8 g
Vorbereitungszeit: 20 Min.

225 g geraspelter Weißkohl
225 g gekochte braune Linsen –
*   ca. 100 g ungekocht*
125 g geschälte und geraspelte
*   Dessertäpfel, mit 2 EL Zitronensaft*
*   beträufelt*
8 EL Oliven- oder Sonnenblumenöl
1 EL Wein- oder Apfelweinessig
1 EL dicker oder klarer Honig
1 TL Currypulver
1 kleine Knoblauchzehe, geschält und
*   sehr fein gehackt*
Salz und frisch gemahlener Pfeffer
1 Ei, leicht verschlagen
125 g Quark

Kohl mit Linsen, Äpfeln und Zitronensaft in eine Schüssel geben. Öl, Essig, Honig, Currypulver, Knoblauch, Salz, Pfeffer und das Ei gut verrühren. Diese Mischung langsam in den Quark rühren, bis eine glatte Creme entsteht. Diese Marinade über Kohl, Linsen und Äpfel gießen und gut mischen.

Salat-Variationen

Servieren Sie verschiedene Salate mit Mayonnaise oder French-Dressing bzw. Vinaigrette-Sauce:

Gekochte, kalte Makkaroni mit gehackten, ungerösteten Erdnüssen, Tomatenscheiben und blanchierten, gehackten Zwiebeln.

Geriebene, rohe Karotten, gewürfelte rote Paprikaschoten und Ananaswürfel.

Gekochte, dünne Zucchinischeiben, gekochte, gewürfelte Kartoffeln und Radieschen, ganz oder in feinen Scheiben.

Große Gemüsetomaten, gefüllt mit feinen Käsestreifchen, gekochten Kartoffeln und Frühlingszwiebeln.

Feine Käsescheiben, darüber eine Schicht blanchierte oder rohe Zwiebelringe und Kartoffelscheiben.

Quark mit gehackten, rohen oder eingelegten Gurken auf einfachem Weißkohl, mit ein wenig würzigem, geriebenem Käse und einer Prise Cayennepfeffer bestreut.

Geriebene, rohe Karotten, fein gehackter Sellerie, Erdnüsse und ein wenig fein gehackte Zwiebeln auf dunklem Roggenschrotbrot.

Gekochte Sojabohnen mit gehackten Zwiebeln und geriebenem Käse, darüber rohe Champignonscheiben, mariniert in Zitronensaft.

Frische, halbierte Pfirsiche, gefüllt mit fein gehacktem Sellerie und roten Paprikaschoten, auf zerrissenen Salatblättern; Salat mit Vinaigrette-Sauce und Pfirsiche mit Mayonnaise anmachen.

Geraspelter Knollensellerie mit gewürfelten Äpfeln, Gurken und Wasserkresse.

Jerusalem-Artischocken in dünnen Scheiben mit Tomatenscheiben, Sellerie und gehackter Petersilie.

Gekochte, gewürfelte rote Bete in geschlagener Sahne, mit Kümmel, Zitronensaft und -schale aromatisiert.

Desserts

Wie erfolgreich Ihre Einladung zum Essen und wie gut geplant Ihr Hauptgang auch waren – das Dessert ist der krönende Abschluß einer Mahlzeit. Auch wenn Ihre Gäste vorgeben, sich nichts aus Puddings oder Cremetörtchen zu machen – Sie werden erstaunt sein, wie viele ihre Meinung ändern, wenn diese Köstlichkeiten serviert werden.

Beim Dessert können Sie Ihr Lieblingsaroma voll zur Entfaltung bringen, können Sie Gaumen und Augen Ihrer Gäste durch glänzende, frische Früchte, leichte Schaumspeisen, köstlich gefüllte Crêpes und auf der Zunge zergehende Kuchen erfreuen. Wählen Sie ein Dessert, das Ihr Hauptgericht harmonisch abrundet, und denken Sie daran, daß eine kalte Nachspeise selbst im Winter nach einem heißen, würzigen Hauptgang sehr erfrischend sein kann. Ob Sie nun vor dem Dessert noch eine Käseplatte nach französischer Art servieren oder nach englischer Art Ihr Menü abschließen, – bieten Sie mindestens einen »Vertreter« von jeder Hauptkäsesorte an.

Eine ausgewogene Käseplatte sollte mindestens eine weiche, cremige Käsesorte – einen Bel Paese, Port Salut, Camembert oder Brie enthalten; dann einen Schimmelkäse – einen Dolcelatte, Roquefort oder Stiltonkäse; und einen Hartkäse – einen reifen Cheddar, Gruyèrzer, Edamer oder Gouda.

Aprikosen-Soufflé

Für 4 Personen
Kalorien pro Portion: 200 (845 kJ)
Proteingehalt pro Portion: 9 g
Vorbereitungs- u. Garzeit: 1 Std.,
   ohne Einweichen

*225 g getrocknete Aprikosen,
   mit kaltem Wasser bedeckt über Nacht
   eingeweicht
1 Vanilleschote
25–50 g brauner Rohzucker, nach Geschmack
3 EL Schlagrahm
3 Eigelb
5 Eiweiß
ein wenig geschmolzene Butter*

Aprikosen abtropfen lassen, in einer Pfanne mit der Vanilleschote, Zucker und mit Wasser bedeckt aufkochen lassen; zugedeckt bei milder Hitze 15–20 Min. simmern lassen, bis die Aprikosen weich sind; sie dürfen aber nicht auseinanderfallen.

In der Zwischenzeit eine Souffléform von 15 cm Durchmesser vorbereiten; einen Streifen Antihaft-Folie, der 2–5 cm länger und 5–8 cm höher ist als die Form zuschneiden, um die Außenseite der Form herumlegen und gut befestigen.

Wenn die Aprikosen musig gekocht sind, Vanilleschote entfernen und im Mixer pürieren oder durch ein Sieb streichen.

Schlagrahm und Eigelb einrühren. Backofen auf 180°C, Gas Stufe 4, vorheizen und die vorbereitete Souffléform darin anwärmen, während Sie das Eiweiß so steif schlagen, daß ein Messerschnitt sichtbar bleibt.

Souffléform aus dem Ofen nehmen, die Innenseiten und die Innenseite der Papiermanschette mit geschmolzener Butter einpinseln. Geschlagenes Eiweiß unter das Aprikosenpüree heben und in die Souffléform füllen. Im vorgeheizten Ofen ca. 20 Min. backen, bis das Soufflé aufgegangen, aber innen noch weich ist. Vorsichtig das Papier abziehen und sofort mit Schlagrahm servieren.

Orangen-Soufflé

Für 4 Personen
Kalorien pro Portion: 300 (1257 kJ)
Proteingehalt pro Portion: 10 g
Vorbereitungs- und Garzeit: 35 Min.

*20 g Butter
20 g Mehl
300 ml Milch
100 g Zucker
abgeriebene Schale von 3 Orangen
4 Eier, getrennt
ein wenig geschmolzene Butter*

Butter in einer Pfanne bei milder Hitze schmelzen und das Mehl einrühren, bis es eindickt, dann noch 1 Minute kochen lassen. Pfanne vom Feuer nehmen und langsam die Milch zugießen. Auf das Feuer zurückstellen, Zucker zufügen und rühren, bis die Sauce dicklich wird, dann vom Feuer nehmen.

Abgeriebene Orangenschale zugeben, umrühren und die Sauce abkühlen lassen.

Eigelb einrühren. Backofen auf 190°C, Gas Stufe 5, vorheizen. Um eine Souffléform von 15 cm Durchmesser eine Papiermanschette,

die 2–5 cm länger ist als der Durchmesser und 5–8 cm höher ist als der Rand, legen. Form im Ofen 10 Minuten anwärmen. Vor Ablauf der 10 Minuten das Eiweiß steif schlagen, so daß ein Messerschnitt sichtbar bleibt und unter die Sauce heben.

Innenseite der Form und der Papiermanschette großzügig mit geschmolzener Butter auspinseln. Sofort die Soufflémasse einfüllen. Ca. 20 Minuten backen, bis das Soufflé gut aufgegangen ist und sofort servieren.

Schokoladen-Soufflé

Für 4 Personen
Kalorien pro Portion 250 (1080 kJ)
Proteingehalt pro Portion: 9 g
Vorbereitungs- und Garzeit: 30 Min.

*125 g einfache Kochschokolade,
   in kleine Stücke gebrochen
2 EL Cognac
25 g brauner Rohzucker
4 Eigelb, gut verquirlt
6 Eiweiß
ein wenig geschmolzene Schokolade*

gen, so daß ein Messerschnitt sichtbar bleibt, dann unter die Schokoladenmischung heben. In die Souffléform füllen und im vorgeheizten Ofen 15–20 Minuten backen, bis das Soufflé gut aufgegangen ist. Papiermanschette vorsichtig abziehen, das Soufflé mit Schlagrahm und Mandelbiskuits (S. 164) servieren.

Backofen auf 180°C, Gas Stufe 4, vorheizen. Schokoladenstücke im Wasserbad mit Cognac und Zucker auflösen, dabei gelegentlich mit einem warmen Löffel umrühren – wird der Löffel nicht vorgewärmt, klebt die Schokolade daran fest. Um eine Souffléform von 15 cm Durchmesser eine Manschette aus Antihaft-Folie legen, die 2–5 cm länger als der Durchmesser und 5–8 cm höher als der Rand ist. Gut befestigen und die Form im Ofen durchwärmen. Schokolade aus dem Wasserbad nehmen und leicht abkühlen lassen, dann nach und nach ein wenig vom Eigelb darunterrühren. Souffléform aus dem Ofen nehmen und die Innenseite der Form wie auch die Innenseite der Papiermanschette mit geschmolzener Butter auspinseln. Eiweiß steif schla-

Zitronenschaum

Für 4 Personen
Kalorien pro Portion: 185 (780 kJ)
Proteingehalt pro Portion: 5 g
Vorbereitungs- u. Garzeit: 1 Std.
 (länger, wenn Sie von Hand schlagen)

fein abgeriebene Schale und Saft
 einer großen Zitrone
2 Eier, getrennt
125 g Streuzucker
ein wenig geschmolzene Butter
25 g einfaches weißes Mehl
150 ml Milch

Zitronenschale und -saft, Eigelb und Zucker in ein Gefäß geben; wenn Sie von Hand rühren, in einen Topf mit heißem Wasser geben. So lange schlagen, bis der Quirl beim Herausheben eine Spur hinterläßt.

Backofen auf 180° C, Gas Stufe 4, vorheizen. Eine Puddingform von 20 cm Durchmesser mit Butter auspinseln und beiseite stellen. Mehl in einem Gefäß mit ein wenig Milch gut verrühren, dann langsam die restliche Milch eingießen.

Eiweiß steif schlagen, bis ein Messerschnitt sichtbar bleibt. Milchmischung in die Zitronen-Eigelb-Masse rühren, dann das Eiweiß unterheben. Das Ganze in die vorbereitete Puddingform gießen, Form in einen Topf mit heißem Wasser stellen, so daß sie bis zur Hälfte bedeckt ist und im vorgeheizten Ofen 45 Minuten backen. Mit Schlagrahm oder Früchtepüree noch heiß servieren.

Mandelüberraschung

Ein sehr reichhaltiges Dessert, das 4 Personen mühelos schaffen sollten.

Kalorien pro Portion: 655 (2950 kJ)
Proteingehalt pro Portion: 12 g
Vorbereitungs- u. Garzeit: 1 Std.
 (länger, wenn Sie von Hand schlagen)

125 g gemahlene Mandeln
4 Eier, getrennt
125 g Streuzucker
300 ml Schlagrahm
fein abgeriebene Schale von 1 Orange
kräftige Prise frisch gemahlener Muskatnuß
ein wenig geschmolzene Butter

Bereiten Sie eine Souffléform von 15 cm Durchmesser vor: schneiden Sie eine Manschette aus Antihaft-Folie zu, die 2−5 cm länger als der Durchmesser und 5−8 cm höher als der Rand ist. Um die Außenseite der Form legen und gut befestigen.

Eigelb und Zucker mit dem elektrischen Rührstab so lange schlagen, bis eine Spur sichtbar bleibt, wenn Sie den Rührstab herausziehen. (Wenn Sie von Hand schlagen, die Masse in einem Gefäß über einem Topf mit heißem Wasser schlagen.) Rahm zugeben und

weiterschlagen, bis die Masse dicklich wird, dann die Mandeln, Orangenschale und Muskat zufügen.

Eiweiß steif schlagen, so daß ein Messerschnitt sichtbar bleibt, dann unter die Mandelmasse heben. In eine gut gebutterte Souffléform füllen, die Sie in einen größeren Topf mit heißem Wasser stellen, so daß die Seiten zur Hälfte bedeckt sind. Zugedeckt 45 Minuten leise kochen lassen; Papiermanschette entfernen und das Soufflé heiß mit Karamelsauce (S. 198) servieren.

Crêpes mit Pralinéfüllung

Für 4 Personen
Kalorien pro Portion: 625 (2615 kJ)
Proteingehalt pro Portion: 14 g
Vorbereitungs- u. Garzeit: 50 Min.

100 g unblanchierte Mandeln
50 g gekörnter Zucker
12 dünne Crêpes, siehe Grundrezept (S. 82)
75 g ungesalzene Butter
2 EL dunkler Rum oder nach Geschmack

Für die Pralinémasse die Mandeln mit dem Zucker bei milder Hitze in einem Topf kochen, bis der Zucker schmilzt und die Mandeln damit bedeckt sind. Ständig rühren, um ein Anbrennen zu verhindern. Topf vom Feuer nehmen und die Masse auf eine geölte Platte oder Antihaft-Folie streichen. Kalt und fest werden lassen, dann mit einem Teigroller zerstoßen oder im Mixer zu Pulver verarbeiten.

Crêpes zwischen 2 feuerfesten Platten über einem Topf mit heißem Wasser erwärmen. Butter mit einem Holzlöffel schaumig rühren, Pralinémasse gut unterrühren. Rum tropfenweise zufügen, gut schlagen, bis die Mischung leicht und schaumig ist. Ein wenig Pralinéfüllung auf die Crêpes verteilen und fest über der Füllung zusammenrollen. Crêpes auf einer vorgewärmten Platte anrichten und mit Schlagrahm und Apfelmus, das mit Zimt aromatisiert wurde, servieren.

Crêpes mit Quark und Rosinen

Für 4 Personen
Kalorien pro Portion: 775 (3255 kJ)
Proteingehalt pro Portion: 13 g
Vorbereitungs- u. Garzeit: 45 Min.

12 dünne Crêpes, siehe Grundrezept (S. 82)
225 g Quark
1 TL abgeriebene Zitronenschale
4–8 EL brauner Rohzucker
2 EL Zitronensaft
50 g Rosinen
2 EL ungesalzene, geschmolzene Butter

Backofen auf 200°C, Gas Stufe 6, vorheizen. Quark gut schlagen, dann Zitronenschale und 2–4 EL Zucker, die Hälfte des Zitronensaftes und die Rosinen zufügen und gut vermischen. Masse auf die Crêpes verteilen, aufrollen und nebeneinander auf ein gut gebuttertes Backblech legen.

Crêpes mit geschmolzener Butter bestreichen, mit restlichem Zitronensaft beträufeln und mit Zucker bestreuen; im vorgeheizten Ofen 10 Min. backen, bis sie ganz heiß sind. Mit Zitronenspalten und einer Schale braunem Zucker servieren.

Als Variation können Sie den Zucker auch mit ein wenig gemahlenem Zimt aromatisieren.

Crêpes mit Kirschfüllung

Für 4 Personen
Kalorien pro Portion: 715 (2997 kJ)
Proteingehalt pro Portion: 14 g
Vorbereitungs- u. Garzeit: 45 Min.

12 dünne Crêpes, siehe Grundrezept
(S. 82), mit ein paar Tropfen Mandelessenz
aromatisiert
225 g schwarze Kirschen mit Stein, gekocht
u. grob gehackt
50 g brauner Rohzucker
4 EL Wasser
4 EL Kirschwasser
300 ml Schlagrahm
25 g geraspelte, blanchierte Mandeln

Crêpes zwischen 2 feuerfesten Platten über einem Topf mit kochendem Wasser warm halten. Kirschen, Zucker und Wasser bei schwacher Hitze kochen, bis der Zucker geschmolzen ist. Topf vom Feuer nehmen und das Kirschwasser einrühren.

Backofen auf 200°C, Gas Stufe 6, vorheizen. Einen EL Kirschen auf die Crêpes verteilen, Crêpes aufrollen und nebeneinander in eine feuerfeste Form legen. Restlichen Kirschsaft und die Hälfte der Sahne, wenn Sie wollen, darübergießen, dann mit Mandeln bestreuen. Im vorgeheizten Ofen 10 Min. backen. Heiß servieren und restlichen Rahm geschlagen oder Sahne getrennt dazu reichen.

Anmerkung: Frische Kirschen mit Stein in Wasser mit Zucker nach Geschmack leicht simmern lassen, bis sie weich, aber nicht matschig sind. Man kann auch Dosenkirschen verwenden.

Zitronen-Meringen-Kuchen

Für 6 Personen
Kalorien pro Portion: 1150 (4815 kJ)
Proteingehalt pro Portion: 26 g
Vorbereitungs- u. Garzeit: 45 Min.

fein abgeriebene Schale von 2 Zitronen
200 ml Zitronensaft
vorgebackener Mürbeteigboden von
20 cm Durchmesser (S. 194)
2 EL Aprikosenmarmelade, erwärmt u.
durch ein Sieb gestrichen
4 Eier, getrennt
zwei 300 ml Gefäße mit gesüßter
Kondensmilch
225 g Streuzucker

Backofen auf 150°C, Gas Stufe 2, vorheizen. Mürbeteigboden mit der warmen Aprikosenmarmelade bestreichen. Zitronenschale und -saft in einem Gefäß mit den Eigelb und der Kondensmilch gut verrühren. Diese Füllung auf den Mürbeteigboden gießen.

Eiweiß steif schlagen, so daß ein Messerschnitt sichtbar bleibt, dann den Zucker unterheben. Baisermasse über die Zitronenfüllung streichen; die Füllung muß ganz damit bedeckt sein. Mit einer Gabel ein Spiralmuster durch die Baisermasse ziehen.

Im vorgeheizten Ofen 20–30 Min. backen, oder bis die Baisermasse knusprig und braun ist. Vor dem Servieren leicht abkühlen lassen.

Aprikosen-Meringen-Kuchen

Für 4 Personen
Kalorien pro Portion: 500 (2095 kJ)
Proteingehalt pro Portion: 9 g
Vorbereitungs- u. Garzeit: 1 Std.,
ohne Einweichen

225 g getrocknete Aprikosen,
über Nacht mit kaltem Wasser bedeckt
eingeweicht
ca. 50 g brauner Rohzucker oder nach
Geschmack
1 Vanilleschote
200 ml Wasser
2 Eiweiß
50 g Streuzucker
ein vorgebackener Mürbeteigboden von
20 cm Durchmesser (S. 194)
2 EL Aprikosenmarmelade, erwärmt u. durch
ein Sieb gestrichen

Abgetropfte Aprikosen in einem Topf mit braunem Zucker, Vanilleschote und Wasser zum Kochen bringen. Zugedeckt bei schwacher Hitze 15–20 Min. simmern lassen, bis die Aprikosen weich sind, aber nicht zerfallen. Aprikosen herausnehmen, dabei restliche Flüssigkeit abgießen, Vanilleschote entfernen und alles leicht abkühlen lassen. Probieren, ob es süß genug ist und, wenn nötig, noch etwas Zucker zufügen.

Backofen auf 150°C, Gas Stufe 2, vorheizen. Mürbeteigboden, noch in der Form, mit Aprikosenmarmelade bestreichen. Abgetropfte Aprikosen daraufgeben. Eiweiß steif schlagen, so daß ein Messerschnitt sichtbar bleibt, und den Streuzucker unterheben. Die Baisermasse über die Aprikosen streichen, so daß sie ganz bedeckt sind, und mit der Gabel ein Muster ziehen.

Im vorgeheizten Backofen ca. 30. Min. backen, oder bis die Baisermasse knusprig und gebräunt ist. Vor dem Servieren leicht abkühlen lassen; dazu Schlagrahm, mit Rum aromatisiert, oder Chantilly-Creme reichen.

Eine köstliche Auswahl heißer Puddings und Desserts. Oben links: Aprikosen-Meringen-Kuchen mit knusprigem Belag. Oben rechts: Zitronenpudding mit Himbeersauce. Unten links: Dünne Crêpes mit Kirschfüllung, mit Mandeln bestreut. Unten rechts: Chinesische Zuckeräpfel in Sirup mit Sesam.

Käsekuchen

Für 4 Personen
Kalorien pro Portion: 695 (2910 kJ)
Proteingehalt pro Portion: 14 g
Vorbereitungs- u. Garzeit: ca. 1 Std.

175 g Mürbeteig (S. 194)
2 EL Aprikosenmarmelade, erwärmt u.
*   durch ein Sieb gestrichen*
75 g brauner Rohzucker
2 Eier, getrennt
225 g Quark
25 g Sultaninen
fein abgeriebene Schale u.
*   Saft von 1 Zitrone*

Teig ausrollen und eine Kuchenform von 18 cm Durchmesser damit auskleiden oder in einen Ring von gleicher Größe auf dem Backblech füllen. Boden mit Aprikosenmarmelade bestreichen. Zucker und Eigelb schaumig schlagen, dann Quark, Sultaninen, Zitronenschale und -saft zugeben.

Backofen auf 180°C, Gas Stufe 4, vorheizen. Eiweiß steif schlagen, so daß ein Messerschnitt sichtbar bleibt, unter die Käsemasse heben. Auf den Boden geben und im vorgeheizten Ofen 45 Min. backen, bis sie fest ist. Vor dem Servieren leicht abkühlen lassen.

Elsässer Apfelkuchen

Für 6 Personen
Kalorien pro Portion: 630 (2620 kJ)
Proteingehalt pro Portion: 12 g
Vorbereitungs- u. Garzeit: 1 Std.

1 kg Kochäpfel, vorzugsweise Boskop
vorgebackener Mürbeteigboden von
*   25 cm Durchmesser (S. 194)*
2 EL Aprikosenmarmelade, erwärmt u.
*   durch ein Sieb gestrichen*
125 g Streuzucker
½ TL gemahlener Zimt
knapp 120 ml Rahm
½ TL Vanilleessenz
2 Eier, gut verquirlt
1 EL brauner Rohzucker

Ofen auf 200°C, Gas Stufe 6, vorheizen. Äpfel entkernen und Gehäuse entfernen, in 1 cm dicke Spalten schneiden. Mit Wasser bedeckt 2 Min. simmern lassen, abtropfen und unter fließendem, kaltem Wasser abspülen; dann trockentupfen.

Mürbeteigboden leicht mit der erwärmten Aprikosenmarmelade bestreichen. Apfelscheiben überlappend darauflegen, dann Zucker mit Zimt mischen und über die Apfelschicht streuen. Im vorgeheizten Ofen 15–20 Min. backen, oder bis die Äpfel sich weich anfühlen, wenn man mit einem Stäbchen hineinsticht.

Milch, Vanilleessenz, Eier und braunen Zucker vermischen und über die Äpfel gießen. Kuchen wieder in den Ofen stellen und weitere 15 Min. backen, bis die oberste Schicht fest ist. Mit flüssiger Sahne oder Eischaumsauce servieren.

Chinesische Zuckeräpfel

Diese fritierten Äpfel sind eine Spezialität der pekinesischen Küche. Sie werden in Sirup, dann in Eiswasser getaucht.

Für 4 Personen
Kalorien pro Portion: 540 (2265 kJ)
Proteingehalt pro Portion: 7,5 g
Vorbereitungs- u. Garzeit: 1 Std.

350 g Kochäpfel, vorzugsweise Boskop
Eierteig (S. 194)
Öl zum Fritieren
150 g gekörnter Zucker
4 EL Sesamöl
2 EL Sesamkerne

Äpfel entkernen und Gehäuse entfernen, in Stücke schneiden. Zum Eierteig geben und umrühren, bis sie gut damit bedeckt sind.

Öl im Fritiertopf auf 180°C erhitzen. 6–8 Apfelstücke im Fritierkorb in das Öl geben und goldbraun fritieren. Herausnehmen und auf Küchenkrepp abtropfen lassen; jede Portion warm stellen während Sie den Rest machen.

Zucker in einer Pfanne mit festem Boden schmelzen, aber nicht bräunen lassen. Sesamöl einige Minuten miterhitzen. Eine Schüssel mit Eiswasser bereit stellen. Fritierte Äpfel in der Pfanne in Zucker und Öl wälzen, bis sie gut bedeckt sind. Auf eine geölte Platte legen; sie dürfen sich nicht berühren, sonst kleben sie zusammen. Mit Sesam bestreuen und sofort in Eiswasser tauchen; dazu einen geölten Löffel benutzen. Sofort servieren.

Gewürzkrapfen

Für 4 Personen
Kalorien pro Portion: 385 (1615 kJ)
Proteingehalt pro Portion: 9 g
Vorbereitungs- u. Garzeit: 1 Std.

200 ml Milch
75 g ungesalzene Butter
100 g ungebleichtes weißes Mehl
¼ TL gemahlener Zimt
Prise Salz
1 TL brauner Rohzucker
2–3 Eier
Öl zum Fritieren
ein wenig Puderzucker

Milch in einem Topf mit Butter zum Kochen bringen. Mehl, Zimt und Salz zusammensieben und den Zucker zugeben.

Wenn die Milch kocht, Topf vom Feuer nehmen und die Mehlmischung auf einmal hineinschütten. Kräftig schlagen und den Topf aufs Feuer zurückstellen. So lange weiterschlagen, bis sich die Masse als Kloß vom Topfboden löst, dann die Mischung wieder beiseite stellen, etwas abkühlen lassen und einzeln die Eier unterschlagen, bis der Teig fest, glatt und glänzend ist. Sind die Eier groß, brauchen Sie vielleicht nicht das ganze dritte Ei zugeben.

Öl im Fritiertopf auf 180°C erhitzen. Mit einem Teelöffel Teigbällchen abstechen und im heißen Öl goldbraun fritieren. Krapfen mit einem Schaumlöffel herausnehmen und auf Küchenkrepp abtropfen lassen. Jede Portion warm stellen, bevor Sie die nächste machen. Wenn im Ofen oder im Warmhaltefach noch Flüssigkeit ist, bleiben sie nicht knusprig.

Krapfen auf einer vorgewärmten Platte anrichten, leicht mit Puderzucker bestäuben und heiß mit Honig-Orangensauce servieren.

Honig-Orangen-Sauce

Kalorien pro Portion: 115 (490 kJ)
Proteingehalt pro Portion: 0,25 g
Vorbereitungs- u. Garzeit: 10 Min.

150 g dicker Honig
200 ml heißes Wasser
2 EL Maismehl
fein abgeriebene Schale von 2 Orangen

Honig und Wasser unter ständigem Rühren in einem Topf aufkochen, bis sich der Honig aufgelöst hat. Mehl mit ein wenig kaltem Wasser glattrühren, ein wenig heiße Honigmischung zugeben und in den Topf gießen. Sauce aufkochen lassen, simmern, bis sie dicklich wird, dabei ständig umrühren. Orangenschale zufügen, die Sauce in einen vorgewärmten Krug füllen und heiß servieren.

Anmerkung: Für eine dünne Sauce das Mehl weglassen.

Quark mit Erdbeeren und Kirschsaft

Für 4 Personen
Kalorien pro Portion: 320 (1345 kJ)
Proteingehalt pro Portion: 4 g
Vorbereitungs- u. Kühlzeit: 2 ½ Std.

225 g milder Quark
2 Eiweiß
350 g geputzte Erdbeeren (oder Himbeeren)
4 TL Kirsch- oder Zitronensaft
eine Schüssel Streuzucker zum Servieren

Quark mit der Rückseite eines Holzlöffels glattrühren. Eiweiß steif schlagen, so daß ein Messerschnitt sichtbar bleibt; unter den Quark heben. (Ist der Quark zu fest, ein wenig Eiweiß unterrühren.) Mischung durch ein feines Sieb in ein Gefäß streichen und 2 Std. im Kühlschrank kalt stellen. Quark auf einer Platte anrichten, die Erdbeeren ringsum legen und mit Kirsch- oder Zitronensaft beträufeln. Zucker getrennt dazu reichen.

Kompott aus Trockenobst

Für 4 Personen
Kalorien pro Portion: 275 (1160 kJ)
Proteingehalt pro Portion: 3.5 g
Vorbereitungs- u. Garzeit: 3 Std.
Einweichzeit: über Nacht

125 g getrocknete Aprikosen
125 g Backpflaumen
125 g getrocknete Apfelringe
600 ml Wasser
1 Vanilleschote
25 g blanchierte, halbierte Mandeln
25 g Korinthen
ein Zweig Minze
75 g brauner Rohzucker
25 g in Sirup eingelegter Ingwer,
  in feinen Scheiben
1 TL Rosenwasser
1–2 EL Kirschwasser

Aprikosen, Pflaumen und Apfelringe sorgfältig waschen, in getrennten Gefäßen mit je ¹/₃ des Wassers über Nacht einweichen. Am folgenden Morgen Obst und Wasser in getrennte Töpfe mit Wasser bedeckt (wenn nötig, ein wenig Wasser nachgießen) füllen. Vanilleschote und Mandeln zu den Aprikosen, Korinthen zu den Backpflaumen und Minze zu den Äpfeln geben.

Zucker auf das Obst verteilen und alle Obstsorten zum Kochen bringen. Zugedeckt köcheln lassen, bis die Früchte weich sind, dabei gelegentlich umrühren. Aprikosen und Backpflaumen brauchen ca. 30 Min., die Apfelringe ca. 10 Min. Wenn nötig, ein wenig Wasser nachgießen, aber das Obst sollte nicht im Sirup schwimmen.

Abkühlen lassen, dann Früchte und Saft zusammenmischen. Ingwer, Rosen- und Kirschwasser einrühren und 1 Std. kalt stellen. Mit leicht geschlagenem Schlagrahm servieren.

Jamaica-Bananen

Für 4 Personen
Kalorien pro Portion: 720 (2997 kJ)
Proteingehalt pro Portion: 1 g
Vorbereitungs- u. Garzeit: 10 Min.

4 reife, aber feste Bananen
25 g Butter
25 g brauner Rohzucker
2 kräftige Prisen frische Muskatnuß
100 ml Rum
300 ml Preiselbeersauce

Bananen schälen und längs halbieren. In Butter in einer Wärme- oder Bratpfanne, die man auf den Tisch stellen kann, leicht anbraten. Braunen Zucker und Muskat darüberstreuen, dabei die Pfanne leicht schwenken und die Bananen mit einem Spatel mit Zucker und Muskat bestreuen. Rum darübergießen und anzünden. Noch brennend mit ein wenig Preiselbeersauce zwischen den beiden Hälften und mit leicht geschlagener Schlagsahne und knusprigen Mandel- oder Haselnußbiskuits servieren.

Früchtemus

Für 4 Personen
Kalorien pro Portion: 410 (1717 kJ)
Proteingehalt pro Portion: 11 g
Vorbereitungs- u. Kühlzeit: 2½ Std.
(ohne Vorbereiten der Früchte)

225 g gekochte frische oder
  getrocknete Früchte – Äpfel, Aprikosen,
  Stachelbeeren, Pfirsische, Pflaumen,
  Backpflaumen
300 ml dicke Eischaumsauce (S. 198)
150 ml Schlagrahm (nach Wunsch)

Früchte im Mixer zu einem feinen Püree verarbeiten oder durch eine Gemüsepresse oder ein Sieb streichen. Püree sorgfältig unter die Eischaumsauce mischen. Schlagrahm steif schlagen, dann unter das Püree heben. Im Kühlschrank für 2 Stunden kalt stellen und mit Katzenzungen aus Biskuitteig servieren.

Orangen-Sherry-Creme

Für 4 Personen
Kalorien pro Portion: 775 (3238 kJ)
Proteingehalt pro Portion: 6 g
Vorbereitungs- u. Kühlzeit: 1½ Std.

abgeriebene Schale von 2 Orangen
100 ml Sherry
600 ml Schlagrahm
1–2 EL Honig
2 Eier, getrennt
2 EL Zitronensaft

Schlagrahm mit Orangenschale und Honig kräftig schlagen. Eigelb locker-schaumig schlagen, Zitronensaft und Sherry zufügen und in die Creme rühren. Eiweiß steif schlagen, bis ein Messerschnitt sichtbar bleibt; unter die Creme heben. Creme in 8 hohe Gläser verteilen und eiskalt servieren. Zu diesem Pudding passen Mandelbiskuits (S. 164) sehr gut.

Gestürzte Mokkacreme

Für 4 Personen
Kalorien pro Portion: 575 (2400 kJ)
Proteingehalt pro Portion: 10 g
Vorbereitungs- u. Kühlzeit: 3–4 Std.

2 TL Instant-Kaffeepulver
2½–3 TL Agar-Agar
450 ml Milch
50 g brauner Rohzucker
2 Eigelb, gut verquirlt
8 Löffelbiskuits
2 EL Sherry

Garnierung:
300 ml Schlagsahne, geschlagen
50 g grob geriebene, einfache Schokolade

Agar-Agar in die Milch in einen Topf geben, 5 Min. quellen lassen, dann gut umrühren. Kaffeepulver und Zucker zugeben, bei milder Hitze zum Kochen bringen, dabei ständig umrühren. Hitze reduzieren und 2 Min. simmern lassen, dann vom Feuer nehmen und leicht abkühlen lassen.

Ein wenig heiße Flüssigkeit unter das Eigelb rühren, dann den Rest langsam zugießen. Mischung in eine flache, runde Kuchenform von 20 cm Durchmesser füllen; Löffelbiskuits in Sherry tauchen und von der Mitte nach außen wie Radspeichen auf die Kaffeemasse legen.

Abkühlen lassen, dann im Kühlschrank 2 bis 3 Stunden, oder bis die Creme fest ist, stehenlassen. Eine Servierplatte über die Form legen und die Creme auf die Platte stürzen. Creme mit Schlagrahm völlig bedecken und mit geriebener Schokolade bestreut servieren.

Sommerpudding

Für 6 Personen
Kalorien pro Portion: 350 (1472 kJ)
Proteingehalt pro Portion: 11 g
Vorbereitungs- u. Kühlzeit: mindestens
  8 Std., vorzugsweise eine Nacht

500 g gemischte Sommerfrüchte –
* Himbeeren, Erdbeeren, rote oder*
* schwarze Kirschen mit Kern, rote oder*
* schwarze Johannisbeeren – gewaschen*
* u. geputzt*
100 g Honig
8–10 Scheiben frisches, kaltes Brot, ca. 1 cm
* dick, ohne Rinde*

Karamel-Orangen

Für 4 Personen
Kalorien pro Portion: 210 (885 kJ)
Proteingehalt pro Portion: 1 g
Vorbereitungs- u. Kühlzeit: ca. 4 Std.

4 große Orangen, vorzugsweise ohne Kerne
175 g gekörnter Zucker
200 ml warmes Wasser

Mit einem scharfen Messer vorsichtig die Au-
ßenschale von 2 Orangen lösen, dann in
streichholzgroße Streifchen schneiden. In
einem kleinen Topf mit Wasser zum Kochen
bringen. 10 Min. kochen, damit die Bitterstoffe herausgezogen werden, dann abtropfen
und unter fließendem, kaltem Wasser abspülen.

Alle Orangen von Kernen und Innen- und
Außenhäuten befreien und das Orangen-
fleisch in dünne Scheibchen schneiden; überlappend in einer flachen Schüssel anrichten.

Zucker in einer Pfanne mit festem Boden
bei ganz milder Hitze schmelzen, dabei ständig rühren und eventuelle Klumpen mit der
Rückseite des Löffels zerdrücken. So lange
kochen, bis die sirupartige Masse goldbraun
ist; dabei ständig umrühren. Etwa ¼ des Wassers kräftig einrühren; geben Sie dabei auf Ihre Hände acht – der Karamel spritzt! Restliches Wasser in 4 Portionen zugießen, dabei
ständig umrühren, dann die streifig geschnittenen Orangenschalen zufügen und leise kochen lassen, bis sie durchsichtig sind.

Orangenschalen mit einem Schaumlöffel
aus dem Sirup herausnehmen und über die
Orangen in der Schüssel streuen. Mit Sirup
begießen und abkühlen lassen. Kalt stellen
und so, oder mit Schlagrahm, servieren.

Links: Die schönsten Sommerfrüchte in
einem herrlichen Sommerpudding. Rechts:
Karamel-Orangen – mit oder ohne halbflüssige
Sahne serviert. Vorne und hinten: Beschwipste
Zitronen- oder Orangencreme, eine Abwand-
lung des altmodischen Sillabub (Getränk aus
Milch, Wein und Zucker).

Gewaschenes Obst mit Honig in einem Topf
zum Kochen bringen; nur so lange auf dem
Feuer lassen, bis die Früchte gerade zerfallen
und der Saft austritt.

Mit 8 Scheiben Brot, in Dreiecke geschnitten, eine Souffléform von 15 cm Durchmesser
auskleiden. Mit weiteren Brotdreiecken die
Seiten der Form auslegen; mit ein wenig Obst
bestreichen, um das Ganze in Form zu halten.
Dann die restlichen Früchte einfüllen, dabei
ca. 100 ml Saft beiseite stellen. Die oberste
Schicht sollte eine Lage Brot, in Dreiecke geschnitten, sein.

Einen Teller oder einen rostfreien Springformboden auf das Brot legen und mt einem
Gewicht beschweren. Über Nacht – mindestens aber 8 Std. – kalt stellen. Den Saft im
Kühlschrank aufbewahren.

Teller oder Springformboden entfernen
und den Pudding herausnehmen, aber aufpassen, daß er nicht die Form verliert. Wenn Sie
das Brot so auf die Früchte gelegt haben, daß
keine Zwischenräume entstanden sind, ist es
ganz einfach. Den Saft über mögliche trockene Stellen gießen. Mit einer leichten Eischaumsauce (S. 198) oder leicht geschlagener
Sahne servieren.

Beschwipste schottische Creme

Für 4 Personen
Kalorien pro Portion: 848 (3550 kJ)
Proteingehalt pro Portion: 7,5 g
Vorbereitungs- u. Kühlzeit: 1 Std.

2 Eier, getrennt
abgeriebene Schale u. Saft von 1 Zitrone
2 EL Honig
4 EL Whisky
600 ml Schlagrahm
4 EL Hafermehl

Eigelb, Zitronenschale und -saft, Honig und Whisky gut verrühren. Schlagrahm schlagen, bis er Form behält, und Eiweiß steif schlagen, bis ein Messerschnitt sichtbar bleibt.

Eigelbmischung unter die Schlagsahne ziehen, dann vorsichtig das geschlagene Eiweiß unterheben. In 4 hohe Gläser füllen.

Hafermehl in einer ungefetteten Pfanne bei mittlerer Hitze rösten, bis es goldbraun ist. Die Pfanne dabei schwenken. Abkühlen lassen und einen Eßlöffel Hafermehl über die Creme streuen. Eisgekühlt servieren.

Beschwipste Zitronen-Orangen-Creme

Eier und Schlagrahm sollten gut gekühlt sein, bevor Sie dieses Dessert machen.

Für 4 Personen
Kalorien pro Portion: 750 (3142 kJ)
Proteingehalt pro Portion: 5g
Vorbereitungs- u. Kühlzeit: 1 Std.

fein abgeriebene Schale u. Saft
* von 2 großen Zitronen*
150 ml trockener Weißwein
2−3 EL brauner Rohzucker
fein abgeriebene Schale von ½ Orange
600 ml Schlagrahm, gut gekühlt
3 Eiweiß, gut gekühlt

Zitronensaft, die Hälfte des Weißweins und Zucker bei milder Hitze in einem Topf erwärmen, bis sich der Zucker gelöst hat; dabei gelegentlich umrühren. Vom Feuer nehmen, Zitronen- und Orangenschale und restlichen Weißwein einrühren und kalt stellen.

Rahm steif schlagen, dann die Weinmischung gleichmäßig unterziehen. Eiweiß steif schlagen, so daß ein Messerschnitt sichtbar bleibt, und unter die Creme heben.

Creme in 4 Gläser verteilen, dann ca. 45 Min. in den Kühlschrank stellen und mit Katzenzungen (S. 164) servieren.

Zabaglione

Wenn möglich, bereiten Sie dieses Dessert mit einem elektrischen Handrührgerät zu. Die Italiener nehmen dazu einen Schneebesen, aber das erfordert Übung und einige Geschicklichkeit.

Für 4 Personen
Kalorien pro Portion: 142 (597 kJ)
Proteingehalt pro Portion: 3g
Vorbereitungs- u. Garzeit: 15 Min.

4 Eigelb
4 EL feiner brauner Zucker
4 EL Marsala-Wein

Alle Zutaten in eine feuerfeste Form geben; diese in einen flachen Topf mit leicht kochendem Wasser stellen. Ca. 5 Min. schlagen, bis die Masse dick und schaumig ist; sie darf nicht kochen (sie sollte zwar heiß, aber nicht kochend heiß sein).

Form aus dem Wasser nehmen und so lange weiterschlagen, bis sie leicht abgekühlt ist, damit sich keine Haut bildet. Sofort mit Löffelbiskuits oder Katzenzungen (S. 164) servieren.

Zitronenpudding (im Wasserdampf gegart)

In diesem Rezept verwende ich keinen braunen Rohzucker, da die Farbe das Aussehen des Puddings beeinträchtigt.

Für 6 Personen
Kalorien pro Portion: 375 (1571 kJ)
Proteingehalt pro Portion: 7,5g
Vorbereitungs- u. Garzeit: 2–2½ Std.

fein abgeriebene Schale u. -saft
von 1 großen Zitrone
125 g einfaches weißes Mehl
2 TL Backpulver
¼ TL Salz
225 g frische weiße Semmelbrösel
125 g Butter oder Margarine
125 g gekörnter Zucker
2 Eier, verquirlt
ca. 125 ml Milch

Mehl, Backpulver und Salz in ein Gefäß sieben, Semmelbrösel zufügen und gut vermischen.

Butter oder Margarine und Zucker in einer anderen Schüssel schaumig schlagen. Eier nach und nach zugeben, dabei jedesmal gut rühren; Zitronensaft und -schale einrühren.

Trockene Mischung langsam in die cremige Masse geben, dabei soviel Milch zufügen, daß das Ganze eine weiche Konsistenz erhält. Innenseite einer Puddingform, die 1 l faßt, mit Butter ausstreichen und die Masse einfüllen. Mit gut gebuttertem Pergamentpapier oder

Folie abdecken; in der Mitte eine Falte lassen, damit der Pudding noch aufgehen kann. Fest mit einer Schnur umwickeln.

Pudding in einen Dampftopf oder in einen Topf mit kochendem Wasser stellen, so daß er zur Hälfte darin steht. 1½–2 Std. im Dampf garen; während der Garzeit, wenn nötig, Wasser nachgießen. Form vorsichtig herausnehmen, Papier oder Folie abziehen. Pudding auf eine vorgewärmte Platte stürzen und noch heiß mit beschwipster Eischaum- oder Himbeersauce (S. 199) servieren.

Gestürzter Ananaspudding

Für 6 Personen
Kalorien pro Portion: 650 (2723 kJ)
Proteingehalt pro Portion: 7,5g
Vorbereitungs- u. Garzeit: 1 Std. 10 Min

Die Füllung:
350–400 g Ananas in Dosen, abgetropft u.
in Stücke geschnitten
100 g brauner Rohzucker
100 ml Wasser
50 g Butter oder Margarine
1 TL gemahlener Zimt
2 EL Maismehl
abger. Schale u. -saft von 1 Zitrone

Der Belag:
100 g Weizenschrotmehl
2 TL Backpulver
1 TL gemahlener Zimt
100 g Butter oder Margarine
100 g brauner Rohzucker
2 große Eier, gut verschlagen
2–4 EL Milch

Für die Füllung Ananas mit Zucker, Wasser, Butter oder Margarine und Zimt zum Kochen bringen. Rühren, bis der Zucker aufgelöst ist, dann die Hitze reduzieren. Maismehl mit ein wenig kaltem Wasser glattrühren, ein wenig Sirup zugießen, dabei ständig rühren, Zitronenschale und -saft einrühren und in den Topf zurückgeben. Simmern lassen, bis das Ganze eindickt, dabei ständig rühren, dann vom Feuer nehmen und warm halten.

Für den Belag Mehl, Backpulver und Zimt in einem Gefäß mischen. Butter oder Margarine mit dem Zucker in einem anderen Gefäß schaumig rühren. Die Eier nach und nach zugeben, dabei jedesmal kräftig rühren. Die

trockene Mischung langsam in die cremige rühren und soviel Milch zufügen, daß ein weicher, cremiger Teig entsteht. Backofen auf 200°C, Gas Stufe 6, vorheizen. Eine Kuchenform von 23 cm Durchmesser mit Butter ausstreichen, Ananasscheiben abtropfen lassen und in einer Schicht auf den Boden der Form legen. Soviel Sauce darübergießen, daß die Ananas halb damit bedeckt sind, dann den Teigbelag darübergeben.

Im vorgeheizten Ofen 30 Min. backen, dann den Pudding vorsichtig auf eine vorgewärmte Platte stürzen. Restliche Sauce aufwärmen und über den Pudding gießen. Heiß mit Eischaumsauce servieren.

Mandeltürmchen

Für 6 Personen
Kalorien pro Portion: 250 (1046 kJ)
Proteingehalt pro Portion: 6g
Vorbereitungs- u. Garzeit: 1 Std. 10 Min.

125 g gemahlene Mandeln
50 g Weizenschrotmehl
1 TL Backpulver
eine Prise Salz
50 g Butter oder Margarine
50 g brauner Rohzucker
2 Eier, gut verquirlt
1 EL Milch
1 EL Cognac
6 Datteln, fein gehackt (n. Wunsch)

Mandeln, Mehl, Backpulver und Salz in einem Gefäß mischen und beiseite stellen.

Butter oder Margarine mit Zucker in einem anderen Gefäß schaumig schlagen. Die Eier nach und nach zufügen, dabei jedesmal kräftig rühren. Die trockenen Zutaten langsam in die cremige Masse rühren, dabei Cognac und soviel Milch zufügen, daß das Ganze eine weiche Konsistenz erhält. Nach Wunsch die Datteln zugeben.

6 kleine Puddingförmchen mit Butter ausstreichen, die Masse darauf verteilen, aber nur zu ¾ füllen. Förmchen mit Pergamentpapier oder Folie abdecken; eine Falte in die Mitte machen, damit der Pudding aufgehen kann. Papier fest mit einem Bindfaden umwickeln, Förmchen in den Dampftopf oder in soviel kochendes Wasser stellen, daß sie bis zur Hälfte darin stehen, und ca. 35 Min. garen; wenn nötig, während der Garzeit kochendes Wasser nachgießen.

Förmchen vorsichtig herausnehmen, Papier oder Folie lösen. Puddings auf vorgewärmte Dessertteller stürzen und heiß mit Karamel- oder Eischaumsauce (S. 198) servieren.

Brotpudding mit Rum

Dies ist eine verfeinerte Form des Brotpuddings. Nehmen Sie vorzugsweise einen Tag altes, selbstgebackenes Weißbrot aus ungebleichtem Mehl.

Für 4 Personen
Kalorien pro Portion: 307 (1287 kJ)
Proteingehalt pro Portion: 68g
Vorbereitungs- u. Garzeit: 1 Std. 10 Min.

8 Scheiben Weißbrot, ohne Rinde
  geviertelt
ein wenig geschmolzene Butter
30 g ungesalzene Butter
50 g Sultaninen
300 ml Milch
1 Vanilleschote oder ½ TL Vanilleessenz
25–50 g brauner Rohzucker
fein abgeriebene Schale von 2 Orangen
2 Eier, gut mit 1 EL dunklem Rum
  verquirlt

Schokoladen-Nuß-Pudding

Für 4 Personen
Kalorien pro Portion: 510 (2125 kJ)
Proteingehalt pro Portion: 11,5g
Vorbereitungs- u. Garzeit: 2 Std.

100 g einfache Kochschokolade
100 g frische Brösel aus Weizenschrotmehl-
  brot
50 g Weizenschrotmehl
50 g fein gemahlene, gemischte Nüsse
2 TL Backpulver
¼ TL Salz
50 g Butter oder Margarine
50 g brauner Rohzucker
2 Eier, verquirlt
150 ml Milch

Brösel, Mehl, Nüsse, Backpulver und Salz in einem Gefäß mischen, dann die Schokolade hineinreiben. Gut mischen und beiseite stellen.

Butter oder Margarine mit Zucker schaumig schlagen und soviel Milch einrühren, daß das Ganze eine weiche, cremige Konsistenz erhält. Eine 1 Liter fassende Puddingform mit Butter ausstreichen und die Mischung einfüllen. Mit gut gebuttertem Pergamentpapier oder Folie abdecken, dabei in die Mitte eine Falte machen. Mit einem Bindfaden fest umwickeln.

Form im Dampftopf oder in einem Topf mit soviel kochendem Wasser, daß die Form zur Hälfte darin steht, 1½ Std. garen, wenn nötig, kochendes Wasser nachgießen. Dann die Form herausnehmen, Papier oder Folie abziehen, auf eine vorgewärmte Platte stürzen und heiß mit Schokoladensauce (S. 199) servieren.

Eine flache, feuerfeste Form mit ein wenig geschmolzener Butter ausstreichen. Brotscheiben mit ungesalzener Butter bestreichen und kreisförmig überlappend auf dem Boden der Form anrichten. Die Sultaninen zwischen die Brotscheiben streuen.

Backofen auf 180°C, Gas Stufe 4, vorheizen. Milch mit der Vanilleschote, nach Wunsch, bei milder Hitze erwärmen und ein paar Minuten beiseite stellen, damit das Aroma einziehen kann. Schote herausnehmen, Topf auf das Feuer zurückstellen, die Hälfte des Zuckers und die Orangenschale zugeben. Weiterrühren, bis der Zucker aufgelöst ist.

Eier, Rum und, nach Wunsch, Vanilleessenz einrühren und über das Brot in der Form gießen. Mit restlichem Zucker bestreuen und den Pudding im vorgeheizten Ofen 40 Min. backen, oder bis die Oberseite braun ist. Heiß servieren.

College-Pudding

Für 6 Personen
Kalorien por Portion: 500 (2087 kJ)
Proteingehalt pro Portion: 9g
Vorbereitungs- u. Garzeit: 1¾ Std.

50 g Weizenschrotmehl
125 g frische Brösel aus Weizenschrotmehl-
  brot
1 TL Backpulver
je 50 g Korinthen u. Sultaninen
je 1 Prise gemahlene Gewürznelken,
  Nelkenpfeffer, Muskat u. Zimt
125 g Butter oder Margarine
50 g brauner Rohzucker
2 Eier, gut verquirlt
3–4 EL Milch

Mehl, Brösel, Backpulver, Früchte und Gewürze in einem Gefäß gut mischen. Butter oder Margarine in einem anderen Gefäß mit Zucker schaumig schlagen, dann nach und nach die Eier zugeben, dabei gut rühren.

Die trockene Mischung langsam in die cremige einrühren, dabei soviel Milch zugießen, daß das Ganze eine glatte, weiche Konsistenz erhält. Eine 1 Liter fassende Puddingform mit Butter ausstreichen; die Mischung einfüllen. Mit gut gebuttertem Pergamentpapier oder Folie abdecken, eine Falte in die Mitte machen und fest verschließen.

Form in einen Dampftopf oder in soviel kochendes Wasser stellen, daß die Form zur Hälfte im Wasser steht und ca. 1½ Std. garen, dabei wenn nötig, kochendes Wasser nachgießen. Form vorsichtig herausnehmen und Papier oder Folie entfernen. Pudding stürzen.

Weihnachtspudding

Dieses Rezept ergibt zwei Puddings zu je 1 Liter.

Gesamtkalorien: 3480 (14,560 kJ)
Gesamtproteingehalt: 69g
Vorbereitungs- u. Garzeit: 10–11 Std.

125 g Weizenschrotmehl
1½ TL Backpulver
125 g frische Brösel aus Weizenschrotmehl-
  brot
25 g gemahlene Mandeln
½ TL Salz
¼ TL frisch gemahlene Muskatnuß
¼ TL Nelkenpfeffer
¼ TL gemahlener Zimt
100 g Korinthen
100 g Sultaninen
100 g Rosinen ohne Kerne, große: gehackt
100 g grob gehackte, kandierte Kirschen
50 g blanchierte, halbierte Mandeln
125 g ungesalzene Butter
50 g brauner Rohzucker
3 Eier, verquirlt
fein abger. Schale u. Saft von 2 Orangen
6 EL Cognac
225 ml Milch

Alle trockenen Zutaten in einem großen Gefäß gut mischen. Früchte und Nüsse gleichmäßig unterziehen; beiseite stellen.

Butter und Zucker in einem anderen Gefäß schaumig schlagen, Eier nach und nach unterrühren. Orangenschale und -saft und 4 EL Cognac zufügen.

Trockene Zutaten langsam zu den cremigen geben, soviel Milch zufügen, daß das Ganze eine weiche Konsistenz erhält. Zwei 1 Liter fassende Puddingformen gut mit Butter ausstreichen, die Masse gleichmäßig darauf verteilen und gut andrücken. Jede Form mit gut gebuttertem Pergamentpapier oder Folie abdecken und in die Mitte eine Falte machen. Fest mit einem Bindfaden umwickeln und ca. 6 Std. im Dampf garen. Dabei, wenn nötig, während des Garens Wasser nachgießen.

Formen vorsichtig herausnehmen und Folie oder Anti-Haft-Papier sofort abziehen. Je 1 EL Cognac über die Puddings geben, erkalten lassen und mit Antihaft-Papier oder Folie abdecken, (dabei in die Mitte eine Falte machen, wie zuvor), fest mit einem Bindfaden verschließen und an einem kühlen, trockenen Ort bis zum Gebrauch lagern.

Vor dem Servieren den Weihnachtspudding noch 4 Std. im Dampf garen. Formen herausnehmen und Folie oder Antihaft-Papier entfernen. Pudding auf eine vorgewärmte Platte stürzen und servieren.

Desserts

Crème Bavaroise mit braunen Meringen

Für 4 Personen
Kalorien pro Portion: 380 (1602 kJ)
Proteingehalt pro Portion: 9 g
Vorbereitungs- u. Kühlzeit: 3 ½ Std.

2 TL Agar-Agar
2 EL kaltes Wasser
450 ml Milch
1 EL Honig
abgeriebene Schale von 2–3 Orangen
3 Eigelb, gut verquirlt
150 ml Schlagsahne

Die Meringen:
2 Eiweiß
100 g brauner Zucker
2 Orangen, geschält, in Schnitzen

Agar-Agar und Wasser verrühren. Milch, Honig u. Orangenschale zum Kochen bringen, über das Agar-Agar gießen u. gut umrühren.

In den Topf zurückgeben u. 2 Min. kochen lassen. Heiße Milchmischung zu den Eigelb geben, dabei ständig rühren, um ein Gerinnen zu vermeiden. Bei milder Hitze unter Rühren erwärmen, bis sich ein dünner Eischaum gebildet hat. Orangenschale jetzt herausnehmen, wenn Sie eine ganz glatte Creme bevorzugen. In eine 600 ml fassende Form gießen u. abkühlen lassen, dann 2 Std. in den Kühlschrank stellen.

Für die Meringen Backofen auf 110°C, Gas Stufe ¼, vorheizen. Eiweiß steif schlagen, so daß ein Messerschnitt sichtbar bleibt. Dabei langsam den Zucker einrieseln lassen und gut unterrühren, bis die Masse ihre Form behält. Mit einem Teelöffel walnußgroße Häufchen auf ein gut gebuttertes oder mit Pergamentpapier ausgelegtes Backblech setzen. 2 Std. im Ofen trocknen lassen. Um zu probieren, ob sie gar sind, eine Meringe herausnehmen, abkühlen lassen u. in zwei Hälften brechen. Sie müssen innen noch ein wenig feucht sein.

Schlagsahne steif schlagen, die Creme dünn damit überziehen. Vor dem Servieren Meringen darauf legen; mit frischen Orangenscheiben und den übrigen Meringen servieren. Oder je zwei der übrigen Meringen mit Schlagsahne, die mit Orangen aromatisiert wurde, füllen, zusammensetzen und zum Tee servieren.

Zur Creme Bavaroise passen braune Meringen; oder füllen Sie sie mit Schlagsahne, die mit Orangen aromatisiert wurde, und servieren Sie sie zum Tee.

Mont Blanc

Für 4 Personen
Kalorien pro Portion: 435 (1825 kJ)
Proteingehalt pro Portion: 3 g
Vorbereitungs- u. Kühlzeit: 2 Std.

450 g Kastanien
300 ml Schlagrahm
1–2 EL Streuzucker, nach Geschmack

Kastanien in einem Topf mit Wasser bedeckt 30 Min. kochen. Abtropfen, dann die äußere Schale u. die braune Innenhaut entfernen. Mit einer Gabel zerdrücken, dann im Mixer pürieren oder durch ein Sieb streichen. Abkühlen lassen.

Kastanienpüree mit der Sahne in ein Gefäß geben, schlagen, bis es dick u. schaumig ist.

Zucker nach Geschmack unterschlagen. Püree auf eine Platte geben u. mit der Gabel in Pyramidenform bringen. Restliche Sahne gerade steif schlagen, über die Kastanienpyramide gießen. Im Kühlschrank 1 Std. kalt stellen; mit Mandelbiskuits (S. 164) servieren.

Brot, Kuchen und Gebäck

Wie herrlich, erwachsen zu sein und nicht länger hören zu müssen: »Brot und Butter sind wichtiger als Kuchen und Gebäck!« Aber selbst dann befindet man sich doch noch manchmal in einem echten Dilemma...
Wenn der wunderbare Duft frisch gebackenen Brotes durch die Küche zieht, auf dem Tisch goldgelbe, cremige Landbutter darauf wartet, auf die noch warmen Brotscheiben gestrichen zu werden... – wer könnte da an Kuchen und Gebäck denken? Und wenn es zum Brot noch köstliche, selbstgemachte Marmelade (siehe nächstes Kapitel) gibt, dann wartet man mit dem Kuchen gern noch bis zum nächsten Tag.
Brot spielt eine große Rolle im täglichen Leben – aber Kuchen und Gebäck sind wie eine Rose im Knopfloch. Man kann sie zu allen Tageszeiten essen – eine Scheibe Madeira- oder Früchtekuchen zu einem Glas Sherry (oder Madeira); süße Biskuits aus Weizenschrotmehl zur Käseplatte; kleine, cremegefüllte Eclairs oder Palmiers, wenn Sie Gäste zum Tee eingeladen haben – bei meinen Bäckereien findet sich für jeden Geschmack etwas...

Brot, Kuchen und Gebäck backen

Bevor Sie anfangen, lesen Sie das Rezept durch; stellen Sie den Backofen auf die angegebene Temperatur ein u. warten Sie, bis sie erreicht ist. Wiegen u. messen Sie alle Zutaten ab u. legen Sie sie in der Reihenfolge, wie sie gebraucht werden, in Griffweite. Halten Sie sich an diese Grundregel, denn sie erspart Zeit! Sie müssen dann nicht mit teigverklebten Händen nach irgendwelchen Zutaten suchen.

Mehl: In den meisten Rezepten ist Weizenschrotmehl angegeben; bevorzugen Sie einen feineren Teig, geben Sie das Mehl durch ein grobes Sieb oder mischen Sie es mit ungebleichtem weißen Mehl; die Menge hängt davon ab, wie weich oder fest der Teig sein soll. Nach dem Auslesen der groben Körner das Mehl erneut wiegen u. die fehlende Menge durch extra gesiebtes Mehl auf die Originalmenge ergänzen. Schweres Mehl (mit hohem Glutengehalt) eignet sich zur Herstellung von Brot u. Blätterteig; weiches (mit niedrigem Glutengehalt) für leichte Teigarten – für Kuchen u. Gebäck, französisches Meterbrot u. Brötchen.

Butter: Soll Butter schaumig geschlagen werden, zuerst auf Zimmertemperatur bringen; ist sie noch zu hart, in kleine Stücke schneiden u. in einem Gefäß auf einem leicht warmen Ofen einige Min. weich werden lassen. Sie darf nicht schmelzen oder ölig werden. Soll Butter untergeknetet werden, muß sie kalt u. hart sein, so daß sie durch die Wärme der Hände nicht schmilzt. Wenn Sie warme Hände haben, nehmen sie zwei Messer oder einen Teigschaber zum Unterkneten.

Zucker: Ich nehme in den meisten Rezepten braunen Rohzucker wegen seines Geschmacks und Mineralstoffgehaltes. Wenn sie ihn nicht mögen oder meinen, daß er den Geschmack anderer Zutaten überdeckt, nehmen Sie weißen gekörnten oder Streuzucker. Die Beschaffenheit des fertigen Kuchens oder Gebäcks verändert sich jedoch dadurch.

Trockenobst: Nehmen Sie eine gute Qualität. Wenn es ungewaschen ist, geben Sie es in ein Gefäß mit sauberem, kaltem Wasser, lassen es ca. 5 Min. stehen, dann mit den Händen das Obst im Wasser vorsichtig sauberreiben. Obst in ein Sieb geben u. unter fließendes, kaltes Wasser halten. Das Gefäß mit Wasser nicht direkt in das Sieb schütten; es könnten Steine oder Sand mit hineinkommen.

Obst gut abtropfen lassen u. zwischen 2 Küchentüchern trockentupfen. Auf einem Backblech ausgebreitet im Backofen bei 100°C, Gas Stufe ¼, trocknen, bis das Wasser auf der Oberfläche verdunstet ist. Diese Technik kann man auch anwenden, wenn das Obst zu trocken ist. Es muß jedoch völlig trocken sein, bevor Sie es weiterverwenden, sonst wird Ihr Kuchen zu schwer.

Backformen: Zum Einfetten der Formen nehme ich abgeklärte Butter. Ich lege sie auch mit Antihaft-Folie aus, damit der Kuchen garantiert nicht festklebt; dadurch brennt Ihr Kuchen auch nicht so leicht an, falls Ihr Ofen zu »heiß« sein sollte.

Hefe: Hefe ist ein lebender Organismus, der Feuchtigkeit, Zucker oder Kohlehydrate braucht, um zu gehen. Die Temperatur der Milch oder des Wassers, mit der sie gemischt wird, sollte der Bluttemperatur entsprechen; ist sie höher, stirbt die Hefe ab. Die Flüssigkeit sollte nicht wärmer als 38°C sein. Wenn Sie sich daran halten, ist das Backen mit Hefe nicht schwerer als andere Arten des Backens. Wenn Sie Trockenhefe verwenden, halten Sie sich an die Angaben des Herstellers, um das gleiche Ergebnis wie mit frischer Hefe zu erzielen. Ich schlage vor, sie mit ½ TL Zucker auf 300 ml Wasser zu verrühren u. an einem warmen Ort aufgehen zu lassen. Dieser Vorgang dauert ca. 20 Minuten.

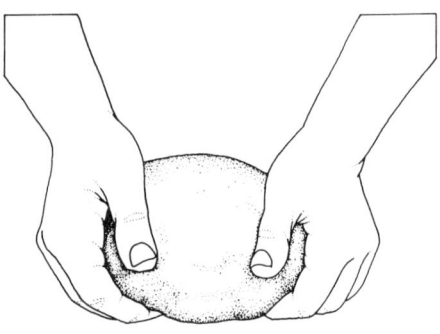

1. Brotteig in der Schüssel zu einem Ballen formen und auf eine leicht bemehlte Arbeitsfläche legen.

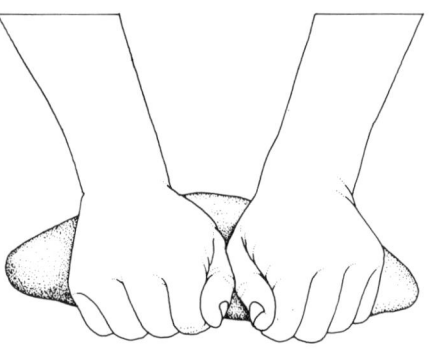

2. Den Teig mit dem Handballen von Ihnen weg und immer in die gleiche Richtung flach drücken.

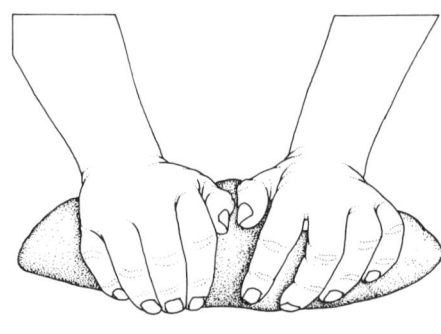

3. Mit den Handflächen den Teig in eine lange, wurstähnliche Form drücken.

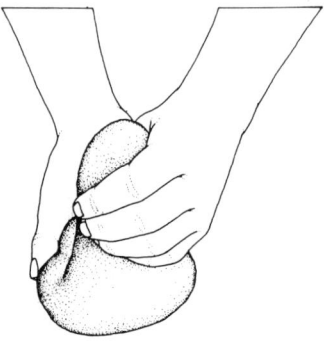

4. Teig in drei überlappenden Schichten wieder zu einem Ballen zusammenrollen. Teigballen seitwärts drehen.

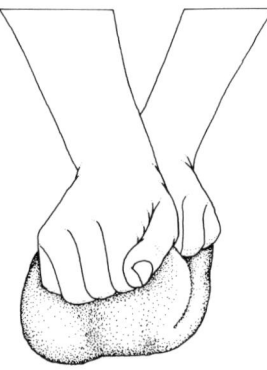

5. Ballen flach drücken und wieder auseinanderdrücken. Dadurch wird der Teig in eine andere Richtung gezogen.

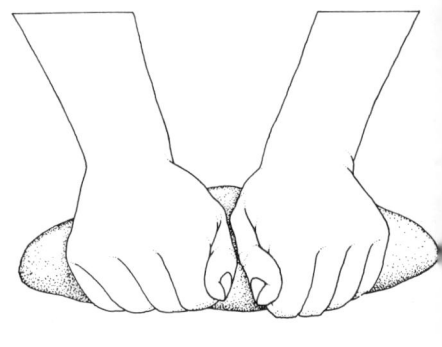

6. Weiter ausdrücken, zusammenfalten und wenden, mit einer rhythmischen Hin- u. Herbewegung, bis der Teig weich ist.

Grundrezept Schnelles Brot

Ergibt zwei 450 g schwere Brotlaibe

Kalorien pro Laib: 1762 (7375 kJ)
Proteingehalt pro Laib: 78 g
Vorbereitungs- u. Backzeit: 1½ –2 Std.,
 incl. Gehen

1 EL feiner brauner Zucker
50 g Frischhefe (bei Trockenhefe
 Herstelleranleitung auf der Packung
 beachten)
600 ml lauwarmes Wasser
1 kg grobes Weizenschrotmehl oder
 halb Weizenschrot- u. halb festes,
 ungebleichtes weißes Mehl
2 TL Salz
50 g entrahmte Trockenmilch (nach Wunsch)
1 EL Honig (nach Wunsch)

Trockenhefe u. Zucker mit dem warmen Wasser gut mischen; Frischhefe zuerst mit Zucker u. ein wenig Wasser glattrühren, dann zum restlichen Wasser geben. An einem warmen Ort 15 Min. gehen lassen, bis das Ganze leicht schaumig ist. Mehl u. Salz in ein Gefäß sieben, mit der Kleie Backformen und Laibe bestäuben. Trockenmilch u. Honig, nach Wunsch, zur Hefe geben u. rühren, bis sie aufgelöst sind. (Honig hält das Brot feucht.)

Flüssigkeit in das Mehl gießen u. mit einem Löffel zu einem ziemlich festen Teig verarbeiten, wenn nötig, Wasser nachgießen.

Teig auf bemehlter Arbeitsfläche mit bemehlten Händen 3–5 Min. kneten, bzw. bis der Teig elastisch ist. Halbieren und jede Hälfte in eine 450 g fassende Brotform füllen. Die Formen sollten gut gebuttert u. mit der Mehlkleie bestäubt sein. Teig gut in den Ek-

ken andrücken – er sollte die Hälfte der Backform ausfüllen. Oberseite mit ein wenig Milch bestreichen u. mit der restlichen Kleie bestäuben.

Formen mit Folie oder Antihaftpapier abdecken u. an einem warmen Ort gehen lassen, bis sich der Teig verdoppelt hat. Die Zeitdauer ist von der Raumtemperatur u. der Qualität der Hefe abhängig.

Backofen auf 200° C, Gas Stufe 6, vorheizen. Brotlaibe auf die mittlere Einschubleiste des vorgeheizten Ofens stellen u. 10 Min. backen; dann die Hitze auf 180° C, Gas Stufe 4, reduzieren und weitere 20–30 Min. backen, oder bis die Laibe hohl klingen, wenn man sie aus der Form nimmt und leicht darauf klopft. Wenn die Unterseiten noch nicht gar sind, das Brot umdrehen. Auf einem Gitterrost auskühlen lassen.

Roggenbrot

Kalorien pro Laib: 1715 (7165 kJ)
Proteingehalt pro Laib: 66 g
Vorbereitungs- u. Backzeit: 2 Std.,
 incl. Gehen

Nehmen Sie 650 g grobes Weizenschrotmehl oder festes, ungebleichtes weißes Mehl und 350 g fein gemahlenes Roggenmehl; bei grobem Roggenmehl nehmen Sie weniger Flüssigkeit oder mehr Mehl, damit der Teig fest wird. Fügen Sie, wenn Sie wollen, ¼ TL Kümmel hinzu. Roggenmehl wird länger geknetet und der Teig sollte in den Ofen kommen, wenn er den Rand der Form erreicht hat, d.h. kurz bevor er sich verdoppelt hat. Sonst richten Sie sich nach dem Grundrezept Schnelles Brot.

Natronbrot

Ergibt einen 450 g schweren Laib

Kalorien: 1795 (7500 kJ)
Proteingehalt: 69 g
Vorbereitungs- u. Backzeit: 40 Min.

450 g Weizenschrotmehl
2 TL Natron
2 TL gereinigter Weinstein
1 TL Salz
25 g Butter
1 EL Honig
300 ml Buttermilch

Mehl, Natron, Weinstein und Salz zusammensieben, dabei die Kleie auf einer Seite des Siebes halten. Butter und Honig in einem Topf bei milder Hitze schmelzen, dann Topf vom Feuer nehmen und die kalte Buttermilch einrühren. Dies in das Mehl gießen und zu einem weichen Teig verkneten, wenn nötig, ein wenig Wasser nachgießen. Backofen auf 200° C, Gas Stufe 6, vorheizen.

Teig auf bemehlter Arbeitsfläche zu einem runden Laib von 25 cm Durchmesser formen. Mit der Rückseite eines Messers vier rechtwinklige Teile andeuten und mit der Kleie bestreuen. Auf gut bemehltem Backblech auf mittlerer Einschubleiste im vorgeheizten Ofen 30 Min. backen. Warm oder kalt servieren.

Soja-Weizenschrotbrot

Kalorien pro Laib: 1750 (7320 kJ)
Proteingehalt pro Laib: 98 g
Vorbereitungs- u. Backzeit: 1 ½ –2 Std.,
 incl. Gehen

Nehmen Sie 225 g Sojamehl (vorzugsweise voll gekocht) und 775 g Weizenschrotmehl; möglicherweise brauchen Sie auch ein wenig mehr Flüssigkeit. Sonst richten Sie sich nach dem Grundrezept Schnelles Brot.

Sauerteig-Roggenbrot

Kalorien pro Laib: 1715 (7165 kJ)
Proteingehalt pro Portion: 66 g
Vorbereitungs- u. Backzeit: über Nacht plus
 1 Std.

650 g grobes Weizenschrotmehl
 oder festes, ungebleichtes weißes Mehl
350 g fein gemahlenes Schrotmehl
600 ml lauwarmes Wasser
50 g Frischhefe (bei Trockenhefe
 Anleitung des Herstellers beachten)
1 EL feiner brauner Zucker
50 g entrahmte Trockenmilch
1 EL Honig (nach Wunsch)
2 TL Salz

Mehlsorten in einem Gefäß mischen, Menge halbieren und eine Hälfte beiseite stellen. Andere Hälfte mit ein wenig mehr als der Hälfte des Wassers zu einem weichen Teig verkneten und zugedeckt über Nacht an einem warmen Ort gehen lassen oder bis zu 24 Std., wenn ein saurerer Teig gewünscht wird.

Hefe mit Zucker und restlichem Wasser glattrühren und 15–20 Minuten gehen lassen. Trockenmilch und Honig, nach Wunsch, einrühren, bis sie gelöst sind. Salz an das restliche Mehl geben und zur Hefelösung schütten; rühren, bis die Flüssigkeit aufgesogen ist, dann den Sauerteig zufügen. Auf leicht bemehlter Arbeitsfläche beide Teige mit gut bemehlten Händen zu einem Ballen zusammenkneten, bis der Teig glatt und elastisch ist. Danach richten Sie sich bitte nach dem Grundrezept Schnelles Brot.

Croissants

Ergibt 12 Stück

Kalorien: 2875 (12030 kJ)
Proteingehalt: 61 g
Vorbereitungs- u. Backzeit: 4 Std.,
  incl. Gehen und Ruhen

25 g Frischhefe (bei Trockenhefe
  Anleitung des Herstellers beachten)
1 EL weicher brauner Zucker
250 ml lauwarmes Wasser
450 g festes, ungebleichtes weißes Mehl
2 TL Salz
150 g Butter
2 Eier, leicht verquirlt
1 EL Wasser

Hefe und Zucker zum warmen Wasser geben und an einem warmen Ort ca. 15–20 Min. gehen lassen, bis das Ganze schaumig ist. Mehl und Salz in ein Gefäß sieben und 25 g Butter mit 2 Messern oder einem Teigschaber unter das Mehl hacken; der Teig sollte wie grobe Semmelbrösel aussehen.

Ein leicht verquirltes Ei unter die Hefe rühren und das Ganze in das Mehl gießen. Mit einem Holzlöffel rühren, bis das Mehl fast ganz untergemischt ist.

Auf gut bemehlter Arbeitsfläche ca. 5 Min. kneten, oder bis der Teig ganz glatt und elastisch ist. Ein wenig mehr Wasser oder Mehl zugeben – der Teig soll fest sein. Zu einem 40 cm mal 25 cm großen Rechteck ausrollen. Mit Mehl bestäuben und dreifach zusammenschlagen; in Antihaft-Papier oder Folie eingewickelt im Gefrierfach des Kühlschranks 10 Min. stehenlassen.

Restliche Butter mit Mehl bestäuben und in 3 gleich große Stücke schneiden; *wieder mit Mehl bestäuben und das erste Stück in 16 gleich große Stücke teilen. Teig aus dem Kühlschrank nehmen und ausrollen – wenn nötig, zu seiner anfänglichen Größe; Butterstücke gleichmäßig auf ²/₃ des Rechtecks verteilen, dabei ringsum einen Rand von 1 cm nicht mit Butter belegen.

Ungebuttertes Teigstück über ¹/₃ der Teiglänge, das doppelte Teigstück über die restlichen gebutterten Stücke zusammenschlagen und mit dem Teigroller mit leichtem Druck die offenen Ecken andrücken. Teig um 90° drehen und mit den Händen oder dem Teigroller mit mehrfachen Rollbewegungen flach drücken. Dann wieder zu Originalgröße ausrollen.** Von * bis ** mit den restlichen 2 Butterstückchen wiederholen.

Teig dreifach zusammenschlagen und in Antihaft-Papier oder Folie eingepackt wieder für 30 Min. in das Tiefkühlfach des Kühlschranks stellen. Dann herausnehmen, Papier oder Folie abziehen und wieder in die gleiche Form wie vorher rollen. Teig um 90° drehen und zu einem 45 x 30 cm großen Rechteck ausrollen. Mit Mehl bestäuben, dreifach zusammenschlagen und weitere 30 Minuten ins Tiefkühlfach stellen. (Das ergibt insgesamt 5 Touren.)

Teig aus dem Kühlschrank nehmen, auseinanderfalten und 6 gleich große Quadrate markieren, jedes 15 cm groß. Jedes Quadrat in 2 Dreiecke schneiden und leicht mit dem mit 1 EL Wasser verquirlten Ei bestreichen.

Dreiecke von der Basis her aufrollen und mit der Spitze des Dreiecks nach unten auf ein Backblech legen. Dreiecke zu einem Halbmond formen und weit auseinanderlegen, damit sie noch aufgehen können. 45 Min. bei Zimmertemperatur aufgehen lassen, dann erneut mit ein wenig Ei bestreichen. Im vorgeheizten Ofen auf mittlerer Einschubleiste bei 220° C, Gas Stufe 7, 15–20 Min. backen. Noch warm servieren.

Maismehl-Brötchen

Ergibt 12 Stück

Kalorien: 835 (3490 kJ)
Proteingehalt: 30 g
Vorbereitungs- u. Backzeit: 30 Min.

175 g Maismehl
1 TL Backpulver
½ TL Natron
½ TL Salz
200 ml Milch
1 Ei, gut verquirlt

Backofen auf 200°C, Gas Stufe 6, vorheizen. Trockene Zutaten mischen und in die Milch geben. Eier gut einrühren und in 12 kleine, gut gebutterte oder mit Margarine ausgestrichene Backförmchen füllen. Im vorgeheizten Ofen 15–20 Min. backen, bis sie gut aufgegangen und goldbraun sind.

Sofort servieren. Sie sind eine gute Beilage zu Spiegeleiern und gegrillten Tomaten – für ein besonderes Frühstück am Wochenende.

Im Korb: Eine Auswahl Brot und Brötchen aus grobem Weizenschrotmehl.
Links: Brauner Mohnzopf. Rechts: Dieses Honig-Früchtebrot ist getoastet sehr köstlich.
Vorne: Weizenschrotmehl kann man auch für Croissants verwenden.

Mohnzopf

Ergibt 1 Zopf

Kalorien: 2230 (9330 kJ)
Proteingehalt: 76 g
Vorbereitungs- u. Backzeit: 2 Std.

15 g Frischhefe
1 TL brauner Rohzucker
300 ml lauwarmes Wasser
½ TL Salz
450 g Weizenschrotmehl
50 g weiche Butter
2 EL brauner Rohzucker
1 EL Milch
1 EL Mohn

Hefe mit Zucker verrühren und die Hälfte der Milch zufügen. 15–20 Min gehen lassen. Mehl und Salz mischen und in die Hefe geben. Soviel Milch zugießen, daß ein weicher Teig entsteht, dann die weiche Butter zugeben. Kneten, bis der Teig glatt und elastisch ist. In ein leicht mit geschmolzener Butter ausgestrichenes Gefäß geben und an einem warmen Ort sich verdoppeln lassen. Herausnehmen und nochmals kräftig durchkneten, dann in 3 Portionen teilen. Jede Portion zu einer Wurst von ca. 30 cm Länge ausrollen und zu einem Zopf zusammenflechten. Vorsichtig auf ein mit geschmolzener Butter ausgestrichenes

Backblech legen, wobei die Enden fest unter dem Zopf angedrückt werden müssen, und an einem warmen Ort noch ca. 1 Std. gehen lassen.

In der Zwischenzeit für die Zuckerglasur den Zucker in Milch bei milder Hitze auflösen. Backofen auf 200°C, Gas Stufe 6, vorheizen. Vor dem Backen den Zopf mit der Zuckerlösung glasieren und mit Mohn bestreuen. Im vorgeheizten Ofen 20–30 Min. backen, oder bis der Zopf gut gegangen ist und hohl klingt, wenn man mit den Knöcheln gegen den Boden klopft.

Französisches Meterbrot und Brötchen

Ergibt 1 Brot oder 18 Brötchen

Kalorien: 1995 (8340 kJ)
Proteingehalt: 52 g
Vorbereitungs- u. Backzeit: 4 ½ Std.,
   incl. Gehen und Ruhen

150 ml lauwarme Milch
150 ml lauwarmes Wasser
1 TL weicher brauner Zucker
20 g Frischhefe (bei Trockenhefe
   Anleitung des Herstellers beachten)
450 g ungebleichtes weiches weißes Mehl
1 TL Salz
3 EL geschmolzene Butter

Milch, Wasser, Zucker und Hefe verrühren und an einem warmen Ort 15 Min. gehen lassen, bis das Ganze schaumig ist. Mischung zu dem mit Salz gesiebten Mehl geben und rühren, bis das Mehl fast ganz aufgenommen ist. Auf bemehlter Arbeitsfläche mit bemehlten Händen 10 Min. lang zu einem weichen Teig kneten.

1 EL geschmolzene Butter in eine Schüssel geben, den Teig hineinlegen und drehen, bis er überall mit Butter bedeckt ist. Zugedeckt an einem warmen Ort ca. 1 Std. gehen lassen, bis sich der Teig verdoppelt hat.

Teig aus der Schüssel nehmen und auf bemehlter Arbeitsfläche weitere 3 Min. durchkneten. Noch 1 EL geschmolzene Butter in die Schüssel geben, den Teig wieder drehen und eine weitere Stunde darin lassen, bis er wieder das doppelte Volumen erreicht hat. Wieder 3 Min. lang durchkneten.

Teig zu einer langen »Wurst« formen, und wenn Sie keine Meterbrotform haben, ihn auf ein gut gebuttertes Backblech legen und an einem warmen Ort nochmals 2 Std., bis er gut gegangen ist, ruhenlassen. Auf der mittleren Einschubleiste des vorgeheizten Backofens bei 220°C, Gas Stufe 7, 20 Min. backen. Ich mache mir eine Form aus Folie mit einem flachen Boden und zusammengerollter Folie als

Käse- Kräuterbrot und Brötchen

Kalorien: 2300 (9600 kJ)
Proteingehalt: 72 g
Vorbereitungs- u. Backzeit: 4 ½ Std.,
   incl. Gehen und Ruhen

Geben Sie 75 g fein geriebenen, trockenen Käse und ½ TL getrocknete, gemischte Kräuter zu Salz und Mehl und halten Sie sich an das obige Rezept.

Seitenwände, bestreiche sie mit Butter und lege den wurstförmigen Teig hinein; dadurch hat das fertige Brot eine bessere Form. Während der letzten 5 Min. der Backzeit das Brot mit der restlichen Butter bestreichen; möglicherweise müssen Sie auch die Temperatur ein wenig erhöhen, damit das Brot eine schöne, braune Kruste bekommt.

Variation: Formen Sie aus dem Teig 18 Brötchen, legen Sie sie auf ein gut gebuttertes Backblech und lassen Sie sie 1½–2 Std. an einem warmen Ort gehen, oder bis sie doppelt so groß sind. Auf der mittleren Einschubleiste des vorgeheizten Ofens bei 220°C, Gas Stufe 7, 15–20 Min. backen.

Pitta

Ergibt 8 kleine oder 4 große Pittabrote

Kalorien: 850 (3560 kJ)
Proteingehalt: 31 g
Vorbereitungs- u. Backzeit: 2–2½ Std.

225 g Weizenschrotmehl
½ TL Salz
8 g Frischhefe (bei Trockenhefe Anleitung des
Herstellers beachten)
½ TL brauner Rohzucker
150 ml warmes Wasser
1 EL Olivenöl

Mehl und Salz in ein Gefäß sieben. Hefe mit Zucker glattrühren, Wasser zugießen und an einem warmen Ort gehen lassen, bis die Hefe schaumig wird. Dann mit Mehl zu einem weichen Teig verrühren. Auf leicht bemehlter Arbeitsfläche kneten, bis der Teig elastisch und ganz glatt ist. Olivenöl in eine warme Schüssel gießen, den Teig darin wenden, bis er gleichmäßig bedeckt ist, und an einem warmen Ort 40 Min. gehen lassen, bis er sich verdoppelt hat. Auf leicht bemehlter Arbeitsfläche den Teig gut durchkneten, bis das Öl ganz aufgenommen ist.

Backofen auf 200°C, Gas Stufe 6, vorhei-

zen. Für kleine Pittas den Teig in 8 kleine, für große in 4 große Portionen zu einer ovalen Form von 7 mm Dicke ausrollen. Auf ein gefettetes Backblech legen und im vorgeheizten Ofen 7–10 Min. backen, bis sie gut aufgegangen sind und gerade Farbe annehmen. Aus dem Ofen nehmen und auf einem Gitterrost erkalten lassen.

Warm als Beilage zu Libanesischem Avocado-Salat, Griechischem Salat oder Gemüsekebabs reichen; oder an einem Ende zu einer Art Tasche aufschneiden und mit Gemüse-Curry füllen.

Weizenmehlküchlein

Ergibt ca. 6 Stück

Kalorien: 1305 (5460 kJ)
Proteingehalt: 45 g
Vorbereitungs- u. Backzeit: 30 Min.

225 g Weizenschrotmehl
½ TL Salz
1 TL Backpulver
50 g Butter
1 Ei, gut verquirlt
150 ml Milch
verquirltes Ei zum Glasieren
   (nach Wunsch)

Mehl, Salz und Backpulver in eine Schüssel sieben und die Butter hineinarbeiten, bis die Masse feinen Brotkrumen ähnelt. Eier und ²/₃ der Milch zufügen und zu einem weichen Teig verarbeiten, wenn nötig, mehr Milch zugeben.

Backofen auf 200°C, Gas Stufe 6, vorheizen. Teig auf leicht bemehlter Arbeitsfläche leicht kneten, bis er glatt ist. Etwa 2 cm dick ausrollen und zu kleinen, runden Küchlein oder Dreiecken formen. Auf ein bemehltes Backblech legen und im vorgeheizten Ofen 10 bis 15 Min. backen, bis sie gut aufgegangen und braun sind. Wenn gewünscht, Oberseite vor dem Backen mit ein wenig verquirltem Ei bestreichen.

Früchteküchlein: 1 EL braunen Rohzucker mit Mehl vermischen und 50 g Korinthen, Sultaninen, Rosinen oder gehackte Datteln in den Teig geben, nachdem die Butter untergearbeitet ist.

Käseküchlein: 2 oder 3 EL trockenen, geriebenen Cheddarkäse und, wenn gewünscht, eine Prise Cayennepfeffer in den Teig geben, in den man zuvor die Butter geknetet hat.

Honig-Früchte-Brot

Kalorien: 2190 (9160 kJ)
Proteingehalt: 62 g
Vorbereitungs- u. Backzeit: 2 Std.

15 g Frischhefe (bei Trockenhefe
   Anleitung des Hersteller beachten)
25 g brauner Rohzucker
150 ml lauwarmes Wasser
350 g Weizenschrotmehl
½ TL Salz
50 g Butter
2 EL Honig
1 Ei, gut verquirlt
50 g Korinthen, gewaschen und getrocknet
50 g Sultaninen, gewaschen und
   getrocknet

Hefe mit 1 TL Zucker verrühren, Milch zugießen und an einem warmen Ort ca. 20 Min. gehen lassen, bis die Hefe schaumig ist. In der Zwischenzeit Mehl und Salz in ein Gefäß sieben und die Butter einarbeiten. Wenn die Hefe gegangen ist, Honig, Ei und restlichen Zucker einrühren. Zum Mehl geben und gut vermischen.

Auf leicht bemehlter Arbeitsfläche mit bemehlten Händen den Teig glatt kneten: er sollte ziemlich weich, fast klebrig sein. Zugedeckt an einem warmen Ort gehen lassen, bis sich der Teig verdoppelt hat.

Teig herausnehmen und einige Minuten kneten, dabei die Früchte unterarbeiten.

Teig in eine gefettete, 1 kg fassende Brotform füllen und an einem warmen Ort nochmals 45 Min. gehen lassen, oder bis sich das Volumen wieder verdoppelt hat. Backofen auf 200°C, Gas Stufe 6, vorheizen.

Brot im vorgeheizten Ofen 15 Min. backen, dann die Hitze auf 180°C, Gas Stufe 4, reduzieren und weitere 20 Min. backen. Leicht in der Form abkühlen lassen, dann herausnehmen und auf einem Gitterrost kalt werden lassen.

Das Honig-Früchte-Brot schmeckt getoastet besonders gut.

Bagels

Ergibt ca. 8 Stück

Kalorien: 1225 (5130 kJ)
Proteingehalt: 42 g
Vorbereitungs- u. Backzeit: 2½ Std.

225 g Weizenschrotmehl
½ TL Salz
15 g Frischhefe (bei Trockenhefe
   Anleitung des Herstellers beachten)
15 g brauner Rohzucker
100 ml lauwarme Milch
1 Ei, gut verquirlt
40 g geschmolzene Butter

Mehl und Salz in ein Gefäß sieben. Hefe mit Zucker verrühren, ¾ der Milch zugießen und an einem warmen Ort 20 Min. gehen lassen, bis die Hefelösung schaumig ist. Dann das verquirlte Ei und die geschmolzene Butter zugeben. Dies in das Mehl geben und zu einem ziemlich weichen Teig verarbeiten, wenn nötig, restliche Milch zufügen.

Teig auf leicht bemehlter Arbeitsfläche glatt kneten. In ein warmes, gebuttertes Gefäß geben und an einem warmen Ort gehen lassen, bis er sich verdoppelt hat. Dann den Teig kräftig durchkneten.

Teigstücke in Golfball-Größe abnehmen und zu flachen, 13 cm langen, 1 cm breiten Rollen formen; diese kreisförmig zusammenlegen und die Enden festdrücken. Auf ein gut bemehltes Backblech oder Brett legen und mit einem bemehlten Tuch zugedeckt an einem warmen Ort 30 Min. stehenlassen, bis der Teig ein wenig gegangen ist. Ofen auf 200°C, Gas Stufe 6, einstellen. Bagels vorsichtig hochnehmen und nacheinander in leicht kochendem Wasser ziehen lassen, bis sie an der Oberfläche schwimmen.

Mit einer Schaumkelle aus dem Topf nehmen und auf ein gut geöltes Backblech legen. Im vorgeheizten Ofen 20–30 Min. backen, bis sie goldbraun und knusprig sind.

Popovers

Ergibt 4 oder 6 Stück

Kalorien: 1490 (6230 kJ)
Proteingehalt: 70 g
Vorbereitungs- u. Backzeit: 45 Min.

225 g Weizenschrotmehl
½ TL Salz
4 Eier, gut verquirlt
400 ml Milch
25 g geschmolzene Butter

Backofen auf 200°C, Gas Stufe 6, vorheizen. Mehl und Salz in ein Gefäß sieben. Eier mit Milch und geschmolzener Butter mischen, Mehl zuschütten und zu einer dicken, cremigen, ganz glatten Masse schlagen. Kleine, gut geölte Förmchen bis zur Hälfte mit Teig füllen und im vorgeheizten Ofen 20–30 Min. backen, bis sie gut gegangen und goldbraun sind.

Nach dem Backen sind sie in der Mitte hohl. Sie sind ausgezeichnet, wenn man sie mit Gemüse-Ragout oder kurz gekochten, gehackten Gemüsen in Käsesauce serviert.

Madeirakuchen

Kalorien: 2750 (11510 kJ)
Proteingehalt: 54 g
Vorbereitungs- u. Backzeit: 1½ Std.

150 g Butter oder Margarine
150 g brauner Rohzucker
1 TL fein abgeriebene Zitronenschale
3 Eier
250 g Weizenschrotmehl
½ TL Salz
1 ½ TL Backpulver
ein wenig Milch
5 cm langes Stück Sukkade, in
    dünne Scheiben geschnitten.

Schichttorte

Gesamtkalorien: 2890 (12100 kJ)
Proteingehalt: 54 g
Vorbereitungs- u. Backzeit: 55 Min.

175 g Weizenschrotmehl
1½ TL Backpulver
½ TL Salz
175 g Butter oder Margarine
125 g brauner Rohzucker
3 Eier, gut verquirlt
½ TL Vanilleessenz
ein wenig Milch
3−4 EL selbstgemachte Marmelade
    oder Buttercreme aus braunem
    Zucker (S. 199)
ein wenig Puderzucker

Innenseite von 2 runden Kuchenformen von 20 cm Durchmesser mit geschmolzener Butter oder Margarine ausstreichen. Mehl, Backpulver und Salz mischen. Butter oder Margarine mit Zucker schaumig schlagen, dann langsam die Eier zugeben, dabei gut rühren.

Backofen auf 180°C, Gas Stufe 4, vorheizen. Vanilleessenz an die Crememasse geben, dann die gesiebten Zutaten und soviel Milch zufügen, daß ein weicher Teig entsteht. Teig gleichmäßig auf die beiden Formen verteilen und die Oberfläche glätten.

Kuchen im vorgeheizten Ofen 25−30 Min. backen, bis sie gut gegangen sind und sich von den Rändern lösen. Auf einen Gitterrost zum Abkühlen legen. Einen Kuchen mit Marmelade oder Buttercreme bestreichen, den anderen darauf legen und die Oberseite mit Puderzucker bestreuen, oder mit Buttercreme füllen und mit Puderzuckerglasur überziehen.

Eine 1 kg fassende Brot- oder Kastenform mit Antihaft-Folie oder Pergamentpapier auslegen. Dünn mit geschmolzener Butter oder Margarine ausstreichen. Butter oder Margarine mit Zucker und Zitronenschale schaumig rühren. Nach und nach die Eier zugeben, dabei jedesmal kräftig rühren.

Backofen auf 180°C, Gas Stufe 4, vorheizen. Mehl mit Salz und Backpulver durch ein grobes Sieb geben, so daß die groberen Körner zurückbleiben. Gesiebtes Mehl in die Crememischung geben, wenn nötig, ein wenig Milch zugeben, damit der Teig eine weiche

Variationen: Für einen Mokkaboden feinen braunen Zucker nehmen und Instant-Kaffee mit den trockenen Zutaten mischen, dann siehe Rezept Schichttorte. Mit Mokka- oder Schokoladenbuttercreme füllen und mit Schokoladenpuderzuckerglasur überziehen.

Für einen Schokoladenboden leichten braunen Zucker und Kakaopulver zu den trockenen Zutaten geben. Mit Himbeermarmelade füllen und mit Erdnußbutter-Glasur überziehen (S. 199).

Konsistenz erhält. In die vorbereitete Form einfüllen und im vorgeheizten Ofen 20 Min. backen. Form herausnehmen, Sukkadescheiben in die Mitte legen und weitere 40 Min. backen, bis der Kuchen gut gegangen, goldbraun und fest ist. Der Kuchen ist gar, wenn Sie ein Holzstäbchen hineinstecken und es beim Herausziehen sauber bleibt.

Form aus dem Ofen nehmen, 5 Min. abkühlen lassen, dann auf einen Gitterrost legen, das Papier abziehen und den Kuchen ganz auskühlen lassen.

Kirschkuchen

Kalorien: 3115 (13020 KJ)
Proteingehalt: 55 g
Vorbereitungs- u. Backzeit: 1½ Std.

Richten Sie sich nach dem Rezept Madeirakuchen, aber ersetzen Sie die Zitronenschale durch ½ TL Vanilleessenz und lassen Sie die Sukkade weg.

Bestäuben Sie 175 g kandierte Kirschen mit ein wenig Mehl, heben Sie sie unter das restliche Mehl und backen Sie den Kuchen wie Madeirakuchen.

Gefüllter Früchtekuchen

Kalorien: 2690 (11260 kJ)
Proteingehalt: 59 g
Vorbereitungs- u. Backzeit: 2¼ Std.

225 g Weizenschrotmehl
3 TL Backpulver
1 TL gemahlener Nelkenpfeffer
1 TL Salz
125 g Butter oder Margarine
50 g gemahlene Mandeln
50 g Korinthen, gewaschen und getrocknet
50 g Sultaninen, gewaschen und getrocknet
3 EL Honig
150 ml Milch
2 Eier, gut verquirlt

Backofen auf 170°C, Gas Stufe 3, vorheizen. Eine tiefe, runde Kuchenform von 15 cm Durchmesser mit geschmolzener Butter oder Margarine ausstreichen und den Boden mit Pergamentpapier oder Antihaft-Folie auskleiden. Auch diese mit ein wenig geschmolzener Butter oder Margarine bestreichen.

Mehl, Backpulver, Nelkenpfeffer und Salz in eine Schüssel sieben und die Butter oder Margarine unterkneten. Gemahlene Mandeln und getrocknete Früchte unterziehen. Honig bei milder Hitze schmelzen lassen, Topf vom Feuer nehmen und Milch und Eier zufügen. Dies zu den trockenen Zutaten in der Schüssel geben und gut vermischen.

Teig in die vorbereitete Kuchenform füllen und im vorgeheizten Ofen 1¾ Std. backen, bis der Kuchen gut gegangen und fest ist – wenn man mit einem Holzstäbchen hineinsticht, sollte es sauber bleiben. Kuchen noch 10 Min. in der Form lassen, dann auf einem Gitterrost auskühlen lassen.

Kalten Kuchen in der Mitte durchschneiden, mit Mandelpastete (S. 199) bestreichen und zursammensetzen. Für besondere Gelegenheiten kann man den Kuchen mit Glasur oder Puderzucker überziehen.

Genueser Sandtorte

Kalorien: 1150 (4810 kJ)
Proteingehalt: 31 g
Vorbereitungs- u. Backzeit: 50–60 Min.
für den Grundteig Sandtorte

3 große Eier
50 g Butter oder Margarine, plus
   ein wenig extra zum Ausstreichen
   der Formen
75 g brauner Rohzucker
½ TL Vanilleessenz
75 g Weizenschrotmehl

Backofen auf 180°C, Gas Stufe 4, vorheizen. Butter oder Margarine in einem kleinen Topf bei schwacher Hitze schmelzen, dann abkühlen lassen. Eine quadratische, tiefe, 18 cm große Kuchenform mit geschmolzener Butter oder Margarine ausstreichen. Auf den Boden Antihaft-Folie oder Pergamentpapier legen, das ebenfalls mit Butter oder Margarine eingefettet worden ist.

Eier und Zucker in einem Gefäß dickschaumig schlagen; wenn man eine Gabel durchzieht, muß eine Spur sichtbar bleiben. Wenn Sie einen Schneebesen nehmen, sollten Sie, damit es schneller geht, das Gefäß in einen Topf mit heißem Wasser stellen, während Sie schlagen. Wenn die Eier-Zucker-Masse fertig und die Butter oder Margarine geschmolzen ist, die Vanilleessenz zur Butter geben; das Ganze unter Rühren dann in die Eiermasse gießen. Nun das Mehl vorsichtig unterheben.

Teig in die vorbereitete Form geben und im vorgeheizten Ofen 30 Min. backen, oder bis der Kuchen fest ist, wenn man leicht mit den Fingerspitzen darauf drückt. Vorsichtig auf einen Gitterrost legen, Papier abziehen und erkalten lassen. Vor dem Servieren mit Puderzucker bestreuen.

Variation: doppelte Teigmenge in zwei runden Form von 18 cm Durchmesser backen und die kalten Kuchen mit Marmelade oder Sahne gefüllt zusammensetzen. Oberseite und Rand mit brauner Glasur (S. 199), weißer einfacher oder aromatisierter Puderzuckerglasur überziehen.

Für eine Genueser Mokkatorte Instant Kaffeepulver während des Schlagens zu der Eier-Zucker-Mischung geben und den fertigen Kuchen mit brauner, mit Kaffee aromatisierter Puderzuckerglasur oder einfacher Glasur überziehen. Nehmen Sie feinen braunen Zukker dafür, wenn Ihnen der dunkle Rohzucker das Kaffeearoma zu sehr überdeckt. Oder nehmen Sie die doppelte Teigmenge, rühren Kakaopulver zu den Eiern und dem Zucker, füllen den fertigen Kuchen mit Schokoladen-Buttercreme und überziehen ihn mit Schokoladenglasur.

Hinten links: Mit Mandelpaste gefüllter Früchtekuchen. Hinten rechts: Dieser Kirschkuchen wird bald zu Ihren Lieblingskuchen zählen. Rechts: Apfelkuchen auf knusprigem Mürbeteigboden und vorne: Sandkuchen, mit selbstgemachter schwarzer Kirschmarmelade gefüllt.

Biskuitring nach Großmutter-Art

Kalorien: 1795 (7520 kJ)
Proteingehalt: 61 g
Vorbereitungs- u. Backzeit: 1½ Std.

6 Eier, getrennt
200 g brauner Rohzucker
150 g Weizenschrotmehl
1 TL Backpulver
½ TL Salz
100 ml kochendes Wasser
ein wenig Puderzucker

Eigelb mit Zucker mit dem Schneebesen oder dem elektrischen Handrührgerät in einem Gefäß über einem Topf mit heißem Wasser so dickschaumig schlagen, daß das Gerät beim Herausziehen eine Spur hinterläßt. Dann vom Topf nehmen und so lange weiterschlagen, bis die Masse kalt ist.

Backofen auf 170°C, Gas Stufe 3, vorheizen. Mehl mit Backpulver und Salz sieben; dafür ein grobes Sieb nehmen, dann die Eiweiß steif schlagen, so daß ein Messerschnitt sichtbar bleibt. Mehl nach und nach unter das geschlagene Eigelb ziehen, dabei jedesmal ein wenig kochendes Wasser zugeben. Zuletzt das Eiweiß unterheben und den Teig in eine ungebutterte, tiefe Ringform von 25 cm Durchmesser (möglichst mit abnehmbarem Boden) füllen. (Nur den Boden einfetten.)

Im vorgeheizten Ofen ca. 65 Min. backen, oder bis der Kuchen sich fest anfühlt. Damit er nach dem Backen nicht zusammenfällt, ihn (Unterseite nach oben) über den Hals einer Flasche stülpen. Wenn er ziemlich kalt ist, Flasche entfernen und den Kuchen aus der Form lösen (Sie brauchen dazu möglicherweise ein scharfes Messer). Oberseite mit Puderzucker bestreuen.

Oder den Kuchen in der Mitte durchteilen und mit Marmelade oder Sahne bestreichen und wieder zusammensetzen. Oberfläche und Seiten mit brauner Puderzuckerglasur (S. 199), weißer einfacher oder aromatisierter Glasur überziehen.

Schweizer Biskuitrolle

Kalorien: 1580 (6610 kJ)
Proteingehalt: 45 g
Vorbereitungs- u. Backzeit: 1 Std.,
ohne Auskühlen

3 Eier, mit Schale gewogen
soviel brauner Rohzucker, wie
    Gewicht der Eier
soviel gesiebtes Weizenschrotmehl,
    wie Gewicht der Eier

Backofen auf 180°C, Gas Stufe 4, vorheizen. Eine 35 x 24 cm große, flache Back- oder Biskuitrollenform mit Pergamentpapier oder Antihaft-Folie auskleiden und mit geschmolzener Butter bestreichen.

Eier und Zucker mit einem elektrischen Rührgerät oder mit dem Schneebesen über einem Topf mit heißem Wasser schaumig schlagen, bis das Gerät beim Herausziehen eine Spur hinterläßt. (Mit einem elektrischen Gerät ist es viel einfacher.) Das Mehl unterheben und den Teig in der vorbereiteten Form 20–30 Min. backen, oder bis der Biskuit sich fest anfühlt.

Aus dem Ofen nehmen und auf Pergamentpapier oder Antihaft-Folie stürzen. Das Papier abziehen und sofort aufrollen. Gut erkalten lassen, auseinander rollen und mit Marmelade, frischen Früchten wie Birnen oder Pfirsichen, Schlagsahne oder brauner Buttercreme (S. 199) füllen. Mit ein wenig Puderzucker bestäuben.

Zitronen-Sauerrahm-Kuchen

Kalorien: 1950 (8150 kJ)
Proteingehalt: 51 g
Vorbereitungs- u. Backzeit: 1½ Std.

175 g Weizenschrotmehl
1 TL Backpulver
½ TL Natron
½ TL Salz
225 ml Sauerrahm
2–3 Eier
175 g brauner Rohzucker
1 TL abgeriebene Zitronenschale
1 EL Puderzucker

Backofen auf 180°C, Gas Stufe 4, vorheizen. Eine 18 cm große, quadratische Kuchenform mit geschmolzener Butter oder Margarine ausstreichen. Mehl und Backpulver in eine Schüssel sieben, Natron und Salz zugeben.

Eier mit Zucker sehr schaumig schlagen – dafür brauchen Sie mit einem elektrischen Rührgerät bei stärkster Schaltstufe ca. 5 Min., mit dem Schneebesen länger. Wenn Sie den Schneebesen nehmen, stellen Sie das Gefäß über einen Topf mit heißem Wasser, während Sie schlagen; die Eier-Zucker-Masse sollte so dickschaumig sein, daß beim Herausziehen des Gerätes eine Spur bleibt; dann Sauerrahm und Zitronenschale zugeben.

Im vorgeheizten Ofen 35–45 Min. backen, bis der Kuchen gegangen und goldbraun ist und sich fest anfühlt. Kuchen noch 5 Min. in der Form lassen, dann zum Auskühlen auf einen Gitterrost legen. Oberfläche mit Puderzucker bestäuben.

Bostoner Sirupkuchen

Kalorien: 3140 (13140 kJ)
Proteingehalt: 47 g
Vorbereitungs- u. Backzeit: 1¾ Std.

125 g Butter oder Margarine
125 g goldbrauner Sirup
125 g Melasse
75 g brauner Rohzucker
225 g Weizenschrotmehl
½ TL Salz
1 TL gemahlener Nelkenpfeffer
2 TL Backpulver
2 Eier, gut verquirlt
125 g Rosinen, gewaschen und
    getrocknet

Backofen auf 170°C, Gas Stufe 3, vorheizen. Eine 18 cm große, tiefe, quadratische Kuchenform mit Pergamentpapier oder Antihaft-Folie auskleiden und mit geschmolzener Butter oder Margarine ausstreichen.

Butter oder Margarine, Sirup, Melasse und Zucker in einem Topf bei schwacher Hitze erwärmen, bis die Butter geschmolzen ist; dabei gelegentlich umrühren, damit der Zucker nicht festklebt. Topf vom Feuer nehmen. Mehl, Salz, Nelkenpfeffer und Backpulver zusammensieben, die Eier in die geschmolzene Siruplösung geben, dann die gesiebten Zutaten und zuletzt die Rosinen. Gut vermischen und in die Kuchenform füllen.

Im vorgeheizten Ofen 1¼–1½ Std. bakken, oder bis sich der Kuchen gerade vom Rand zu lösen beginnt. Zum Abkühlen auf einen Gitterrost legen.

Honig-Gewürzkuchen

Kalorien: 2770 (11560 kJ)
Proteingehalt: 45 g
Vorbereitungs- u. Backzeit: 1¾Std.

Richten Sie sich nach dem Rezept Bostoner Sirupkuchen, aber verwenden Sie anstelle von Sirup und Melasse 225 g Honig und lassen Sie die Rosinen weg.

Würziger Apfelkuchen

Kalorien: 4120 (17240 kJ)
Proteingehalt: 68 g
Vorbereitungs- u. Backzeit: 1 Std.

450 g geschälte u. entkernte
  Kochäpfel
200 ml heißes Wasser
300 g brauner Rohzucker
125 g weiche Butter o. Margarine
2 Eier, gut verquirlt
½ TL fein abgeriebene Orangenschale
300 g Weizenschrotmehl
½ TL Backpulver

1½ TL Natron
1½ TL Salz
je ½ TL gemahlener Zimt,
  gem. Nelken und Nelkenpfeffer
50 g Walnüsse
125 g Rosinen

Backofen auf 180°C, Gas Stufe 4, vorheizen. 2 Backformen von 23 cm Durchmesser mit Pergamentpapier oder Antihaft-Folie auslegen und mit geschmolzener Butter oder Margarine bestreichen.

Äpfel in der Hälfte des Wassers weich kochen; durch ein Sieb streichen und mit Zucker, Butter oder Margarine, den Eiern, Orangenschale und dem restlichen Wasser mischen.

Alle trockenen Zutaten zusammensieben und zu der Apfelmischung geben. Gut unterrühren, dann Nüsse und Rosinen zufügen.

Teig in die vorbereiteten Backformen füllen und im vorgeheizten Ofen 35–40 Min. backen, oder bis die Kuchen gut gegangen, goldbraun und fest sind. Auf einem leicht gefetteten Kuchenrost gut auskühlen lassen.

Die Kuchen quer durchschneiden, mit brauner Buttercreme (S. 199) füllen; dabei ⅓ der Buttercreme als Füllung verwenden und mit dem Rest Oberseite und Seiten bestreichen.

Apfelstrudel

Für 6 Personen
Kalorien pro Portion: 740 (3107 kJ)
Proteingehalt pro Portion: 9,5 g
Vorbereitungs- u. Backzeit: 2 Std.

Der Teig:
225 g ungebleichtes weißes Mehl
150 g ungesalzene Butter
150 ml warmes Wasser
ein wenig Puderzucker

Die Füllung:
100 g Brösel aus Weizenschrotmehl,
  geröstet in 50 g ungesalzener Butter,
  bis sie gerade knusprig sind
450 g Kochäpfel, geschält, entkernt,
  gehackt und mit dem Saft von
  2 Zitronen beträufelt
50 g brauner Rohzucker
25 g blanchierte Mandelstifte
50 g Sultaninen
¼ TL frisch gemahlene Muskatnuß
1 TL gemahlener Zimt

1. Hände unter den Teig auf dem Tuch legen und von innen nach außen anheben.

2. Mit Hilfe des Küchentuches Teig mit Füllung und Bröseln aufrollen.

Mehl in eine warme Schüssel geben. 50 g Butter im Wasser schmelzen und nach und nach unter Rühren zum Mehl geben. Zu einem weichen Teig verkneten. Teig aus der Schüssel nehmen und 10 Min. kneten, bis er weich und formbar ist; fühlt er sich trocken an, ein wenig Wasser zugießen. In die warme Schüssel zurückgeben und 30 Min. ruhen lassen.

Ein 1 qm großes, sauberes Küchentuch auf dem Tisch so ausbreiten, daß Sie herumgehen können. Mit Mehl bestäuben und den Teig in die Mitte legen. Leicht zu einem Quadrat ausrollen, Hände unter den Teig legen und ihn vorsichtig ausziehen. Restliche Butter schmelzen und Teig damit bestreichen, wenn er trocken aussieht. Teig weiter ausziehen, bis er so dünn ist, daß man durchsehen kann. Versuchen Sie, ihn möglichst gleichmäßig dünn auszuziehen; beachten Sie dabei besonders die Ecken.

Wenn der Teig überall gleich dünn ist, mit dem größten Teil der geschmolzenen Butter gleichmäßig bestreichen; dickere Ecken abschneiden. Backofen auf 180°C, Gas Stufe 4, vorheizen. Teigplatte nochmals begradigen und Brösel, dann die Äpfel, Zucker, Mandeln, Sultaninen und Gewürze auf die eine

Seite des Strudels geben. Das Tuch anheben und den Strudel aufrollen, so daß die Füllung zwischen den leicht gebutterten Teigschichten liegt. Hufeisenförmig auf ein gut gebuttertes Backblech legen. Oberseite großzügig mit der restlichen geschmolzenen Butter bestreichen und auf der Mittelschiene des vorgeheizten Ofens 30–40 Min. backen, oder bis der Strudel goldbraun und knusprig ist.

Vom Backblech nehmen, mit Puderzucker bestreuen und heiß oder kalt mit halbflüssiger Schlagsahne servieren.

Den Strudelteig herzustellen sieht auf den ersten Blick schwieriger aus, als es in Wirklichkeit der Fall ist. Probieren Sie es zuerst einmal mit der halben Menge aus; entstehen Löcher im Teig, diese mit den Teigecken ausfüllen, da sie beim Backen größer werden. Manche Leute ziehen den Teig portionsweise aus; ich ziehe ihn von der Mitte nach außen aus. In Österreich wird er oft von 4 Personen ausgezogen, die um einen quadratischen Tisch herumgehen. Wenn Sie es geschafft haben, werden Sie wissen, warum der Strudel zu den beliebtesten Kuchensorten Europas gehört.

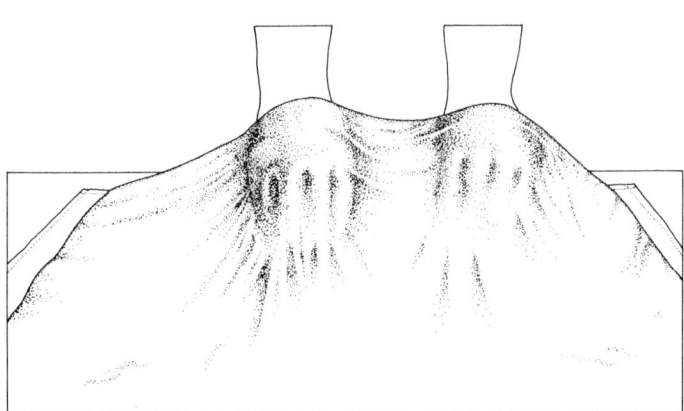
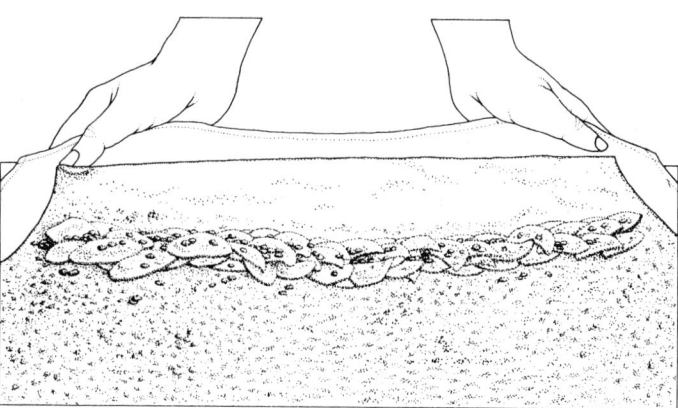

Schokoladen-Nußkuchen mit Ricotta-Füllung

Für 8 Personen
Kalorien pro Portion: 710 (2972 kJ)
Proteingehalt pro Portion: 10 g
Vorbereitungs- u. Backzeit: 1 Std.
Kühlzeit: über Nacht

150 g Butter
150 g weicher brauner Zucker
3 Eier
100 g gehackte Walnüsse
150 g Weizenschrotmehl
1 TL Backpulver
1 EL Kakaopulver
⅛ TL Salz
8 EL Orangensaft
4 EL Himbeermarmelade, erwärmt u.
  durch ein Sieb gestrichen
300 ml Schlagrahm
ca. 150 g Ricottakäse oder Quark
einige Walnußhälften

Backofen auf 180°C, Gas Stufe 4, vorheizen. Butter und Zucker schaumig rühren. Eier nacheinander zufügen, dabei jedesmal kräftig rühren. Gehackte Walnüsse zugeben. Mehl, Backpulver, Kakao und Salz zusammensieben. Unter die cremige Masse heben, wenn nötig, ein wenig mehr Milch zugeben, damit der Teig eine weiche Konsistenz erhält.

Teig gleichmäßig auf zwei Backformen von 18 cm Durchmesser verteilen und auf der Mittelschiene des vorgeheizten Ofens 30 Min. backen. Auf einem Kuchenrost abkühlen lassen.

Kuchen quer halbieren und alle Böden mit 2 Eßlöffeln Orangensaft beträufeln, dann 3 Böden dünn mit Himbeermarmelade bestreichen. Wieder zusammensetzen und im Kühlschrank über Nacht kalt stellen.

Einige Stunden vor dem Servieren die Sahne schlagen und Ricottakäse oder Quark mit 2 EL der Sahne verrühren. Dies über die Schicht Himbeermarmelade streichen. Die 4 Böden zusammensetzen – der unbestrichene liegt dabei oben. Darauf den Rest der Schlagsahne streichen und den Kuchen mit den Walnußhälften verzieren. Gut gekühlt servieren.

Haselnußkuchen

Für 6 Personen
Kalorien pro Portion: 460 (1930 kJ)
Proteingehalt pro Portion: 5,5 g
Vorbereitungs- u. Kühlzeit: 2½ Std.

Der Kuchenteig:
4 Eiweiß
225 g brauner Rohzucker
½ TL Apfelweinessig
150 g gemahlene oder fein geriebene
  Haselnüsse
ein wenig geschmolzene Butter

Die Füllung:
50 g einfache Kochschokolade,
  in kleine Stücke gebrochen
2 EL Wasser
300 ml Schlagrahm

Für den Kuchenteig Eiweiß steif schlagen, so daß ein Messerschnitt sichtbar bleibt, dann dreimal ⅓ des Zuckers zugeben; dabei jedesmal gut rühren. Essig zugeben und weiterschlagen, bis die Masse ganz glatt und steif ist. Haselnüsse unterheben.

Backofen auf 180°C, Gas Stufe 4, vorheizen. 2 runde Backformen von 20 cm Durchmesser mit Pergamentpapier oder Antihaft-Folie auskleiden und gut mit geschmolzener Butter ausstreichen. Kuchenteig gleichmäßig auf die beiden Formen verteilen und im vorgeheizten Ofen 15 Min. backen.

Backofen auf 130°C, Gas Stufe 1–2, zurückschalten und die Meringen eine weitere Stunde trocknen lassen, oder bis die Oberfläche sich fest anfühlt. Wird die Oberseite während des Backens zu braun, mit Folie abdecken. Kuchen auf einem Gitterrost abkühlen lassen, Folie abziehen und erkalten lassen.

Für die Füllung Schokolade mit Wasser in einem kleinen, schweren Topf bei sehr milder Hitze unter ständigem Rühren schmelzen, dann den Topf vom Feuer nehmen und abkühlen lassen. Schlagrahm sehr steif schlagen und gleichmäßig unter die geschmolzene Schokolade ziehen.

¾ der Cremefüllung auf einen der Böden verteilen, den anderen darauf legen und die Oberseite mit der restlichen Creme bestreichen. Vor dem Servieren in den Kühlschrank stellen.

Mille Feuilles

Für 6 Personen
Kalorien pro Portion: 525 (2203 kJ)
Proteingehalt pro Portion: 3 g
Vorbereitungs- u. Backzeit: 45 Min.
Kühlzeit: 1 Std.

125 g Blätterteig (¼ der auf
  Seite 194 angegebenen Menge)
125 g Puderzucker
175 g Himbeermarmelade
300 ml Schlagrahm

Backofen auf 230°C, Gas Stufe 8, vorheizen. Teig zu einem 25 cm großen Quadrat ausrollen und halbieren. Die 2 Rechtecke auf ein gut geöltes Backblech legen und im vorgeheizten Ofen 15–20 Min. backen, oder bis er aufgegangen und goldbraun ist. Aus dem Ofen nehmen und vorsichtig zum Abkühlen auf einen Kuchenrost legen.

Puderzucker in ein Gefäß sieben und mit Wasser zu einer Zuckerglasur verrühren.

Wenn der Teig kalt ist, jedes Rechteck quer halbieren. 3 Böden mit einer Schicht Marmelade und geschlagener Sahne bestreichen, dann vorsichtig aufeinanderlegen. Der letzte Boden ist unbestrichen; darauf die Zuckerglasur streichen und eisgekühlt servieren.

Schokoladen-Eclairs

Ergibt ca. 12 Stück
Kalorien pro Portion: 460 (1920 kJ)
Proteingehalt pro Portion: 6 g
Vorbereitungs- u. Backzeit: 1½ Std.

1 Portion Brandteig (S. 194),
  in der angegebenen Menge
300 ml Schlagrahm
1 EL brauner Rohzucker
75 g Schokolade

Backofen auf 180°C, Gas Stufe 4, vorheizen. Mit einer 2 cm breiten, glatten Tülle 7,5 cm lange Streifen auf ein gut geöltes Backblech spritzen. Mit einem angefeuchteten Messer Teigenden abschneiden; Streifen mit 4 cm Abstand nebeneinander spritzen, damit der Teig gehen kann. In den vorgeheizten Ofen legen und Temperatur auf 220°C, Gas Stufe 7, erhöhen. 20 Min. backen, dann den Teig prüfen, indem Sie ihn in 2 Hälften brechen. Wenn er in der Mitte nicht durch ist, Teig bei der niedrigeren, anfänglichen Temperatur weitere 10–15 Min. backen.

Aus dem Ofen nehmen und quer durchschneiden, damit der Dampf entweichen kann, dann auf einem Kuchenrost abkühlen lassen. Wenn die Eclairs kalt sind, Schlagrahm, wenn Sie wollen mit Zucker, steif schlagen und in die Eclairs spritzen. Schokolade im Wasserbad schmelzen. Oberseite damit überziehen und Glasur fest werden lassen.

Palmiers

Ergibt 6–8 Stück
Kalorien pro Portion: 110 (457 kJ)
Proteingehalt pro Portion: 1 g
Vorbereitungs- u. Backzeit: 30 Min.

125 g Blätterteig (S. 194),
ein Viertel der angegebenen Menge
25 g Streuzucker, gemischt mit
½ TL gemahlenem Zimt (nach Wunsch)

Arbeitsplatte mit Mehl leicht bestäuben und den Teig zu einem 30 x 25 cm großen Rechteck ausrollen. Leicht, aber gleichmäßig mit Wasser bestreichen, dann die Hälfte des Zuckers darauf streuen und leicht eindrücken. Die Längsseiten in die Mitte klappen. Wieder leicht mit Wasser bestreichen, mit der Hälfte des restlichen Zuckers bestreuen und leicht eindrücken. Längsseiten wieder zur Mitte zusammenlegen und ein schmales Rechteck von 30 x 6 cm Größe ausrollen. Zur Hälfte zusammenlegen und quer in 12 dicke Scheiben schneiden.

Backofen auf 200°C, Gas Stufe 6, vorheizen. Jede Scheibe flach auf die Arbeitsplatte legen und leicht und vorsichtig ca. 5 mm dick ausrollen, dabei achtgeben, daß die zusammengefalteten Schichten mit dem Teigroller gut auseinandergedrückt werden. Auf ein gut geöltes Backblech nebeneinander mit 2,5 cm Abstand legen, damit der Teig noch gehen kann. Oberseite leicht mit Wasser bestreichen, mit dem restlichen Zucker bestreuen und im vorgeheizten Ofen 15 Min. backen; dabei achtgeben, daß der Zucker nicht verbrennt. Wenn die Palmiers nach 15 Min. Backzeit nicht knusprig sind, auf einen Kuchenrost legen und dann wieder für einige Minuten in den Ofen geben. Kalt servieren, oder mit Schlagrahm füllen und zusammensetzen.

Türmchen

Ergibt 12 kleine
Kalorien pro Portion: 145 (610 kJ)
Proteingehalt pro Portion: 1,5 g
Vorbereitungs- u. Backzeit: 45 Min.

25 g ungesalzene Butter
25 g brauner Rohzucker
25 g fein gehackte, gemischte Sukkade
50 g Korinthen
abger. Schale u. Saft v. 1 kl. Zitrone
¼ TL gemahlener Nelkenpfeffer
125 g grober Blätterteig (die Hälfte
der auf S. 194 angegebenen Menge)

Backofen auf 200°C, Gas Stufe 6, vorheizen. Butter in einem kleinen Topf schmelzen und braunen Zucker, Sukkade, Korinthen, Zitronenschale und -saft und Nelkenpfeffer zufügen; gut abkühlen lassen.

Teig 5 mm dick ausrollen und in 7,5 cm große Kreise schneiden. Kreise aufeinanderlegen, ausrollen und wieder in Kreise schneiden. Es sollten 12 Stück sein. Abgekühlte Füllung zwischen die Teigkreise geben, Ränder hochnehmen und zu kleinen Bällchen formen.

Auf ein gut geöltes Backblech mit der Nahtstelle nach unten legen, mit leichtem Druck der Hand auf 1 cm Dicke zusammendrücken. Mit einem scharfen Messer ein Gittermuster in die Oberseite machen, dann im Kühlschrank 20 Min. kalt stellen. Oberseite mit verquirltem Ei bestreichen und mit ein wenig Zucker bestreuen. 15 bis 20 Min. backen, bis die Türmchen goldbraun und gut aufgegangen sind. Heiß oder kalt servieren.

Türmchen, Palmiers, mit Schlagrahm gefüllt und Schokoladen-Eclairs – warum nicht von jedem etwas nehmen?

Kuchenteig zubereiten, backen und glasieren

Ein wirklich knuspriger Kuchenteig sollte »blind« gebacken werden, bevor Sie ihn füllen. So kann die Füllung den Teig nicht »durchweichen«, bevor er gar ist.

Den Teig ca. 4 mm dick zu einem Kreis, der ca. 5 cm größer ist als der Durchmesser der Backform, ausrollen. Wenn Sie keine Springform haben, legen Sie ihn auf das Backblech. Teig mit dem Teigroller vorsichtig anheben und auf die Form legen; leicht ziehen, in die

Backform gleiten lassen und gut andrücken, damit sich keine Luft darunter bilden kann, sonst bilden sich während des Backens Blasen. Teig an den Rand drücken, dann überschüssige Stücke abschneiden. Folie oder Pergamentpapier darauf legen und halb mit getrockneten Bohnen füllen.

Den Teigboden in den auf 200°C, Gas Stufe 6, vorgeheizten Backofen geben und 15 Min. backen. Bohnen und Folie oder Pergament-

papier abnehmen. Hitze auf 180°C, Gas Stufe 4, reduzieren und weitere 10−15 Min. backen, oder bis der Teig knusprig ist und braun wird. Wenn sich Blasen bilden, mit einer Gabel oder einem Stäbchen einstechen, damit die Luft entweichen kann.

Kuchen glasieren, solange er noch heiß ist. Mit Eiweiß bestreichen oder mit erwärmter, durch ein Sieb gestrichener Aprikosenmarmelade überziehen.

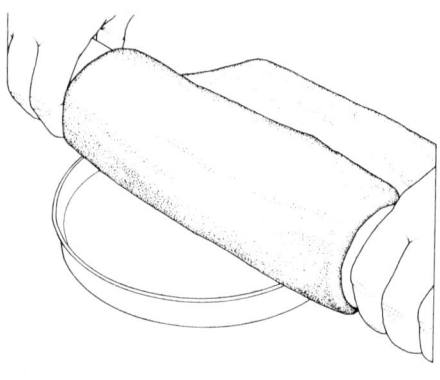

1. Den um den Teigroller gewickelten Teig hochheben und über der Back- oder Quiche-form wieder ausrollen.

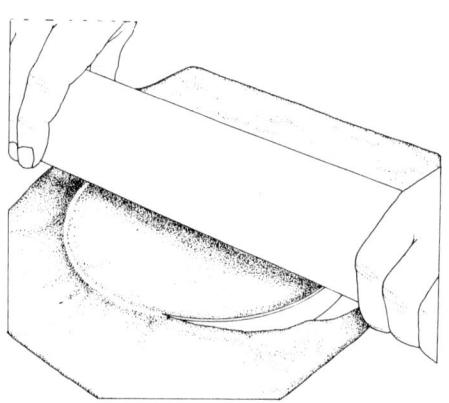

2. Mit gekrümmtem Zeigefinger den Teig in die Form drücken. Teigroller darüberrollen, um überschüssigen Teig zu markieren.

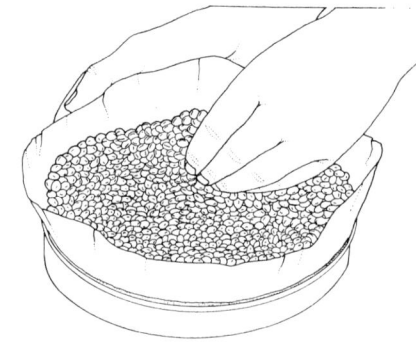

3. Mit Folie abdecken, getrocknete Bohnen an den Rand legen. Zuerst mit Folie, dann zum Bräunen ohne Folie backen.

Eiercreme-Kuchen nach Großmutter-Art

Kalorien pro Portion: 595 (2482 kJ)
Proteingehalt pro Portion: 17,5 g
Vorbereitungs- u. Backzeit: 1 Std.
Abkühl- u. Kühlzeit: 2 Std.

*vorgebackener Mürbeteigboden
 (S. 194), in einer Form von
 20 cm Durchmesser gebacken,
 glasiert mit Aprikosenmarmelade
3 Eier
1 Eigelb
50 g brauner Rohzucker
¼ TL geriebene Muskatnuß
¼ TL Salz
600 ml Milch
½ TL Vanilleessenz*

Backofen auf 180°C, Gas Stufe 4, vorheizen. Boden auf das Backblech legen. Eier und Eigelb mit Zucker, Muskatnuß und Salz schaumig schlagen. Milch aufkochen und langsam unter ständigem Rühren zu den Eiern geben. Mischung in den Topf zurückgießen, aufkochen und so lange rühren, bis die Eiercreme so dick ist wie eine Glasur. Nicht kochen lassen. Vanilleessenz zufügen und die Füllung auf den Boden geben. Im vorgeheizten Ofen 30−45 Min. backen, oder bis die Eiercreme fest ist. Nicht zu lange backen, sonst wird die Eiercreme wäßrig. Abkühlen lassen, dann vor dem Servieren 1 Std. lang in den Kühlschrank stellen.

Erdnußbutterkuchen

Kalorien pro Portion: 865 (3617 kJ)
Proteingehalt pro Portion: 22 g
Vorbereitungs- u. Backzeit: 30 Min.
Abkühl- u. Kühlzeit: 1½−2 Std.

*125 g ungesalzene Erdnußbutter
 in Stücken
vorgebackener Mürbeteigboden (S. 194),
 in einer Form von 20 cm Durchmesser
 gebacken, mit Marmelade glasiert
125 g brauner Rohzucker
3 EL Maismehl
½ TL Salz
600 ml Milch
2 Eier, gut verquirlt
1 TL Vanilleessenz*

Boden auf eine Tortenplatte legen. Zucker, Maismehl und Salz in einer Kasserolle mischen und langsam die Milch zugießen. Teelöffelweise die Erdnußbutter zugeben. Bei mäßiger Hitze das Ganze zum Kochen bringen, dabei ständig umrühren. Simmern lassen, bis die Masse eindickt und die Erdnußbutter gut untergemischt ist. Langsam die Eier zugeben, gut rühren und die Masse in der Kasserolle wieder zum Kochen bringen, dabei umrühren. Hitze senken und noch 1 Min. köcheln lassen. Einige Min. abkühlen lassen, dann die Vanilleessenz unterrühren. Auf den Mürbeteigboden geben, abkühlen und 1 Std. lang vor dem Servieren im Kühlschrank stehenlassen.

Kürbiskuchen

Kalorien pro Portion: 542 (2272 kJ)
Proteingehalt pro Portion: 13 g
Vorbereitungs- u. Backzeit: 1 Std.

*350 g gekochter Kürbis, ca.
 550 g ungekocht
vorgebackener Mürbeteigboden (S. 194),
 in einer Form von 20 cm Durchmesser
 gebacken
¼ TL Salz
300 ml Milch
2 Eier, gut verquirlt
75 g brauner Rohzucker
1 TL gemahlener Zimt
½ TL gemahlener Ingwer
½ TL geriebene Muskatnuß
6 Gewürznelken, fein zerdrückt oder
 ¼ TL gemahlene Nelken
1 TL abgeriebene Orangenschale*

Backofen auf 200°C, Gas Stufe 6, vorheizen. Boden auf ein gut geöltes Backblech legen. Alle Zutaten sorgfältig mischen und auf den vorbereiteten Boden geben. Im vorgeheizten Ofen 45 Min. backen, bis die Füllung fest ist, dann heiß oder kalt servieren.

Linzer Torte

Kalorien pro Portion: 725 (3025 kJ)
Proteingehalt pro Portion: 12 g
Vorbereitungs- u. Backzeit: 1½ Std.

125 g gemahlene Haselnüsse
125 g Weizenschrotmehl
½ TL gemahlener Zimt
¼ TL Salz
1 TL abgeriebene Zitronenschale
125 g ungesalzene Butter
50 g brauner Rohzucker
3 Eier, gut verquirlt
225 g Himbeermarmelade

Backofen auf 180°C, Gas Stufe 4, vorheizen. Nüsse, Mehl, Zimt, Salz und Zitronenschale mischen. Butter mit Zucker sehr schaumig rühren, dann nach und nach ¾ der Eier zufügen, dabei jedesmal gut schlagen. Nußmischung zugeben und zu einem ziemlich festen Teig verkneten; wenn nötig, ein wenig mehr Ei zufügen. Ein bißchen weniger als ¼ des Teiges beiseite stellen.

Backform von 20 cm Durchmesser ölen, auf ein Backblech setzen und die größere Teig-portion in die Mitte geben. Ausdrücken, so daß Boden und Ränder gleichmäßig bedeckt sind, und mit Himbeermarmelade bestreichen. Restlichen Teig ausrollen, in 1 cm lange Streifen schneiden und damit ein Gittermuster auf den Kuchen legen. Im vorgeheizten Ofen 1 Std. backen, bis er leicht braun und knusprig ist.

Auf einem Kuchengitter abkühlen lassen und mit Schlagsahne als Dessert oder ohne Sahne zum Frühstück servieren.

Pecankuchen

Kalorien pro Portion: 900 (3770 kJ)
Proteingehalt pro Portion: 14 g
Vorbereitungs- u. Backzeit: 1¼ Std.

150 g halbierte Pecannüsse
vorgebackener Mürbeteigboden, in
  einer 20 cm großen Form gebacken
  (S. 194), mit Aprikosenmarmelade
  glasiert
50 g brauner Rohzucker
2 Eier, gut verquirlt
50 g geschmolzene Butter
150 ml Sirup, heiß gemacht,
  bis er flüssig ist
¼ TL gemahlener Ingwer (n. Wunsch)
¼ TL gemahlener Zimt (n. Wunsch)

Backofen auf 180°C, Gas Stufe 4, vorheizen. Form auf das Backblech legen. Zucker, Eier, Butter und Sirup mit den Gewürzen, wenn Sie wollen, mischen. Nüsse unterheben und gut und gleichmäßig untermischen. Füllung auf den Boden geben; dabei darauf achten, daß nichts über den Rand läuft – es könnte unter den Boden laufen und anbrennen.

Im vorgeheizten Ofen 45 Min. bis 1 Std. backen, oder bis die Füllung fest und gold-braun ist. Vor dem Servieren leicht abkühlen lassen oder kalt reichen.

Apfelkuchen

Kalorien pro Portion: 610 (2557 kJ)
Proteingehalt pro Portion: 8 g
Vorbereitungs- u. Backzeit: 1½ Std.

700 g geschälte u. entkernte Kochäpfel
225 g Mürbeteig (S. 194)
150 g brauner Rohzucker
1 EL Weizenschrotmehl
½ TL gemahlener Zimt
½ TL abgeriebene Orangenschale
1 EL Orangensaft
50 g Sultaninen

Backofen auf 230°C, Gas Stufe 8, vorheizen. Zucker mit Mehl, Zimt und abgeriebener Orangenschale mischen. Äpfel in 1 cm dicke Scheiben schneiden. Sofort in die Zuckermi-schung geben, damit sie sich nicht verfärben. Orangensaft und Sultaninen zufügen.

Mit ¾ des Teiges eine 20 cm große Pieform auskleiden. Mit der Apfelmischung füllen und die Ecken andrücken. Aus dem restlichen Teig einen Deckel zuschneiden und ihn auf die Äpfel legen. Rand gut andrücken und zwei blattförmige Schlitze hineinmachen, durch die der Dampf entweichen kann. Im vorge-heizten Ofen 15 Min. backen, dann die Tem-peratur auf 180°C, Gas Stufe 4, zurückschal-ten und weitere 30 Minuten backen.

Heiß oder kalt mit Schlagrahm oder Eier-creme servieren.

Anmerkung: Wenn Sie den Kuchen in einer Springform backen, eine Platte darunterle-gen, damit evtl. austretender Saft aufgefan-gen wird.

Mürbeteigkuchen mit Erdbeeren oder Himbeeren

Kalorien pro Portion: 675 (2820 kJ)
Proteingehalt pro Portion: 12 g
Vorbereitungs- u. Backzeit: 1–1¼ Std.

reichlich 350 g geputzte Erdbeeren
  oder Himbeeren
3–4 EL Streuzucker
300 ml Schlagrahm

Für den Mürbeteig:
225 g Weizenschrotmehl
½ TL gemahlener Zimt (n. Wunsch)
1 EL Backpulver
1 TL Salz
75 g Butter, Margarine o. Backfett
250 ml Milch

Backofen auf 200°C, Gas Stufe 6, vorheizen. 6 ganze Beeren zur Dekoration aufheben. Restliche Früchte mit Zucker bestäuben, leicht zerdrücken und beiseite stellen, wäh-rend Sie den Mürbeteig zubereiten.

Mehl mit Zimt, nach Wunsch, Backpulver und Salz in ein Gefäß sieben; dafür ein grobes Sieb nehmen, und die groben Teile entfernen. Butter, Margarine oder Backfett unterarbei-ten, bis der Teig feinen Brotkrumen ähnelt. Mit der Milch zu einem sehr weichen Teig ver-arbeiten. Teig halbieren, ausrollen und zwei gut geölte Kuchenformen von 20 cm Durch-messer damit auskleiden. Im vorgeheizten Ofen 15 Min. backen. Böden aus dem Ofen nehmen und 5 Min. abkühlen lassen, dann auf einem Kuchenrost ganz auskühlen lassen.

Einen Boden auf eine Platte legen und eine Lage zerdrückter Früchte darauf geben. Den zweiten Boden darüberlegen und mit den rest-lichen Früchten bedecken. Mit ein wenig Schlagrahm und den aufgehobenen Beeren verzieren und sofort mit der restlichen Sahne servieren. Oder die Mürbeteigböden mit Sah-ne bestreichen, bevor Sie die Früchte darauf legen, und wie vorher verzieren.

Mürbeteigkuchen

Gesamtkalorien: 1835 (7680 kJ)
Gesamtproteingehalt: 20 g
Vorbereitungs- u. Backzeit: 1¼ Std.
Kühlzeit: 1 Std.

150 g Weizenschrotmehl
½ TL Salz
50 g brauner Rohzucker
125 g Butter
4 EL Streuzucker

Mehl und Salz in ein Gefäß sieben und den braunen Zucker untermischen. Butter mit den trockenen Zutaten verarbeiten, bis die Mischung zusammenhält, dann leicht zu einem festen Teigball zusammendrücken. Auf bemehlter Arbeitsfläche gut verkneten, bis der Teig ziemlich glatt ist. In eine Springform von 20 cm Durchmesser füllen und 1 Std. kalt stellen.

Backofen auf 150°C, Gas Stufe 2, stellen.

Den Kuchen 45–60 Min. backen, bis er fest und gerade braun ist. Aus dem Ofen nehmen und mit der Hälfte des Streuzuckers bestäuben. 5 Min. in der Form abkühlen lassen, dann auf einen Kuchenrost legen und die andere Seite mit Zucker bestreuen. Wenn der Kuchen kalt ist, ihn in fingerlange Stücke oder Dreiecke brechen und in einer luftdicht verschlossenen Dose aufbewahren.

Katzenzungen

Gesamtkalorien: 750 (3150 kJ)
Gesamtproteingehalt: 13 g
Vorbereitungs- u. Backzeit: 30–40 Min.

50 g Butter o. Margarine
50 g brauner Rohzucker
2 Eiweiß
50 g Weizenschrotmehl
½ TL Salz

Backofen auf 180°C, Gas Stufe 4, vorheizen. Butter oder Margarine mit Zucker schaumig rühren. Eiweiß steif schlagen, bis ein Messerschnitt sichtbar bleibt. Mit Salz und Mehl unter die Crememischung heben.

Mit dem Spritzbeutel und einer 1 cm großen Tülle den Teig in 5 cm langen Streifen auf ein mit geschmolzener Butter bestrichenes Backblech spritzen. Dazwischen einen Abstand von ca. 5 cm lassen; die Streifen sollten ziemlich flach sein. Im vorgeheizten Ofen 10 Min. backen.

Backblech aus dem Ofen nehmen, Biskuits herunternehmen und abkühlen lassen; sind sie noch nicht knusprig, in den Ofen zurückstellen und bei 130°C, Gas Stufe ½, noch ein wenig länger backen, bis sie – wenn sie kalt sind – auch knusprig sind.

Mandel- oder Haselnußbiskuits

Gesamtkalorien: 830 (3470 kJ)
Gesamtproteingehalt: 13 g
Vorbereitungs- u. Backzeit: 30 Min.

50 g weiche Butter
50 g brauner Rohzucker
2 steif geschlagene Eiweiß
50 g gemahlene Mandeln o. Haselnüsse

Backofen auf 180°C, Gas Stufe 4, vorheizen und zwei Backbleche mit Pergamentpapier auskleiden.

Butter und Zucker schaumig rühren, dann die Eiweiß unterheben. Vorsichtig die Nüsse unterziehen. Den Teig mit großem Abstand teelöffelweise auf die vorbereiteten Bleche geben und im vorgeheizten Ofen 10 Min. backen, oder bis sie an den Ecken goldbraun werden. Biskuits aus dem Ofen nehmen und abkühlen lassen.

Würzige Käsebiskuits

Gesamtkalorien: 1975 (8250 kJ)
Gesamtproteingehalt: 59 g
Vorbereitungs- u. Backzeit: 45 Min.

125 g Weizenschrotmehl
125 g Butter
150 g geriebener Cheddarkäse
Salz
frisch gemahlener Pfeffer
Cayennepfeffer
ein gut verquirltes Ei

Backofen auf 200°C, Gas Stufe 6, vorheizen. Mehl und Gewürze in eine Schüssel sieben und die Butter hineinarbeiten. 125 g Käse unterziehen und den Teig kneten, bis er glatt ist. Auf leicht bemehlter Arbeitsfläche ca. 5 mm dick ausrollen und in 5 cm große Quadrate schneiden; diese in Dreiecke schneiden. Auf ein gut geöltes Backblech legen, leicht mit Ei bestreichen und den restlichen Käse und Cayennepfeffer überstreuen. 10–15 Min. backen, bis sie goldbraun und fest sind. Leicht abkühlen lassen, bevor Sie sie vom Backblech nehmen. Warm als Snack oder als Beilage zu Suppen und Kasserollen servieren.

Anmerkung: Ist der Käse sehr trocken, brauchen Sie für den Teig ein wenig Milch.

Honig-Hafermehlkuchen

Gesamtkalorien: 2400 (10050 kJ)
Gesamtproteingehalt: 32 g
Vorbereitungs- u. Backzeit: 45 Min.

2 EL Honig
2 EL Sirup
75 g Butter o. Margarine
125 g brauner Rohzucker
250 g grobes Hafermehl

Backofen auf 180°C, Gas Stufe 4, vorheizen. Eine quadratische, 20 cm große Backform mit geschmolzener Butter oder Margarine ausstreichen und Antihaft-Folie auf den Boden legen.

Honig, Sirup, Butter oder Margarine und braunen Zucker im Topf bei milder Hitze schmelzen. Hafermehl zugeben und gut rühren. Teig in die vorbereitete Form füllen und im vorgeheizten Ofen 20–30 Min. backen, bis der Hafermehlkuchen goldbraun ist. Wenn er noch warm ist, in fingerlange Stücke schneiden. In der Form leicht abkühlen lassen, dann den Kuchen herausnehmen.

In einer luftdicht verschlossenen Dose aufbewahren.

Einmachen, Einlegen und Einfrieren

Es gibt nichts Schöneres als eine bunte Reihe Gläser mit hausgemachten Marmeladen, Gelees, Essiggemüsen und Chutneys.

Obwohl das Einfrieren von Obst und Gemüse, frisch aus dem Garten oder vom Markt, wohl die bequemste Art der Vorratshaltung ist, werden Sie sehen, daß eine selbstgemachte, wunderbar duftende, fruchtige Erdbeermarmelade oder das herrliche Aroma Ihres eingelegten Lieblingsgemüses durch nichts zu ersetzen sind. Ich koche Marmeladen ein, wenn die Früchte am besten sind – die Lagerzeit ist allerdings unterschiedlich. Zitronenkäse z.B. hält sich nicht sehr lange, obwohl er meistens, weil er so köstlich schmeckt, bald nach dem Öffnen aufgegessen ist. Paprika-Relish gehört zu meinen Lieblingsspeisen; deshalb mache ich immer sehr viel davon…

Ich gebe Ihnen noch einige Anleitungen zum Einfrieren, zum Vor- und Zubereiten von Obst und Gemüse und zum Lagern fertiger Gerichte. Obwohl ich es vorziehe, meine Gerichte frisch zuzubereiten, ist es doch manchmal sehr praktisch vorzukochen.

Obst einmachen

Neuere Forschungen zeigen, daß es nicht ratsam ist, Obst mit wenig Säuregehalt, z.B. Dessertäpfel, reife Birnen etc., einzumachen, und wenn man geeignete Früchte, wie z.B. Stachelbeeren oder Rhabarber, einmacht, sollte man dazu einen Dampftopf benutzen, um die richtige Temperatur zum Sterilisieren zu erreichen.

Obwohl man Obst auch in Wasser einmachen kann, sollte man es besser, um Aroma und Farbe zu behalten, mit Sirup bedecken, den man herstellt, indem man 225 g Zucker in 600 ml Waser 2−3 Min. kocht. Sind die Früchte sehr säurehaltig, brauchen sie mehr Zucker.

Waschen Sie das Obst sorgfältig und entfernen Sie alle Stiele, Stengel oder Blätter. Kirschen sollten entkernt, bei Stachelbeeren der obere und untere Teil entfernt und Rhabarber in kleine, gleich lange Stücke geschnitten werden. Äpfel und Birnen sollten geschält und entkernt, Pfirsiche und Aprikosen geschält, halbiert und der Stein entfernt werden. Pflaumen kann man ganz lassen oder halbieren, die Steine sollte man auslösen.

Das Obst eng zusammenlegen, aber nicht zerdrücken, und in saubere Einmachgläser mit weiter Öffnung füllen; mit Sirup bedecken und Luftblasen mit einem sterilisierten Spatel oder Holzstäbchen herausdrücken. Zwischen Sirup und Glasdeckel sollte ca. 1 cm Abstand sein, da die Früchte Saft lassen können und ein zu sehr gefülltes Glas überlaufen kann. Prüfen Sie, ob die Verschlüsse in Ordnung sind und schrauben Sie die Deckel fest zu, dann lockern Sie sie um eine halbe Umdrehung, damit der Dampf während des Verarbeitens entweichen kann.

Gläser auf das Dreibein oben im Dampftopf stellen; sie dürfen den Topfrand nicht berühren. 2,5 cm hoch Wasser einfüllen. Deckel aufsetzen und ohne Ventil zum Kochen bringen. Dampf einige Minuten entweichen lassen, dann Ventil aufsetzen und nach Anleitung des Herstellers Temperatur und Garzeit einhalten.

Bevor Sie den Druck wegnehmen, abkühlen lassen, sonst könnte der Dampftopf aufspringen. Deckel vom Dampftopf entfernen und die Deckel auf die Einmachgläser pressen. Nach 48 Stunden prüfen, ob sie fest schließen. Dann die Gläser beschriften und an einem kühlen, dunklen Ort lagern.

Marmelade einkochen

Eine Reihe hausgemachter Marmeladen, Gelees, Chutneys und Konfitüren sollten in keinem Haushalt fehlen. Wie bereits gesagt, sollte man laut neuesten Forschungsergebnissen nur Tomaten und säurehaltiges Obst einmachen und das Gemüseeinmachen den Fachleuten überlassen.

Aus Gläsern mit weiter Öffnung läßt sich der Inhalt besser herausholen. Vergewissern Sie sich, daß die Einmachgläser keinen Sprung oder abgeschlagene Stellen haben. Der Deckel muß fest schließen und die Gummiringe dürfen nicht brüchig sein. Gläser mit heißem Wasser und Spülmittel auswaschen, dann sorgfältig mit klarem Wasser nachspülen und abtrocknen. Für Marmelade, Gelees, Chutneys und Pickles die Gläser mit der Öffnung nach unten auf ein Backblech stellen und ca. 30 Min. lang bei 130°C, Gas Stufe ½, stehenlassen, bevor Sie sie füllen.

Für Marmeladen nehmen Sie reifes, aber nicht überreifes Obst. Gut waschen und, wo nötig, Schalen, Kerne und Blätter entfernen. Schad- oder Druckstellen mit einem rostfreien oder silbernen Messer herausschneiden, damit kein Metallgeschmack zurückbleibt.

Weiche Beeren wie Himbeeren oder Erdbeeren sollten 20−30 Min. in Salzwasser eingeweicht werden, um Insekten zu entfernen. Nehmen Sie dafür 15 g Salz je Liter Wasser. Obst gut unter fließendem, kaltem Wasser abwaschen.

Nehmen Sie einen Topf aus Aluminium, rostfreiem Stahl oder Kupfer und kochen Sie das Obst leicht, bevor Sie den Zucker zugeben, wenn Sie eine weiche Marmelade wollen, da der Zucker eine feste Haut bildet. Für eine

festere Marmelade die Erdbeeren über Nacht mit der angegebenen Zuckermenge bestreut ziehen lassen. Er sollte ganz gelöst sein; rühren Sie die Marmelade ständig, bevor sie kocht; dann schnell aufkochen, bis der Punkt erreicht ist, an dem sie fest wird. Ich nehme als Gelierhilfe Zitronensaft anstatt Pektin.

Um die Festigkeit zu prüfen, einen kleinen Löffel kochende Marmelade auf einen kalten Teller geben. Leicht mit dem Finger berühren und wenn sie sich zusammenzieht und ein Tropfen nicht von der Messerspitze herunterfällt, ist sie fertig. Oder ziehen Sie die Kante eines Löffels durch die Mitte der Marmelade auf dem Teller, und wenn sie geteilt bleibt, ist sie fest genug. 20−30 Min. abkühlen lassen, dann umrühren, damit die Früchte gleichmäßig verteilt sind; in die warmen Gläser füllen. Zwischen Marmelade und Deckel sollte ein Abstand von ein wenig mehr als 1 cm sein. Sofort nach dem Füllen Gläser verschließen und Außenseite abwischen. Marmelade mit einer Scheibe Pergamentpapier oder Klarsichtfolie bedecken und mit einem größeren Stück Folie oder Deckel verschließen; mit Bindfaden oder Gummiband befestigen. Glas beschriften und das Einmachdatum nicht vergessen!

Einlegen

Obst und Tomaten zum Einmachen sollten reif, aber fest sein. Obst wie beim Marmelade machen vorbereiten. Pflaumen und Aprikosen sollten halbiert und die Steine entfernt werden. Ein leichter Mandelgeschmack wird erreicht, wenn Sie einige Steine aufbrechen und zu den Früchten geben. Pfirsiche sollten geschält, halbiert und der Kern entfernt werden; keine Pfirsichkerne zusetzen, da ihr Aroma zu stark ist.

Obst sollte in Sirup eingelegt werden: hierfür 450 g Zucker je Liter kochendes Wasser auflösen. Unter ständigem Rühren leicht kochen, bis der Zucker gelöst ist, dann durch ein Sieb geben und vor Gebrauch ganz auskühlen lassen.

Gewaschene Gläser ausspülen – sie brau-

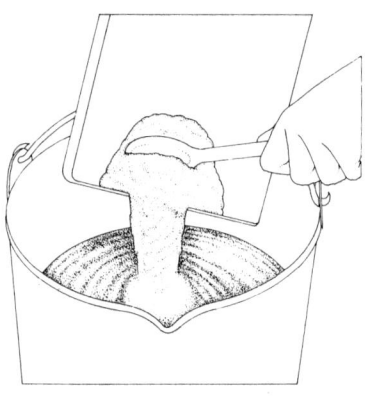

1. Früchte langsam weich garen. Angewärmten Zucker zugeben und rühren, bis er gelöst ist.

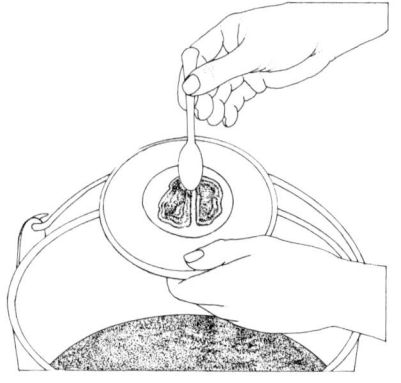

2. Zum Kochen bringen. Festigkeit prüfen: mit einem Löffel geteilte Marmelade sollte getrennt bleiben.

3. Ist der Gelierpunkt erreicht, Topf vom Feuer nehmen und Schaum entfernen.

chen nicht im Ofen zu trocknen – und die Früchte sorgfältig, ohne sie zusammenzudrücken, einschichten.

Ca. 2,5 cm Abstand zwischen Früchten und Deckel lassen. Soviel Sirup darübergießen, daß er 1 cm höher steht als das Obst und mit einem sauberen Holzstäbchen eventuell vorhandene Luftblasen entfernen.

Tomaten können ganz, mit oder ohne Haut, oder als Püree eingelegt werden. Tomaten abziehen: ca. 1 Min. in kochendes Wasser, dann in ein Gefäß mit Eiswasser legen, damit sie nicht weitergaren. Haut mit einem spitzen Messer 4mal einschneiden und vorsichtig abziehen. Wollen Sie ungeschälte Tomaten einlegen, Haut einstechen, damit sie nicht platzt. In Gläser schichten und statt des Sirups eine milde Lake zubereiten, indem Sie 25 g Salz je Liter Wasser auflösen und die Luftblasen, wie beim Obst, mit einem Holzstäbchen entfernen.

Wollen Sie Tomatenpüree einlegen, kochen Sie grob gehackte Tomaten mit Salz, Pfeffer und, nach Wunsch, Gewürzen, musig ein. Durch ein Sieb in vorgewärmte Gläser streichen, wie bei Marmelade; dabei einen Abstand von 1 cm zwischen Püree und Deckel lassen, fest verschließen und wie beim Einmachen beschriften.

Gefüllte Gläser auf ein Dreibein in einen großen Dampftopf stellen, Gummiringe oder Verschlüsse anbringen und die Anleitung des Herstellers bezüglich Temperatur und Garzeit beim Einmachen beachten.

Wenn die Gläser gut kalt und fest verschlossen sind, an einem kühlen, trockenen, dunklen und gut belüfteten Ort aufbewahren. Wenn Schimmel auf der Marmelade bald nach der Zubereitung sichtbar wird, ist das ein Zeichen dafür, daß das Obst in Gläser gefüllt wurde, bevor es fest war, oder daß es zu wenig Pektin enthielt (der Stoff, der Gelees und Marmeladen gelieren läßt). Bei Chutneys und eingelegten Gemüsen war der Essig vielleicht nicht stark genug. Sollte der Schimmel nur auf der Oberfläche sein, kann man ihn abkratzen; der Inhalt sollte aber so bald wie möglich verbraucht werden.

4. Marmelade mit ganzen Früchten ½ Std. stehenlassen, umrühren und in Gläser füllen.

Aprikosenmarmelade

Kalorien: 4190 (17530 kJ)
Proteingehalt: 6 g
Vorbereitungs- u. Kochzeit: 2 Std.

1 kg halbierte Aprikosen ohne Stein,
*   gut gewaschen u. Stengelansatz u.*
*   Blätter entfernt*
Saft von 1 großen Zitrone
300 ml Wasser
1 kg brauner Rohzucker

Aprikosen in einem Einmachtopf oder einer Kasserolle mit Zitronensaft und Wasser zum Kochen bringen; simmern lassen, bis die Früchte weich sind. Zucker zufügen, rühren, bis er gelöst ist und weiterkochen, bis der Gelierpunkt erreicht ist. In vorgewärmte, sterilisierte Gläser füllen und Wachs- oder Pergamentpapier darauf legen. An einen kühlen, trockenen Ort stellen; wenn sie kalt ist, fest verschließen.

Anmerkung: Für Marmelade mit ganzen Früchten geben Sie den Zucker zur gleichen Zeit zu wie die Früchte, weil dann Haut und Fruchtfleisch etwas fester werden: beim Rühren achtgeben, die Früchte nicht zerdrücken.

Soll die Marmelade einen leichten Mandelgeschmack haben, etwa 1 Dutzend Kerne aus den Steinen zur gleichen Zeit wie das Obst zugeben. Diese vorher 5 Min. in kochendem Wasser blanchieren und halbieren, bevor Sie sie mitkochen.

Stachelbeermarmelade

Kalorien: 5100 (21340 kJ)
Proteingehalt: 11 g
Vorbereitungs- u. Kochzeit: 1¼ Std.

1 kg geputzte, gut gewaschene
*   Stachelbeeren, Stengelansatz entfernt*
4 EL Zitronensaft plus Mark u. Kerne von
2–3 Zitronen
400 ml Wasser
1,25 kg brauner Rohrzucker
fein abger. Schale von 1 großen Zitrone

Mark und Kerne der Zitronen in ein feines Mullsäckchen binden. Stachelbeeren, Zitronensaft und Wasser in einer kleinen Kasserolle mit dem Mullsäckchen zum Kochen bringen. 20 Min. leicht köcheln lassen, dann langsam Zucker und Zitronensaft zugeben; so lange rühren, bis sich der Zucker aufgelöst hat. Unter gelegentlichem Umrühren weiterkochen, bis der Gelierpunkt erreicht ist. Mullsäckchen herausnehmen und die Marmelade in warme, sterilisierte Gläser füllen. Mit Wachs- oder Pergamentpapier bedecken und an einen kühlen, trockenen Ort stellen. Wenn die Marmelade kalt ist, fest verschließen. An einem kühlen, trockenen Platz lagern. Ergibt ca. 1,8 kg.

Anmerkung: Geben Sie, wenn möglich, etwa 1 Dutzend Holunderblüten in das Mullsäckchen zu den Zitronen. Sie geben der Marmelade ein wundervolles Muskateller-Aroma.

Erdbeermarmelade

Kalorien: 4205 (17590 kJ)
Proteingehalt: 6 g
Vorbereitungs- u. Kochzeit: 1½ Std.

1 kg geputzte Erdbeeren, gut gewaschen
1 kg brauner Roh- oder Rohrzucker
3 EL Zitronensaft plus Mark u. Kerne von
3 großen Zitronen

Vergewissern Sie sich, daß Sie keine überreifen oder faulen Erdbeeren dabei haben. Erdbeeren in einem Einmachtopf oder in einer Kasserolle bei mittlerer Hitze zum Kochen bringen; einige Beeren zerdrücken, um Saft freizusetzen. Zucker und Zitronensaft zugeben und unter Rühren auflösen. Mark und Kerne der Zitronen in ein Mullsäckchen binden und in die kochende Flüssigkeit hängen. Weiterkochen, dabei von Zeit zu Zeit umrühren, damit die Früchte nicht anbrennen oder festkleben, bis der Gelierpunkt erreicht ist. Mullsäckchen herausnehmen. Marmelade in warme, sterilisierte Gläser füllen und mit Wachs- oder Pergamentpapier bedecken. Wenn sie kalt ist, fest verschließen.

Anmerkung: Wenn Sie Marmelade mit ganzen Früchten wollen, die geputzten Erdbeeren in einem Gefäß mit Zucker bestreut über Nacht stehenlassen und dann in den Topf geben, aufkochen und weiter nach Rezept vorgehen; dabei darauf achten, daß die Früchte beim Rühren nicht zerdrückt werden.

Selbstgemachte Marmeladen und Gelees aus frischen Früchten für das Vorratsregal – Sie können die besten Früchte des Jahres das ganze Jahr über genießen.

Himbeermarmelade

Kalorien: 4190 (17540 kJ)
Proteingehalt: 9 g
Vorbereitungs- u. Kochzeit: 1 Std. 15 Min.

1 kg Himbeeren
1 kg brauner Rohzucker
2 EL Zitronensaft plus Mark und
Kerne von 2 Zitronen

Himbeeren in einer Schüssel mit kaltem Wasser durch vorsichtiges Aneinanderreiben waschen, dann in eine Schüssel mit sauberem Wasser geben. Diesen Vorgang wiederholen; so wird Schmutz entfernt und die Beeren nicht beschädigt. Beeren mit Schad- oder Faulstellen wegwerfen. Himbeeren in einen Einkochtopf oder in eine Kasserolle geben. Bei milder Hitze erwärmen und vorsichtig rühren, bis der Saft austritt. Danach wie Erdbeermarmelade einmachen.

Schwarze Kirschmarmelade

Kalorien: 3480 (14570 kJ)
Proteingehalt: 7 g
Vorbereitungs- u. Kochzeit: 2½ Std.

1 kg schwarze Kirschen, gut gewaschen,
Stiele u. Blätter entfernt u. entkernt
4 große o. 6 kleine Zitronen – die
Saftmenge muß 200 ml betragen
600 ml Wasser
750 g brauner Roh- oder Rohrzucker

Zitronenmark und Kerne entfernen, den Saft auspressen und Mark und Kerne mit den Kirschkernen und 400 ml Wasser in einer Kasserolle aufkochen, 30 Min. simmern lassen, dann durch ein Sieb in einen sauberen Topf streichen; restliches Wasser, Zitronensaft und Kirschen zugeben und zum Kochen bringen. Hitze reduzieren und das Ganze 30 Min. leicht köcheln lassen. Zucker zufügen und rühren, bis er aufgelöst ist; Hitze erhöhen und wieder aufkochen lassen, bis der Gelierpunkt erreicht ist; dabei gelegentlich umrühren. In warme, sterilisierte Gläser füllen, Marmelade mit Wachs- oder Pergamentpapier zudecken. An einen kühlen, trockenen Ort stellen und abkühlen lassen. Wenn sie kalt ist, fest verschließen. Ergibt ca. 1,5 kg.

Zitronenkäse

Kalorien: 2065 (8640 kJ)
Proteingehalt: 30 g
Vorbereitungs- u. Kochzeit: 1 Std.

100 ml Zitronensaft
2 gehäufte TL fein abger. Zitronenschale
225 g gekörnter Zucker
3 Eier, gut verquirlt
100 g ungesalzene Butter

Zucker, Zitronensaft und -schale im Wasserbad rühren, bis der Zucker aufgelöst ist; dann die verquirlten Eier gut unterrühren. Butter in 4 Portionen teilen, eine in die Mischung im Topf geben und rühren, bis sie geschmolzen ist. Restliche Butter Stück für Stück zugeben, jedesmal rühren und darauf achten, daß die Butter geschmolzen ist, bevor Sie das nächste Stück zufügen.

Weiterkochen und rühren, dabei von Zeit zu Zeit Boden und Seiten des Topfes abkratzen, bis der Zitronenkäse die Konsistenz von dickem Rahm hat; dann in warme, sterilisierte Gläser füllen. Abkühlen lassen, mit Wachs- oder Pergamentpapier wie bei Marmelade zudecken und an einen kühlen, trockenen Ort stellen. Wenn er kalt ist, fest verschließen. Innerhalb von 4 Wochen verbrauchen.

Apfelgelee

Kalorien: 5010 (20960 kJ)
Proteingehalt: 2 g
Vorbereitungs- u. Kochzeit: 3 Std.

1 kg Kochäpfel, gut gewaschen,
Stiele entfernt
2 l Wasser
1,2 kg gekörnter Zucker
Saft von 1 Zitrone

Äpfel in 8 Spalten schneiden und mit Wasser in einem Topf zum Kochen bringen, dann die Hitze reduzieren und zugedeckt 2 Std. köcheln lassen. Gelegentlich umrühren, damit die Äpfel aufplatzen. Wenn sie zerkocht sind, durch ein Sieb passieren und das Püree in ein feines Haarsieb geben. Über Nacht den Saft in ein Gefäß tropfen lassen. Diesen in einen sauberen Topf mit Zucker und Zitronensaft umfüllen und rühren, bis alles aufgelöst ist. Aufkochen, dann Hitze reduzieren und simmern lassen, bis das Gelee fest wird. Abschäumen und in warme, sterilisierte Gläser füllen; mit Wachspapier, Pergament oder Cellophan abdecken und an einen kühlen, trockenen Ort stellen. Erkalten lassen, dann fest verschließen. An einem kühlen, trockenen Platz lagern.

Dreifrucht-Marmelade

Kalorien: 5642 (23580 kJ)
Proteingehalt: 4 g
Vorbereitungs- u. Kochzeit: 3½ Std.

700 g gemischte Zitrusfrüchte
   (2 Orangen, 1 Pampelmuse u. 1 Zitrone)
1,4 l Wasser
1,4 kg brauner Rohzucker

Früchte in heißem Wasser abreiben, vierteln und in dünne Scheiben schneiden, dabei allen Saft auffangen. Mark und Kerne in ein Mullsäckchen binden. Wasser, Früchte und Saft mit dem Mullsäckchen zum Kochen bringen und zugedeckt 1½ Std. leicht kochen lassen. Mullsäckchen entfernen und Saft und Früchte wiegen; ist es mehr als 1,4 kg, in den Topf zurückschütten und schnell einkochen. Saft und Früchte wiegen, die gleiche Menge Zucker zufügen, in den Topf zurückgeben und unter Rühren den Zucker auflösen. Kochen, bis der Gelierpunkt erreicht ist. Marmelade abschäumen, Topf vom Feuer nehmen und 20−30 Min. abkühlen lassen, bis sie leicht eingedickt ist. Rühren, damit sich die Früchte gleichmäßig verteilen, dann in warme, sterilisierte Gläser füllen. An einem kühlen, trockenen Ort erkalten lassen, dann fest verschließen.

Orangenmarmelade

Kalorien: 8140 (34070 kJ)
Proteingehalt: 6 g
Vorbereitungs- u. Kochzeit: 4 Std.

1 kg Sevilla-Orangen
Saft, Mark u. Kerne von 2 großen Zitronen
2 l Wasser
2 kg brauner Rohzucker

Früchte in heißem Wasser sauber abbürsten. Zuerst vierteln, dann in kleine Stücke schneiden und den Saft auffangen. Weiße Haut in der Mitte und Kerne beiseite stellen. Orangenstücke, Zitronensaft und Wasser mit den in ein Mullsäckchen eingebundenen Orangen- und Zitronenkernen und Haut zum Kochen bringen, dann die Hitze reduzieren und 1½ Std. leicht köcheln lassen, bis die Haut der Orangen weich ist und sich mit einer Gabel leicht einstechen läßt. Nun den Zucker zufügen und unter Rühren auflösen; weiterkochen, bis der Gelierpunkt erreicht ist. Mullsäckchen entfernen, Marmelade abschäumen und 20−30 Min. stehenlassen, bis sie leicht eingedickt ist. Rühren, damit die Früchte gleichmäßig verteilt sind und in warme, sterilisierte Gläser füllen.

Schwarzes Johannisbeergelee

Kalorien: 4220 (17660 kJ)
Proteingehalt: 9 g
Vorbereitungs- u. Kochzeit: 1½ Std.

1 kg gut gewaschene schwarze Johannisbeeren
1 l Wasser
1 kg brauner Rohzucker

Blätter von den Johannisbeeren entfernen, aber Stiele daranlassen. Mit ¾ des Wassers in einen Topf geben. Zum Kochen bringen und unter gelegentlichem Umrühren 30 Min. simmern lassen. Durch ein feines Sieb in einen sauberen Topf streichen. Mus in den ersten Topf mit dem restlichen Wasser zurückschütten und 5 Min. kochen. Wie vorher sieben, dabei das Püree mit der Löffelrückseite andrücken, um restlichen Saft auszupressen. Zu dem restlichen Saft geben und aufkochen lassen. Zucker zugeben und rühren, bis er aufgelöst ist; weiterkochen, bis der Gelierpunkt erreicht ist. In warme, sterilisierte Gläser füllen. Mit Wachs- oder Pergamentpapier abdecken und an einem kühlen, trockenen Ort erkalten lassen. Dann fest verschließen.

Sevilla-Orangengelee

Kalorien: 3665 (15330 kJ)
Proteingehalt: 3 g
Vorbereitungs- u. Kochzeit: 4 Std.

450 g Sevilla-Orangen
1,1 l Wasser
Saft, Mark u. Kerne von 2 Zitronen
900 g gekörnter Zucker

Orangenschale in dünne Streifen schneiden und in ein Mullsäckchen binden. Die weiße Haut abschälen und beiseite stellen. Fleisch kleinschneiden und den Saft auffangen. Orangenkerne entfernen und in ein Mullsäckchen geben. Wasser im Topf mit den Orangenstükken, Orangen- und Zitronensaft und dem Mullsäckchen mit der weißen Haut und den Kernen sowie dem Säckchen mit der streifigen Orangenschale zum Kochen bringen; dann die Hitze reduzieren und zugedeckt 2 Std. leicht köcheln lassen. Mullsäckchen mit Haut und Kernen entfernen, Flüssigkeit durch ein feines oder mit Mull ausgelegtes Sieb streichen und in den Topf zurückgeben. Zucker und die streifige Orangenschale aus dem Säckchen zufügen, unter Rühren den Zucker auflösen und schnell aufkochen lassen; dabei gelegentlich umrühren. Kochen, bis der Gelierpunkt erreicht ist. Gelee abschäumen, Topf vom Feuer nehmen und 20−30 Min. stehenlassen, bis es leicht angedickt ist. Rühren, um die Rinde gleichmäßig zu verteilen, dann in warme, sterilisierte Gläser füllen. Mit Wachspapier, Pergament oder Cellophan abdecken und an einem kühlen, trockenen Ort erkalten lassen. Dann fest verschließen.

Damaszenerpflaumen-Mus

Kalorien: 4280 (17910 kJ)
Proteingehalt: 4 g
Vorbereitungs- u. Kochzeit: 1½ Std.

1 kg Damaszenerpflaumen, gut gewaschen, Stengel u. Blätter entfernt, dann entsteint
600 ml Wasser
ca. 1 kg gekörnter Zucker

Pflaumen mit dem Wasser in einem Topf mit festem Boden zum Kochen bringen. Hitze reduzieren, zugedeckt leise köcheln lassen, bis die Früchte ganz weich sind. Durch ein Sieb streichen, das Mus abwiegen und die gleiche Menge Zucker bereitstellen. Mus in einem sauberen Topf aufkochen und unter ständigem Rühren kochen, bis es eingedickt ist. Zucker zufügen, rühren, bis er aufgelöst ist und weiterkochen, bis Sie ein dickes Püree haben; dabei gelegentlich umrühren. In warme, sterilisierte Gläser füllen, mit Wachspapier, Pergament oder Cellophan bedecken und genauso abkühlen lassen und verschließen wie Marmelade.

Eingelegte Orangen

Kalorien: 8230 (34430 kJ)
Proteingehalt: 8 g
Vorbereitungs- u. Kochzeit: 4 Tage

1 kg Orangen
1,4 l Wasser
2 kg brauner Roh- oder Rohrzucker

Orangen sorgfältig waschen, Stielansätze abschneiden und vierteln. In einem Topf mit Wasser zum Kochen bringen. Hitze reduzieren und zugedeckt 2½−3 Std. leise köcheln lassen, bis die Haut weich ist und sich leicht mit einer Gabel einstechen läßt. Topf vom Feuer nehmen und zugedeckt über Nacht stehenlassen. Am nächsten Morgen soviel kochendes Wasser zugeben, daß die anfängliche Flüssigkeitsmenge erreicht wird. Aufkochen lassen, Zucker zugeben und rühren, bis er aufgelöst ist, dann die Hitze senken und zugedeckt 30 Min. simmern lassen, dabei gelegentlich umrühren. Darauf achten, daß die Orangenhaut mit Flüssigkeit bedeckt ist, da sie sich leicht umdreht und an der Oberfläche schwimmt. Topf vom Feuer nehmen und zugedeckt bis zum nächsten Morgen stehenlassen.

Mit kochendem Wasser wie zuvor auf die anfängliche Flüssigkeitsmenge auffüllen, zum Kochen bringen und weitere 30 Min. simmern lassen, dann über Nacht stehenlassen. Am folgenden Tag den Prozeß wiederholen und 30 Min. leise köcheln lassen, dann zu einem Sirup bis kurz vor dem Gelierpunkt einkochen. Abschäumen und die Orangen in warme, sterilisierte Gläser füllen. Kochenden Sirup übergießen, mit Wachspapier, Pergament oder Cellophan zudecken und an einem kühlen, trockenen Ort erkalten lassen. Dann fest verschließen.

Anmerkung: Wenn Sie die Kerne nicht mögen, entfernen Sie sie vor dem Kochen, binden sie in ein Mullsäckchen und hängen dieses während des Kochens in die Flüssigkeit.

Würzig eingelegte Pfirsiche

Kalorien: 860 (3610 kJ)
Proteingehalt: 6 g
Vorbereitungs- u. Kochzeit: 1 Std.

1 kg geschälte, kleine, reife,
feste Pfirsiche, halbiert, entsteint
600 ml Weinessig
1 TL gemahlener Nelkenpfeffer
5 cm großes Stück Zimtstange, zerkrümelt
1 TL Koriandersamen
2 Lorbeerblätter, zerkrümelt
100 g brauner Rohzucker

Halbierte Pfirsiche mit Essig, Gewürzen und Lorbeerblättern in einem Topf zum Kochen bringen. 10 Min. simmern lassen, oder bis die Pfirsiche weich sind, dann mit einer Schaumkelle herausnehmen und beiseite stellen. Zucker in den Topf geben, rühren, bis er gelöst ist, und die Pfirsiche wieder in den Topf geben. 5 Min. kochen lassen. Pfirsiche mit dem Schaumlöffel herausnehmen und in warme, sterilisierte Gläser mit weiter Öffnung füllen. Essig zu einem Drittel einkochen und über die Pfirsiche gießen, so daß sie ganz bedeckt sind. Mit Wachs- oder Pergamentpapier zudecken und die Gläser an einem kühlen, trockenen Ort auskühlen lassen; dann fest verschließen. Ergibt ca. 1,8 kg.

Anmerkung: Dieses Rezept gilt auch für würzig eingelegte Aprikosen oder Pflaumen; nehmen Sie die gleiche Menge Früchte.

Würzige Kirschen

Kalorien: 1850 (7740 kJ)
Proteingehalt: 6 g
Vorbereitungs- u. Kochzeit: 30 Min.,
Reifezeit: 4 Wochen

1 kg reife schwarze Kirschen, gut
gewaschen und entsteint
1 l Weinessig
12 Gewürznelken, grob zerdrückt
5 cm langes Stück Zimtstange, zerkrümelt
2 Lorbeerblätter, zerkrümelt
250 g brauner Rohzucker

Essig mit Gewürzen, Lorbeerblättern und Zucker in einem Topf zum Kochen bringen. Rühren, bis der Zucker aufgelöst ist, dann die Kirschen zugeben. Aufkochen lassen und 5 Min. leise köcheln lassen, dann die Kirschen in warme, sterilisierte Gläser füllen und mit Wachspapier, Pergament oder Cellophan zudecken. An einem trockenen, kühlen Ort erkalten lassen. Dann fest verschließen. Vor Gebrauch mindestens 1 Monat reifen lassen.

Zitronen Chutney

Kalorien: 3310 (13840 kJ)
Proteingehalt: 8 g
Vorbereitungs- u. Kochzeit: 4 Std.

700 g Zitronen, in 5 mm dicke
Scheiben geschnitten
300 ml Weinessig
225 g Zwiebeln, in dünnen Scheiben
2 Knoblauchzehen, geschält, in dünne
Scheiben geschnitten
5 cm lange Zimtstange, zerkrümelt
6 Gewürznelken
1 TL Cuminsamen
2 Lorbeerblätter, zerkrümelt
½ TL Chilipulver
800 g brauner Rohzucker

Zitronenscheiben im Topf mit Wasser bedeckt aufkochen. Hitze reduzieren und zugedeckt 2 Std. simmern lassen, wenn nötig, während des Kochens ein wenig Wasser nachgießen. Flüssigkeit abmessen und auf 300 ml mit Wasser auffüllen. In den Topf mit den Zitronenscheiben gießen, restliche Zutaten, außer Zucker, zugeben und aufkochen. Zucker zufügen, rühren, bis er gelöst ist, dann weiterkochen, bis der Saft leicht eindickt, wenn man ihn auf einen kalten Teller gibt; er darf nicht so dick sein, daß er geliert. In warme, sterilisierte Gläser füllen und mit Wachs- oder Pergamentpapier zudecken. In einem kühlen, trockenen Raum erkalten lassen, dann fest verschließen. An einem kühlen, trockenen Ort lagern.

Piccalilli

Kalorien: 450 (1880 kJ)
Proteingehalt: 12 g
Vorbereitungs- u. Kochzeit: 2 Tage

1 kg gemischtes Gemüse – kleine
*   Blumenkohlröschen, Perlzwiebeln,*
*   grüne Bohnen, grüne u. rote*
*   Paprikaschoten, Kürbis – und unreife*
*   Birnen u. Äpfel*
50 g Salz
1½ l Essig
75 g grob zerstoßene Senfkörner
100 g grüne Ingwerwurzel, in dünne
*   Scheiben geschnitten*
50 g Knoblauch, geschält und fein gehackt
½ TL gemahlener Zimt
½ TL frisch gemahlener schwarzer Pfeffer
50 g brauner Roh- oder Rohrzucker
1 EL Weizenschrotmehl

Gemüse in kleine Stücke schneiden, mit Salz bestreuen und 24 Std. lang stehenlassen, dabei 4mal während dieser Zeit umrühren. Abspülen und gut trocknen. Essig, Gewürze und Zucker in einem Topf aufkochen und die Gemüse zugeben. Wieder aufkochen und weitere 10 Min. simmern lassen, dann abkühlen und im Topf zugedeckt 24 Std. stehenlassen. Essig abgießen und 1–2 EL davon mit dem Mehl glattrühren. Dies mit dem restlichen Essig in einem Topf aufkochen und rühren, bis das Ganze eindickt. Gemüse zufügen, wieder aufkochen und 5 Min. leise köcheln lassen. In warme, sterilisierte Gläser füllen und mit Wachs- oder Pergamentpapier zudecken. An einem kühlen, trockenen Ort auskühlen lassen, dann fest verschließen.

Süß-sauer eingelegter Kürbis

Kalorien: 745 (3120 kJ)
Proteingehalt: 14 g
Vorbereitungs- u. Kochzeit: 6 Std.

1 kg grob gehackter Kürbis
350 g Zwiebeln, in dünnen Scheiben
225 g halbierte grüne Paprikaschoten
25 g Salz
100 g brauner Roh- oder Rohrzucker
10 g Senfkörner
1 TL gemahlene Kurkuma
1 TL abgeriebene Zitronenschale
½ TL Macisblüte
300 ml Weinessig

Alle Gemüse in ein Gefäß geben, mit Salz bestreuen und 4 Std. stehenlassen. Abspülen und gut trocknen. Alle anderen Zutaten in einem Topf zum Kochen bringen und rühren, bis der Zucker aufgelöst ist. 5 Min. leise köcheln lassen, dann die Gemüse zugeben, wieder aufkochen und weitere 10 Min. unter gelegentlichem Umrühren kochen lassen. In warme, sterilisierte Gläser füllen, mit Wachs- oder Pergamentpapier zudecken und erkalten lassen; dann fest verschließen.

Tomaten-Chutney

Kalorien: 1270 (5310 kJ)
Proteingehalt: 22 g
Vorbereitungs- u. Kochzeit: 2½ Std.

2 kg geschälte, entkernte Tomaten
450 g fein gehackte Zwiebeln
300–600 ml Weinessig
1 EL Salz
225 g brauner Rohzucker
5 cm langes Stück Zimtstange, zerkrümelt
2 Lorbeerblätter
4 Knoblauchzehen, geschält u. gehackt
½ TL Chilipulver
2 TL gemahlener Nelkenpfeffer

Tomaten vierteln und mit den restlichen Zutaten in einen Topf aus rostfreiem Stahl oder Emaille aufkochen und zu einem dicken Püree einkochen. Zu Anfang gelegentlich umrühren, dann, zu Ende der Kochzeit, ständig, damit das Chutney nicht anbrennt oder festklebt. Wenn es fertig ist, das Chutney in warme, sterilisierte Gläser füllen, mit Wachs- oder Pergamentpapier zudecken und fest verschließen, bevor Sie es an einen kühlen, trockenen Ort stellen.

Anmerkung: Dieses Rezept gilt auch für Chutney aus grünen Tomaten; dafür die Zuckermenge auf 350 g erhöhen.

Paprika-Relish

Kalorien: 1590 (6640 kJ)
Proteingehalt: 32 g
Vorbereitungs- u. Kochzeit: 2 Std.

1 kg fein gehackte rote Paprikaschoten
1 kg fein gehackte grüne Paprikaschoten
1 kg fein gehackte Zwiebeln
600 ml Weinessig
225 g brauner Rohzucker
2–4 Knoblauchzehen, geschält und fein
*   gehackt*
2 Lorbeerblätter, zerkrümelt
1 TL gemahlener Nelkenpfeffer
1 TL Senfkörner
2 TL Salz

Paprikaschoten in soviel kochendem Wasser blanchieren, daß sie bedeckt sind. Abtropfen lassen. Mit den Zwiebeln, mit Wasser bedeckt, in einen Einkochtopf geben, aufkochen, Wasser abgießen, Gemüse herausnehmen und gut abtropfen lassen; beiseite stellen. Essig in dem ausgespülten Topf aufkochen. Zucker, Knoblauch, Lorbeerblätter, Nelkenpfeffer, Senfkörner und Salz zufügen. Rühren, bis der Zucker gelöst ist, dann Paprika und Zwiebeln zugeben und zum Kochen bringen. 2–3 Min. stark kochen, dabei ständig umrühren, dann die Mischung in warme, sterilisierte Gläser füllen und mit Wachspapier, Pergament oder Cellophan zudecken und erkalten lassen. Dann verschließen. Ergibt ca. 3,6 kg.

Eingelegte Walnüsse

Kalorien: 2625 (10980 kJ)
Proteingehalt: 53 g
Vorbereitungs- u. Reifezeit: 8 Wochen

1 kg junge, grüne Walnüsse
350 g Salz
2 l Wasser
25 g schwarze Pfefferkörner
25 g kleine Nelkenpfefferbeeren
1,5 l Weinessig
½ TL frisch geriebener, trockener Ingwer
5 cm großes Stück Zimtstange, zerkrümelt

Die Walnüsse müssen frisch gepflückt und so jung sein, daß man sie mit einer dicken Nadel leicht einstechen kann – auch an den Enden. Das Äußere sollte fest und saftig sein.

Walnüsse mit einer Stopfnadel überall einstechen; dabei mit einem Tuch halten, oder Gummihandschuhe anziehen, da der Saft färbt.

Die Hälfte des Salzes in der Hälfte des Wassers auflösen und über die Walnüsse in eine Schüssel gießen. Keinen bleiüberzogenen Behälter nehmen, weil die Lake und später der Essig das Blei auflösen. Sind die Nüsse nicht ganz von der Lake bedeckt, diese mit der gleichen Menge Salz wie Wasser auffüllen. Zudecken und 5 Tage an einem kühlen Ort stehenlassen, dabei 2mal am Tag umrühren, damit die Lake gleichmäßig verteilt wird. Nüsse abtropfen lassen, restliches Salz und Wasser bzw. zusätzliche Lake mischen und über die Nüsse gießen. Weitere 5 Tage stehenlassen, dabei 2mal pro Tag umrühren wie zuvor. Nüsse abtropfen lassen und nebeneinander auf einem flachen Tablett in der Sonne trocknen lassen, bis sie schwarz sind. Pfefferkörner und Nelkenpfeffer im Mörser zerstoßen – nicht mahlen, da das Aroma dann zu stark wird. Essig mit den Gewürzen 15–20 Min. leicht köcheln lassen, bis er gut aromatisiert ist. Abkühlen lassen und durchsieben. Einmachgläser mit weiter Öffnung zu ¾ mit Walnüssen füllen, den gewürzten Essig zugießen, wenn nötig, mehr Essig zugeben, so daß die Nüsse ganz bedeckt sind. Fest verschließen und vor Gebrauch 6 Wochen an einem kühlen Ort stehenlassen.

Hausgemachte Pickles erfreuen Auge und Gaumen. Von links nach rechts: Paprika-Relish; Tomaten-Chutney; Würzige Kirschen; noch mehr Paprika-Relish; eingelegter Rotkohl und Piccalilli – das traditionelle, eingelegte Senfgemüse. Hinten: Bereiten Sie Ihre eigenen Kräuteressigsorten zu – aus Rosmarin, Salbei und Lorbeerblatt – sie sind sehr pikant zu Salaten und Gemüsegerichten.

Eingelegter Rotkohl

Kalorien: 200 (840 kJ)
Proteingehalt: 2 g
Vorbereitungs- u. Reifezeit: 6 Tage

1 kg geraspelter Rotkohl
50 g Salz
1 l Weinessig
1 TL gemahlener Nelkenpfeffer
1 TL gemahlener Zimt
2 TL gemahlener Koriander
2 Lorbeerblätter, zerkrümelt
½ TL gemahlener schwarzer Pfeffer

Rotkohl zugedeckt in einem Gefäß mit Salz bestreut 24 Std. stehenlassen. Abspülen und trockentupfen. Essig und Gewürze mit Lorbeerblättern 10 Min. leicht kochen, dann abkühlen lassen. Kohl locker in sterilisierte Gläser mit weiter Öffnung schichten und den gewürzten Essig darübersieben. Gläser verschließen und 5 Tage stehenlassen. Der Kohl ist jetzt fertig zum Gebrauch; er wird weich, wenn er zu lange steht und sollte innerhalb der nächsten 2–3 Wochen verbraucht werden.

Eingelegte Zwiebeln

Kalorien: 230 (960 kJ)
Proteingehalt: 9 g
Vorbereitungszeit: 30 Min.
Das Salz muß 24 Stunden einziehen.

1 kg kleine Perlzwiebeln
4 EL Salz
400 ml Weinessig
½–1 TL gemahlener Nelkenpfeffer
1 TL grob gemahlener Koriander
¼–½ TL gemahlene Gewürznelken
½ TL frisch gemahlener schw. Pfeffer
5 cm großes Stück Zimtstange, zerkrümelt

Zwiebeln in einen Topf mit kochendem Wasser geben, Wasser wieder aufkochen und die Zwiebeln sofort in ein Gefäß mit Eiswasser legen. Mit einem scharfen Messer oberes und unteres Ende abschneiden, so daß sich die äußere Haut gut lösen läßt. In eine Glasschale legen, mit Salz bestreuen und wenden, so daß sie gut bedeckt sind. Zugedeckt 24 Std. lang stehenlassen; alle 6 Std. umrühren, so daß die Zwiebeln gleichmäßig mit Salz bedeckt sind. Abspülen und gut trockentupfen.
 Essig mit Gewürzen in einem Topf zum Kochen bringen. Zudecken und abkühlen lassen. Zwiebeln locker in weithalsige, sterilisierte Gläser schichten, mit Essig übergießen, dabei an die Seite des Glases klopfen, um Luftblasen zu zerdrücken. Verschließen und 2 Monate vor Gebrauch stehenlassen.

Anmerkung: Sollen die Zwiebeln milder sein, in warme, sterilisierte Gläser schichten, mit kochendem Essig übergießen und erkaltet verschließen.

Eingelegte Eier

Kalorien: 1015 (4240 kJ)
Vorbereitungs- u. Kochzeit: 1 Std., ohne Lagerzeit

12 frisch gekochte, harte Eier
1 l Weinessig
1 TL gemahlener Nelkenpfeffer
1 TL gemahlener Koriander
½ TL grob gemahlener schw. Pfeffer
1 TL Salz
5 cm großes Stück Zimtstange, zerkrümelt
6 Gewürznelken, grob gemahlen
2 scharfe rote Chilischoten oder grüne,
* wenn man einen milderen Geschmack will*
2 Lorbeerblätter, zerkrümelt
1 Knoblauchzehe, geschält und fein gehakt
100 g Zwiebeln, in dünnen Scheiben

Essig mit den Gewürzen, Lorbeerblättern, Knoblauch und Zwiebeln in einem Topf aufkochen. Dann Hitze reduzieren und zugedeckt 10 Min. simmern lassen. Eier pellen und in sterilisierte, weithalsige Gläser füllen. Essig erkalten lassen, dann durch ein Sieb über die Eier gießen. Sie müssen ganz in der Lake liegen. Zudecken und 10 Tage vor Gebrauch stehenlassen.

Anmerkung: Nehmen Sie nur frische Hühnereier!

Kräuteressig

Kalorien- u. Proteingehalt: null
Reifezeit: 3–4 Wochen

Kräuteressig ist so gut, daß es sich lohnt, frische Kräuter zu kaufen und ihn selbst zu machen. Nehmen Sie Wein- oder Apfelweinessig als Grundflüssigkeit. Sie brauchen fast das gleiche Volumen an locker geschichteten Blättern und Zweigen, z.B. Estragon oder Minze, wie Essig – 100–175 g auf 1 l, 4–6 Rosmarinzweige, 30 cm lang, auf 600 ml Essig. Blätter gut waschen, abtropfen und zerkrümeln, bevor Sie sie in die Flüssigkeit geben. In Gläsern mit Schraubdeckel 3–4 Wochen vor Gebrauch reifen lassen, damit das Aroma einziehen kann; dann an Salatmarinaden oder in kleinen Mengen an Suppen, Kasserollen oder Gemüsegerichte geben.

Würziger Essig

Kalorien und Proteingehalt: null

6 Knoblauchzehen und 2–4 rote Chilischoten, alles in dünnen Scheiben, mit 600 ml Essig aufkochen. 2 Wochen reifen lassen. Dieser Essig ist sehr scharf und pikant.

Einfrieren

Einfrieren ist praktisch und wirtschaftlich. Eine eilige Hausfrau kann dadurch im voraus planen und Gerichte für späteren Bedarf vorbereiten und vorkochen, so daß sie nur aufgetaut und erwärmt werden müssen. Wenn man Tiefkühlkost auf Vorrat oder frische Waren dann kauft, wenn sie billig sind, oder Obst und Gemüse aus dem eigenen Garten einfriert, läßt sich viel Geld sparen.

Kaufen Sie ein Gefriergerät, das Ihren Bedürfnissen entspricht. Ein Tiefkühlschrank nimmt weniger Platz in Anspruch und ist einfacher zu be- und entladen. Tiefkühltruhen sind dafür meistens billiger. Lassen Sie sich auf jeden Fall von einem Fachmann beraten und erkundigen Sie sich, was zu tun ist, wenn Ihr Gerät einen Defekt hat. Dabei ist auch die Bedienungsanleitung des Herstellers eine Hilfe.

Qualitativ gute Einhängekörbe empfehlen sich besonders bei Kühltruhen, da Sie nicht lange nach irgendwelchen Lebensmitteln, die Sie gerade brauchen, suchen müssen. Nahrungsmittel der gleichen Sorte sollte man in einem Korb lagern. Nehmen Sie am besten rostfreie Stahl- oder mit Plastik überzogene Einhängekörbe.

Das Gerät sollte mindestens 2mal im Jahr innen gereinigt werden, Gefriergut vorher herausnehmen und in viele Lagen Zeitungspapier einwickeln, damit es nicht auftaut; eng zusammengepackt an einen kühlen Ort stellen – vorzugsweise Tiefkühlfach oder Kühlschrank – während Sie das Innere säubern. Strom abschalten und Türen oder Deckel des Gerätes öffnen. Das Abtauen wird beschleunigt, wenn man Schüsseln mit heißem Wasser in das Gerät stellt. Eisschicht von den Seiten, Deckel und Boden abkratzen, dabei achtgeben, daß die Oberfläche nicht beschädigt wird. Alle Innenflächen mit Natronlösung oder einem milden Putzmittel und Wasser abwaschen, oder halten Sie sich an die Anweisungen des Herstellers. Dann mit einem in frischem Wasser ausgedrückten Tuch nachwischen, gut trockenreiben und den Strom wieder einschalten. Temperaturregler auf niedrigste oder höchste Gefrierstufe, oder auf Schockgefrieren stellen; Lebensmittel einfüllen, wenn die Normaltemperatur von 18°C erreicht ist. Ist die richtige Temperatur erreicht, Regler wieder auf normale Schaltstufe zurückstellen.

Frieren Sie Nahrungsmittel in Plastikbeuteln oder Dosen mit gut schließendem Deckel ein. Oder nehmen Sie Folienbehälter, die Sie in Kaufhäusern kaufen können, für fertige Gerichte, die Sie im Behälter wieder aufwärmen können.

Die Nahrungsmittel sollten luftdicht verschlossen und Luft so weit wie möglich entfernt sein, damit sie nicht oxidieren. Saugen Sie die Luft mit einem Strohhalm aus dem halb verschlossenen Behälter, bevor Sie ihn ganz verschließen. Wenn Sie in Dosen einfrieren, bedecken Sie die Oberfläche des Gefriergutes mit Wachspapier oder Einfrierfolie. Bedenken Sie, daß flüssige Nahrung sich beim Einfrieren um ca. $^{1}/_{10}$ ihres Volumens ausdehnt; deshalb lassen Sie genug Platz dafür. Bei Kasserollen oder mit Sauce eingefrorenen Lebensmitteln muß das Gefriergut mit Sauce bedeckt sein; decken Sie die Oberfläche mit Wachspapier oder Einfrierfolie ab. Frieren Sie Nahrungsmittel portionsweise in verschiedenen Behältern ein; es ist ärgerlich, Suppe aufzutauen, die für 8 Personen reicht, wenn Sie nur Suppe für 2 Personen brauchen. Frikadellen, Crêpes o.ä. durch eine Lage Wachspapier oder Folie trennen, damit sie nicht zusammenkleben.

Gefriergut deutlich mit wasserfester Tinte beschriften: Art des Gefriergutes, Menge und Einfrierdatum sollten vemerkt sein.

Die Qualität der eingefrorenen Ware hängt von der Qualität der frischen Ware ab. Deshalb müssen die Nahrungsmittel hygienisch zubereitet werden und nach dem Blanchieren oder Kochen so schnell wie möglich abgekühlt und eingefroren werden.

Vorgekochte Gerichte nicht ganz fertig kochen, sondern erst beim Aufwärmen zu Ende garen. Seien Sie großzügig mit der Sauce, so daß die Gerichte beim Erwärmen nicht austrocknen. Leicht würzen und, wenn nötig, beim Erwärmen nachwürzen, da sich beim Einfrieren die Gewürze oft abschwächen. Knoblauch schmeckt leicht modrig, deshalb erst beim Erwärmen zufügen. Rahm oder Eier erst beim Erwärmen zugeben, da sie beim Einfrieren gerinnen können; mehlgebundene Saucen müssen möglicherweise angedickt werden.

Generell sollten Sie beim Einfrieren von frischen Gemüsen darauf achten, nur frisch geerntete, unbeschädigte Produkte zu nehmen und sie vorher zu blanchieren und in kaltem Wasser abzuschrecken, damit sich während der Lagerzeit keine Fermente bilden können.

Reife Früchte können ganz eingefroren werden, obwohl es oft empfehlenswert ist, sie vorher zu schälen und Kerne und Haut zu entfernen. Überreifes Obst kochen und als Püreefüllung oder als Früchtepüree einfrieren. Erdbeeren und ähnliches Obst sollte auf einem Tablett ausgebreitet eingefroren und dann erst in Beuteln verpackt werden.

Kräuter lassen sich gut einfrieren; vom Stengel abstreifen oder hacken und in kleinen Behältern oder in Eiswürfelschalen einfrieren. Die Würfel dann in Kunststoffdosen geben.

Nachfolgende Tabellen enthalten detaillierte Anleitungen zum Einfrieren der gängigen Gemüsearten, frischer Früchte und einiger fertiger Gerichte.

Auftauen

Die beste Art, rohe, eingefrorene Nahrungsmittel aufzutauen ist auch die langsamste. Aus dem Gefriergerät nehmen und in den Kühlschrank stellen; ganz auftauen lassen; für 450 g braucht man ca. 6–8 Std. Wenn Sie in Eile sind, bei Zimmertemperatur in der Hälfte der Zeit auftauen lassen. Gemüse sollten gefroren erwärmt und vorher nicht aufgetaut werden. Pasteten und Kuchen sollten über Nacht im Kühlschrank auftauen.

Aufgetaute Nahrungsmittel so bald wie möglich kochen, damit sich keine Bakterien bilden können.

Erwärmen und Kochen

Tiefgefrorene Kasserollen, Pasteten und Kuchen sollten so schnell wie möglich erwärmt werden. Backofen auf 200°C, Gas Stufe 6, stellen und, wenn das Gefriergut nicht im Behälter erwärmt werden kann, in eine feuerfeste Form geben, wenn die richtige Temperatur erreicht ist. Eine flache, 1 l fassende Kasserolle braucht ca. 1 Std. zum Erwärmen. Ohne Deckel erwärmen; wenn das Gefriergut auftaut, die Stücke voneinander trennen.

Sauce muß möglicherweise abgegossen und kräftig geschlagen werden, damit sie glatt wird. Ist sie auseinandergelaufen, wieder zusammenrühren und eventuell mit Mehl andicken.

Suppen und Saucen lassen sich gefroren in einer Kasserolle bei milder Hitze unter ständigem Rühren, damit sie nicht anbrennen, auftauen. Gut heiß werden lassen.

Gemüse blanchieren und einfrieren

Tiefgefrorene Gemüse, die länger als 2 Monate lagern sollen, müssen vorher roh blanchiert werden, damit sich nicht durch Fermentbildung der Geschmack verändert. Zum Blanchieren von Obst und Gemüse einen Fritierkorb in kochendes Wasser hängen. Nehmen Sie für 450 g ca. 3,6 l Wasser. Die Hitze unter dem Topf muß so hoch sein, daß das Wasser innerhalb 1 Min., nachdem Sie den Korb mit Gemüse hineingelegt haben, wieder kocht. Nicht zuviel auf einmal blanchieren. Die Blanchierzeit beginnt, wenn das Wasser wieder kocht. Nach dem Blanchieren das Gemüse sofort in Eiswasser legen, damit es nicht weitergart. Wasser erneuern und Eiswürfel zufügen, damit es auch wirklich eiskalt ist.

Wenn das Gemüse kalt ist (und das sollte so schnell wie möglich sein (daher das eiskalte Wasser), abtropfen lassen. In Kunststoffbehälter, Folienbeutel oder starre Dosen mit Deckel füllen und sofort einfrieren. Richten Sie sich nach der Anleitung des Herstellers bezüglich der Menge Gefriergut, die Ihr Gerät bei jedem Einfüllen gefrieren kann. Wichtig für erfolgreiches Einfrieren und den Erhalt der Nährstoffe ist, wie schnell sie einfrieren und wieviel Luft Sie aus dem Behälter entfernen können. Mehr Details zum Einfrieren der verschiedenen Gemüsesorten finden Sie auf den Seiten 206–207.

Lagerzeiten
Die meisten Obst- und Gemüsesorten halten sich bei richtigem Einfrieren bis zu 12 Monaten; Rote Bete und Zwiebeln bis zu 6 Monaten; Tomatenpüree bis zu 3 Monaten und blanchierte neue Kartoffeln bis zu 6 Monaten.

Früchte
Früchte werden – wie Gemüse – nach dem Blanchieren eingefroren. Sie können separat eingefroren und dann zusammen in Gefrierbeutel verpackt, in Sirup oder als Püree eingefroren werden. Nehmen Sie dazu genug Sirup – ca. 300 ml auf je 450 g Obst: 450 g Zucker in 1,1 l heißem Wasser lösen und zum Kochen bringen. Vor Gebrauch abkühlen und im Kühlschrank erkalten lassen. Früchte mit Hilfe von Wachs- oder Pergamentpapier oder Antihaft-Folie unter der Oberfläche halten. Auf je 450 g Sirup $1/8$ TL Ascorbinsäure geben, damit sich die Früchte nicht verfärben. Beim Auffüllen mit Sirup genügend Platz zwischen Früchten und Deckel lassen.

Äpfel Schälen, entkernen und vierteln oder in 1 cm dicke Scheiben schneiden. Je nach Festigkeit 1−2 Min. blanchieren und abkühlen lassen. In feste Behälter füllen und mit Sirup bedeckt einfrieren. Oder schälen, entkernen und mit ein wenig Zucker zu Püree kochen; kalt in festen Behältern einfrieren.

Aprikosen 30 Sek. in kochendes Wasser geben, damit die Haut sich löst, dann abtropfen, abkühlen und schälen. Halbieren und Stein entfernen. Mit Sirup und Ascorbinsäure in starre Behälter verpacken, mit Wachs- oder Pergamentpapier zudecken, verschließen und einfrieren.

Beeren
Brombeeren; schwarze Johannisbeeren; Kirschen; Stachelbeeren; Himbeeren; rote Johannisbeeren; Erdbeeren.
Sorgfältig waschen und abtrocknen. Einstechen und Stengelansätze oder Blätter entfernen; bei Stachelbeeren oberes und unteres Ende abschneiden. Folgendermaßen einfrieren:
1 Separat auf Tabletts, mit Antihaft-Folie bedeckt, und gefroren in Einfrierbeutel füllen.
2 Mit 125−175 g Zucker je 450 g Obst bestreuen. Gut vermischen. In Einfrierbeutel füllen und einfrieren.
3 In starre Behälter geben, mit Sirup bedecken und mit Wachs- oder nicht saugfähigem Papier oder Antihaft-Folie zudecken, dann fest verschließen.
4 Im Mixer pürieren, dann zuckern und in starren Behältern einfrieren.

Weintrauben Kernlose Trauben ganz einfrieren; Trauben mit Kernen halbieren und Kerne entfernen. In starren Behältern mit Sirup bedeckt und mit einem Stück nicht saugfähigem Papier, Wachspapier oder Antihaft-Folie zugedeckt einfrieren.

Pampelmusen und Orangen Schälen, weiße Haut entfernen, in Spalten teilen und in festen Behältern, mit Wachspapier oder Antihaft-Folie zugedeckt, einfrieren. Oder Saft auspressen und durchsieben. In Eiswürfelbehältern einfrieren und gefroren in Einfrierbeutel füllen.

Zitronen und Limonen Saft auspressen und einfrieren wie oben bei Pampelmusen und Orangen; oder in dünne Scheiben schneiden, dazwischen Antihaft-Folie legen und in flachen Kunststoffbehältern einfrieren.

Pfirsiche Schälen und nur die noch nicht ganz reifen vorher in kochendes Wasser legen, da die Hitze das Obst verfärbt. Halbieren, Stein entfernen und halbiert, oder in 1 cm dicke Scheiben geschnitten, in starren Behältern mit Sirup bedeckt und mit Wachspapier oder Antihaft-Folie zugedeckt, einfrieren.

Birnen Lassen sich nicht so gut einfrieren wie anderes Obst. Noch nicht ganz reife Birnen nehmen, in Sirup pochieren, Ascorbinsäure zusetzen und in starre Behälter füllen. Mit Sirup bedecken, mit Wachspapier oder Antihaft-Folie zudecken und einfrieren.

Pflaumen Waschen, halbieren und Stein entfernen. In starre Behälter füllen, mit Sirup und Ascorbinsäure bedecken, mit Wachspapier oder Antihaft-Folie zudecken und einfrieren.

Rhabarber Waschen, schälen und in Stücke von 2,5 cm Länge schneiden. 1½ Min. blanchieren. Abkühlen lassen, in starre Behälter füllen und mit Sirup bedeckt einfrieren. Für Kuchen und Aufläufe verwenden oder gefroren kochen.

Cremeeissorten und Sorbets
Folgende Rezepte sind für 4−6 Personen. Da die Zubereitung sehr zeitraubend ist, kann man sie auch in größeren Mengen machen, die man im Gefriergerät oder im Tiefkühlfach des Kühlschrankes aufbewahrt.
Kühlschrank einige Stunden vorher auf die kälteste Schaltstufe stellen. Eis vor dem Servieren aus dem Gefrierfach nehmen, 30 Min. in den Kühlschrank stellen, dann 10−15 Min. bei Zimmertemperatur stehenlassen.
Der Zuckergehalt bei den folgenden Rezepten ist für ein Gefrierfach mit einem 3-Sterne System berechnet. Bei einem weniger kalten Gefrierfach weniger Zucker nehmen.

Orangen-Sorbet

Für 4 Personen
Kalorien pro Portion: 210 (867 kJ)
Proteingehalt pro Portion: 2 g
Vorbereitungs- u. Garzeit: 4 Std.

fein abgeriebene Schale von 2 Orangen
300 ml frischer Orangensaft
175 g körniger Zucker
300 ml Wasser
2 Eiweiß

Zucker und Wasser in einem Topf erhitzen; gelegentlich umrühren, bis sich der Zucker gelöst hat. Topf vom Feuer nehmen und kalt stellen.
Orangenschale und -saft zugeben, Mischung in einen Einfrierbehälter füllen. Zugedeckt in das Gefriergerät oder das Gefrierfach des Kühlschranks stellen. Ca. 1 Std. gefrieren, bis die Ecken fest werden, dann herausnehmen und gut umrühren. Eine weitere Stunde in das Gefriergerät oder den Kühlschrank stellen. Wieder herausnehmen, umrühren, damit sich keine Klumpen bilden und gefrorene mit ungefrorenen Teilen vermischt werden. Eiweiß steif schlagen, so daß ein Messerschnitt sichtbar bleibt, und unter das Sorbet heben. In das Gefriergerät oder das Gefrierfach des Kühlschranks zurückstellen und 2−3 Std., oder bis es fest ist, dort stehenlassen.

Anmerkung: Für Zitronen-Sorbet Zitronensaft und -schale statt Orangensaft und -schale nehmen.

Himbeer-Sorbet

Für 4 Personen
Kalorien pro Portion: 230 (955 kJ)
Proteingehalt pro Portion: 2,5g
Vorbereitungs- u. Einfrierzeit: 3-4 Std.

400 g frische o. aufgetaute, gefrorene
*   Himbeeren*
200 g körniger Zucker
200 ml Wasser
2 Eiweiß

Zucker und Wasser in einem Topf unter Rühren erhitzen, bis sich der Zucker gelöst hat. Topf vom Feuer nehmen und über die Himbeeren gießen. Kalt stellen.

Durch ein Sieb streichen, mit Wasser auf 700 ml auffüllen. Püree in einen Gefrierbehälter füllen, zudecken und in das Gefriergerät oder das Gefrierfach des Kühlschranks stellen. 1 Std. stehenlassen, bis die Ecken fest geworden sind.

Eiweiß steif schlagen, bis ein Messerschnitt sichtbar bleibt. Behälter aus dem Gefriergerät oder Kühlschrank nehmen, umrühren, damit sich keine Klumpen bilden und gefrorene und ungefrorene Teile vermischen, dann die Mischung unter das Eiweiß heben. 2-3 Std., bis das Sorbet fest ist, in das Gefriergerät oder den Kühlschrank zurückstellen.

Schwarzes Johannisbeer-Eis

Für 4 Personen
Kalorien pro Portion: 370 (1547 kJ)
Proteingehalt pro Portion: 3,5g
Vorbereitungs- u. Einfrierzeit: ca. 5 Std.

225 g frische o. gefrorene schwarze
*   Johannisbeeren*
100 g brauner Rohzucker
300 ml Wasser
1 TL Zitronensaft
300 ml Schlagrahm
2 Eiweiß

Johannisbeeren, Zucker und Wasser in einem Topf langsam erhitzen, bis der Zucker gelöst ist, dabei gelegentlich umrühren. Zum Kochen bringen, 10 Min. köcheln, bis die Johannisbeeren weich sind. Vom Feuer nehmen und kalt stellen.

Durch ein Sieb streichen und Zitronensaft zufügen. Mischung in einen Gefrierbehälter füllen und zugedeckt 1 Std. im Gefriergerät oder Gefrierfach des Kühlschranks stehenlassen, bis die Ecken fest werden.

Schlagrahm steif schlagen. Behälter herausnehmen und Mischung gut umrühren, damit sich keine Klumpen bilden, dann Schlagrahm unterheben. Eine weitere Stunde in das Gefriergerät oder Gefrierfach stellen, bis die Mischung dick wird.

Eiweiß steif schlagen, so daß ein Messerschnitt sichtbar bleibt. Eiscreme herausnehmen und das Eiweiß unterziehen. Wieder 2 bis 3 Std. in das Gefriergerät bis das Eis fest geworden ist.

Champagner-Eis

Für 4 Personen
Kalorien pro Portion: 790 (3315 kJ)
Proteingehalt pro Portion: 3,5g
Vorbereitungs- u. Einfrierzeit: ca. 5 Std.

600 ml Champagner
150 g körniger Zucker
100 ml Wasser
Saft von 2 Orangen
abgeriebene Schale von 2 Zitronen
Saft von 3 Zitronen
600 ml Schlagrahm
2 EL Cognac

Zucker und Wasser in einem Topf langsam erhitzen, bis der Zucker gelöst ist, dabei gelegentlich umrühren; vom Feuer nehmen und kalt stellen.

Orangensaft, Zitronenschale und -saft und Champagner zugeben, Mischung dann in einen Gefrierbehälter füllen. Zugedeckt 1 Std. in das Gefriergerät oder Gefrierfach des Kühlschranks stellen, bis die Ecken fest werden.

Mischung herausnehmen und umrühren, damit sich keine Klumpen bilden und die gefrorenen mit den ungefrorenen Teilen vermischt werden. Schlagrahm steif schlagen und die gefrorene Mischung mit dem Cognac unterheben. Wieder 2-3 Std. in das Gefriergerät stellen, bis das Eis fest geworden ist.

Anmerkung: Ein Schaumwein, z.B. ein Asti Spumante, kann ebenso verwendet werden.

Vanille-Eiscreme

Für 4 Personen
Kalorien por Portion: 710 (2957 kJ)
Proteingehalt pro Portion: 10,5g
Vorbereitungs- u. Einfrierzeit: ca. 5 Std.

300 ml Milch
1 Vanillestange o. ½ TL Vanilleessenz
3 Eier, getrennt
100 g brauner Rohzucker
600 ml Schlagrahm

Milch mit Vanillestange (wenn Sie diese nehmen) langsam erhitzen; einige Minuten beiseite stellen, damit das Aroma einziehen kann. Eigelb und Zucker verrühren, heiße Milch zugeben und schlagen, bis der Zucker gelöst ist. Jetzt die Vanilleessenz, wenn Sie diese nehmen, zufügen.

Mischung in den ausgespülten Topf zurückgeben, aufs Feuer stellen, bis sie eindickt, dabei ständig umrühren. Topf vom Feuer nehmen und abkühlen lassen.

Mischung in einen Einfrierbehälter füllen und zugedeckt 1 Std. in das Gefriergerät oder das Gefrierfach des Kühlschranks stellen, bis die Ecken fest werden.

Schlagrahm steif schlagen. Behälter aus dem Gefrierfach nehmen, gut umrühren, damit sich keine Klumpen bilden, dann die Schlagsahne unterheben. Eine weitere Stunde in das Gefrierfach oder das Gefriergerät stellen.

Eiweiß steif schlagen, bis ein Messerschnitt sichtbar bleibt, Eis herausnehmen und das Eiweiß unterziehen. Wieder 2-3 Std., bis das Eis fest ist, in das Gefriergerät oder Gefrierfach zurückstellen. Mit gehackten Nüssen bestreut oder mit Schokoladen- oder Karamelsauce servieren.

Schokoladen-Cremeeis

Für 4 Personen
Kalorien pro Portion: 1000 (4192 kJ)
Proteingehalt pro Portion: 13g
Vorbereitungs- u. Einfrierzeit: ca. 5 Std.

225 g einfache Schokolade

Richten Sie sich nach dem Grundrezept Vanille-Cremeeis; schmelzen Sie die Schokolade in der Hälfte der Milch, dann die andere Hälfte der Milch zugeben.

Mokka-Cremeeis

Für 4 Personen
Kalorien por Portion: 710 (2980 kJ)
Proteingehalt por Portion: 11,5g
Vorbereitungs- u. Einfrierzeit: ca. 5 Std.

2−3 EL Instant Kaffeepulver

Richten Sie sich nach dem Grundrezept Vanillecremeeis; lösen Sie das Kaffeepulver in der Milch auf.

Eis oder Sorbets sind ein erfrischendes Zwischengericht bei scharfen oder stark gewürzten Menüs. Sie sind einfach zuzubereiten, wenn Sie ein Gefriergerät oder ein Gefrierfach in Ihrem Kühlschrank haben. Oben rechts: Zitronen-Sorbet. Unten links: Champagner-Eis. Unten rechts: Himbeer-Eis.

Eiscreme aus braunem Brot

Für 4 Personen
Kalorien pro Portion: 850 (3547 kJ)
Proteingehalt pro Portion: 15g
Vorbereitungs- u. Einfrierzeit: 5-6 Std.

1 Portion Vanille-Cremeeis
225g Weizenschrotbrot, zerkrümelt
2 EL Streuzucker
½ TL gemahlener Zimt
2 EL Sherry
2 Eiweiß

Brotkrümel mit Zimt und Zucker bestreuen, auf einem Backblech ausbreiten und im Ofen bei 190°C, Gas Stufe 5, gut bräunen lassen. Abkühlen lassen. Mit Sherry beträufeln und unter das Vanilleeis rühren, dann das steifgeschlagene Eiweiß unterziehen. Mit Karamel- oder Himbeersauce (S. 198 u. 199) servieren.

Praliné-Cremeeis

Für 4 Personen
Kalorien pro Portion: 850 (3547 kJ)
Proteingehalt pro Portion: 15g
Vorbereitungs- u. Einfrierzeit: 5-6 Std.

100g unblanchierte Mandeln
50g körniger Zucker

Mandeln mit Zucker in einem Topf mit festem Boden langsam erhitzen, bis der Zucker gelöst und die Mandeln damit überzogen sind. Ständig rühren, um ein Anbrennen zu vermeiden. Weiterkochen, bis der Zucker leicht karamelisiert, dann die Masse auf eine geölte Platte oder Antihaft-Folie streichen. Kalt werden lassen, dann im Mixer zu Staub verarbeiten oder mit einem Teigroller zerstoßen.

Richten Sie sich weiter nach dem Rezept Vanille-Cremeeis; lassen Sie aber die Vanilleschote weg und nehmen Sie nur die Hälfte der angegebenen Zuckermenge. Pralinépuder mit der Eiscreme vermischen.

Fertige und gekochte Gerichte einfrieren

Gefriergut	Lagerzeit	Zubereitung	Einfrieren	Auftauen und Kochen
Anmerkung: Scharfe Gerichte nicht zu kräftig würzen, da die Gewürze durch Einfrieren intensiver werden.				
Suppen und Soßen (außer Soßen auf Eierbasis)	2−3 Monate	Vorsichtig würzen	Portionsweise in Plastikbeuteln einfrieren.	Beutel aufwärmen, Sauce in einen Topf gießen. Bei milder Hitze schmelzen, nicht anbrennen lassen. Nachwürzen und, wenn nötig, Flüssigkeit nachgießen.
Kasserollen und Gerichte mit Soßen (außer Soßen auf Eierbasis)	2 Monate	Leicht würzen; Knoblauch weglassen, wenn Gericht maximale Zeit gelagert werden soll. Erst beim Erwärmen fertig garen. Abkühlen lassen, Folienbeutel in Topf stellen und Gefriergut einfüllen oder in starren Behältern mit Deckel einfrieren. Gericht sollte mit Sauce bedeckt sein. Mit Wachspapier zudecken und fest verschließen.	Kasserollen im Topf einfrieren, bis sie fest sind. Herausnehmen und zum Lagern in Gefrierbeutel füllen.	4−6 Std. bei Zimmertemperatur auftauen. In einen Topf füllen, bei 200°C, Gas Stufe 6, 1 Std. im Ofen garen. Oder Folie entfernen und im Originalbehälter bei 200°C, Gas Stufe 6, 1 Std., dann bei 180°C, Gas Stufe 4, ½ Std. backen. Gut erhitzen, wenn nötig, andicken.
Crêpes	1−2 Monate	1 EL Oliven- oder Sonnenblumenöl je 125 g Mehl im Rezept zufügen. Garen und abkühlen lassen.	Durch Lagen von leicht geöltem Pergamentpapier trennen und in Einfrierbeutel legen.	Über Nacht im Kühlschrank oder bei Zimmertemperatur 2−3 Std. auftauen. Papier entfernen, in Folie wickeln. Bei 190°C, Gas Stufe 5, ½ Std. backen. Oder mit heißer Füllung aufrollen. Zugedeckt ¼ Std. backen.
Kroketten und Frikadellen (roh)	1 Monat	Mischung zubereiten.	In Folie oder Einfrierbeuteln fest verschließen.	Im Zimmer auftauen. Mischen und Frikadellen formen. Wie im Rezept angegeben garen.
Pizzas (fertig)	2 Monate	Wie gewöhnlich backen und abkühlen lassen.	Kalte Pizzas, durch Wachspapier getrennt, in Folien- oder Einfrierbeuteln einfrieren.	Gefroren bei 200°C, Gas Stufe 6, 20 Min. backen oder 2 Std. bei Zimmertemperatur auftauen und ¼ Std. erhitzen.
Gemüsepasteten und -terrinen (roh)	1 Monat	Leicht würzen; Knoblauch für maximale Lagerzeit weglassen. Form mit Folie auskleiden und Gemüse einfüllen.	Hart gefrieren, aus Behälter nehmen, in Folie oder Einfrierbeutel füllen.	Beutel in Wasser stellen, bis er sich löst. Gefriergut herausnehmen und in gut geölte Originalform füllen. Backen nach Rezept.
Gemüsepasteten u. -terrinen (gekocht)	2 Monate	In Folien- oder Einfrierbeutel einfrieren; fest verschließen	In Folien- o. Einfrierbeutel verschließen und einfrieren.	Bei Zimmertemperatur 4−6 Std. auftauen, kalt servieren.
Brauner Reis (gekocht)	2−3 Monate	In der 4-fachen Menge Wasser 40 Minuten nicht ganz gar kochen. Gut abtrocknen.	Portionsweise in Einfrierbeutel einfrieren.	Im Raum auftauen lassen. Langsam in einer feuerfesten Form mit Folie bedeckt erwärmen.
Getrocknete Bohnen und Linsen		Wie gewohnt zubereiten, aber nicht ganz zu Ende garen. Abtropfen und trocknen lassen.	Wie Reis.	Wie Reis.
Biskuitteig	6 Monate	Zylinderförmig formen, in Folie oder Kunststoffbehälter geben.	Teigzylinder in gewünschter Verpackung einfrieren oder auf Antihaft-Folie einfrieren und in starre Behälter füllen.	Im Raum auftauen. Formen und wie gewöhnlich backen. Geformte gefrorene Biskuits 5−10 Min. länger backen.
Biskuits (fertig)	6 Monate	Wie gewöhnlich backen und abkühlen lassen.	In starre Behälter füllen.	Können knusprig werden, wenn bei 180°C, Gas Stufe 4, aufgetaut.
Brot	4 Wochen	Wie gewöhnlich backen und abkühlen lassen.	In Einfrierbeuteln oder Folie einfrieren.	In Beutel oder Folie im Raum 2½−3 Std., bei kleinem Laib, auftauen. Gefrorene Brotscheiben toasten.
Kuchen	4−6 Monate	Wie gewöhnlich backen und abkühlen. Biskuitrollen mit Wachspapier innen aufrollen. Nach Auftauen Kuchen füllen und glasieren	In Folie oder Einfrierbeuteln verpacken.	Im Raum auftauen – gefüllte Kuchen 3−4 Std., kleine Kuchen 1−2 Std., große Obstkuchen 4−6 Std.
Kuchen (Teig) Mürbeteig:	3 Monate	Ausrollen; Boden und Deckel formen, in Folienbehältern verpacken.	Ohne Verpackung einfrieren, in Folienform lassen oder herausnehmen, in Pergamentpapier wickeln und in Einfrierbeutel füllen.	Im Raum 3−4 Std. auftauen. In geölte oder mit Butter gefettete Kuchen oder Pie-Formen füllen. Wie frischen Teig weiterverarbeiten.
Blätterteig:	3−4 Monate	Kann zu Blätterteigringen oder -böden verarbeitet werden.		
Kuchenteig (gebacken)	6 Monate		Abkühlen lassen, in Folie oder Einfrierbeuteln einfrieren.	Ungefüllte Böden im Raum 1 Std., gefüllte 2−4 Std. auftauen. Bei 180°C, Gas Stufe 4, 15−20 Min. erhitzen.

Ein Menü planen

Das Wichtigste beim Planen eines Menüs ist die Wahl der Gerichte, die Ihren Gästen zusagen. Versuchen Sie vorher festzustellen, was Ihren Gästen schmeckt, denn nichts ist schlimmer, als wenn Ihre Gäste sich gezwungen sehen, etwas zu essen, was der Gastgeber mit großem Zeit- und Energieaufwand gekocht hat. Die Gerichte sollten so weit wie möglich dem Anlaß entsprechend gewählt werden, aber denken Sie daran, daß die einfachsten oft die besten sind! Und halten Sie sich auch vor Augen, daß die Zubereitung am ehesten gelingt, wenn Sie beim Kochen entspannt und zuversichtlich, und nicht erschöpft und nervös sind.

Dinner Party im Winter
für 8 Personen

Kalorien pro Portion: ca. 1925 (8055 kJ)
Proteingehalt pro Portion: ca. 50 g

Nehmen Sie für alle Rezepte, außer beim Haselnuß-
kuchen, die doppelte Menge.

Sommerliches Buffet für 12 Personen

Kalorien pro Portion: ca. 3980 (16650 kJ)
Proteingehalt pro Portion: ca. 83 g

Die Mengenangaben für die Suppe und den Blumenkohl
verdoppeln – für Leckermäuler zwei Kuchen backen.

Winter-Essen für 4 Personen

Kalorien pro Portion: ca. 1205 (5070 kJ)
Proteingehalt pro Portion: ca. 37 g

Grillgerichte für 4 Personen

Kalorien pro Portion: ca. 2710 (11360 kJ)
Proteingehalt pro Portion: ca. 70 g

Gefüllte Kartoffeln S. 50. Weizenmehlbrötchen
siehe Rezept Schneller
Brotteig S. 151.

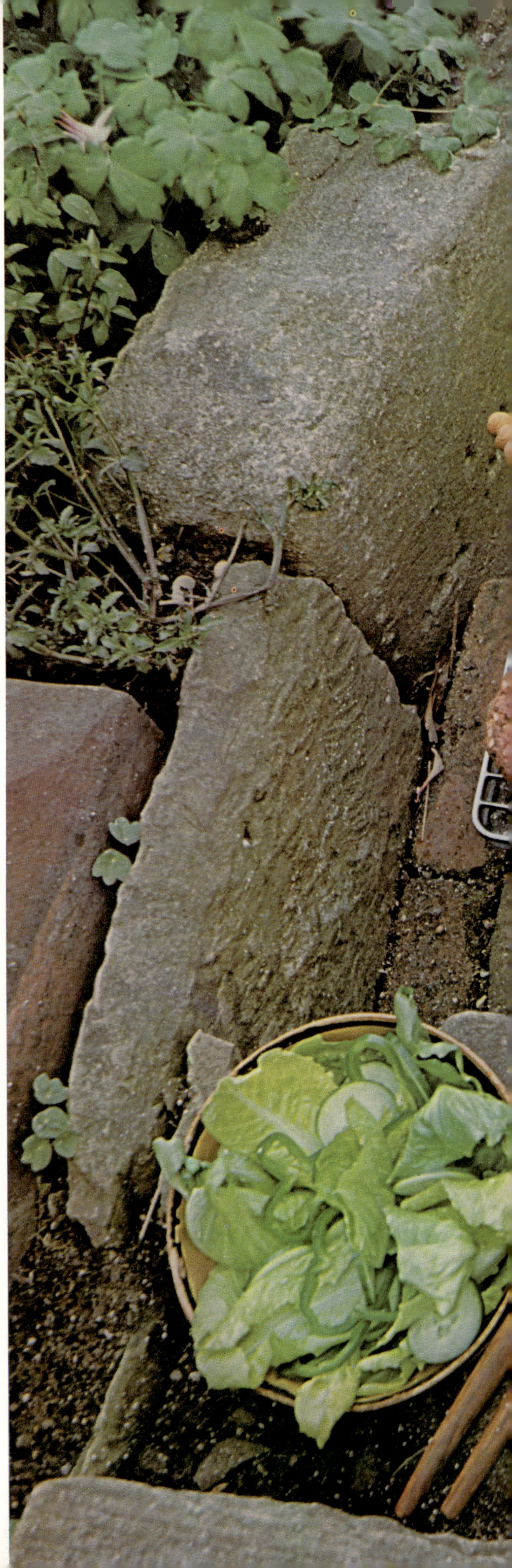

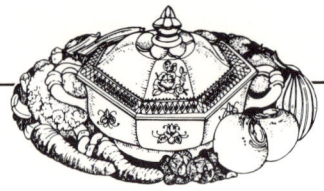

Indisches Menue für 4 Personen

Kalorien pro Portion: ca. 2570 (10750 kJ)
Proteingehalt pro Portion: ca. 95 g

Wir gehen davon aus, daß Sie von jedem Gericht eine
Portion möchten.

Chinesisches Menü
für 4 Personen

Kalorien pro Portion: ca. 2905 (12170 kJ)
Proteingehalt pro Portion: ca. 71 g

Als Dessert eignen sich chinesische, kandierte Äpfel (S. 142) oder frische Lycheefrüchte.

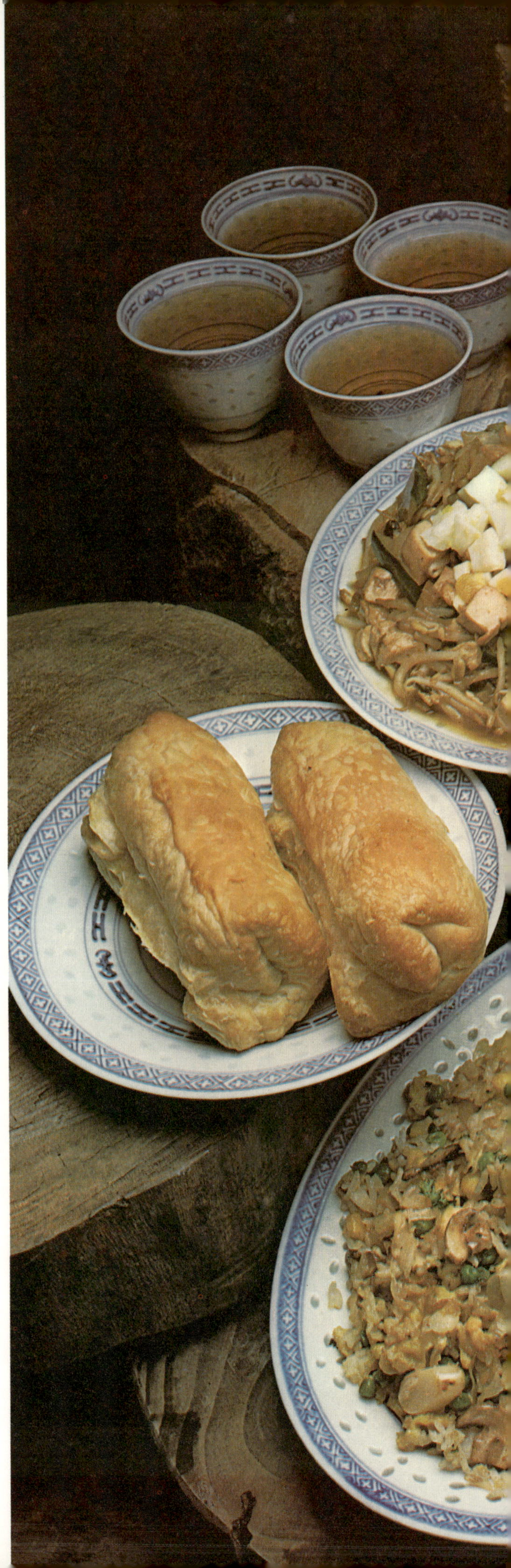

Picknick für 6 Personen

Vegetarische Schottische Eier	72	**Pasteten-Menü:** Kalorien pro Portion: ca. 1530 (6425 kJ) Proteingehalt pro Portion: ca. 44 g
Nuß-Linsen-Pastete oder Lauch-Käse Quiche	103 71	
Mais-Paprikasalat	134	**Quiche-Menü:** Kalorien pro Portion: ca. 1510 (6325 kJ) Proteingehalt pro Portion: ca. 43 g (ohne Brot, Käse und Früchte)
Klassischer grüner Salat	128	
Französisches Brot	154	
Käse und Früchte		

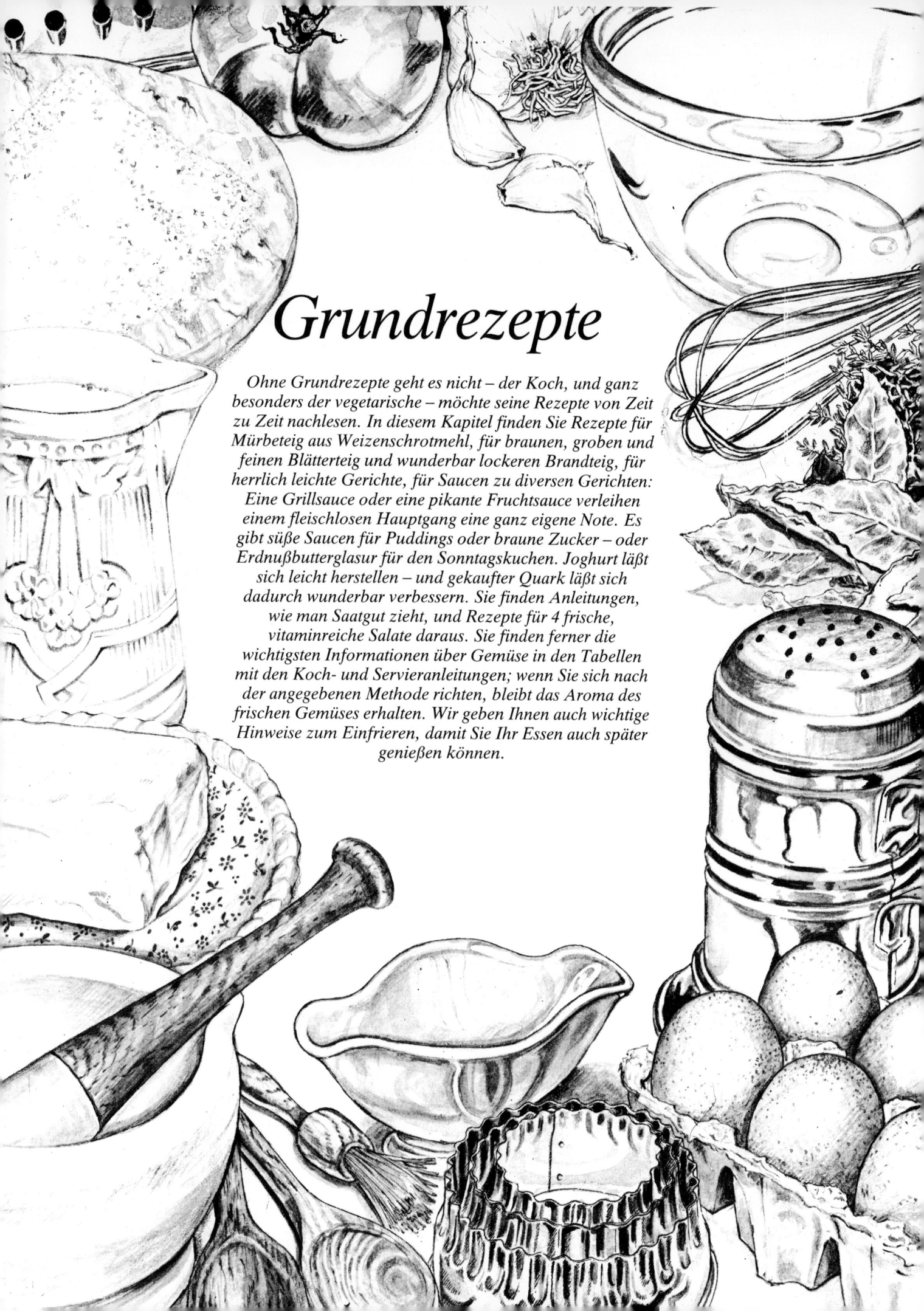

Grundrezepte

Ohne Grundrezepte geht es nicht – der Koch, und ganz
besonders der vegetarische – möchte seine Rezepte von Zeit
zu Zeit nachlesen. In diesem Kapitel finden Sie Rezepte für
Mürbeteig aus Weizenschrotmehl, für braunen, groben und
feinen Blätterteig und wunderbar lockeren Brandteig, für
herrlich leichte Gerichte, für Saucen zu diversen Gerichten:
Eine Grillsauce oder eine pikante Fruchtsauce verleihen
einem fleischlosen Hauptgang eine ganz eigene Note. Es
gibt süße Saucen für Puddings oder braune Zucker – oder
Erdnußbutterglasur für den Sonntagskuchen. Joghurt läßt
sich leicht herstellen – und gekaufter Quark läßt sich
dadurch wunderbar verbessern. Sie finden Anleitungen,
wie man Saatgut zieht, und Rezepte für 4 frische,
vitaminreiche Salate daraus. Sie finden ferner die
wichtigsten Informationen über Gemüse in den Tabellen
mit den Koch- und Servieranleitungen; wenn Sie sich nach
der angegebenen Methode richten, bleibt das Aroma des
frischen Gemüses erhalten. Wir geben Ihnen auch wichtige
Hinweise zum Einfrieren, damit Sie Ihr Essen auch später
genießen können.

Mürbeteig

Gesamtkalorien: 1720 (7200 kJ)
Gesamtproteingehalt: 33 g
Vorbereitungs- u. Kühlzeit: 40 Min.

225 g Weizenschrotmehl
½ TL Salz
125 g ungesalzene Butter
2–3 EL Wasser

Mehl und Salz in einem Gefäß mischen. Butter hineinarbeiten, bis die Mischung feinen Brotkrumen ähnelt. Langsam Wasser zugeben und zu einem festen Teig verarbeiten, wenn nötig, Wasser nachgießen. Leicht auf bemehlter Arbeitsfläche verkneten, bis er weich ist; in Klarsicht- oder Alufolie eingewickelt vor Gebrauch 30 Minuten in den Kühlschrank stellen.

Anmerkung: Die Teigmenge reicht aus für Boden und Gitterbelag einer Kuchenform von 20 cm Durchmesser oder für einen Boden von 23 cm Durchmesser.
Für einen reichen Mürbeteig 150 g Butter nehmen.

Blätterteig

Gesamtkalorien: 4905 (20539 kJ)
Gesamtproteingehalt: 46 g
Vorbereitungszeit: 2 Std.

450 g ungesalzene Butter
450 g ungebleichtes weißes Mehl
2 TL Salz
300 ml eiskaltes Wasser, dem
2 TL Zitronensaft zugesetzt wurden

Der Blätterteig sollte Ihnen gelingen, wenn Sie darauf achten, daß Teig und Butter getrennt bleiben. Butter und Teig müssen die gleiche Konsistenz haben. Die Zutaten sollten so kalt wie möglich sein. Rollen Sie den Teig am besten auf einer Fliese aus.

400 g Butter weich kneten und zu einem 13 cm großen Quadrat formen.

Mehl und Salz in einem Gefäß mischen und 50 g Butter hineinarbeiten. Wasser zufügen und mit einem Messer zu einem festen Teig verarbeiten. Leicht auf bemehlter Arbeitsfläche weich kneten. Zu einem Rechteck von 40 x 23 cm Größe ausrollen, Butter in die Mitte geben, 2 Seiten zur Mitte zusammenschlagen, dabei den Teig etwas ziehen, so daß er in der Mitte ein wenig überlappt. Rand der oberen Schicht anfeuchten, damit er gut schließt. Die beiden anderen Seiten zur Mitte zusammenschlagen, so daß das Fett völlig eingeschlossen ist und mit dem Teigroller vorsichtig andrücken, so daß die Teigplatten zusammen-

gedrückt werden. Teig in Alu- oder Klarsichtfolie verpackt im Kühlschrank 10 Minuten kalt stellen.

Auf leicht bemehlter Arbeitsfläche den Teig zu einem 40 x 23 cm großen Rechteck ausrollen. Mit leichtem Druck des Teigrollers den Teig eher ausdrücken als ausrollen, damit er nicht bricht und die Butter ausläuft. Unteres Teigdrittel nach oben, oberes nach unten einschlagen, dabei die Ecken leicht andrükken; Teig nach rechts auf die andere Seite drehen. Noch 5mal ausrollen und einschlagen. Teig nach dem 2., 4. und 6. Mal jeweils für 20 Minuten im Kühlschrank ruhenlassen. Nach Rezept weiter verwenden oder portionsweise einfrieren.

Grober Blätterteig

Gesamtkalorien: 2170 (9080 kJ)
Gesamtproteingehalt: 25,2 g
Vorbereitungszeit: 1½–2 Std.

175 g gut gekühlte, ungesalzene Butter
250 g einfaches weißes Mehl
½ TL Salz
150 ml eiskaltes Wasser, dem
1 TL Zitronensaft zugesetzt wurde

Die Butter sollte knetbar, aber nicht weich oder ölig sein. Mehl und Salz in ein Gefäß sieben und ¼ der Butter hineinarbeiten. Restliche Butter in ca. 2 cm große Würfel schneiden, zum Mehl geben und mit bemehlten Fingerspitzen im Mehl wälzen, bis sie damit überzogen sind; dabei darauf achten, daß sie nicht zerdrückt werden. Soviel Wasser zugeben und mit einem Messer verarbeiten, daß ein weicher Teig entsteht. Auf eine bemehlte Arbeitsfläche legen und den Teig mit Mehl bestäuben, aber nicht kneten! Mit leichtem Druck der Hände zu einem Rechteck von 10 x

15 cm Größe formen, dann zu einem 30 x 13 cm großen Rechteck ausrollen. Unteres Teigdrittel nach oben, oberes nach unten einschlagen.

Ränder leicht mit der Hand oder dem Teigroller andrücken. Teig nach rechts auf die andere Seite drehen.

Noch einmal rollen und einschlagen, dann den Teig gut einwickeln und 30 Minuten im Kühlschrank kalt stellen. Noch zweimal rollen und einschlagen, dann weitere 30 Minuten im Kühlschrank kalt stellen. Nach Rezept weiter verarbeiten.

Brandteig

Gesamtkalorien: 1280 (5360 kJ)
Gesamtproteingehalt: 37 g
Vorbereitungszeit: 15 Min.

100 g einfaches weißes Mehl
200 ml Milch
75 g Butter
¾ TL Salz
3 Eier, gut verquirlt

Mehl sieben. Milch, Butter und Salz bei milder Hitze erwärmen, bis die Butter geschmolzen ist. Hitze erhöhen und zum Kochen bringen, dann Topf vom Feuer nehmen und das Mehl auf einmal hineinschütten, dabei kräftig rühren. Topf auf den Herd zurückstellen und rühren, bis die Masse dick wird und sich vom Topfboden löst. Leicht abkühlen lassen, dann nach und nach die Eier zufügen, dabei jedesmal gut umrühren. Wenn der Teig glänzend und fest ist, erübrigt sich eine weitere Eizugabe. Die Teigmenge sollte für 12 Schokoladen-Éclairs reichen.

Eierteig

Gesamtkalorien: 660 (2760 kJ)
Gesamtproteingehalt: 28 g
Vorbereitungs- u. Ruhezeit: 35 Min.

150 g Weizenschrotmehl
1 TL Salz
1 EL geschmolzene Butter
2 Eigelb, verschlagen
150 ml Milch
1 Eiweiß

Mehl mit Salz durch ein mittelfeines Sieb in ein Gefäß sieben. Grobe Teile entfernen. Butter und Eigelb in die Milch rühren und dies in das Mehl gießen. Gut vermischen und 30 Minuten stehenlassen. Steifgeschlagenes Eiweiß unterziehen.

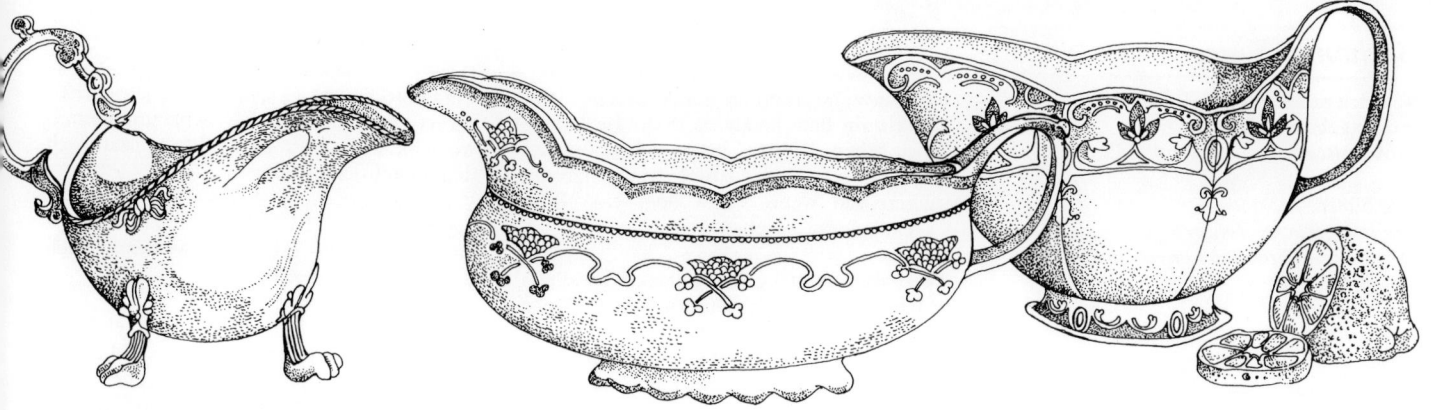

Sauce Hollandaise

Kalorien pro Portion: 225 (1060 kJ)
Proteingehalt pro Portion: 2 g
Vorbereitungs- u. Garzeit: 10 Min.

2 Eigelb
1 EL Zitronensaft
125 g ungesalzene Butter
Salz

Eigelb mit Zitronensaft in einem schmalen Gefäß ganz glatt schlagen. Gefäß ins Wasserbad stellen, ca. ¹⁄₆ der Butter zugeben und mit den Eigelb verschlagen. Hitze erhöhen, aber das Wasser darf nicht kochen, sonst gerinnt die Sauce. Ein weiteres Stück Butter unterschlagen. Vorgang wiederholen, bis alle Butter verbraucht ist und die Sauce dicklich wird. Sie sollte so dick sein, daß eine Spur sichtbar bleibt, wenn man mit einem Löffel über die Oberfläche streicht.

Gefäß sofort aus dem Wasserbad nehmen und weiterschlagen, bis das Gefäß leicht abgekühlt ist und die Sauce nicht mehr weiterkochen kann. (Um den Prozeß zu beschleunigen, können Sie das Gefäß in ein größeres Gefäß mit kaltem Wasser stellen.) Nur leicht salzen und sofort servieren. Sauce Hollandaise sollte lauwarm gereicht werden. Zum Warmhalten in einen Topf mit warmem Wasser stellen, aber nicht kochen lassen.
Sauce Mousseline: Rühren Sie 2–3 EL leicht geschlagene Sahne kurz vor dem Servieren unter die Holländische Sauce.

Buttersauce

Diese Sauce paßt ausgezeichnet zu Gemüsen, wo eine Holländische Sauce zu reichhaltig wäre.

Kalorien pro Portion: 635 (2560 kJ)
Proteingehalt pro Portion: 3 g
Vorbereitungs- u. Garzeit: 20 Min.

75 g ungesalzene Butter
1½ EL weißes, ungebleichtes Mehl
300 ml kochendes Wasser
1–2 TL Zitronensaft
eine kräftige Prise abgeriebene Zitronenschale
Salz und frisch gemahlener Pfeffer

Die Hälfte der Butter bei milder Hitze in einem Topf schmelzen, dann vom Feuer nehmen und das Mehl untermischen. Kochendes Wasser unter kräftigem Rühren zugießen. Nicht auf den Ofen zurückstellen! Wenn die Sauce ganz glatt ist, restliche Butter in 4 Portionen unterschlagen; Zitronensaft und -schale zufügen und mit Salz und Pfeffer würzen.

Die Sauce darf nicht kochen, sonst leidet das Aroma.

Sauce Béarnaise

Kalorien pro Portion: 1080 (4510 kJ)
Proteingehalt pro Portion: 13 g
Vorbereitungs- u. Garzeit: 20 Min.

4 EL Weinessig
25 g gehackte Zwiebeln
1 Lorbeerblatt
1 EL fein gehackte, gemischte Kräuter
6 Pfefferkörner, grob zerdrückt
2 große Eigelb
125 g ungesalzene Butter

Essig, Zwiebeln, Lorbeerblatt, Kräuter und Pfefferkörner in einem kleinen Topf bei ganz schwacher Hitze auf 1 EL einköcheln lassen. In ein kleines Mixgefäß sieben, Eigelb zufügen und gut verrühren. Ins Wasserbad stellen und ca. ¹⁄₆ der Butter zufügen. Hitze erhöhen, aber das Wasser darf nicht kochen; weiterschlagen, bis die Butter geschmolzen ist und sich mit dem Eigelb vermischt hat. Ein weiteres Stück Butter zugeben und weiterrühren. Vorgang wiederholen, bis alle Butter verbraucht und die Sauce dick und schaumig ist.

Béchamel-Sauce

Kalorien pro Portion: 120 (500 kJ)
Proteingehalt pro Portion: 3,5 g
Vorbereitungs- u. Garzeit: 40 Min.

25 g Butter
50 g fein gehackte Zwiebeln
25 g Weizenschrot- oder ungebleichtes
*   weißes Mehl*
300 ml Milch
Lorbeerblatt
1 Blatt Muskatblüte oder geriebene
*   Muskatnuß*
Salz
frisch gemahlener schwarzer Pfeffer

Butter bei milder Hitze schmelzen und Zwiebeln darin glasig dünsten. Mehl einrühren, noch einige Minuten kochen lassen. Topf vom Feuer nehmen und langsam die Milch zugießen, dabei jedesmal gut umrühren. Topf auf den Ofen zurückstellen, Lorbeerblatt und Muskatblüte oder Muskatnuß zufügen, Sauce zum Kochen bringen und rühren, bis sie eindickt. Im Wasserbad, mit gebuttertem Pergamentpapier zugedeckt, 30 Minuten simmern lassen. Sauce durch ein Sieb streichen und wenn nötig, mit ein wenig Milch verdünnen. Nachwürzen und servieren.

Béchamel-Sauce ist die Basis für verschiedene andere Saucen:

Käsesauce: 50 g geriebenen, kräftigen Cheddarkäse vor dem Passieren in die Béchamel-Sauce geben. Rühren, bis er sich gelöst hat, dann wie oben durch ein Sieb streichen, nachwürzen und wenn Sie wollen, eine Prise Cayennepfeffer zugeben.

Zwiebelsauce: 100 g fein gehackte Zwiebeln in 1 EL Butter glasig dünsten und zur Sauce geben, bevor sie ins Wasserbad kommt. Wenn Sie einen stärkeren Zwiebelgeschmack bevorzugen, ein wenig von dem Püree durch das Sieb pressen.

Petersiliensauce: Nachdem die Sauce durch ein Sieb passiert ist, 2 EL fein gehackte Petersilie und wenn Sie wollen, ein wenig Zitronensaft zufügen.

Kapernsauce: Nachdem die Sauce durch ein Sieb passiert wurde, 2–3 EL fein gehackte Kapern und ein wenig Wein- oder Apfelweinessig oder ein wenig Flüssigkeit von den Kapern zufügen.

Polnische Sauce: 1–2 EL frisch geriebenen Meerrettich, dann 2 EL Schlagrahm und, wenn Sie wollen, ein wenig Zitronensaft nach dem Durchsieben zufügen.

Senfsauce: 1–2 EL französischen Senf und ein wenig Wein- oder Apfelweinessig nach dem Durchsieben zufügen.

Deutsche Sauce: Ein wenig Béchamel-Sauce nach dem Passieren mit 2 gut verquirlten Eiern verrühren, dann den Rest der Sauce unterrühren und in einen sauberen Topf füllen. Mit einer Prise Muskatnuß und 1 TL Zitronensaft würzen und gut umrühren. Sauce wieder erhitzen, aber nicht kochen lassen, damit die Eier nicht gerinnen, und servieren.

Lyoner Sauce: 100 g fein gehackte Zwiebeln in 2 EL geschmolzener Butter goldbraun dünsten und dies mit der Bratbutter zu der durchpassierten Béchamel-Sauce geben.

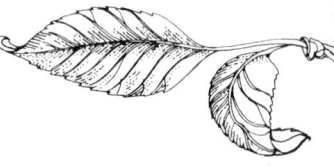

Braune Sauce

Kalorien pro Portion: 140 (590 kJ)
Proteingehalt pro Portion: 3,5 g
Vorbereitungs- u. Garzeit: 30 Min.

125 g fein gehackte Zwiebeln
2 EL Oliven- o. Sonnenblumenöl
2 grob gehackte Tomaten
1–2 EL Weizenschrotmehl
300 ml braune Gemüsebrühe
eine Prise getrockneter Thymian
Lorbeerblatt
50 ml Rotwein
1 TL Hefeextrakt
Salz
frisch gemahlener Pfeffer

Zwiebeln in Öl goldbraun braten; Tomaten zufügen und unter Rühren so lange schmoren, bis alle Flüssigkeit verdunstet ist und das Gemüse braun wird. Mit Mehl bestäuben, gut umrühren, dann die Brühe zugießen, zum Kochen bringen, dabei ständig rühren, bis die Sauce eindickt. Thymian, Lorbeerblatt, Rotwein und Hefeextrakt zugeben und 20 Minuten unter gelegentlichem Umrühren leicht köcheln lassen. In einen sauberen Topf durchpassieren, nachwürzen, wieder erhitzen und servieren.

Folgende Saucen werden auf dieser Basis hergestellt:

Champignon Sauce: 100 g fein gehackte Champignons in 2 EL geschmolzener Butter dünsten, bis sie dunkel und glänzend sind; diese nach dem Durchsieben der Braunen Sauce zufügen. Für eine glattere Sauce die Champignons vorher durch ein Sieb streichen, dann erst die Sauce durchpassieren. Kräftig mit Pfeffer und, nach Wunsch, ein wenig Cayennepfeffer würzen.

Paprika Sauce: 2 EL frischen Paprika mit dem Mehl zusammen an die Braune Sauce geben. Nach Wunsch kann auch ein wenig Weinessig oder Zitronensaft zugefügt werden.

Madeira Sauce: 2–4 EL kräftigen Madeira nach dem Durchpassieren an die Braune Sauce geben. Nachwürzen und servieren oder 5–10 Min. köcheln lassen, damit der Alkohol verdunstet.

Pikante Sauce: 3 EL Weinessig mit 3 grob zerdrückten Pfefferkörnern, 1 Lorbeerblatt und 1 Thymian- oder Rosmarinzweig in einen Topf geben und auf 1 EL reduzieren; dies in die fertige Sauce geben. 1 EL sehr fein gehackte eingelegte Gurke oder Essiggurke zufügen.

Tomatensauce

Kalorien pro Portion: 60 (247 kJ)
Proteingehalt pro Portion: 1,5 g
Vorbereitungs- u. Garzeit: 40 Min.

450 g grob gehackte Tomaten
50 g fein gehackte Zwiebeln
1 EL Oliven- oder Sonnenblumenöl
1 EL Weizenschrotmehl
150 ml Wasser
1 Lorbeerblatt
1 Knoblauchzehe, geschält und fein
*   gehackt (nach Wunsch)*
Salz und frisch gemahlener Pfeffer

Zwiebeln in Öl glasig dünsten, Mehl, dann Wasser einrühren. Tomaten mit Lorbeerblatt und, nach Wunsch, Knoblauch zugeben. Unter Rühren zum Kochen bringen, 30 Minuten simmern lassen, dabei von Zeit zu Zeit umrühren. Sauce durch ein Sieb streichen, nachwürzen und vor dem Servieren erhitzen.

Für eine pikantere Sauce 1 EL Wein- oder Apfelweinessig zum Wasser geben und nach dem Passieren ½ EL fein gehackte Kapern zufügen.

Bigarade Sauce: Streifig geschnittene Schale und Saft von 2 Sevilla-Orangen an die Tomatensauce oder Braune Sauce geben. Sie können auch beide zusammenmischen, wenn Sie wollen.

Katalonische Sauce

Kalorien pro Portion: 130 (540 kJ)
Proteingehalt pro Portion: 3 g
Vorbereitungs- u. Garzeit: 20 Min.,
bei Gebrauch vorbereiteter Grundsaucen

150 ml Braune Sauce
150 ml Tomatensauce
50 g fein gehackte rote Paprikaschoten
1 EL geschmolzene Butter
1 EL Zitronensaft
½ TL abgeriebene Orangenschale
½ Knoblauchzehe, geschält und fein
*   gehackt*

Beide Saucen zusammen erhitzen. Paprika
bei milder Hitze in Butter weich dünsten; Zitronensaft, Orangenschale und Knoblauch
einige Minuten mitdünsten, dann die Saucen
zugießen. Gut umrühren und 5 Minuten leicht
köcheln lassen; zu Gemüsepasteten reichen.

Pikante Kirschsauce

Kalorien pro Portion: 47 (195 kJ)
Proteingehalt pro Portion: 1 g
Vorbereitungs- u. Garzeit: 45 Min.

225 g entsteinte Schattenmorellen
6 EL Weinessig
2 EL fein gehackte Zwiebeln
150 ml Wasser
abgeriebene Schale und Saft von 1 Orange
Salz
frisch gemahlener Pfeffer
½ TL frisch gemahlener Nelkenpfeffer
¼ TL gemahlener Zimt

Essig und Zwiebeln in einem kleinen Topf bei
schwacher Hitze auf die Hälfte einkochen.
Kirschen, Wasser, Orangenschalen und -saft
zufügen und die Hitze leicht erhöhen. Kirschen in ca. 15–20 Minuten weich dünsten,
dann vom Feuer nehmen und durch ein Sieb
streichen. Nachwürzen und die Sauce, wenn
nötig, vor dem Servieren wieder erhitzen.

Meerrettichsauce

Kalorien pro Portion: 175 (725 kJ)
Proteingehalt pro Portion: 1 g
Vorbereitungszeit: 10 Min.

2–3 EL geschälter Meerrettich, frisch
*   gerieben*
1 TL Weinessig oder Zitronensaft
150 ml Schlagrahm
Salz

Meerrettich, Essig und Zitronensaft vermi-
schen. Schlagrahm leicht schlagen, dann
Meerrettich unterheben und salzen.
   Zur Abwechslung Sauerrahm anstelle des
Schlagrahms verwenden.

Barbecue-Sauce

Kalorien pro Portion: 145 (610 kJ)
Proteingehalt pro Portion: 2 g
Vorbereitungs- u. Garzeit: 20 Min.

150 g fein gehackte Zwiebeln
2 EL Sonnenblumen- oder Olivenöl
300 ml Tomatensauce
1 Knoblauchzehe, geschält und
*   fein gehackt*
125 g Ananas in Dosen, fein gewürfelt
125 g eingelegte Gurke, fein ge-
*   würfelt*
2 EL Weinessig
Salz
frisch gemahlener Pfeffer
1 Prise Cayennepfeffer

Zwiebeln in Öl glasig dünsten, dann alle anderen Zutaten, außer Salz, Pfeffer und Cayennepfeffer, zugeben und 5 Minuten simmern
lassen. Würzen und die Sauce heiß oder kalt
servieren.

Würzige Aprikosensauce

Kalorien pro Portion: 115 (485 kJ)
Proteingehalt pro Portion: 1,5 g
Vorbereitungs- u. Garzeit: 10 Min.

350 g gekochte oder Dosenaprikosen
150 ml Braune Gemüsebrühe (S. 34)
½ TL gemahlener Zimt
½ TL gemahlener Ingwer
einen Spritzer Tabasco-Sauce
3 EL Sherry
Salz
frisch gemahlener Pfeffer

Aprikosen durch ein Sieb oder eine Gemüsepresse passieren und mit ein wenig Brühe zu
einem dünnen Püree auffüllen.
   Restliche Zutaten zufügen, mit Pfeffer und
Salz würzen, bei milder Hitze die Sauce zum
Kochen bringen; dabei ständig umrühren, damit sie nicht anbrennt, Hitze reduzieren und
weitere 5 Min. leicht köcheln lassen, dabei gelegentlich umrühren. In eine Saucière gießen
und servieren.
   Die Sauce kann auch kalt serviert werden.

Grüne Stachelbeersauce

Kalorien pro Portion: 110 (460 kJ)
Proteingehalt pro Portion: 1 g
Vorbereitungs- u. Garzeit: 30 Min.

175 g halbierte grüne Stachelbeeren
50 g Butter
1 EL Weizenschrotmehl
200 ml Wasser
1 EL Weißwein
Salz
frisch gemahlener Pfeffer

Stachelbeeren in wenig Wasser in ca. 10–15
Min. weich kochen, dann durch ein Sieb streichen. Butter in einem Topf bei milder Hitze
schmelzen, Mehl einrühren, Topf vom Feuer
nehmen, Wasser zugießen und glattrühren.
Topf auf den Herd zurückstellen, zum Kochen bringen und die Sauce 10 Min. simmern
lassen, dabei gelegentlich umrühren, damit
sie nicht anbrennt. Stachelbeerpüree und
Wein zugeben und gut verrühren. Wenn nötig, nachwürzen und vor dem Servieren noch
einige Minuten kochen lassen.

Kräuterbutter

Kalorien pro Portion: 100 (412 kJ)
Proteingehalt pro Portion: null
Vorbereitungs- u. Kühlzeit: 1 Std.

100 g ungesalzene Butter
4 EL fein gehackte Kräuter wie Peter-
silie, Estragon, Kerbel, Wasserkresse oder
eine Mischung

Kräuter unter die Butter rühren. Zu einer Rolle formen und gut kalt stellen; dann in 4 Scheiben, eine für jede Portion, teilen.

Abgeklärte Butter

Kalorien pro Portion: 415 (1472 kJ)
Proteingehalt pro Portion: 0,25 g
Vorbereitungszeit: 10 Min.

225 g Butter

Butter in einem kleinen Topf bei milder Hitze schmelzen, bis sie Blasen wirft. Weiterkochen, bis die Blasen sich auflösen; der Bodensatz darf dabei aber nicht braun werden. Aufgelöste Butter durch ein feines Küchentuch oder durch ein mit Mull ausgelegtes Sieb gießen und in einem Glas mit Deckel aufheben. Den festen Milchsatz im Sieb wegwerfen. Diese Menge ergibt ca. 175 g abgeklärte Butter.

Montpélier Butter

Kalorien pro Portion: 100 (412)
Proteingehalt pro Portion: null
Vorbereitungs- u. Kühlzeit: 1 Std.

1 Knoblauchzehe, geschält und halbiert
1 EL gehackter Kerbel
1 EL gehackter Estragon
1 EL gehackter Schnittlauch
2 EL gehackte Wasserkresse
1 TL fein gehackte Kapern
1 TL fein gehackte eingelegte Gurke
100 g ungesalzene Butter

Innenseite eines kleinen Gefäßes mit halbierter Knoblauchzehe ausreiben. Kräuter, Wasserkresse, Kapern und Gurke zufügen und gut mischen. Die weiche Butter unterschlagen, zu einer Rolle formen und gut kalt stellen. Vor dem Servieren in 4 Portionen teilen.

Süße Saucen

Die süßen Saucen kann man auch zu Kuchen, Puddings, Eis und Desserts reichen.
Danach finden Sie meine Lieblingskuchenglasuren und -füllungen.

Chantilly-Creme

Kalorien pro Portion: 335 (1465 kJ)
Proteingehalt pro Portion: 4 g
Vorbereitungs- u. Garzeit: 5 Min.

300 ml Schlagrahm
3 EL weicher brauner Zucker
1 Eiweiß, steifgeschlagen

Den Schlagrahm mit dem Zucker gerade steifschlagen, dann das steif geschlagene Eiweiß unterheben.

Karamelsauce I

Kalorien pro Portion: 157 (660 kJ)
Proteingehalt pro Portion: null g
Vorbereitungs- u. Garzeit: 20 Min.

2 EL Sirup
25 g Butter
75 g brauner Rohzucker
1 ½ EL Maismehl
300 ml Wasser

Sirup, Butter und Zucker in einem Topf bei mittlerer Hitze schmelzen, bis der Zucker karamelisiert; Mehl mit ein wenig Wasser glattrühren und unterrühren, dann restliches Wasser zugeben und gut vermischen. Topf vom Feuer nehmen und Mehlmischung in den Karamel gießen. Gut umrühren, Topf auf das Feuer zurückstellen und unter Rühren weiterkochen, bis alles gut vermischt ist und die Sauce dicklich wird.
Für eine reichhaltigere Sauce halb Milch, halb Wasser verwenden.

Karamelsauce II

Kalorien pro Portion: 185 (780 kJ)
Proteingehalt pro Portion: null g
Vorbereitungs- u. Garzeit: 20 Min.

1 EL Maismehl
300 ml Wasser
75 g körniger Zucker

Maismehl mit ein wenig Wasser glattrühren, dann restliches Wasser zufügen. Zucker im Topf schmelzen, dabei ständig umrühren, bis er goldbraun ist. Topf vom Feuer nehmen und nach und nach die Maismehl-Wasser-Mixtur unterrühren; dabei aufpassen, daß der heiße Zucker nicht spritzt. Topf auf das Feuer zurückstellen und unter Rühren weiterkochen, bis der Karamel aufgelöst und die Sauce dick ist. In eine Sauciere gießen und heiß oder kalt servieren.

Eischaumsauce

Kalorien pro Portion: 210 (872 kJ)
Proteingehalt pro Portion: 5 g
Vorbereitungs- u. Garzeit: 40 Min.

50 g Butter
25 g Weizenschrot- oder ungebleichtes
weißes Mehl
300 ml Milch
25 g brauner Rohzucker
1 Vanilleschote
1 Ei, gut verquirlt

Butter in einem Topf bei milder Hitze schmelzen, Mehl einrühren und einige Minuten mitkochen, ohne daß es Farbe annimmt. Topf vom Feuer nehmen und die Milch einrühren. Topf auf den Herd zurückstellen, Zucker zufügen und die Sauce unter Rühren aufkochen lassen, bis sie eindickt. Vanilleschote zugeben und den Topf mit gebuttertem Pergament zugedeckt im Wasserbad 30 Minuten simmern lassen. Beiseite stellen, leicht abkühlen lassen, dann langsam das Ei zufügen; dabei kräftig rühren. Die Sauce durch ein Sieb passieren und, wenn nötig, mit ein wenig Milch auf 300 ml auffüllen.

Beschwipste Eischaumsauce

Kalorien pro Portion: 210 (872 kJ)
Proteingehalt pro Portion: 5 g

Richten Sie sich nach dem Rezept links, aber geben Sie vor dem Durchpassieren 1—2 EL Cognac zur Sauce.

Himbeersauce

Kalorien pro Portion: 250 (1045 kJ)
Proteingehalt pro Portion: 1 g
Vorbereitungs- u. Garzeit: 30 Min.

450 g Himbeeren
225 g brauner Rohzucker

Himbeeren mit dem Zucker in einem Topf bei milder Hitze leicht kochen lassen. Einige Beeren mit einem Holzlöffel zerdrücken, damit der Saft austritt. Sauce durch ein Sieb passieren und heiß oder kalt servieren.

Schokoladensauce

Kalorien pro Portion: 265 (1115 kJ)
Proteingehalt pro Portion: 1,5 g
Vorbereitungs- u. Garzeit: 15 Min.

200 g brauner Rohzucker
25 g Butter
200 ml Wasser
2 EL Kakaopulver

Zucker, Butter und Wasser im Topf unter ständigem Rühren zum Kochen bringen. Kochen lassen, bis der Zucker gelöst ist, dann das Kakaopulver zugeben; dabei ständig rühren. So lange weiterkochen, bis die Sauce leicht dick ist, wenn man einen Tropfen auf eine kalte Platte gibt. Kocht man sie zu lange, werden Toffées daraus.

Für besondere Gelegenheiten vor dem Servieren 1 EL Cognac zugeben. Dieses Rezept ergibt ca. 200 ml Sauce.

Brauner Zuckerguß

Gesamtkalorien: 2520 (10540 kJ)
Gesamtproteingehalt: 7 g
Vorbereitungs- u. Garzeit: 30 Min.

125 g brauner Rohzucker
3 EL abgekochtes Wasser
2 Eiweiß, steifgeschlagen
½ Vanille-Essenz

Damit der Guß gelingt, brauchen Sie ein Zuckerthermometer.

Zucker und Wasser in einer sehr sauberen Kasserolle mit festem Boden bei großer Hitze aufkochen, bis die Temperatur 100° C erreicht. Sobald der Sirup die richtige Temperatur hat, langsam das Eiweiß zugeben und kräftig unterrühren. Vanilleessenz zufügen und weiterrühren, bis der Guß so fest ist, daß man damit Oberseite und Rand eines Kuchens bestreichen kann.

Wird der Sirup körnig, wenn er fast die richtige Temperatur erreicht hat, zeigt das, daß der Topf nicht ganz sauber und fettfrei oder

der Zucker von minderer Qualität war. Der Zucker am Rand der Kasserolle sollte nicht kristallisieren; dadurch wird der Sirup eher körnig.

Schokoladenguß: 3 TL gesiebtes Kakaopulver am Schluß unterschlagen.

Mokkaguß: 1–2 TL Instant Kaffeepulver am Schluß unterschlagen.

Orangenguß: 1–2 TL fein abgeriebene Orangenschale am Schluß unterheben.

Buttercreme aus braunem Zucker

Gesamtkalorien: 2565 (10740 kJ)
Gesamtproteingehalt: 4 g
Vorbereitungs- u. Garzeit: 20 Min.,
    plus Abkühlzeit

125 g Butter oder Margarine
150 g brauner Rohzucker
125 ml Milch
250 g gesiebter Puderzucker

Butter oder Margarine, Zucker und Milch in einem Topf bei mäßiger Hitze unter Rühren erwärmen, bis sich der Zucker aufgelöst hat. Ein wenig abkühlen lassen, dann den Puderzucker einrühren. Topf in ein mit Eiswürfeln gefülltes Gefäß stellen und die Creme kalt rühren, bis sie dick genug ist, um Oberseite und Rand eines Kuchens damit zu bestreichen. Ist die Creme, wenn sie ganz kalt ist, noch nicht fest genug, mehr Zucker unterschlagen.

Vanille-Buttercreme: ½ TL Vanilleessenz an die Butter geben.

Schokoladen-Buttercreme: 2–4 TL gesiebtes Kakaopulver an die Butter-Zucker-Milch-Mischung geben, während sich der Zucker auflöst.

Mokka-Buttercreme: 2–4 TL Instant-Kaffeepulver an die Butter-Zucker-Milch-Mischung geben.

Erdnußbutter-Glasur

Gesamtkalorien: 2225 (9300 kJ)
Gesamtproteingehalt: 32 g
Vorbereitungszeit: 10 Min.

125 g Erdnußbutter
1 TL Zitronensaft
350 g gesiebter Puderzucker
125 ml Milch

Erdnußbutter, wenn nötig, in einen Topf mit warmem Wasser stellen, damit sie weich wird. Zitronensaft und Puderzucker unterrühren, dann soviel Milch zugeben, daß die Glasur streichfest ist. Die Glasur reicht für Oberseite und Rand eines 20 cm großen, gefüllten Kuchens aus.

Mandelpaste

Gesamtkalorien: 3320 (13900 kJ)
Gesamtproteingehalt: 61 g
Vorbereitungszeit: 10–20 Min.

300 g gemahlene Mandeln
225 g gesiebter Puderzucker
150 g Streuzucker
1 ganzes Ei und 1 Eigelb
1–2 TL Rosenwasser (nach Wunsch)
1 EL Zitronensaft

150 g Puderzucker, Streuzucker und Mandeln in einem Gefäß mischen. Eier mit Rosenwasser, nach Wunsch, und Zitronensaft schlagen und zu den trockenen Zutaten gießen. Gut verrühren und auf einer Arbeitsplatte so lange kneten, bis die Paste fest und glatt ist; wenn nötig, ein wenig mehr Puderzucker zugeben. Nach Rezept verwenden.

Joghurt

Joghurt ist eine wunderbar saure Sauce zu frischem oder gedünstetem Obst. Mit Honig vermischt und eisgekühlt ist er ein erfrischendes Dessert.

Kalorien pro Portion: 165 (695 kJ)
Proteingehalt pro Portion: 9 g
Vorbereitungszeit: 12 Std.

1 l Milch
2 EL frischer Naturjoghurt oder handelsübliche Joghurt-Kultur (richten Sie sich nach den Anweisungen des Herstellers)

Der Joghurt muß ein echter Naturjoghurt sein und eine lebende Kultur enthalten; alle Utensilien, die Sie benutzen, müssen sehr sauber sein.

Milch aufkochen lassen und 5 Minuten abkochen. Leicht über Bluttemperatur abkühlen lassen. In der Zwischenzeit einen großen Behälter sorgfältig säubern, die warme Milch hineingießen, den lebenden Joghurt zugeben und gut vermischen. Zugedeckt 8–12 Std., oder bis der Joghurt fest ist, an einem warmen Ort bei einer Temperatur, die ein wenig höher als die Bluttemperatur ist, stehenlassen. Abkühlen lassen und nach Rezept verwenden. Einige EL der Joghurt-Kultur für die Zubereitung der nächsten Portion aufheben, aber nicht länger als ein paar Tage lagern. In den Kühlschrank stellen, wo sie 2–3 Tage frisch bleibt.

Verliert der Joghurt an Festigkeit, müssen Sie mit einer frischen oder getrockneten Kultur neuen zubereiten.

Es ist einfacher, für die Zubereitung von Joghurt ultrahoch erhitzte oder haltbare Milch zu verwenden; die Gefahr, daß unerwünschte Bakterien den Joghurt zersetzen, ist weniger groß.

Fettfreier Joghurt wird mit entrahmter Trockenmilch und sterilem, warmem Wasser, das aufgekocht und abgekühlt wurde, gemacht.

Anmerkung: Es sind eine Reihe guter Joghurt-Mixer auf dem Markt; man sollte überlegen, ob sich eine solche Investition nicht doch lohnt.

Chhana

Ergibt 275 g Käse

Kalorien pro Portion: 130 (545 kJ)
Proteingehalt pro Portion: 12,5 g
Vorbereitungszeit: 12 Std.

1 l frisch gemachter Joghurt

Ein Sieb mit einem sehr sauberen Mulltuch auslegen; über ein Gefäß stellen. Joghurt in das Sieb geben, zudecken und über Nacht an einem kühlen, luftigen, insekten-freien Ort stehenlassen. Käse aus dem Mulltuch nehmen, in den Kühlschrank legen und nach Rezept verwenden. Er ist ein wenig schärfer im

Geschmack als normaler Quark; er schmeckt sehr gut zu Vollkornbrot oder Salaten.

Die Molke zum Auffüllen von Gemüsekasserollen oder zur Herstellung von Brühe benutzen; die leichte Schärfe gibt dem fertigen Gericht eine sehr pikante Note.

Panir

Kalorien pro Portion: 130 (545 kJ)
Proteingehalt pro Portion: 12,5 g
Vorbereitungszeit: 12 ¼ Std.

Panir ist gepreßter Chhana; Sie können sich mit Hilfe von 2 Springformen von 15 cm Durchmesser eine Presse machen. Nehmen Sie den Rand einer und den Boden beider Formen.

Den Boden einer Form mit 6 Schichten Küchenkrepp abdecken; dabei einen Rand unbedeckt lassen, damit die Flüssigkeit während des Pressens ablaufen kann. Ein Mulltuch darüberlegen und darauf den Chhana geben. Fest in das Mulltuch einwickeln oder eine Lage Mull darauf legen. Mit 6 Lagen Küchenkrepp zudecken, dann den 2. Springformboden auflegen und das Ganze mit einem Gewicht von ca. 2 kg beschweren. Wird der Chhana an der Seite heraußgepreßt, ein leich-

teres Gewicht nehmen. Nach 4 Stunden kann das Gewicht auf 3 kg erhöht und nach 4 weiteren Stunden auf ca. 6 kg verdoppelt werden. Weitere 4 Stunden stehenlassen, dann den Käse vorsichtig aus der Presse herausnehmen. Mulltuch entfernen und den Panir in Würfel schneiden.

Panir kochen: Würfel in eine gut gebutterte Anti-Haft-Backform geben und Oberseite mit geschmolzener Butter bestreichen. Im oberen Teil des Ofens bei 200° C, Gas Stufe 6, 30 bis 40 Minuten backen, oder bis er goldbraun, aber nicht ausgetrocknet ist. Nach der Hälfte der Backzeit die Würfel wenden.

Anmerkung: Selbstgemachter Panir läßt sich besser backen als braten, da er beim Braten leichter zerläuft. Wegen des Extra-Proteins an Gemüsekasserollen geben oder zu Salaten essen.

Garam Masala

Indische Gerichte haben ein so wunderbares Aroma, weil die indischen Köche ihre Gewürze für jedes Gericht frisch mischen. Man kann auch das handelsübliche Currypulver nehmen, aber der Geschmack des selbstgemachten Currypulvers ist unvergleichlich viel besser.

Grundzutaten:
3 Teile grüner Kardamom
2 Teile Zimt
1–2 Teile Cumin

Auf Koriander-Basis
2 Teile Koriander zufügen

Auf Gewürznelken-Basis
¼–½ Teile Gewürznelken zufügen

Auf Fenchel-Basis
½ Teil Fenchelkörner zufügen

Alle Zutaten mischen und im Mörser oder in einer kleinen Mühle zu einem feinen Puder zermahlen.

Bohnen und Saatgut

Saatgut selbst zu ziehen, ist vor allem deshalb so attraktiv, weil man dazu nur den Platz für eine Flasche oder ein Glasgefäß von ½−2 l Fassungsvermögen braucht, um eine appetitliche, nahrhafte Bereicherung der täglichen Mahlzeiten zu haben. Heute kann man schon in allen Kaufhäusern diverse Saatgutsorten kaufen.

Es gibt mehrere Methoden, Saatgut zu ziehen; wenn Sie dabei die Grundvoraussetzungen des Keimens beachten, finden Sie leicht die einfachste Methode heraus. Keimlinge brauchen Feuchtigkeit, da sie auf engerem Raum wachsen als in der Natur und bestimmte Abfallstoffe zerstreut werden müssen.

Sie können spezielle Pflanzenbehälter kaufen oder einfach ein ganz normales Küchensieb dazu nehmen. Ich habe festgestellt, daß dabei die Wurzeln durch die Löcher des Siebes wuchsen und schwer zu entwirren waren und daß die gekauften Behälter zuviel Platz wegnahmen – ich halte mich deshalb an die einfachste und meiner Meinung nach beste Methode.

Nehmen Sie eine weithalsige Flasche mit ½ l Fassungsvermögen für kleines, und mit 2 l Fassungsvermögen für größeres Saatgut oder für den Anbau größerer Mengen. Sie brauchen ferner ein Stück Nylon-Gaze oder ein Netz, dessen Löcher so klein sind, daß das Saatgut nicht hindurchwachsen kann; außerdem ein dünnes Stück Schnur oder ein elastisches Band, um die Gaze auf dem Glas zu befestigen.

Das Saatgut muß eßbar sein, deshalb sollte man es in einer Samenhandlung kaufen; dort kann man Sie auch beraten, was Sie am besten ziehen sollten und wie alt das Saatgut ist; manche Sorten keimen nicht, wenn Sie zu alt sind. Saatgut aus dem Gartenbau sollten Sie nur kaufen, wenn es ausdrücklich als solches angeboten wird; es könnte sonst mit Insektiziden, chemischen Wachstumsbremsern oder Beizmitteln gegen Pilzbefall behandelt worden sein.

Nehmen Sie qualitativ gutes, unbeschädigtes Saatgut und werfen Sie zerbrochene oder beschädigte Samen weg, da sie nicht mehr keimen oder sogar den Rest der Saat anstecken und verderben. Breiten Sie sie zur Prüfung auf einem Tablett aus und lesen Sie schlechte Samenkörner aus. Die meisten Samen wachsen um das 8-fache ihres ursprünglichen Volumens; 25 g ergeben 225 g Sprößlinge, das reicht für 2 Portionen. Als Faustregel gilt: je kleiner der Samen, desto größer sind die Sprößlinge.

Saatgut in einem Sieb unter fließendem, kaltem Wasser waschen. Vorsichtig in eine Flasche geben, so daß es nicht beschädigt wird. Mit Wasser bedecken, das Netz fest darüberziehen und über Nacht einweichen lassen. Am nächsten Morgen Wasser abgießen, die Flasche mit frischem Wasser soweit auffüllen, daß die Samenkörner gerade genug Feuchtigkeit haben; kein überschüssiges Wasser im Glas lassen. Bei Zimmertemperatur in ein Regal oder einen Schrank stellen. Am Abend Glas wieder mit frischem Wasser füllen und abgießen; wiederholen Sie diesen Vorgang jeden Abend, bis die Schößlinge die von Ihnen gewünschte Länge haben, also ca. 5−7 Tage, je nach Raumtemperatur und Art des Saatgutes. Die Samenkörner dürfen niemals im Wasser stehen, sonst verfaulen sie! Und entfernen Sie die Körner, die nach 36 Stunden nicht gekeimt haben oder sich weichlich anfühlen. Waschen Sie das Glas zweimal aus, bevor Sie es wieder benutzen.

Alfalfa

Ausgezeichnet in Salaten; Sprößlinge sind sofort gar. So oder mit einer leichten Salatsauce essen oder Gemüsegerichte damit garnieren.

Mung-Bohnen

Ähneln im Aroma jungen, rohen Erbsen und sind Grundbestandteil vieler chinesischer Gerichte. Wenn die Wurzeln 4−6 cm lang sind, können Sie sie verwenden. Rührbraten Sie sie 2−3 Minuten lang.

Senfkraut und Kresse

Werden ganz anders gezogen, aber es ist so einfach, daß ich es einfügen möchte. Eine Lage Baumwolle leicht anfeuchten und in einer flachen, wasserdichten Schale ausbreiten. Samenkörner sparsam darauf verteilen und die Schale in ein helles Fenster, aber nicht in die pralle Sonne stellen. Bis zum Keimen mit einem Stück Karton abdecken. Wollen Sie Senfkraut und Kresse gleichzeitig ernten, den Senfsamen 4 Tage nach der Kresse pflanzen.

Sie können auch Bohnen, Linsen, Kichererbsen, Weizen und anderes Saatgut ziehen, deshalb schlage ich vor, ein spezielles Buch darüber zu kaufen. Ich hoffe, daß die hier genannten Beispiele eine Anregung sind!

Vor.- u. Zubereitung von Gemüsebeilagen

Gemüse	Für 4 Pers.	Vorbereitung	Zubereitung	Serviervorschläge
Kohl- u. Blattgemüse				
Brokkoli (calabrese, rot u. weiß	450 g	Große Blätter u. fasrige Stengel entfernen. Große Köpfe in Röschen brechen. Gut waschen.	10–15 Min. kochen; 10–15 Min. im Dampf garen.	Mit ein wenig Butter u. Pfeffer reichen; o. mit Holländischer Sauce servieren; o. mit geriebenem Käse bestreuen und unter dem Grill überbacken.
Blumenkohl	1 mittelgroßer oder 450 g	Äußere Blätter und Stengelansatz entfernen. Ganz lassen. Große Röschen kreuzweise unten einschneiden.	Ganz 20 Min. kochen; Röschen 5–10 Min., je nach Größe.	Mit Butter, Zitrone und Butter oder Béchamel oder Käsesauce servieren.
Chinakohl	450 g	Äußere Blätter entfernen. Innere in 5 cm große Stücke reißen. Gut waschen.	5–10 Min. rührbraten.	Direkt aus der Pfanne servieren; o. mit streifig geschnittener Orangenschale u. -saft reichen.
Grüner Winterkohl (Savoy)	450 g	Beschädigte äußere Blätter entfernen. Nach Würmern suchen. Harten Kern entfernen und grob hacken oder fein raspeln.	10–15 Min. kochen.	Mit ein wenig Butter u. einer Prise Pfeffer servieren.
Rosenkohl	450 g	Äußere Blätter und Stengelende entfernen. Ganz lassen. Große Röschen unten kreuzweise einschneiden.	8–10 Min. kochen; 10–20 Min. im Dampf garen, je nach Größe.	Mit Butter und Pfeffer reichen; oder mit Butter, Zitronensaft und gehacktem Oregano; oder in Butter gebräunt mit gehackten Zwiebeln und gekochten Kastanien reichen.
Rotkohl	450 g	Wie grüner Winterkohl.	Mit Zwiebeln, Knoblauch, u./o. Äpfeln, Rosinen, braunem Zucker, Gewürzen (rechts) u. Essig schmoren. Im Ofen 2½, auf dem Ofen 1½ Std. Garzeit	Mit Einlegegewürzen aromatisieren, Gewürznelken o. Kümmel nach Geschmack.
Spinat	600 g–1 kg	Beschädigte o. verfärbte Blätter entfernen. Auf Insekten achten. Blätter einzeln unter kaltem, fließendem Wasser waschen. Stengel entfernen.	In soviel Wasser kochen, daß die Blätter benetzt sind. Butter o. Öl in den Topf geben, damit er nicht anbrennt; junge Blätter 5–10 Min., ältere 10–15 Min. kochen; 15 Min. im Dampf garen; 5–10 Min. rührbraten	Mit Butter servieren: o. mit gehackten Zwiebeln; in Creme- o. Käsesauce u. unter dem Grill gebräunt; oder püriert als Soufflé (S.68).
Weißkohl	450 g	Wie grüner Winterkohl.	Raffeln; 5–10 Min. kochen; 5–10 Min. rührbraten; 5–10 Min. im Dampf garen.	Wie grüner Winterkohl; oder ½ TL Kümmel während des Kochens dem Wasser zusetzen.

Andere Grüngemüse
Anmerkung: Alle grünen Gemüse zuerst 5 Min. offen kochen, damit die Farbe erhalten bleibt. Kochflüssigkeit für Brühe aufheben. Weiche junge Blätter für Salate verwenden.

Milde Grüngemüse

Gemüse	Für 4 Pers.	Vorbereitung	Zubereitung	Serviervorschläge
Endivien, Frühlingskohl, Kopfsalat, Löwenzahn, Rüben- u. Spinatblätter, Wasserkresse	600 g–1 kg	Wie Spinat.	Wie Spinat.	Wie Spinat.

Kräftige Grüngemüse

Gemüse	Für 4 Pers.	Vorbereitung	Zubereitung	Serviervorschläge
Rübenblätter		Wie Grünkohl.	Wie Senfblätter.	Wie Grünkohl.
Schnittkohl (-Rüben)		Wie Grünkohl.	Wie Senfblätter.	Wie Grünkohl.
Senfkraut		Wie Grünkohl.	Wie Grünkohl; o. Stengel als separates Gemüse 20–25 Min. kochen, 30 Min. im Dampf garen.	Wie Grünkohl.

Vor.- u. Zubereitung von Gemüsebeilagen – Fortsetzung

Gemüse	Für 4 Pers.	Vorbereitung	Zubereitung	Serviervorschläge
Chicorée	450 g	Wurzelansatz u. verfärbte, äußere Blätter entfernen. Ganz lassen o. hacken.	Im Ganzen 1¼ Std. schmoren; gehackte Blätter 5–10 Min. rührbraten	Grob gehackte Blätter in Orangen-Vinaigrette servieren.
Erdartischocken	1 pro Person	Stiel abbrechen, um fasrige Teile zu entfernen. 30 Min. in Salzwasser legen, damit sich Insekten lösen. Spitzen der Blätter abschneiden.	Bis zur Hälfte mit Wasser bedeckt 30–45 Min. kochen; sie sind gar, wenn sich die Blätter leicht lösen.	Heiß mit geschmolzener Butter o. Sauce Hollandaise reichen. Kalt mit Vinaigrette-Sauce o. Mayonnaise servieren.
Florentiner Fenchel	450 g	Stengelansatz u. obere Blätter entfernen. Große Knollen vierteln, kleine halbieren.	10–15 Min. kochen oder einzelne Blätter wie Sellerie zubereiten.	Mit Butter oder milder Käse-Sauce servieren.
Kardonen	450 g	Alte, verwelkte Stengel entfernen. In 7 cm lange Stücke brechen, Fasern entfernen; Herz putzen u. halbieren.	1–2 Std. in Gemüsebrühe mit Zitronensaft-Zusatz kochen.	Mit eingekochter, angedickter Brühe oder Béchamel-Sauce reichen.
Meerkohl	450 g	Wurzeln entfernen; Blätter für Salat verwenden.	Stengel 20–25 Min. in Essigwasser kochen; 30 Min. im Dampf garen.	Mit Butter, Holländischer- oder Sauce Béarnaise reichen.
Römischer Salat	450 g	Äußere Schicht u. Wurzeln entfernen; in kleine Stücke schneiden. Gut waschen.	Stiele wie Sellerie u. Blätter wie Grünkohl kochen.	Junge Blätter wie Salat o. wie Grünkohl, Stiele wie Sellerie servieren.
Sellerie	450 g	Stengel u. Blätter abschneiden. Fasern entfernen. In 5–7 cm lange Stücke brechen. Gut waschen.	10 Min. kochen; 12–15 Min. im Dampf garen; 10 Min. rührbraten.	Mit Butter, warmer Vinaigrette- o. Käsesauce mit ein wenig Cumin gewürzt reichen.
Spargel	450 g–1 kg	So wenig wie möglich vom unteren Stengel entfernen – er sollte glatt brechen; o. unteren holzigen Teil abschneiden. Harte Haut vom Stengelansatz abschälen.	Aufrecht stehend, gebündelt 15–25 Min. kochen; nur unterer Teil des Stengels sollte im Wasser, der obere Teil im Dampf garen.	Mit geschmolzener Butter oder Holländischer Sauce reichen.
Hülsenfrüchte und Schoten				
Bohnen	1,4 kg ungeschält	Bohnen aus der Hülse nehmen.	10–30 Min. je nach Alter und Größe kochen. Gekochte Bohnen dürfen nicht breiig sein.	Mit Butter oder Kräutersauce servieren.
Gartenerbsen	1,4 kg ungeschält	Kurz vor dem Kochen schälen	10–15 Min. kochen; einige Schoten wegen des Aromas beifügen. 10–15 Min. rührbraten.	Mit Butter oder mit Butter und gehackten Kräutern reichen;
Lange Bohnen (grüne, franz., grüne Haricot)	450 g	Oben und unten abschneiden; Fasern entfernen; ganz oder diagonal in dünne Streifen oder quer in 2 cm lange Stücke schneiden. Gut waschen.	Junge Bohnen 5–10 Min., ältere 15–20 Min. kochen; 10–25 Min. im Dampf garen; junge 5–10 Min. rührbraten. Dem Kochwasser ein wenig Bohnenkraut beigeben.	Mit Butter, Butter und Zitronensaft oder Kräuterbutter servieren.
Mais	1 Kolben pro Person	Äußere Schale und Haut entfernen. Körner am Kolben lassen oder abstreifen.	Kolben in ungesalzenem Wasser 10–20 Min., Körner 5–10 Min. kochen. Oder 5 Min. vorkochen, mit Butter bestrichen 10 Min. grillen.	Am Kolben mit Butter bestreichen und mit Salz und Pfeffer würzen. Körner mit Butter o. Rahm reichen, mit Salz und Pfeffer würzen.
Okra	450 g	Stengelansatz und verfärbte Schoten entfernen. Ganz lassen oder in 1 cm lange Stücke schneiden. Gut abspülen.	10–15 Min. kochen.	Mit ein wenig Zitronensaft oder in Tomatensauce servieren.
Zuckererbsen (Mangetout)	450 g	Oberes und unteres Ende abschneiden und Fäden entfernen	Im Dampf 5–10 Min. garen; 5 Min. rührbraten.	Mit Kochflüssigkeit oder ein wenig Butter servieren

Vor.- u. Zubereitung von Gemüsebeilagen – Fortsetzung

Vor.- u. Zubereitung von Gemüsebeilagen – Fortsetzung

Gemüse	Für 4 Pers.	Vorbereitung	Zubereitung	Serviervorschläge
Rüben				
Bocksbart	450 g	Spitze und Wurzelansatz abschneiden. Schälen und in Essigwasser tauchen. In 2–5 cm lange Stücke schneiden.	15–20 Min. kochen, dann 5 Min. bei milder Hitze in Butter fertig garen.	Direkt aus der Pfanne servieren; mit geschmolzener Butter oder Holländischer Sauce reichen.
Karotten	450 g	Wurzelansatz abschneiden und, wenn nötig, schälen. Gut bürsten, kleine ganz lassen oder längs halbieren, in Scheiben schneiden oder grob raffeln.	Junge, kleine Karotten 10 Min., ganze große 20–30 Min. kochen. Geraffelte 5 Min. rührbraten. Junge Karotten in Tonic-Wasser oder mit einem kleinen Stück Orangenschale kochen.	Mit Butter, gehackter Petersilie oder anderen Kräutern servieren; ältere Karotten zerstampfen oder pürieren und mit Rahm oder Butter und Petersilie reichen.
Knollensellerie	450 g	Blätter und Stengel ohne schälen ablösen. Gut bürsten. Oder schälen und raffeln, oder schälen und in 1 cm große Würfel schneiden. In Essigwasser legen.	Im Ganzen 30–60 Min., gewürfelt 10–15 Min. kochen. (Er sollte noch Biß haben).	Ganzen schälen und mit Butter oder der gleichen Menge Kartoffeln zerstampfen. Ein wenig Senf und Zitronensaft zugeben. Oder würfeln und mit Butter reichen.
Kohlrabi	450 g	Wurzeln und Blätter bei sehr jungen entfernen, 2–4 cm groß würfeln oder ganz lassen. Ältere schälen, würfeln oder in Scheiben schneiden.	20–30 Min. kochen. Ältere in gut gewürzter Brühe 30–60 Min. garen.	Junge mit Butter oder in Béchamelsauce servieren. Ältere mit viel Butter, saurer Sahne oder Joghurt zerstampfen.
Pastinake	450 g	Stengel- und Wurzelansatz entfernen. Schälen, würfeln, in Scheiben, Viertel oder Streifen schneiden. Bei älteren fasrigen Kern auslösen.	10–15 Min. kochen, je nachdem, ob sie gewürfelt oder in Scheiben sind. Bei 180°C, Gas Stufe 4, 30–45 Min. backen oder rösten.	Gekochte mit Butter oder in Béchamelsauce servieren. Oder stampfen, Oberseite mit Butter bestreichen und im Grill bräunen.
Rettich	225 g	Stengel- und Wurzelansatz entfernen. Ganz lassen oder in Scheiben schneiden.	10–15 Min. kochen; 3–5 Min. rührbraten.	Mit geschmolzener Butter oder ein wenig Sojasauce beträufeln.
Rote Beete	450 g	Nicht schälen und Haut nicht beschädigen, sonst läuft Farbe aus! 5 cm oberhalb der Knolle Blätter abschneiden.	2–3 Std. kochen, je nach Größe. Geschmack und Farbe bleiben am besten beim Backen; in Folie bei 150°C, Gas Stufe 2, 2–3 Std. im Ofen backen.	Mit Butter und Zitronensaft oder Béchamelsauce und ein wenig Muskatnuß servieren.
Schwedische Rüben	450 g	Schälen und fasrigen Kern entfernen. Waschen, in Scheiben, Würfel oder Streifen schneiden.	15–30 Min. kochen. Abtropfen und im warmen Ofen trocknen lassen.	Mit Butter oder Zitronensaft reichen; oder mit Béchamelsauce und mit ger. Muskatnuß bestreut servieren.
Weiße Rüben	450 g	Schälen. Junge Blätter ganz lassen; große vierteln, in Würfel oder Scheiben schneiden.	Ganze 10–30 Min. kochen. Abtropfen, im warmen Ofen trocknen lassen. Gewürfelte brauchen 10 Min. zum Garen.	In Butter und ein wenig Petersilie wälzen oder mit weicher Butter oder in Béchamelsauce servieren.
Knollengewächse				
Jerusalem Artischocken	450 g	Mit einem schmalen Messer schälen, um zwischen die Knollen zu kommen. In Scheiben schneiden, ganz lassen oder würfeln.	In Scheiben 10 Min., im Ganzen 15–20 Min. kochen; dünne Scheiben 5–10 Min. rührbraten.	Mit Butter und einer Prise Muskat oder in Béchamel-Sauce reichen. Wenn sie noch knackig sind, rührbraten; schmecken wie stark würzige Wasserkastanien.
Kartoffeln	450 g–1 kg	Gut bürsten, Augen oder verfärbte Stellen entfernen. Wenn möglich, mit Schale kochen, sonst schälen. Ganz lassen, halbieren oder vierteln. Neue Kartoffeln nur bürsten. CHIPS: Kartoffeln in 1 cm dicke Scheiben, dann in Streifen von gleicher Dicke schneiden, bis zum Gebrauch in gesäuertes Wasser legen. Vorm Braten gut trockenreiben. RUNDE CHIPS: Kartoffeln in Scheiben von 20 mm Dicke schneiden.	Neue Kartoffeln in der Schale 15–25 Min. kochen; oder in zugedeckter Kasserolle, mit Öl oder Butter bestrichen, bei 200°C, Gas Stufe 6, 30–40 Min. garen. Ganze Kartoffeln aus der Haupternte 30–40 Min. kochen, geteilte 15 Min. Schale mit Öl oder Butter bepinseln, salzen, oben kreuzweise einschneiden, damit der Dampf entweichen kann, und 1–1½ Std. bei 180°C, Gas 4, backen. Chips bei 180°C goldbraun und gar fritieren. Runde Chips bei 180°C braten, dabei die Chips getrennt halten.	Gekochte Kartoffeln mit geschmolzener Butter und Petersilie reichen, oder nach dem Kochen in Butter oder Öl schwenken, bis sie goldbraun sind. Für Kartoffelbrei muß die Milch fast bis zum Siedepunkt gebracht werden; geben Sie ca. 200 ml auf 400 g Kartoffeln, fügen Sie 1 EL Butter hinzu, und zerdrücken Sie sie mit einem Holzlöffel; dann durch ein Sieb streichen und nach Geschmack würzen. In den Topf zurückgeben, wieder erhitzen, nicht anbrennen lassen.
Süßkartoffeln Yam	450 g–1 kg	Haut abbürsten. Nach dem Kochen oder Backen schälen.	30–40 Min. kochen; bei 180°C, Gas Stufe 4, 45–60 Min. backen.	Geschält und zerstampft mit Butter und ein wenig Zimt bestreut servieren.

Vor.- u. Zubereitung von Gemüsebeilagen – Fortsetzung

Gemüse	Für 4 Pers.	Vorbereitung	Zubereitung	Serviervorschläge
Gemüsefrüchte Auberginen	700 g – 1 kg	Stengel- und Blütenansatz entfernen; in ½ – 1 cm dicke Scheiben schneiden. Mit Salz bestreut 30–45 Min. stehen lassen. Vorm Braten abspülen und trocken tupfen. Beim Backen ganz und beide Enden daran lassen.	In ein wenig Olivenöl pro Seite 5–10 Min. braten; in Eierteig (S. 194) ausbacken; 40–60 Min. bei 180°C, Gas Stufe 4, im Ofen backen.	Direkt aus dem Topf; gebacken mit frischem oder Sauerrahm; gut mit Salz und Pfeffer gewürzt.
Zucchinis	450–700 g	Stengel- und Blütenansatz entfernen; ganz lassen, längs halbieren oder in Scheiben schneiden; salzen und 30–45 Min. stehenlassen, um die Bitterstoffe zu entfernen. Vorm Kochen abspülen und abtrocknen.	4–15 Min. kochen; Scheiben 10 Min mit gehackter Zwiebel, Kräutern oder Knoblauch braten; oder mit Tomaten und Knoblauch rührbraten.	Gekocht direkt aus dem Topf oder zerstampft mit Butter reichen. Rührgebraten aus der Pfanne servieren.
Eierkürbis, Winter-Squash (diverse Sorten)	450–700 g	Nach Wunsch schälen. Ganz lassen; große halbieren oder in Scheiben schneiden.	20–30 Min., je nach Größe, kochen oder mit Füllung (S. 88) backen. Halbierte oder kleine auf geöltem Backblech, Haut nach oben, 40–60 Min. bei 180°C, Gas Stufe 4, backen. Nach der Hälfte der Zeit umdrehen und Butterflöckchen auf die Oberseite geben.	Mit Butter reichen oder Inneres auslösen, mit Rahm und frischen Kräutern mischen und als Püree in die Schale geben. Geriebenen Käse darüberstreuen und unter dem Grill bräunen.
Gurken	450 g	Geschält (oder ungeschält); längs halbieren oder vierteln, dann in 5–7 cm lange Stücke schneiden.	Blanchieren, abschrecken, sehr leicht in Butter 5–10 Min. dünsten.	Mit Petersilie oder frischem Dill bestreut servieren; oder in Holländischer Sauce reichen.
Kürbis	450 g – 700 g	Benötigten Teil ausschneiden und Kerne und fasrige Mitte entfernen. Schälen und in 7 x 5 cm große Würfel schneiden, je nach Dicke des Kürbis.	25–30 Min. kochen oder rösten.	Mit Butter zerstampfen und gut mit Salz und Pfeffer oder Zimt würzen. Oder Ei zugeben, zu Frikadellen formen, würzen und ein wenig Mehl zusetzen; dann in Öl auf beiden Seiten schwimmend ausbacken.
Paprika (rote und grüne)	450 g	Stengel, Kerne und fasrige Mitte entfernen; ganze füllen und in ½ – 1 cm dicke Scheiben schneiden oder würfeln.	Ganze Paprika 5 Min. vorkochen, füllen und 25–30 Min. backen. Paprika in Scheiben oder gewürfelt 5–10 Min. rührbraten.	Direkt aus dem Topf servieren; oder mit ein wenig Zitronensaft oder Weinessig beträufelt reichen.
Sommer Squash (Weiß, gelb, hell- oder dunkelgrün)	450–700 g	Stengel- und Blütenansatz entfernen. Ganz lassen oder halbieren, vierteln oder in Scheiben schneiden. Kerne und fasrigen Kern entfernen.	10–30 Min., je nach Größe, kochen; Scheiben 10–15 Min. rührbraten. Runde Squash 30 bis 60 Min. backen. Mit Stäbchen einstechen und probieren.	Wie Zucchinis.
Tomaten	700 g – 1 kg	Haut abwischen; halbieren; mit geschmolzener Butter bepinseln, pfeffern und salzen beim Grillen; beim Braten in gewürztem Weizenschrotmehl wenden.	10–15 Min. je nach Größe grillen; mit Schnittfläche nach unten 5 Min. braten, dann wenden und weitergaren, bis der Saft auszukochen beginnt.	Gegart servieren; oder mit gehacktem Basilikum oder Zwiebeln bestreut reichen.
Blätterpilze Champignons	450 g	Mit feuchtem Tuch abwischen und ganz lassen oder parallel zum Stiel in Scheiben schneiden.	In Butter 5–10 Min. rührbraten. Nach der Hälfte der Garzeit Salz und Pfeffer zufügen.	Mit eingekochtem Saft reichen.
Große Blätterpilze (wie gewachsene oder handelsübliche Sorten)	450 g – 1 kg	Gründlich waschen, wild gewachsene nach Insekten absuchen. Ganz lassen oder vierteln, halbieren oder parallel zum Stiel in Scheiben schneiden.	Wie Champignons; oder 5–10 Min. bei mäßiger Hitze grillen. Mit Öl oder Butter bepinseln.	Wie Champignons servieren; oder mit fein gehackten, gebratenen Zwiebeln servieren. Vorher ein wenig Rahm und gehackte Petersilie zugeben

Vor.- u. Zubereitung von Gemüsebeilagen – Fortsetzung

Gemüse	Für 4 Pers.	Vorbereitung	Zubereitung	Serviervorschläge
Zwiebeln				
Perlzwiebeln	450 g	Blanchieren, Enden abschneiden, farbige Häute entfernen.	15–20 Min. kochen.	In einer Béchamel-Sauce.
Englische, spanische, große italienische Zwiebeln oder Schalotten		Oberes und unteres Ende entfernen und schälen. (Dabei eine Brille tragen oder unter fließendem Wasser schälen.) Ganz lassen oder mit einem scharfen Messer in Ringe schneiden.	Kleine Zwiebeln 15–20 Min. kochen; große 20–40 Min. Große bei 180°C, Gas Stufe 4, 45–60 Min. backen. In Butter fertig garen, so daß sie leicht braun sind. Zwiebeln in Scheiben 10–15 Min. rührbraten, dann in Weißwein zu Ende braten. Ringe in Eierteig gewälzt ausbacken.	Direkt aus dem Topf; oder in einer Béchamel-Sauce.
Frühlingszwiebeln	450 g	Wurzeln und verfärbte, äußere Blätter entfernen. Ca. 7 cm vom grünen Stamm oberhalb des weißen stehen lassen. Die Gesamtlänge sollte ca. 20 cm sein.	5–10 Min. in Butter oder Öl bei milder Hitze rührbraten.	Direkt aus dem Topf.
Lauch	450 g	Wurzeln und verfärbte Blätter entfernen. 5 cm oberhalb des weißen Stammes abschneiden. Längs halbieren, Blätter dürfen nicht auseinanderfallen. Unter fließendem Wasser waschen, damit der Sand entfernt wird. Lauch kann auch quer in Ringe von 2 cm Dicke geschnitten werden.	10–15 Min. kochen; zugedeckt in Brühe 40–60 Min. schmoren; In Öl 10–15 Min. rührbraten. Junge Lauchscheiben 5–10 Min. garen.	Mit einem Klecks Butter, in Béchamel-Sauce oder Sauce Mornay servieren.

Frische Gemüse einfrieren

Gemüse	Vorbereitung	Blanchierzeit	Garzeit und -methode
Wurzelgemüse			
Jerusalem Artischocken	Schälen, mit Zitronensaft und Wasser kochen und pürieren; in starren Behältern einfrieren.		In Suppen verwenden.
Karotten	Junge, weiche nehmen; oberes und unteres Ende abschneiden; sehr junge mit Schale garen, sonst dünn schaben. Große in Scheiben schneiden. Blanchieren, abkühlen lassen und in Einfrierbeuteln verpacken.	3–5 Min.	Gefroren in Salzwasser 5–8 Min. kochen; oder 8–10 Min. in Butter schwenken.
Knollensellerie	Waschen, schälen und kochen; dann pürieren. In Folienbehältern verpacken.		Im Einfrierbehälter, in feuerfester Form mit Folie bedeckt erwärmen; oder im Wasserbad mit ein wenig Rahm oder Butter erhitzen.
Kohlrabi	Kleine, wenig größer als Golfbälle aussuchen. Oberes und unteres Ende abschneiden und schälen. Blanchieren und abgekühlt in Einfrierbeuteln verpacken.	2 Min.	In kochendem Salzwasser 10–15 Min. garen.
Pastinake	Schälen und in Würfel schneiden; in Einfrierbeuteln verpacken.	2 Min.	Gefroren in kochendem Salzwasser 5–10 Min. garen.
Rote Bete	Junge, weiche Bete in Golfballgröße aussuchen. Größere halbieren oder vierteln. Blanchieren und abgekühlt in Einfrierbeuteln verpacken.	5–10 Min.	Gefroren in kochendem Salzwasser 1 Std. garen.
Schwedische und weiße Rüben	Schälen und in Würfel schneiden; blanchieren und abgekühlt in Einfrierbeuteln verpacken; oder gekocht pürieren.		Gefroren in kochendem Salzwasser 10 Min. garen. Püree im Wasserbad erhitzen; ein wenig Butter oder Rahm zufügen.
Knollen und Zwiebeln			
Kartoffeln und Süßkartoffeln	Kochen und pürieren; dann als Kroketten oder Duchesse-Kartoffeln zubereiten und in starre Behälter packen. Neue, kleine Kartoffeln verlieren beim Einfrieren ihr Aroma. Abwischen, blanchieren und abgekühlt in Einfrierbeuteln verpacken.	3–5 Min.	Kroketten oder Duchesse-Kartoffeln in kalten Ofen geben; bei 200°C, Gas Stufe 6, 20–30 Min. garen. Neue Kartoffeln 15 Min. in kochendem Salzwasser garen.
Zwiebeln	Schälen, fein hacken oder in dicke Scheiben schneiden. Blanchieren und abgekühlt in Einfrierbeuteln oder starren Behältern verpacken. Zur Sicherheit 2 Beutel nehmen. Kleine Zwiebeln schälen und ganz blanchieren.	Gehackt oder in Scheiben: 2 Min.; Kleine, ganz: 4 Min.	Wie im Rezept verlangt verwenden.

Frische Gemüse einfrieren – Fortsetzung

Gemüse	Vorbereitung	Blanchierzeit	Garzeit und -methode
Gemüsefrüchte			
Auberginen	Waschen und in 2 cm dicke Scheiben schneiden. Blanchieren und auf Küchenkrepp abkühlen lassen. Papier zwischenlegen und in starre Behälter packen.	4 Min.	Gefroren nach Rezept verwenden; da sie sehr weich sind, zerkochen sie leicht.
Eierkürbis	Schälen, in Scheiben schneiden, entkernen. Blanchieren, abtropfen, abkühlen; wie Courg. einfrieren.	2–3 Min.	Auftauen und in Butter schwenken oder in Kasserollen verwenden.
Paprika	Waschen, halbieren, entkernen und Mitte entfernen. Blanchieren, abtropfen, abgekühlt separat verpacken. Oder würfeln, blanchieren, abkühlen und einfrieren.	halbiert: 3 Min. gewürfelt oder in Scheiben: 1½ min.	Halbierte auftauen und nach Rezept verwenden. Gewürfelte oder in Scheiben geschnittene in Kasserollen verwenden.
Tomaten	Kochen, pürieren und portionsweise in Folie oder starren Behältern verpacken.		Im Wasserbad erhitzen. An Saucen oder Kasserollen geben.
Zucchinis	Kleine nehmen. Waschen, oberes und unteres Ende entfernen, in 15 mm dicke Scheiben schneiden. Blanchieren, abtropfen, abkühlen und in Beutel packen.	1 Min.	Gefroren in wenig kochendem Salzwasser 3 Min. Min. garen oder aufgetaut in Butter schwenken.
Kohl- u. Blattgemüse			
Blumenkohl	Feste, weiße Köpfe nehmen. Harte Stengel entfernen; Köpfe in Röschen brechen; Waschen und mit 2 TL Zitronensaft auf 600 ml Wasser blanchieren. Abkühlen, abtropfen lassen und schichtweise, mit Antihaft-Folie dazwischen, in starren Behältern verpacken.	3 Min.	Gefroren in kochendem Salzwasser 5–8 Min. garen.
Brokkoli	Jungen nehmen. Holzige Stengel und harte Außenblätter entfernen. In Zweige teilen und waschen. Blanchieren, abkühlen, abtropfen und schichtweise oder mit Papierlagen in feste Behälter packen.	kleine: 3 Min. dicke: 4 Min.	Gefroren in kochendem Salzwasser 5–8 Min. garen.
Kohl, grün oder rot	Äußere Blätter und Mitte entfernen; waschen und fein raffeln. Blanchieren, abkühlen und verpacken.	1½ Min.	Gefroren in wenig kochendem Salzwasser garen.
Rosenkohl	Kleine, feste Köpfe nehmen. Äußere, lose Blätter entfernen. Gut waschen; Blanchieren, abkühlen, gut abtropfen lassen; in Einfrierbeuteln verpacken.	2–3 Min.	Gefroren in kochendem Salzwasser 6–8 Min. garen.
Spinat	Beschädigte Blätter wegwerfen. Fasrige Stiele entfernen. Unter kaltem, fließendem Wasser gut waschen. Kleine Portionen blanchieren, gut abtropfen lassen und in starren Behältern verpacken.	2 Min.	Gefroren in Butter und eigenem Saft 5 Min. kochen. Brennt oder klebt leicht an!
Stielgemüse und Schößlinge			
Erdartischocken	Stiele und Blattspitzen abschneiden; gut waschen; In Wasser mit 2 TL Zitronensaft auf 600 ml blanchieren. Schnell abkühlen, Oberseite nach unten abtropfen lassen; einzeln in Einfrierbeuteln verpacken.	8–10 Min. je nach Größe	Gefroren 8 Min. in kochendem Salzwasser garen, oder bis sich ein Blatt leicht herausziehen läßt.
Fenchel	Knolle zurechtschneiden und halbieren oder Blätter trennen. Blanchieren, abkühlen, in Beutel packen.	halbiert: 5 Min. Blätter: 3 Min.	Gefroren 5–8 Min. in kochendem Salzwasser garen.
Sellerie	Gut waschen, Fasern entfernen. In 1 cm lange Streifen schneiden; blanchieren, abkühlen, abtropfen und in Beutel füllen; (nur für gekochte Gerichte zu verwenden).	3 Min.	Gefroren 10 Min. in kochendem Salzwasser garen; oder zu Kasserollen geben.
Spargel	Holzige Teile der Stengel entfernen, gut waschen, blanchieren und abkühlen. Schichtweise, mit Papier dazwischen, in starre Behälter packen.	dünne Stengel: 2 Min. dicke Stengel: 3–4 Min.	Gefroren in kochendem Salzwasser 5–8 Min. garen.
Hülsenfrüchte und Samen			
Bohnen	Bei langen, franz. oder grünen Bohnen oberes und unteres Ende und Fasern an den Seiten abschneiden. Lange Bohnen in 3 cm große Stücke schneiden. Breite und andere große Bohnen schälen. Waschen, blanchieren, abkühlen, abtropfen und in Einfrierbeutel packen.	2–3 Min.	Gefroren in kochendem Salzwasser garen; grüne Bohnen 5 Min., breite und andere große 7–8 Min.
Erbsen	Schälen, blanchieren, abkühlen und in Einfrierbeuteln verpacken.	1 Min.; rühren, damit sie gleichmäßig blanchieren	In kochendem Salzwasser 4–7 Min. garen.
Mais	Junge Kolben nehmen; Haut und Stiel entfernen; blanchieren, abkühlen, einzeln verpacken.	2–6 Min.	Gefroren in kochendem Salzwasser 20–30 Min. garen.
Mangetout (Zuckererbsen)	Oben und unten abschneiden; blanchieren, abkühlen lassen, in Einfrierbeutel oder -behälter packen.	1 Min.	Bei Zimmertemperatur auftauen lassen. In ein wenig Butter 1–2 Min. garen.

Ernährung

Eine ausgewogene Ernährung besteht darin, angemessene, aber nicht zu große Mengen der Nährstoffe zu sich zu nehmen, die den Körper gesund halten. Die Nährstoffe lassen sich in 5 Hauptgruppen aufteilen: Proteine, Kohlenhydrate, Fette, Mineralstoffe und Vitamine. Jeder hat im Körper und für die Gesundheit eine andere Funktion. Proteine sind zum Aufbau und zur Erneuerung des Körpergewebes notwendig, Kohlenhydrate und Fette zählen zu den Hauptenergiequellen, und mit Hilfe von Mineralstoffen und Vitaminen werden chemische und Stoffwechselprozesse im Körper gesteuert. Wasser und eine bestimmte Menge Ballaststoffe sind wichtig, damit der Körper richtig funktioniert – und wir uns wohlfühlen. Die meisten Nahrungsmittel, die wir zu uns nehmen, enthalten eine Kombination aus diesen verschiedenen Nährstoffen – keines ist für sich allein komplett. Damit wir dem Körper die notwendige Menge der gesamten Nährstoffe zuführen, brauchen wir eine ausgewogene Kost, die aus verschiedenen Nahrungsmitteln besteht. Die vegetarische Küche basiert zwar auf weniger Nahrungsmitteln, aber man kann dennoch eine vielseitige Kost zusammenstellen. Der strenge Vegetarier ißt keinerlei tierische Produkte; die notwendigen Nährstoffe liefern ihm Gemüse, Obst, Nüsse und Getreideprodukte. Vegetarier, die Milchprodukte wie Milch, Joghurt, Käse, Butter, Eier und Rahm zu sich nehmen, werden Lactovegetarier genannt; ihre Vorschriften sind weniger streng. Viele Faktoren beeinflussen die Wahl der Nahrungsmittel, die wir essen – z.B. traditionelle, kulturelle oder religiöse Faktoren, Preise, jahreszeitlich bedingte Verfügbarkeit oder persönliche Vorliebe und Abneigung. Jeder bevorzugt bestimmte Nahrungsmittel, und es gibt keinen Grund, etwas zu essen, was man nicht mag, nur weil es »gut für den Körper« ist. Generell gesehen kann man sich ausgewogen ernähren, wenn man verschiedene, appetitanregende Nahrungsmittel, die man gerne ißt, in nicht zu großen Mengen zusammenstellt. Es wäre unklug und eine Verschwendung, mehr zu essen als Ihr Körper braucht.

Was braucht Ihr Körper?

Wieviel Nährstoffe der einzelne Körper braucht, ist von Fall zu Fall verschieden; auch der tägliche Bedarf des Einzelnen variiert. Alter, Grad der Aktivitäten, Gesundheitszustand, Geschlecht und Ihr ganz spezieller Stoffwechsel bestimmen, wieviel Ihr Körper braucht. Ein junger Mensch, der noch im Wachstum ist, braucht mehr als ein weniger aktiver Erwachsener. Auch ein kranker Mensch braucht – zur Gewebeerneuerung und zur Bildung von Abwehrstoffen – mehr Nährstoffe als ein gesunder. Aus diesen Gründen läßt sich der exakte Bedarf nicht festlegen.

Tabelle 1, zusammengestellt aus statistischen Informationen, gibt den durchschnittlichen, täglichen Protein- und Energiebedarf an; die Werte können als Richtlinien angesehen werden. Die Tabellen ab Seite 212 geben Auskunft über Protein- und Energiegehalt der am meisten in der vegetarischen Küche gebrauchten Nahrungsmittel. Sie können auch als Richtlinie bei der Planung eines Gerichtes und der Bestimmung der darin enthaltenen Nährstoffe dienen. Die Werte für jeden einzelnen Nährstoff sind nicht enthalten, weil im allgemeinen dem Körper auch diese Stoffe zugeführt werden, wenn der Protein- und Energiebedarf ausreichend gedeckt ist.

ENERGIE

Energie ist der Baustoff, der uns am Leben erhält. Die allmähliche Abgabe an den Körper wird durch spezielle Proteinsubstanzen, die Enzyme, gesteuert. Alle Hauptnährstoffe – wie Kohlenhydrate, Fett und Protein – versorgen uns mit Energie. Alkohol ist eine weitere Energiequelle; er enthält jedoch, wie der

TABELLE 1 DURCHSCHNITTLICHER TAGESBEDARF AN PROTEIN UND ENERGIE			
	PROTEIN	ENERGIE	
	Gramm	Mega Joules	Kalorien
Kleinkinder bis zu 1 Jahr	20	3,3	800
Kleinkinder von 1−2 Jahren	30	5,0	1200
Kinder von 2−5 Jahren	35−40	5,9− 6,7	1400−1600
Kinder von 5−9 Jahren	45−53	7,5− 8,8	1800−2100
Kinder von 9−12 Jahren	58−63	9,6−10,5	2300−2500
Teenager 12−18 Jahre alt	58−75	9,6−12,6	2300−3000
Erwachsene Frauen	55−63	9,2−10,5	2200−2500
Erwachsene Männer	68−90	11,3−15,1	2700−3600
Ältere Leute	48−59	8,0− 9,8	1900−2350

Zucker, nur Energie und keine anderen Nährstoffe. Wir brauchen Energie, wenn der Körper sich im Ruhezustand befindet, zum Atmen und zur Regulierung der Körpertemperatur. Zusätzliche Energie wird benötigt, wenn man sich bewegt, und diejenigen, die anstrengende Aktivitäten ausüben, wie z.B. Sport betreiben oder schwere, körperliche Arbeit leisten, verbrauchen mehr Energie als jemand, der den ganzen Tag hinter dem Schreibtisch sitzt. Zusätzliche Energie brauchen auch heranwachsende Kinder, stillende Mütter und Invaliden.

Leider zeigt der menschliche Körper nicht an, wann Sie aufhören sollten zu essen. Wenn Sie flüssige oder feste Nahrung zu sich nehmen, die mehr Energie liefert, als Sie zum Leben oder für Ihre täglichen Aktivitäten brauchen, wird ein Teil davon in Fett umgesetzt, im Gewebe abgelagert, und Sie nehmen zu. Bei dem, der ständig zuviel ißt, machen sich bald Pölsterchen bemerkbar; um sie loszuwerden, brauchen Sie dem Körper nur weniger Energie zuzuführen, als er voraussichtlich pro Tag braucht. Sie können weniger essen (d.h. eine kalorienarme Diät einhalten) oder Ihre physischen Aktivitäten steigern – oder, unter ärztlicher Anleitung, beides kombinieren. Die Energiemenge, die in den diversen Nahrungsmitteln enthalten ist, wird heute in Megajoules gemessen; diese Einheit ersetzt den bekannteren Begriff Kalorie (1 Megajoule = 1000 Kilojoules = 240 Kalorien).

DIE NÄHRSTOFFE

Energie ist lebenswichtig, aber wir brauchen mehr als Energie. Wir brauchen Nährstoffe – und manche Nahrungsmitel enthalten davon mehr als andere. Daher ist es ganz nützlich, ein wenig über den Nährwertgehalt der verschiedenen Nahrungsmittel zu wissen, und wie man sie kocht und verarbeitet, ohne die wertvollen Nährstoffe, die sie enthalten, zu zerstören. Nur so läßt sich ein ausgewogener Ernährungsplan aufstellen. Wie stellen Sie Ihre tägliche Kost zusammen – nach dem Nährstoff- oder einfach nach dem Energiegehalt? Folgende Informationen sollen eine kleine Hilfe sein, und die Tabelle 2 gibt eine Zusammenfassung der Hauptfunktionen und -quellen jedes Nährstoffes.

Kohlenhydrate

Kohlenhydrate, normalerweise in Form von Zucker und Stärke, sind unsere Hauptenergielieferanten. Stärke findet man vornehmlich in den Speicherteilen von Pflanzen, z.B. in den Knollen der Kartoffel und in Getreidekörnern. Stärke spenden daher alle Getreide und ihre Produkte, wie z.B. Mehl, Brot, Teigwaren, Kuchen, Biskuits, wie auch Gemüse. Natürliche Zuckervorkommen findet man in Milch (Lactose), Honig (Fructose) und Obst (Glucose). Den größten Teil des Zuckers nehmen wir in Form von Sucrose, Rohrzucker, auf, der in vielen Nahrungsmitteln, einschließlich süßen und alkoholfreien Getränken, enthalten ist. Sucrose ist eine reine Form der Energie und enthält keine anderen Nähr-

TABELLE 2

Nährstoffe	Hauptfunktionen	Hauptquellen
PROTEIN	Liefert Material zum Aufbau und zur Erneuerung des Körpergewebes und zur Regulierung des Stoffwechselprozesses.	Eier, Käse, Milch, Joghurt, Getreide und Getreideprodukte, Hülsenfrüchte, Nüsse und Gemüse.
KOHLENHYDRATE	Liefern Energie für tägliche Aktivitäten und zur Regulierung der Körpertemperatur.	Getreide und Getreideprodukte wie Brot, Teigwaren, Biskuits und Kuchen; Obst, Gemüse, Zucker, Süßigkeiten, Mineralgetränke.
FETT	Konzentrierte Energiequelle. Enthält fettlösliche Vitamine A, D, E und K.	Butter, Margarine, Pflanzenöle, Rahm, Käse.
VITAMINE		
VITAMIN A	Für gutes Sehen bei Dunkelheit, gesunde Haut und gesundes Gewebe.	Butter, Margarine, Grüngemüse, Karotten, Milch.
Vitamin B-Komplex B^1, B^2, Biotin, Nikotinsäure	Dient der allmählichen Abgabe und Verwertung von Energie.	Angereicherte Frühstücksspeisen, Brot, Mehl, Kartoffeln, Eier, Milch.
B^6, B^{12}, Biotin, (Fohlsäure)	Für den Eiweißstoffwechsel und zur Bildung roter Blutkörperchen.	Eier; B^6 und Folsäure in ganzem Getreide und Gemüse. B^{12}: nur in Milchprodukten, die in strikter, vegetarischer Diät nur begrenzt vorkommen.
Vitamin C	Zur Erhaltung eines gesunden Gewebes und zur Wundheilung. Die Behauptung, daß große Dosen Vitamin C Erkältungen vorbeugen oder kurieren können, ist wissenschaftlich nicht bewiesen.	Zitrusfrüchte, Grüngemüse, Kartoffeln, Hagebutten, schwarze Johannisbeeren und Sirup.
Vitamin E	Wirkt als Antioxidationsstoff.	Getreide und Getreideprodukte, Eier, Pflanzenöle.
Vitamin K	Für die normale Blutgerinnung.	Getreide und Getreideprodukte, Gemüse. Wird vom Körper selbst erzeugt.
Vitamin D	Für Kalzium-Stoffwechsel und Knochenbau.	Milch, Käse, Eier, Butter, Margarine. Wird auch in der Haut durch die Einwirkung von UV-Strahlen gebildet.
MINERALSTOFFE		
Kalzium	Für Knochenbau und Zähne, zur Blutgerinnung und Muskelkontraktion.	Milch, Käse, helles und dunkles Brot und Mehl.
Phosphor	Als Baustoff für Knochen und Zähne, für die Abgabe und Verwertung von Energie.	In fast allen Nahrungsmitteln enthalten.
Eisen	Für die Bildung von Hämoglobin, des roten Blutfarbstoffes, der für den Sauerstofftransport im Körper zuständig ist.	Helles und dunkles Brot, Vollkornbrot und Mehl; Kartoffeln, Grüngemüse, Eier.
Natrium & Chlor	Bilden zusammen das Kochsalz für den Ausgleich des Wasserhaushaltes im Körper, Natrium fördert Muskel- und Nervenaktivitäten.	Salz, Brot und Getreideprodukte, Gemüse, Milch.
Kalium	Für den Ausgleich des Wasserhaushaltes im Körpergewebe.	Gemüse, Obst, Milch.
Magnesium	Für die Energieverwertung.	Weitverbreitet, besonders in Nahrungsmitteln pflanzlichen Ursprungs.
Fluor	Für Knochenaufbau und Zähne; schützt vor Zahnverfall.	Tee, Trinkwasser (nur in Gebieten mit angereichertem Trinkwasser).

stoffe. Sie ist eine direkte Ursache für den Zahnverfall. Aus diesen Gründen ist es nicht empfehlenswert, Nahrungsmittel auf Zucker-Basis in die Diät aufzunehmen.

Ballaststoffe

Sie sind eine andere Form von Kohlenhydraten und werden oft Füllstoffe genannt. Sie produzieren eine geringfügige Menge Energie, sind jedoch für den Körper unverdaulich. Sie sind aber notwendig, weil sie die Verdauung fördern und für den Nahrungstransport innerhalb unseres Verdauungssystems mit zuständig sind. Ballaststoffe sind in Getreide, Kleie, Obst und Gemüse enthalten.

Fette

Fette und Öle zählen zu den Hauptenergiequellen; sie liefern doppelt soviel Energie wie Eiweiß oder Kohlenhydrate. Sie sind entscheidend für die Struktur der Nahrungsmittel, ihr Aroma und ihr appetitliches Aussehen. Weil Fette nur langsam verdaut werden, haben fettreiche Nahrungsmittel einen hohen Sättigungswert.

Fett ist ein wichtiger Vitaminspender und sorgt durch die Ablage unter der Haut für ein Energiedepot. Einen großen Teil der Fette, die wir zu uns nehmen, können wir leicht erkennen, z.B. in Butter, Margarine und Pflanzenölen; einige Fette sind nicht sofort ersichtlich, wie z.B. in Milch, Käse, Nüssen, Schokolade, Kuchen, Biskuits und Eis.

Viele Leute glauben, daß eine hohe Fettzufuhr über Jahre hinaus gesundheitsschädigend sein könne. Der hohe Energiewert von Fetten und Ölen kann leicht zu Gewichtszunahmen führen, wenn sie dem Körper im Übermaß zugeführt werden, und heute wird viel darüber geredet, daß sie zu Herzerkrankungen beitragen können. Fast alle in unseren Nahrungsmitteln enthaltenen Fette enthalten Fettsäuren. Dabei unterscheidet man aufgrund ihrer jeweiligen chemischen Zusammensetzung zwischen gesättigten und ungesättigten Fettsäuren.

Fette, die gesättigte Fettsäuren enthalten, sind meistens tierischen Ursprungs; man findet sie in Butter, Rahm, Käse und natürlich in Fleisch. Ungesättigte Fettsäuren sind in Fetten pflanzlichen Ursprungs enthalten, wie z.B. in Getreideöl und Sonnenblumenöl. Cholesterin ist eine andere Form von Fett, das auch in tierischen Produkten enthalten ist; Cholesterin und gesättigte Fette werden oft für Herzerkrankungen verantwortlich gemacht. Es gibt Anzeichen dafür, daß ungesättigte Fette eine Schutzfunktion haben, obwohl allgemein empfohlen wird, Fett nur in geringen Mengen zu sich zu nehmen. Diese kleinen Mengen sollte man – soweit wie möglich – aus pflanzlichen Produkten beziehen, aus mehrfach ungesättigter Margarine und Pflanzenöl anstatt aus Butter.

Proteine

Protein ist ein wichtiger Bestandteil aller lebenden Zellen; die tägliche Eiweißzufuhr liefert Material für Aufbau und Erneuerung des Körpergewebes. Nehmen Sie mehr Proteine zu sich als Ihr Körper benötigt, geht der Überschuß verloren oder dient als zusätzliche Energiequelle – die sich in Form von Fett speichern kann.

Proteine bestehen aus einer komplexen Kombination von Substanzen, die man Aminosäuren nennt. Da einige dieser Aminosäuren nicht im Körper selbst gebildet werden, müssen sie durch die Nahrung zugeführt werden, und zwar sowohl durch tierische wie auch durch pflanzliche Produkte. Die wichtigsten Proteinquellen für den Lacto-Vegetarier sind Getreideprodukte, Nüsse, Hülsenfrüchte, Eier, Milch und Käse. Dem strengen Vegetarier bleiben nur die ersten 3 Gruppen. Da der Körper große Mengen Aminosäuren nicht speichern kann, sollte jede Mahlzeit eine Kombination verschiedener Proteine enthalten, und da jedes Nahrungsmittel eine andere Kombination von Aminosäuren aufweist – und diese in manchen mehr oder weniger oder sogar ganz fehlen – ist eine gute Mischung pflanzlicher Proteine unerläßlich. Besonders gut ist eine Kombination aus Getreideprodukten und Hülsenfrüchten (z.B. gebackene Bohnen auf Toast oder Linsen-Curry und Reis).

Während des Wachstums braucht der Körper mehr Protein; zusätzliches Eiweiß wird auch während der Schwangerschaft und Stillzeit benötigt. Im Krankheitsfall – ob es sich dabei um Wundheilung oder Muskelstärkung nach einer Infektion handelt – wird der Genesungsprozeß durch erhöhte Proteinzufuhr beschleunigt.

Vitamine und Mineralstoffe

Vitamine und Mineralstoffe sind in winzigen Mengen in den meisten Nahrungsmitteln enthalten. Der Körper braucht sie für das Wachstum, zur Regeneration und für das Funktionieren des Stoffwechselprozesses. Bei einer guten und abwechslungsreichen Kost nehmen Sie genug davon auf und müssen nicht zu den handelsüblichen Vitamintabletten oder Zusatzpräparaten greifen, außer Sie werden vom Arzt während des Wachstums, im Krankheitsfall oder bei Erschöpfung verschrieben. Vitamin A, D, E und K sind fettlöslich und werden daher im Fettgewebe des Körpers gespeichert. Vitamin C und der Vitamin B-Komplex sind wasserlöslich und werden nicht im Gewebe gespeichert; sie müssen dem Körper täglich zugeführt werden.

Auch die Mineralstoffe sind ausreichend in einer vernünftigen, gemischten Kost enthalten. Sie sind für den Organismus und für diverse Stoffwechselprozesse unentbehrlich. Die Hauptfunktionen und Hauptquellen der Vitamine und Mineralstoffe finden Sie in Tabelle 2. Außer den dort angegebenen braucht der Körper zusätzliche Mineralstoffe in winzi-

gen Mengen, die sog. *Spurenelemente*. Dazu gehören Kobalt, Kupfer, Chrom, Jod, Mangan und Zink; Mangelerscheinungen sind dabei recht selten.

Vitamin- oder Mineralstoffmangel tritt selten und nur bei den Menschen auf, die sich einseitig ernähren, oder bei Alkoholikern. Strenge Vegetarier oder Lacto-Vegetarier müssen nicht zu der ersten Gruppe gehören, wenn sie sich an die goldene Regel halten, angemessene Mengen von Nahrungsmitteln aus den verschiedenen Bereichen zu sich zu nehmen: Getreideprodukte, Nüsse, Hülsenfrüchte, Obst, Gemüse und – außer für strenge Vegetarier – Milchprodukte.

Vitamin B_{12} ist nur in tierischen Produkten enthalten; der strenge Vegetarier könnte also diesbezüglich Mangelerscheinungen entwickeln. Hefeextrakt enthält einige Vitamine des B-Komplexes und eine geringe, aber nützliche Menge B_{12}. Deshalb sollte er im täglichen Speisezettel des strengen Vegetariers nicht fehlen. Es gibt Menschen, die zu bestimmten Zeiten eher an Vitamin- und Mineralstoff-Mangelerscheinungen leiden als andere, weil ihr Bedarf aus verschiedenen Gründen größer ist. Eine Frau braucht während der Schwangerschaft mehr Eisen und Fohlsäure; sind diese Baustoffe nicht in ausreichender Menge in der täglichen Kost vorhanden – kann es zu einer Anämie kommen. Es ist gefährlich, große Dosen fettlöslicher Vitamine über einen zu langen Zeitraum zu nehmen, weil sie sich allmählich im Körper ansammeln und giftig werden können. Das geschieht aber nur unter außergewöhnlichen Umständen – bei zu großer Zufuhr von handelsüblichen Vitaminpräparaten, oder wenn man täglich Karottensaft trinkt. Diese Art der Ernährung ist nicht ausgewogen und vernünftig und deshalb zu vermeiden!

Wasser
Obwohl Wasser streng genommen kein Nährstoff ist, ist es für uns lebenswichtig. Wasser ist nicht nur in flüssiger, sondern auch in fester Nahrung enthalten. Ca. $2/3$ des Körpergewichtes besteht aus Wasser und in diesem Medium finden auch die meisten Körperprozesse statt.

Alkohol
Alkohol enthält, wie Zucker, Energie, aber keine nützlichen Nährstoffe. Alkoh. Getränke wie Bier enthalten eine beträchtliche Menge Vitamine der B-Gruppe-Riboflavin und Nikotinsäure; aber Spirituosen enthalten keine Vitamine. In Wein und Bier sind auch unterschiedliche Mengen Kohlenhydrate, die zusätzliche Energie liefern, enthalten.

Auswirkungen der Verarbeitungs- und Garmethode auf den Nährwert
Der Nährwert von Getreideprodukten hängt vom Ausmaß der Verarbeitung vor dem Verkauf ab – am besten nimmt man ganze Körner oder Vollkornprodukte. Der Nährstoffgehalt innerhalb eines Weizenkorns varriiert und die Konzentration von Proteinen, Mineralstoffen und Vitaminen ist im Keim größer als in den äußeren Schichten. Diese Schichten gehen beim Mahlen von weißen oder braunen Mehlsorten verloren, ebenso wie beim Polieren von Reis. Auch der Füllstoffgehalt wird bei Getreideprodukten dadurch beeinträchtigt. Nach der Verarbeitung bleibt der Nährstoffgehalt von Getreideprodukten im großen und ganzen unverändert (außer daß durch Kochen das Avernin, d.h. das Vitamin B^1, zerstört werden kann).

ORGANISCHE UND GESUNDE KOST
Alle Nahrungsmittel auf pflanzlicher oder tierischer Basis sind organisch und dienen der Ernährung. Als Teil einer ausgewogenen Kost erhalten sie unsere Gesundheit. Der Begriff »organisch« bezeichnet rohe oder verarbeitete Nahrungsmittel, die mit organischen Düngemitteln, ohne Pestizide oder chemische Zusatzstoffe, behandelt wurden.

Ihr Nährstoffgehalt richtet sich in erster Linie nach der Spezies Tier oder Pflanze, von denen sie stammen.

Der Schlüssel zur gesunden Ernährung
Man sollte jeden Tag eine leichte Mahlzeit zu sich nehmen – und frühstücken. Jede Mahlzeit sollte eine Anzahl Proteinspender enthalten – wie z.B. Getreideprodukte, Nüsse, Hülsenfrüchte und für die weniger strengen Vegetarier Eier, Milch und Käse. Stärkehaltige Nahrungsmittel – z.B. Getreideprodukte – stillen den Hunger; aber essen Sie nicht zuviel Fett. Wenigstens einmal am Tag sollten Sie frisches Obst oder Gemüse essen. Sie dürfen soviel trinken (möglichst ungesüßte Getränke), wie Sie wollen. Kinder und Erwachsene sollten möglichst zwischen den Mahlzeiten auf Süßigkeiten und Schokolade verzichten, da sie den Appetit auf die nächste Hauptmahlzeit verderben. Der menschliche Nährstoffebedarf – außer dem Bedarf an Vitamin B^{12} – kann durch vegetarische Kost vollständig gedeckt werden; dazu gehört aber sorgfältige Planung und Zusammenstellung der Gerichte. Eine Kombination pflanzlicher Proteine aus Getreideprodukten, Gemüse, Hülsenfrüchten und Nüssen sorgt für ausreichende Proteine von guter Qualität. Lactovegetarier zählen auch Milch, Käse und Eier zu ihren Proteinquellen. Strenge Vegetarier müssen sorgfältig darauf achten, daß sie genug Energie, Kalzium, Eisen, Riboflavin, Vitamin^{12} und Vitamin D zu sich nehmen – siehe Tabelle 2. Vegetarier sollten den Nährwertgehalt ihrer Kost stets vor Augen haben. Eine wöchentliche Überprüfung zeigt, wovon er zuviel bzw. zuwenig bekommen hat; aber man kann sich durchaus gesund ernähren, ohne bei jedem Essen detaillierte Berechnungen anzustellen.

Es schadet niemandem, diese Regeln gelegentlich über Bord zu werfen, wenn man zum Essen eingeladen ist oder Gäste bewirtet. Zuviel Rahm, Butter oder Schokolade sollte man meiden, obwohl sie aus der Feinschmeckerküche nicht wegzudenken sind. Verwenden Sie sie jedoch sparsam und essen Sie dafür an anderen Tagen ein wenig einfacher. Essen Sie langsam und mit Genuß – und denken Sie daran: Nichts ist frustrierender, als sich beim Essen mit Leuten, die an den Prinzipien guter und gesunder Ernährung nicht interessiert sind, über bestimmte Eßgewohnheiten und Vorlieben zu unterhalten. Ein Mensch, der fit und gesund ist, ist ein besseres Beispiel als alle Diskussionen!

In den Tabellen auf den folgenden Seiten finden Sie Energie- und Proteingehalt verschiedener Nahrungsmittel als Richtlinie.

MILCHPRODUKTE
Milch, eines der vollständigsten Nahrungsmittel, hat einen hohen Nährwert. Sie enthält fast alle für den Menschen wichtigen Nährstoffe und ist eine ausgezeichnete Quelle für Proteine, Kalzium und Riboflavin (Vitamin B^2). Sie enthält einige Kohlenhydrate in Form von Milchzucker (Lactose); ihr fehlen jedoch Eisen und Vitamin C und D.

In Flaschen abgefüllte Milch sollte nicht zu lange der Sonne ausgesetzt sein, da ein beträchtlicher Teil des Riboflavin dadurch nach 1 Std. zerstört wird.

Trockenmilchsorten enthalten alle Nährstoffe der rahmhaltigen oder entrahmten Frischmilch, außer den Vitaminen der B-Gruppe, die durch den Trockenprozeß zerstört werden. Der Nährwert des Joghurt ist ähnlich dem der Milch, aus der er hergestellt wurde – der rahmhaltigen oder entrahmten.

Rahm wird aus der isolierten Fettschicht frischer Milch gewonnen. Der Energiegehalt der verschiedenen Sorten hängt vom Fettgehalt ab; einfacher Rahm enthält 18%, genauso viel wie das Milchfett, Doppelrahm 48% und Schlagrahm 35%. Rahm enthält die fettlöslichen Vitamine, die man in Milch findet – insbesondere das Vitamin A; die entrahmte Milch enthält viel Protein, Kalzium und die Vitamine der B-Gruppe.

Butter wird aus Rahm geknetet, um die Fettpartikel von der flüssigen Buttermilch zu trennen. Butter darf laut Gesetz nicht weniger als $78-80\%$ Milchfett enthalten.* Sie enthält auch die fettlöslichen Vitamine A und D – die genaue Menge hängt vom Milchgehalt ab.

* (In Großbritannien)

Käse entsteht durch Gerinnung der Milchproteine; dadurch entsteht ein Quark, der auf verschiedene Art zu diversen Käsesorten (S. 28) weiterverarbeitet wird. Quark enthält viel Protein, Fett und fettlösliche Vitamine, sowie das meiste Kalzium aus der Milch. Lactose und die Vitamine der B-Gruppe bleiben in der nicht verwendeten Molke.

Hüttenkäse wird aus entrahmter Milch hergestellt und enthält sehr wenig Fett, während Rahmkäse einen sehr hohen Fettgehalt aufweist.

Eier liefern besonders viel Proteine, Vitamin D, Vitamin A (Retinol), Riboflavin und Eisen. Der aus Eiern aufgenommene Eisenanteil ist von anderen Ernährungsfaktoren abhängig: wird z.B. ein Vitamin C-haltiger Fruchtsaft zu den Eiern getrunken, nimmt der Körper mehr Eisen auf. Die Farbe der Eierschalen spielt keine Rolle für den Nährwert – lediglich die Aufzucht der Henne. Auch die Farbe des Eigelbs ist nicht wichtig. Freilandeier und Eier aus der Legebatterie sind von ähnlicher Zusammensetzung; Freilandeier enthalten jedoch mehr Vitamin B^{12} und Fohlsäure.

HÜLSENFRÜCHTE
Hülsenfrüchte sind sehr proteinreich und enthalten mehr Energie und Vitamin B als Grün- oder Wurzelgemüse. Frische Erbsen und dikke Bohnen enthalten Vitamin C, das aber beim Trocknen verlorengeht. Durch Einweichen von Trockenerbsen und -bohnen werden wasserlösliche Vitamine und Mineralstoffe in das Einweichwasser abgegeben.

NÜSSE
Nüsse sind fett- und proteinhaltig und eine gute, konzentrierte Energiequelle. Sie enthalten auch Vitamine der B-Gruppe, aber weder Vitamin A noch C.

OBST
Die meisten Obstsorten enthalten ein wenig Zucker und kleine Mengen Mineralstoffe und Vitamine der B-Gruppe; sie sind hervorragende Vitamin C-Spender. Der Vitamingehalt hängt von der Obstsorte ab und ist niedriger in gekochtem als in frischem Obst. Schwarze Johannisbeeren, Erdbeeren und weiches Obst, Orangen, Pampelmusen und naturreiner Fruchtsaft (kein Fruchtmark oder -likör) enthalten das meiste Vitamin C.

Trockenobst liefert Energie zumeist als Zucker, enthält aber kein Vitamin C. Trockenpflaumen und -aprikosen enthalten auch das Vitamin B Karotin.

GETREIDEPRODUKTE
Getreideprodukte liefern Energie, Protein, Kohlenhydrate, Eisen, Kalzium, Nikotinsäure und Avernin (Vitamin B^1). Im ganzen Korn und in den äußeren Schichten sind mehr Proteine, Mineralstoffe und Vitamine enthalten, die beim Mahlen verlorengehen. Der Nährwert von weißem Mehl ist daher niedriger als bei braunem oder Weizenschrotmehl. Letzteres enthält, wenn es nicht gesiebt wird, auch Ballaststoffe. Wie bereits erwähnt, verliert auch Reis durch das Polieren an Nährstoffen. Durch die Koch- und Verarbeitungsmethode von Getreideprodukten kann auch der Avernin-Gehalt verlorengehen.

ZUCKER UND KONSERVEN
Weißer Zucker enthält Energie, aber keine Nährstoffe. Brauner Zucker enthält ebenfalls, neben Energie, nur unbedeutende Mengen an Mineralstoffen und Vitaminen. Einige Konserven enthalten Vitamin C, und Schoko-

Gemüse
Die Energiewerte der Gemüsesorten sind in Kalorien und Kilojoules, pro 100 g, die Proteinwerte in Gramm je 100 g angegeben.

Sorte	Beschreibung	Energie Einh. kcal	kJ	Protein (Gramm)	Sorte	Beschreibung	Energie Einh. kcal	kJ	Protein (Gramm)
Artischocken, Erd	Unterer Blatteil, weiche Innenteile; gekocht	15	62	1,1	Kartoffeln, alt	Nur Fleisch, gekocht	80	343	1,4
Artischocken, Jerusalem	Nur Fleisch; gekocht	18	78	1,6	Kartoffeln, alt	Nur Fleisch, gebacken in der Schale	105	448	2,6
Auberginen	Nur Fleisch; roh	14	62	0,7	Kartorffeln, alt	Nur Fleisch, schwimmend ausgebacken	157	662	2,8
Blumenkohl	Kopf und Stiel; gekocht	9	40	1,6	Kartoffeln, alt	Nur Fleisch, fritiert als Chips	253	1065	3,8
Blumenkohl	Kopf und Stiel; roh	13	56	1,9	Kartoffeln, Chips	gewürzt	533	2224	6,3
Bohnen, grün	Schote zurechtgeschnitten; roh	26	114	2,3	Kartoffeln, neu	Nur Fleisch; gekocht	76	324	1,6
Bohnen, grün	Schote zurechtgeschnitten; gekocht	19	83	1,9	Kartoffeln, neu	Nur Fleisch; in Dosen, abgetropft	53	226	1,2
Bohnen, französische	Schote und Bohnen; gekocht	7	31	0,8	Kartoffeln, Püree	Pulver; aufgelöst	70	299	2,0
Bohnensprossen	In Dosen; abgetropft	9	40	1,6	Kohl, Frühlings	Innere Blätter; gekocht	7	32	1,1
Brokkoli	Oberer Teil; roh	23	96	3,3	Kohl, Rot-	Innere Blätter; roh	20	85	1,7
Brokkoli	Oberer Teil; gekocht	18	78	3,1	Kohl, Savoy	Innere Blätter; roh	26	109	3,3
Champignons	Ganz; roh	13	53	1,8	Kohl, Savoy	Innere Blätter; gekocht	9	40	1,3
Champignons	Ganz; gebraten	210	863	2,2	Kohl, Weiß	Ganz; roh	22	93	1,9
Chicoree	Stengel und junge Blätter; roh	9	38	0,8	Kohl, Winter-	Innere Blätter; roh	22	92	2,8
Courgetten	Nur Fleisch; roh	16	69	0,6	Kohl, Winter-	Innere Blätter; gekocht	15	66	1,7
Courgetten	Nur Fleisch; gekocht	7	29	0,4	Knollensellerie	Nur Fleisch; gekocht	14	59	1,6
Endivien	Nur Blätter; roh	11	47	1,8	Kopfsalat	Innere Blätter; roh	12	51	1,0
Fenchel	Nur Blätter; roh	28	117	2,8	Kürbis	Nur Fleisch; roh	15	65	0,6
Frühlingsgrüngemüse	Blätter; gekocht	10	43	1,7	Lauch	Nur Knolle; roh	31	128	1,9
Frühlingszwiebeln	Fleisch der Knolle; roh;	35	151	0,9	Lauch	Nur Knolle; gekocht	24	104	1,8
Gurken	Nur Fleisch; roh	10	43	0,6	Mais	Kolben; nur Körner; roh	127	538	4,1
Karotten	In Dosen; abgetropft; erhitzt	19	82	0,7	Mais	Kolben; nur Körner; gekocht	123	520	4,1
Karotten, alt	Nur Fleisch; roh	23	98	0,7	Mais	In Dosen; Körner	76	325	2,9
Karotten, alt	Nur Fleisch; gekocht	19	79	0,6	Meerrettich	Fleisch der Knolle; roh	59	253	4,5
Karotten, jung	Nur Fleisch; gekocht	20	87	0,9	Okra	Ganz; roh	17	71	2,0
Kartoffeln alt	Nur Fleisch; roh	87	372	2,1					

lade ist eisenhaltig, aber die Hauptfunktion dieser Nahrungsmittel ist die Geschmacksverbesserung.

GEMÜSE

Gemüse bestehen zu 80−95% aus Wasser, aber enthalten auch wertvolle Vitamine – insbesondere Vitamin C-Mineralstoffe und kleine Mengen Protein und Energie. Sie liefern auch Ballaststoffe. Grüngemüse sind ausgezeichnete Spender von Vitamin C, B-Karotin (das im Körper in Vitamin A umgewandelt wird), Folsäure, Eisen und anderen Mineralstoffen.

Gemüse sollte, so oft wie möglich, roh gegessen werden. Welkes oder gekochtes Gemüse enthält weniger Vitamin C als rohes. Durch Kochen gehen z.T. auch Folsäure und Mineralstoffe verloren. Wurzelgemüse sind das Vorratslager der Pflanzen und enthalten mehr energiespendende Stärke und Zucker als die meisten anderen Grüngemüse. Weiße und schwedische Rüben, Pastinake und Kar-

toffeln sind reich an Vitamin B-Karotin. Wie sorgfältig man Gemüse vorbereiten und kochen sollte, um ihren Nährstoffgehalt nicht zu zerstören, wurde bereits erwähnt (S. 106).

Sorte	Beschreibung	Energie Einh. (Pro 100 g)		Protein
		kcal	kJ	(Gramm)
Paprika, grün	Nur Fleisch; roh	15	65	0,9
Paprika, grün	Nur Fleisch; gekocht	14	59	0,9
Paprika, rot	Nur Fleisch; roh	31	130	1,4
Paprika, rot	Nur Fleisch; gekocht	26	109	1,2
Pastinake	Nur Fleisch; roh	49	210	1,7
Pastinake	Nur Fleisch; gekocht	56	238	1,3
Petersilie	Blätter; roh	21	88	5,2
Radieschen	Fleisch und Haut; roh	15	62	1,0
Rosenkohl	Nur innere Blätter; roh	26	111	4,0
Rosenkohl	Nur innere Blätter; gekocht	18	75	2,8
Rote Bete	Nur Fleisch; roh	28	118	1,3
Rote Bete	Nur Fleisch; gekocht	44	189	1,8
Schwedische Rüben	Nur Fleisch; roh	21	88	1,1
Schwedische Rüben	Nur Fleisch; gekocht	118	76	0,9
Sellerie	Nur Stiel; roh	8	36	0,9
Sellerie	Nur Stiel; gekocht	5	21	0,6
Senf & Kresse	Blätter und Stiele; roh	10	47	1,6

Sorte	Beschreibung	Energie Einh. (Pro 100 g)		Protein
		kcal	kJ	(Gramm)
Spargel	Nur weiche Spitzen; gekocht	18	75	3,4
Spinat	Blätter; gekocht	30	128	5,1
Spitzwegerich, grün	Nur Fleisch; gekocht	122	518	1,0
Spitzwegerich, reif	Nur Fleisch; gebraten	267	1126	1,5
Süßkartoffeln	Nur Fleisch; roh	91	387	1,2
Süßkartoffeln	Nur Fleisch; gekocht	85	363	1,1
Tomaten	Ganz; roh	14	60	0,9
Tomaten	Ganz; schwimmend ausgebacken	69	288	1,0
Tomaten	Ganz; in Dosen; abgetropft	12	51	1,1
Wasserkresse	Blätter und Stiele, roh	14	61	2,9
Weiße Rüben	Nur Fleisch; roh	20	86	0,8
Weiße Rüben	Nur Fleisch; gekocht	14	60	0,7
Weiße Rüben, Blätter	Nur Blätter; gekocht	11	48	2,7
Yam	Nur Fleisch; gekocht	119	508	1,6
Zwiebeln	Nur Fleisch; roh	23	99	0,9
Zwiebeln	Nur Fleisch; gekocht	13	53	0,6
Zwiebeln	Nur Fleisch; gebraten	345	1425	1,8

Obst

Sorte	Beschreibung	Pro 100 g Energie Einh. kcal	kJ	Protein (Gramm)
Ananas	In Dosen; Früchte und Saft	76	325	0,3
Äpfel, Eß-	Nur Fleisch; roh	46	196	0,3
Äpfel, Eß-	Ganz; roh	35	151	0,2
Äpfel, Koch-	Nur Fleisch; roh	37	159	0,3
Äpfel, Koch-	Nur Fleisch; gedüstet, ohne Zucker	32	136	0,3
Aprikosen	Frisch; entkernt; roh	28	117	0,6
Aprikosen	Frisch; ganz; roh	25	108	0,5
Aprikosen	Frisch; entkernt; gedünstet, ohne Zucker	23	98	0,4
Aprikosen	Getrocknet ; entsteint; roh	182	776	4,8
Aprikosen	Getrocknet; entsteint; gedünstet, ohne Zucker	66	288	1,8
Aprikosen	In Dosen; entsteint; Früchte & Saft	106	452	0,5
Avocado-Birnen	Nur Fleisch; roh	223	922	4,2
Backpflaumen	Getrocknet; entkernt; roh	161	686	2,4
Backpflaumen	Getrocknet; ganz; roh	134	570	2,0
Backpflaumen	Getrocknet; entkernt; ohne Zucker, gedünstet	82	349	1,3
Backpflaumen	Getrocknet; ganz; gedünstet, ohne Zucker	74	316	1,1
Bananen	Nur Fleisch; roh	79	337	1,1
Bananen	Ganze Frucht; roh	47	202	0,7
Birnen	In Dosen; Früchte § Sirup	77	327	0,4
Birnen, Eß-	Nur Fleisch; roh	41	175	0,3
Birnen, Eß-	Ganz; roh	29	125	0,2
Birnen, Koch-	Nur Fleisch; roh	36	154	0,3
Birnen, Koch-	Nur Fleisch; gedünstet, ohne Zucker	30	130	0,2
Blaubeeren	Ganze Frucht; roh	56	240	0,6
Brombeeren	Ganze Frucht; roh	29	125	1,3
Brombeeren	Ganze Frucht; gedünstet, ohne Zucker	25	107	1,1
Damaszenerpflaume	Entsteint; roh	38	162	0,5
Damaszenerpflaume	Ganz; roh	34	144	0,4
Damaszenerpflaume	Entsteint; gedünstet	32	136	0,4
Datteln	Getrocknet; entkernt	248	1056	2,0
Datteln	Getrocknet; ganz	213	909	1,7
Erdbeeren	Ganze Frucht; roh	26	109	0,6
Erdbeeren	In Dosen; Früchte & Sirup	81	344	0,4
Feigen	Grün; ganze Frucht	41	174	1,3
Feigen	Getrocknet; ganze Frucht; roh	213	908	3,6
Feigen	Getrocknet; ganze Frucht; gedünstet, ohne Zucker	118	504	2,0
Granatapfel	Nur Fleisch; roh	63	264	0,5
Himbeeren	Ganze Frucht; roh	25	105	0,9
Himbeeren	In Dosen; Früchte & Sirup	87	370	0,6
Johannisbeeren, getrocknet	Ganze Frucht	243	1039	1,7

Sorte	Beschreibung	Pro 100 g Energie Einh. kcal	kJ	Protein (Gramm)
Johannisbeeren, rot	Ganze Frucht; rot	21	89	1,1
Johannisbeeren, rot	Ganze Frucht; gedünstet, kein Zucker	18	76	0,9
Johannisbeeren, schwarz	Ganze Frucht; roh	28	121	0,9
Johannisbeeren, schwarz	Ganze Frucht; gedünstet, kein Zucker	24	103	0,8
Johannisbeeren, weiß	Ganze Frucht; roh	26	112	1,3
Johannisbeeren, weiß	Ganze Frucht; gedünstet, kein Zucker	22	96	1,1
Kirschen, Eß-	Entsteint; roh	47	201	0,6
Kirschen, Eß-	Ganz; roh	41	175	0,5
Kirschen, kandierte		212	903	0,6
Kirschen, Koch-	Entsteint; roh	46	196	0,6
Kirschen, Koch-	Ganz; roh	39	165	0,5
Kirschen, Koch-	Entsteint; gedünstet, ohne Zucker	39	165	0,5
Limonen	Ganz	28	117	0,7
Loganbeeren	Ganze Frucht; roh	17	73	1,1
Loganbeeren	Ganze Frucht; gedünstet, kein Zucker	16	67	1,0
Lychees	Nur Fleisch; roh	64	271	0,9
Lychees	In Dosen; Frucht & Sirup	68	290	0,4
Mandarinen	In Dosen; Früchte & Sirup	56	237	0,6
Mangos	Nur Fleisch; roh	59	253	0,5
Mangos	In Dosen; Früchte & Sirup	77	330	0,3
Maulbeeren	Ganze Frucht; roh	36	152	1,3
Melonen, Honig-	Nur Fleisch; roh	21	90	0,6
Melonen, Honig-	Ganz; roh	13	56	0,4
Melonen, Warzen-	Nur Fleisch; roh	24	102	1,0
Melonen, Warzen-	Ganz; roh	15	63	0,6
Melonen, Wasser-	Nur Fleisch; roh	21	92	0,4
Melonen, Wasser-	Ganz; roh	11	47	0,2
Nektarinen	Entkernt; roh	50	214	0,9
Nektarinen	Ganz; roh	46	198	0,9
Oliven, grün	Ganz; roh	116	485	1,4
Oliven, schwarz	Ganz; roh	129	540	1,1
Orangen	Nur Fleisch; roh	35	150	0,8
Orangensaft	Frisch	38	161	0,6
Orangensaft	In Dosen; ungesüßt	33	143	0,4

Hülsenfrüchte

Sorte	Beschreibung	Energie Einh. kcal	kJ	Protein (Gramm)
Pampelmuse	Nur Fleisch; roh	22	95	0,6
Pampelmuse	In Dosen; Frucht & Sirup	60	257	0,5
Pampelmuse	Saft; in Dosen; ungesüßt	31	132	0,3
Papayas	In Dosen; Frucht & Sirup	65	275	0,2
Passionsfrucht	Geschält; roh	34	147	2,8
Pfirsiche	Frisch; entkernt; roh	37	156	0,6
Pfirsiche	Frisch; ganz; roh	32	137	0,6
Pfirsiche	Getrocknet; entkernt; roh	212	906	3,4
Pfirsiche	Getrocknet; entkernt; gedünstet, ohne Zucker	79	336	1,3
Pfirsiche	In Dosen; Früchte & Sirup	87	373	0,4
Pflaumen, Eß-	Entsteint; roh	38	164	0,6
Pflaumen, Eß-	Ganz; roh	36	153	0,5
Pflaumen, Koch-	Entsteint; roh	26	109	0,6
Pflaumen, Koch-	Entsteint; gedünstet, ohne Zucker	22	92	0,5
Preiselbeeren	Ganze Frucht; roh	15	63	0,4
Quitten	Nur Fleisch; roh	25	106	0,3
Reineclauden	Entsteint; roh	47	202	0,8
Reineclauden	Ganz; roh	45	191	0,7
Reineclauden	Entsteint; gedünstet; ohne Zucker	40	170	0,6
Rhabarber	Nur Stiehle; roh	6	26	0,6
Rhabarber	Nur Stiehle; gedünstet; ohne Zucker	6	25	0,6
Rosinen	Getrocknet; entkernt	246	1049	1,1
Stachelbeeren	Frisch; oben und unten abgeschnitten; roh	17	73	1,1
Stachelbeeeren	Frisch; oben u. unten abgeschnitten; gedünstet, kein Zucker	14	62	0,9
Sultaninen	Getrocknet; ganze Frucht	250	1066	1,8
Tangerinen	Nur Fleisch; roh	34	143	0,9
Weintrauben, schwarz	Nur Fleisch; roh	61	258	0,6
Weintrauben, schwarz	Ganze Frucht; roh	51	217	0,5
Weintrauben, weiß	Nur Fleisch; roh	63	268	0,6
Weintrauben, weiß	Ganze Frucht; roh	60	255	0,6
Zitronen	Ganz	15	65	0,8
Zitronen	Frischer Saft	7	31	0,3

Sorte	Beschreibung	Energie Einh. kcal	kJ	Protein (Gramm)
Bohnen, breite o, dicke	Frisch; nur Bohne; gekocht	48	206	4,1
Bohnen, breite	Getrocknet, roh	338	1414	25,1
Bohnen, Butter-	Getrocknet; roh	273	1162	19,1
Bohnen, Butter-	Getrocknet; gekocht	95	405	7,1
Bohnen, gebackene	In Dosen; in Tomatensauce	64	270	5,1
Bohnen, gemischte	d. h. weiße, schwarzäugige, braune; roh	340	1423	22,3
Bohnen, gemischte	wie oben; gekocht	118	494	7,8
Bohnen, Haricot-	Getrocknet; roh	271	1151	21,4
Bohnen, Haricot-	Getrocknet; gekocht	93	396	6,6
Bohnen, Mung-	Getrocknet; roh	231	981	22,0
Bohnen, Mung-	Getrocknet; gekocht	106	447	6,4
Bohnen, rote Kidney-	Getrocknet; roh	272	1159	22,1
Bohnen, Soja-	Getrocknet; roh	403	1686	34,1
Erbsen	Frisch, nur Erbse; roh	67	283	5,8
Erbsen	Frisch, nur Erbse; gekocht	52	223	5,0
Erbsen	Tiefgefroren; nur Erbse: roh	53	227	5,7
Erbsen	Tiefgefroren; nur Erbse; gekocht	41	175	5,4
Erbsen	Eingemacht; Garten	47	201	4,6
Erbsen	In Dosen; verarbeitet	80	339	6,2
Erbsen	Getrocknet; roh	310	1318	21,6
Erbsen	Getrocknet; gekocht	118	503	6,9
Erbsen	Spalt; getrocknet; roh	320	1362	22,1
Erbsen	Spalt; getrocknet; gekocht	144	610	8,3
Kichererbsen	Getrocknet; roh	320	1362	20,2
Kichererbsen	Getrocknet; gekocht	144	610	8,0
Linsen	Roh	304	1293	23,8
Linsen	Gekocht	99	420	7,6

Milchprodukte

Sorte	Beschreibung	Pro 100 g		
		Energie Einh.		Protein
		kcal	kJ	(Gramm)
Butter	Ungesalzen oder gesalzen	740	3041	0,4
Camembert-Sorten	d. h. Camembert, Brie	300	1246	22,8
Cheddar-Sorten	d. h. Cheddar, Cheshire, Gruyerzer Emmentaler	406	1682	26,0
Danish Blue-Sorten	d. h. Danish Blue, Roquefort, Dolcelatte	355	1471	23,0
Edamer-Sorten	d. h. Edamer, Gouda	304	1262	24,4
Parmesan		408	1696	35,1
Quark od. Hüttenkäse		96	402	13,6
Rahmkäse		439	1807	3,1
Stilton		462	1915	25,6
Doppelrahm		447	1841	1,5
Einfacher Rahm		212	876	2,4
Sauerrahm		212	876	2,4
Schlagrahm		332	1367	1,9
Eier, Hühner-	Ganz	147	612	12,3
Eier, Hühner-	Nur Eigelb	339	1402	16,1
Eier, Hühner-	Nur Eiweiß	36	153	9,0
Milch	Frisch; nicht entrahmt; haltbar	65	272	3,3
Milch	Frisch; entrahmt	33	142	3,4
Milch	Kondensiert; nicht entrahmt; gesüßt	322	1362	8,3
Milch	Trocken; nicht entrahmt	490	2051	26,3
Milch	Trocken; entrahmt	355	1512	36,4
Buttermilch	flüssig; handelsüblich	36	151	3,6
Joghurt	Natur, fettarm	52	216	5,0
Joghurt	Mit Frucht, fettarm	95	405	4,8

Getreide

Sorte	Beschreibung	Pro 100 g		
		Energie Einh.		Protein
		kcal	kJ	(Gramm)
Gerste	Perlförmig; roh	360	1535	7,9
Gerste	Perlförmig; gekocht	120	510	2,7
Grieß	Roh	350	1489	10,7
Hafermehl		401	1698	12,4
Kleie	Weizen	206	872	14,1
Maismehl		355	1485	0,6
Maismehl, geschrotet		355	1485	9,2
Reis, braun	Roh	360	1506	7,5
Reis, braun	Gekocht	119	498	2,5
Reis, weiß	Roh	361	1536	6,5
Reis, weiß	Gekocht	123	522	2,2
Sago	Roh	355	1515	0,2
Weizen, Körner	Roh; harte, rote Winter	330	1381	12,3
Weizenmehl, braun	(85%)	327	1392	12,8
Weizenmehl, geschrotet	(100%)	318	1351	13,2
Weizenmehl, weiß	Einfach (72%)	350	1493	9,8
Weizenmehl, weiß	Aus naturgewachsenen Körnern (72%)	339	1443	9,3

Getreideprodukte

Sorte	Beschreibung	Pro 100 g		
		Energie Einh.		Protein
		kcal	kJ	(Gramm)
Brot	Vollkorn	216	918	8,8
Brot	Braun	223	948	8,9
Brot	Buchweizen, dunkel	333	1393	11,7
Brot	Weiß	233	991	7,8
Eierteig-Pulver		354	1508	0,6
Frühstücksspeisen	Cornflakes	368	1567	8,6
Frühstücksspeisen	Müsli	368	1556	12,9
Frühstücksspeisen	Smacks (Weizen)	325	1386	14,2
Frühstücksspeisen	Reis Krispies	372	1584	5,9
Hafermehl-Porridge	In Wasser gekocht	44	188	1,4
Kekse	Schokolade – überzogene Sorten	524	2197	5,7
Kekse	Creme – gefüllte Sorten	440	1857	9,5
Kekse	Halbsüß	457	1925	6,7
Kekse	Verdauungsfördernd	471	1981	9,8
Kekse	Wasserhaltig	440	1859	10,8
Knäckebrot	Roggen	321	1367	9,4
Teigwaren	Cannelloni, Lasagne, Makkaroni Ravioli, Quadrate (ungefüllt) Spaghetti, Stelletti, Tagliatelle	378	1612	13,6
Zwieback		388	1642	45,3

Nüsse und Kerne

Sorte	Beschreibung	Energie Einh.		Protein
		kcal	kJ	(Gramm)
Cashew-Nüsse	Geschält	561	2347	17,2
Cob- oder Haselnüsse	Geschält	380	1570	7,6
Cob- oder Haselnüsse	Ungeschält	137	567	2,8
Erdnüsse	Frisch; geschält	570	2364	24,3
Erdnüsse	Frisch; ungeschält	394	1631	16,8
Erdnüsse	Geröstet; gesalzen	570	2364	24,3
Erdnußbutter	Weich	623	2581	22,6
Kastanien	Geschält	170	720	2,0
Kastanien	Ungeschält	140	595	1,6
Kokosnuß	Frisch	351	1446	3,2
Kokosnuß	Milch	21	91	0,3
Kokosnuß	Getrocknet	604	2492	5,6
Mandeln	Geschält	565	2336	16,9
Mandeln	Ungeschält	210	865	6,3
Paranüsse	Geschält	619	2545	12,0
Paranüsse	Ungeschält	277	1142	5,4
Pekannüsse	Geschält	525	2166	10,6
Pekannüsse	Ungeschält	336	1388	6,8
Pinienkerne		552	2310	31,1
Pistazienkerne	Geschält	594	2485	19,3
Sesamkerne	Trocken; ungeschält	563	2356	18,6
Sonnenblumenkerne	Trocken	560	2343	24,0
Walnüsse	Geschält	525	2166	10,6
Walnüsse	Ungeschält	336	1388	6,8
Wasserkastanien	Chinesische; roh	79	331	1,4

Öle und Fette

Sorte	Beschreibung	Energie Einh.		Protein
		kcal	kJ	(Gramm)
Butter	Gesalzen und ungesalzen	740	3041	0,4
Margarine	Brotaufstrich und Bratmargarine	730	3000	0,1
Pflanzenöl	z.B. Oliven-, Sonnenblumen-, Walnuß-, Erdnuß-, usw.	899	3696	Spur

Alkoholfreie und alkoholische Getränke

Sorte	Beschreibung	Energie Einh.		Protein
		kcal	kJ	(Gramm)
Bier, Vollbier, hell	In Flaschen	48	200	0,3
Malzbier	In Flaschen	56	230	0,3
Apfelwein	Süß	42	176	Spur
Branntwein	70% absoluter Alkohol, z.B. Gin, Whisky	222	919	Spur
Coca Cola		39	168	Spur
Hefeextrakt		179	759	41,1
Kaffee	Gemahlen, geröstet	287	1203	10,4
Kaffee	Instant	100	424	14,6
Kakaopulver		312	1301	18,5
Liköre	z. B. Cherry-Brandy	255	1073	Spur
Limonade		21	90	Spur
Orangensaft	Naturrein	107	456	Spur
Schokoladenpulver	Gesüßt	397	1683	5,5
Schwarzer Johannisbeer Likör	Naturrein	229	976	0,1
Sekt		76	315	0,3
Sherry	Halbtrocken	118	489	0,1
Tee		0	0	0
Wein	Rosé	71	294	0,1
Wein	Rot	68	284	0,2
Wein	Weiß, halbtrocken	75	275	0,1

Zucker und Eingemachtes

Sorte	Beschreibung	Energie Einh.		Protein
		kcal	kJ	(Gramm)
Ahorn-Sirup		252	1054	0
Honig	Klar; dickflüssig; hell oder dunkel	288	1229	0,4
Konfitüren und Marmeladen		261	1115	0,5
Mais-Sirup		290	1213	0
Melasse	Schwarz	257	1096	1,2
Schokolade	Kochschokolade	525	2197	4,7
Zucker	Streu-, Puder-, brauner, Roh-, gekörnter	394	1681	Spur
Zuckerrüben-Sirup		298	1269	0,3

Index

Anmerkung: In Klammern angegebene Seitenzahlen beziehen sich auf Bilder, die nicht auf der gleichen Seite wie das dazugehörige Rezept zu finden sind.

Danksagung
Die Herausgeber danken den nachfolgenden Personen für ihre freundliche Mitarbeit bei der Entstehung der Rezepte und dem Zurverfügungstellen der Requisiten:
Elizabeth David Ltd., Bourne Street, London SW1
Dickins and Jones (Harrods) Ltd., Regent Street, London W1
Divertimenti Cooking and Tableware, Marylebone Lane, London W1
Leon Jaeggi and Sons Ltd., Tottenham Court Road, London W1
John Lewis and Company Ltd., Oxford Street, London W1
Harvey Nichols and Company Ltd., Knightsbridge, London SW1